Verena Wittke, Christiane Solf

Elternbeteiligung in Tagesgruppen

IGFH

Internationale Gesellschaft für erzieherische Hilfen

IGFH-Sektion Bundesrepublik Deutschland der Fédération Internationale des Communautés Educatives (FICE) e.V.

Erziehungshilfe-Dokumentation, Band 28

Internationale Gesellschaft für erzieherische Hilfen (IGfH)
Schaumainkai 101-103, 60596 Frankfurt am Main
Telefon 069/63 39 86-0, Telefax 069/63 39 86-25
Email: verlag@igfh.de, Internet: http://www.igfh.de

Lektorat und Satz: Tina Braun, Berlin
Herstellung und Vertrieb: Walhalla Fachverlag, Regensburg

ISBN 978-3-925146-67-1

Vorbemerkungen

Der besseren Lesbarkeit wegen haben wir in der Regel für Stellen- und Funktionsbezeichnungen die männliche Form oder den Begriff „pädagogische Fachkräfte“ gewählt. Wir hoffen aber, dass sowohl die Männer als auch die Frauen, die im Bereich der Tagesgruppe als erzieherischer Hilfe tätig sind, beim Lesen viele Impulse und Anregungen finden!

Diese Veröffentlichung fasst wesentliche Ergebnisse der Dissertation von Christiane Solf und Verena Wittke zusammen, die unter dem Titel „Partizipation von Eltern in den Hilfen zur Erziehung am Beispiel der Tagesgruppe (§ 32 KJHG)“ 2006 an der Freien Universität Berlin eingereicht wurde.

Danksagung

Wir danken allen Eltern, Kindern und Mitarbeitern der beteiligten Tagesgruppen für ihr Vertrauen, ihre Offenheit und ihre Bereitschaft, uns an ihrem Tagesgruppenalltag teilhaben zu lassen.
Ein besonderer Dank geht an unseren Doktorvater Univ.-Prof. Dr. Richard Münchmeier für seine wohlwollende und an entscheidenden Punkten kritisch-anregende Betreuung unserer Dissertation. Wir bedanken uns herzlich bei Frau Dr. Irmtraud Schmitz für ihre jahrelange ermutigende wissenschaftliche und menschliche Begleitung.
Unseren Familien und Freunden danken wir für Verständnis, Unterstützung, Geduld und stetigen Zuspruch.

Berlin 2007

Verena Wittke & Christiane Solf

Zu diesem Band

Als die Autorinnen sich im Herbst 2005 mit mir in Verbindung setzten, um nachzufragen, ob die Ergebnisse ihrer zu dem damaligen Zeitpunkt begonnenen Dissertation zum Thema „Partizipation von Eltern in den Hilfen zur Erziehung am Beispiel der Tagesgruppen“ für die Fachgruppe Tagesgruppen in der IGfH interessant sein könnten, war ich zunächst verblüfft, dass sich „Außenstehende“ mit dem Thema Elternarbeit und dem sehr speziellen Fokus „Partizipation“ beschäftigen.

Elternarbeit ist seit je her ein virulentes Thema, hat Tagesgruppe doch laut KJHG die drei Aufträge: Arbeit mit dem Kind, Arbeit mit den Eltern und Arbeit mit der Familie, kombiniert in dem teilstationären Setting Tagesgruppe. sJe nach vorherrschender Denkweise in der Erziehungshilfe gestaltete sich die Elternarbeit auch in den Tagesgruppen mal mehr therapeutisch, mal mehr pädagogisch, mal mehr systemisch. Grundlegend war immer die Frage: „Was hilft weiter, dass Eltern lernen, ihre Erziehungsverantwortung zu übernehmen?“ Die Fachkräfte hatten über die Jahre eine bestimmte Haltung den Eltern bzw. Klienten gegenüber entwickelt. Diese Haltung wurde beschrieben mit wertschätzendem Umgang, verbunden mit einer klaren fachlichen Haltung, die besagte, wir Fachleute wissen, was fehlt und was erforderlich ist, damit es bei Ihnen vorwärts geht (...)

Fachleute in der Erziehungshilfe haben im Laufe der Jahre ihr Angebot zur Elternarbeit ausdifferenziert und intensiviert. Sie haben sich getraut, Eltern am Gruppenalltag teilnehmen zu lassen, haben Eltern-Kind-Nachmittage und Elterngesprächsrunden entwickelt. Elternarbeit ist ein unverzichtbares Element in den Leistungsbeschreibungen und ist – zumindest ideologisch – ein unverzichtbarer Bestandteil der Arbeit in der Erziehungshilfe geworden.

In Gesprächen mit KollegInnen in der Erziehungshilfe höre ich trotzdem seit Jahren immer wieder die Klage, dass Eltern alles abnicken, nicht wirklich mitmachen, sich entziehen, lügen, den Fachvorschlägen nicht folgen, obwohl mit den unterschiedlichsten Angeboten versucht wird, die Eltern zu befähigen, sie einzubinden, einzubeziehen, anzuleiten und zu fördern. Wieso ist die Elternarbeit dann nicht so erfolgreich wie die pädagogische Arbeit mit dem Kind (vgl. Jugendhilfeeffektestudie 2004)? Frau Wittke und Frau Solf haben mit Ihrer Veröffentlichung eine sehr einleuchtende, beeindruckende, das Selbstverständnis einer Fachkraft betreffende Begründung gegeben.

Nach der Lektüre war sofort klar, dass diese Arbeit die Elternarbeit in den Hilfen zur Erziehung neu definiert. Aus meiner Sicht läutet sie einen Paradigmenwechsel ein, dessen Umsetzung in die Praxis jede Fachkraft zwingt, sich mit ihrer Haltung zum Klientel und mit ihrem Selbstverständnis auseinander zu setzen. Die Fachgruppe Tagesgruppen hat im Herbst 2006 die Ergebnisse mit den Autorinnen diskutiert und sich dafür eingesetzt, die Ergebnisse zu publizieren.

Der jetzt vorliegende Band der blauen Reihe ist keine leichte Kost, gleichwohl auch für den/die Praktikerin mit wenig Zeit gut lesbar.

Kernpunkt ist die Auseinandersetzung mit der Frage „Was heißt Beteiligung bezogen auf

- Partizipation von Mitarbeitenden in den Einrichtungen der Hilfen zur Erziehung?
- das Verhältnis von Eltern und Einrichtung?
- das Verhältnis von Eltern und Fachkraft?
- Partizipation auf fachlich-konzeptioneller Ebene durch konzeptionelle Verankerung von Beteiligungsmöglichkeiten und deren pädagogische Umsetzung?
- Partizipation auf struktureller Ebene durch Schaffung von gesetzlichen Voraussetzungen, demokratischer Gestaltung und Nutzung von Jugendhilfestrukturen?“

Theoretisch gut aufbereitet gehen die Autorinnen den Fragen nach

- Wieviel Partizipation ist in den Hilfen zur Erziehung möglich?
- Was braucht es, damit Beteiligung gelebt werden kann?
- Welche Haltungen, welche Verfahren sind hilfreich, welche sind hinderlich?

Die Praxisbeispiele stellen ganz konkret den Bezug zum Alltag in der Erziehungshilfe her und regen an, die eigene Praxis zu hinterfragen und diese zu verändern. Im Übrigen hilft das Buch der pädagogischen Fachkraft sich neu zu positionieren. Die neue Positionierung ist entlastend und nimmt viel von dem, was wir bislang glaubten als Verantwortung zu haben. Sie gibt die Möglichkeit, sich auf die eigene Fachlichkeit zu konzentrieren.

Das vorliegende Buch macht Lust, sich zu trauen, Elternarbeit inhaltlich und strukturell als einen Beteiligungsprozess zu gestalten – gemeinsam und möglichst auf Augenhöhe!

Die Fachgruppe Tagesgruppen ist sehr an einer Rückmeldung zu dem vorliegen Buch interessiert. Bitte senden Sie diese per email an www.igfh.de Gremien, Fachgruppe Tagesgruppen. Dort finden Sie auch weitere Informationen zur Fachgruppe und zur Tagesgruppenarbeit in der BRD.

Dezember 2007
Ulrike Bavendiek, Sprecherin der IGfH-Fachgruppe Tagesgruppen

Inhaltsverzeichnis

Einleitung und Fragestellung

Eltern, Kinder und Jugendliche als Klienten der Hilfen zur Erziehung haben das Recht, an allen den Hilfeprozess betreffenden Entscheidungen zu partizipieren. Die stärkere Beteiligung an Auswahl und Gestaltung einer Hilfemaßnahme hat das Ziel, in einem durch eine Tradition des Eingriffs bestimmten Praxisfeld demokratischere und an den Bedürfnissen der Adressaten ausgerichtete Strukturen zu schaffen und damit die Akzeptanz einer solchen Hilfe zu erhöhen. Dennoch ist bis heute eine kontinuierliche und methodisch differenzierte Beteiligung von Eltern in der Praxis der Jugendhilfe selten. Das der Erziehungshilfe innewohnende Spannungsverhältnis zwischen Hilfe und Kontrolle und die strukturell bedingte Machtungleichheit bleiben für alle Beteiligten deutlich spürbar: Expertenwissen, einschlägige Informationen über Hilfemöglichkeiten, relevante Kontakte, vor allem aber der Auftrag einer Arbeit zum Schutz und Wohle des Kindes auf der Seite der Fachkräfte als Leistungsgewährer, individuelles Leid, empfundene Inkompetenz und vielfach ein Wissens- und Informationsdefizit auf der Seite der Eltern als Leistungsempfänger. Dient Partizipation von pädagogischer Seite aus einer Harmonisierung des Hilfeprozesses, einer Verschleierung ihrer machtvollen Position oder einer Vermeidung von Konflikten, erleben Eltern Partizipation eher als weiteren Versuch pädagogischer Einflussnahme auf ihr Leben.

Durch Orientierung an der Strukturmaxime „Lebensweltorientierung" wird in der Jugendhilfe der hohen Bedeutung der Alltagserfahrungen der Klienten und der Notwendigkeit der Alltagstauglichkeit der Hilfeergebnisse Rechnung getragen. Mitgestaltung sollte unabhängig von den individuellen Voraussetzungen (Bildung, Alter, Geschlecht, Schichtzugehörigkeit etc.) für alle Beteiligten ein Erfahrungs- und Lernprozess sein, der das Vertrauen in die eigene Kompetenz und in die eigene Fähigkeit, Verantwortung zu übernehmen nach und nach erhöht. Partizipation bedeutet so ein kontinuierliches Anwachsen von Verantwortung und Selbstständigkeit in einem Prozess, der durch die Notwendigkeit permanenter Entscheidungen geprägt ist (vgl. Kriener/ Petersen 1999). Durch selbstbestimmte Partizipation gestalten Eltern nicht nur den Hilfeprozess mit, vielmehr können sie wichtige Fähigkeiten und Fertigkeiten erlernen, die sie für die verantwortliche Gestaltung ihres weiteren Alltags- und Familienlebens benötigen: Kommunikationsfähigkeit, Konfliktfähigkeit, Ausdruck von Gefühlen, Umgang mit Angst, Erkennen und Durchsetzen von Bedürfnissen und Interessen, Tragen von Konsequenzen, Führen von Beziehungen. Diese Lernchancen variieren je nach Individuum – vor allem der Schichtzugehörigkeit und Bildungssozialisation wird ein maßgeblicher Einfluss auf Partizipationsmöglichkeiten zugesprochen – und stellen nur eine Auswahl der Entwicklungsmöglichkeiten durch Partizipation im Hilfeprozess dar.

Die neuere Lernforschung zeigt, dass Lernerfahrungen, die intrinsisch motiviert erfolgen, eine höhere Qualität und Persistenz zuzuordnen ist als solchen Lernerfahrungen, die extrinsisch motiviert sind. Daher stehen wir einer erzieherischen Grundhaltung in der Elternarbeit im Sinne einer zielgerichteten und ergebnisorientierten Veränderung von Eltern, die aus unserer Sicht eher eine passive Haltung der Lernenden fördert, skeptisch gegenüber. Der Hilfeprozess ist ein Lernprozess. Wir gehen davon aus, dass er für Eltern und die ganze Familie dann effektiv verlaufen kann, wenn Eltern diesen Lernprozess verantwortlich mitgestalten können, um so aus innerer Motivation die Dinge zu lernen, die für ihren individuellen Alltag nützlich sind. Verantwortliche Mitgestaltung verstehen wir als selbstbestimmte Partizipation. Selbstbestimmtes Lernen durch Partizipation versucht, die Rolle der Eltern als verantwortlich Handelnde zu fassen, denn Lernen setzt eine Aktivität voraus, die vom Lernenden selbst geleistet wird.

Bisherige Forschungsarbeiten untersuchen die Perspektive der Eltern vor allem im Hinblick auf das Hilfeplangespräch als einem wichtigen, aber nicht dem einzigen Ort möglicher Mitbestimmung – die Frage nach einer Beteiligung der Eltern an der konkreten Ausgestaltung einer erzieherischen Hilfe bleibt marginal behandelt. Das Ziel unserer Arbeit besteht darin, die Perspektive der Eltern im Hinblick auf ihre Beteiligung an der konkreten Gestaltung der Hilfemaßnahme bzw. der begleitenden Angebote der Elternarbeit zu ermitteln, um so die Diskrepanz zwischen jenen Angeboten und Zielsetzungen auf pädagogischer Seite, die einem eher instrumentellen Partizipationsverständnis zu entspringen scheinen, und den oftmals eigenwilligen Partizipationsstrategien auf Seiten der Eltern offen zu legen und ihre Hintergründe zu beleuchten. Daher fragen wir: „Wer partizipiert wie an was“ (Petersen 1999, zitiert nach Kriener 2001) – und vor allem „warum?“

Wer? Hier stehen die Eltern und Personensorgeberechtigten im Mittelpunkt des Interesses, aber auch die Partizipationsbestrebungen der Fachkräfte in Jugendamt und Tagesgruppe als auslösende oder reaktive Elemente der Interaktion werden in den Blick genommen.

Wie? Hier wird zum einen der sogenannte Beteiligungsgrad oder auch die Stärke der Beteiligung durch Eltern fokussiert. Im Mittelpunkt steht die Einschätzung der Eltern wie auch der Autorinnen darüber, inwieweit Eltern spürbar Einfluss nehmen auf den Hilfeprozess, z.B. bei Entscheidungen. Zum anderen fragt das WIE nach Form und Methode der Beteiligung von Eltern, also nach Formen selbstbestimmten Handelns auf Seiten der Eltern, die als Mitgestaltung interpretiert werden können, nach Formen der Beziehungsgestaltung zwischen Eltern und Pädagogen bzw. zwischen Eltern und nach den sich daraus ergebenden Interaktionen.

Was? Hier stehen der Gegenstand und die Bereiche, auf die Einfluss genommen wird, im Mittelpunkt. Vom Prinzip her gehört Partizipation in alle Phasen des Hilfeprozesses, betrifft alle Gegenstände und Bereiche, die mit der Hilfe suchenden Familie direkt in Zusammenhang stehen, angefangen von der Beratung über Bedarfsermittlung, Entscheidung, Hilfeausgestaltung bis hin zur Beendigung.

Warum? Hier stehen die Beweggründe der Eltern im Mittelpunkt. Was veranlasst Eltern, sich in bestimmten Situationen zu beteiligen, was veranlasst sie, sich zurückzuziehen. Es geht darum zu verstehen, wie Eltern mit strukturellen Beteiligungsgrenzen umgehen, wenn sie z. B. von den Fachkräften die paradoxe Botschaft erhalten, sich zu beteiligen, ohne verantwortlich mitzugestalten.

Es geht um die Frage, wie Eltern den Lern- und Entwicklungsprozess „Hilfe zur Erziehung in der Tagesgruppe“ vor dem Hintergrund der gegebenen strukturellen, fachlich-konzeptionellen und individuellen Bedingungen nutzen und mit welchen Strategien sie ihn konkret beeinflussen? Wesentlich erscheint auch die Frage, welche Bedürfnisse, Erwartungen und Vorstellungen Eltern bewegen und welche Handlungsspielräume innerhalb der Tagesgruppe sie nutzen, um diese zu äußern und in den Tagesgruppenalltag zu integrieren? Wie gehen Eltern mit der Begrenztheit ihrer Selbstbestimmung innerhalb der Hilfen zur Erziehung um?

Im Praxisfeld der Hilfen zur Erziehung „Tagesgruppe“ existieren bis dato keine Untersuchungen, die die Elternarbeit aus der Innenperspektive heraus betrachten. Mittels der teilnehmenden Beobachtung versuchten wir, Interaktionen der Akteure nachzuvollziehen und zu verstehen. Darüber hinaus diente die teilnehmende Beobachtung der Informationssammlung und der Präzisierung des Forschungsinstrumentariums.

Um der zugrunde liegenden Fragestellung nach den Beteiligungschancen der Eltern und ihrer Möglichkeit, sich in den pädagogischen Tagesgruppenalltag einzubringen, nachzugehen, bedarf es der Reflexion der Hilfeangebote durch die Betroffenen. Das problemzentrierte Interview als offenes, halb strukturiertes Verfahren erscheint als Methode der Wahl, da es den interviewten Personen Raum zur Darstellung ihrer subjektiven Erlebnisse und deren Einschätzung und Deutung lässt, gleichzeitig aber die Erzählung thematisch eingegrenzt wird im Hinblick auf die durch den Forscher wahrgenommenen Probleme.

Wir untersuchten in drei Berliner Tagesgruppen mittels qualitativer Forschungsmethoden die Angebote der Eltern- und Familienarbeit auf Bedingungen struktureller, fachlich-konzeptioneller und personenbezogener Art und Partizipationsformen, also Formen der Interaktion und Beziehungsgestaltung zwischen Eltern und Pädagogen. Damit fokussierten wir in erster Linie den selbstbestimmt gestalteten Lern- und Entwicklungsprozess der Eltern in den jeweiligen Tagesgruppen. Desgleichen wandten wir unseren Blick aber auch den pädagogischen Fachkräften zu, die zumindest teilweise andere Interessen und Zielsetzungen als die Eltern vertreten, und gingen der Frage nach, in welchen Bereichen und in welchem Umfang sie Partizipationschancen für Eltern schufen, Mitgestaltung durch Eltern zuließen und an welchen Punkten sich Konflikte ergaben. Das heißt, wir untersuchten, wo und wie Pädagogen den Lern- und Erfahrungsprozess der Eltern zu steuern suchten. In dieser Arbeit wird der Schwerpunkt auf individuelle Strategien der Partizipation von Eltern gelegt, weil sich gezeigt hat, dass trotz größerer Gewichtung von Adressatenbeteiligung auf gesetzlicher, theoretischer und pädagogischer Ebene erhebliche Defizite in der Konkretisierung formaler, strukturell abgesicherter Partizipation für einzelne Handlungsfelder bestehen. Dies gilt ebenso für die Hilfeform Tagesgruppe, die aufgrund ihrer Vielgestaltigkeit kaum vergleichbare formale Partizipationselemente enthält.

Eine klar formulierte Fragestellung bedeutet immer auch die Eingrenzung eines komplexen Forschungsfeldes auf einen als wesentlich erachteten Ausschnitt: bestimmte Aspekte, die wichtig erscheinen für die Beantwortung der Fragestellung werden in den Vordergrund, andere, weniger bedeutsame in den Hintergrund gerückt oder ausgeschlossen. Zunächst ist festzustellen, dass der Schwerpunkt unserer Forschung auf Partizipation von Eltern im Rahmen der Tagesgruppe als einem Hilfeangebot der Jugendhilfe liegt, die beginnt, wenn die Entscheidung bereits zugunsten dieser Hilfeform gefallen ist. Uns ist bewusst, dass wir damit die Frage nach der Partizipation der Eltern an der Entscheidung für die Hilfeform bzw. die Frage nach den möglichen Indikationen für diese Entscheidung in den Hintergrund rücken. Mit unserer Entscheidung der Konzentration auf den Hilfeprozess an sich tragen wir der Tatsache Rechnung, dass sich die bisherige Partizipationsforschung sehr stark auf die Umsetzung des § 36 KJHG (Hilfeplanung im Jugendamt) bezieht, Partizipationsbestrebungen innerhalb der Hilfe aber marginal behandelt werden. Weiterhin haben wir uns mit Blick auf unsere Fragestellung nach Partizipation von Eltern auf die Interaktion zwischen Eltern und pädagogischen Fachkräften konzentriert. Der Interaktion zwischen Eltern und Kindern sowie zwischen pädagogischen Fachkräften und Kindern haben wir Bedeutung beigemessen, wenn sie die Gestaltungsmöglichkeiten der Eltern zu berühren schienen.

1. Partizipation in der Kinder- und Jugendhilfe

1.1 Gesetzliche Regelungen des KJHG/SGB VIII zur Partizipation von Eltern und Kindern in den Hilfen zur Erziehung

Mit dem Inkrafttreten des neuen Kinder- und Jugendhilfegesetzes (KJHG) vollzog sich ein deutlicher Perspektivenwechsel in der Theorie und Praxis der Jugendhilfe. Anders als das bis dahin geltende Jugendwohlfahrtsgesetz (JWG), das noch stark an ein ordnungsrechtliches Hilfe-, Kontroll- und Eingriffsverständnis von Jugendhilfe gebunden war, handelt es sich beim KJHG um ein Sozialleistungsgesetz, das die ehemaligen „Hilfeempfänger" in die Rechtsposition von Anspruchsberechtigten hebt. Diese Neuorientierung des Kinder- und Jugendhilferechts bedeutet, dass die Träger der Jugendhilfe über keinen eigenständigen Erziehungsauftrag verfügen (soweit ihre Wächterfunktion nach § 1666 BGB nicht berührt wird): staatlich geleistete oder finanzierte Hilfe zur Erziehung ist grundsätzlich subsidiär zur „elterlichen Erziehung" (BMFSFJ 1999, S. 23). Die Angebote der erzieherischen Hilfen sind als Leistungsangebote zu verstehen, auf welche bei Vorliegen der entsprechenden Voraussetzungen ein rechtlicher Anspruch besteht.

Nach § 27 KJHG haben Eltern oder andere Personensorgeberechtigte bei der Erziehung eines Kindes oder eines Jugendlichen einen Anspruch auf Hilfe zur Erziehung, wenn eine dem Wohl des Kindes oder des Jugendlichen entsprechende Erziehung nicht gewährleistet ist und die Hilfe für seine Entwicklung geeignet und notwendig ist. Eltern, die sich mit der Erziehungsaufgabe überfordert fühlen, können selbstständig eine Hilfe beantragen und auf diese Weise eine sozialpädagogische Dienstleistung in Anspruch nehmen. Als entscheidungsrelevante Informationen hinsichtlich des Hilfebedarfs werden sowohl die individuelle Lebenssituation der Betroffenen, als auch Vergleiche mit Durchschnittserkenntnissen zur Lebenslage Minderjähriger genutzt. Eltern oder andere Personensorgeberechtigte können vor allem auf der Grundlage von § 5 und § 36 KJHG die Auswahl und Gestaltung der zu gewährenden Hilfe mitbestimmen. Die Mitwirkung von Eltern, Kindern und Jugendlichen an Hilfeplanung und Hilfeprozess ist in erster Linie in § 36 KJHG geregelt. Das KJHG schreibt hier verbindlich eine weitreichende Beteiligung der Adressaten vor: „Der Personensorgeberechtigte und das Kind oder der Jugendliche sind vor ihrer Entscheidung über die Inanspruchnahme einer Hilfe und vor einer notwendigen Änderung von Art und Umfang der Hilfe zu beraten und auf die möglichen Folgen für die Entwicklung des Kindes oder des Jugendlichen hinzuweisen. (...) Der Wahl und den Wünschen ist zu entsprechen, sofern sie nicht mit unverhältnismäßigen Mehrkosten verbunden sind." (§ 36 (1) KJHG). „(...) Als Grundlage für die Ausgestaltung der Hilfe sollen sie (ein

Fachkräfteteam, die Verf.) zusammen mit dem Personensorgeberechtigten und dem Kind oder dem Jugendlichen einen Hilfeplan aufstellen, der Feststellungen über den Bedarf, die zu gewährende Art der Hilfe sowie die notwendigen Leistungen enthält; sie sollen regelmäßig prüfen, ob die gewählte Hilfeart weiterhin geeignet und notwendig ist.(...)" (§36 (2) KJHG).

Unabdingbar für die Wahrnehmung von Beteiligungsrechten sind umfassende Beratung und Information. Diese symbolisieren nicht nur die Wertschätzung gegenüber dem Adressaten, sondern ermöglichen darüber hinaus eine Transparenz des Geschehens. Die Beratungsverpflichtung des §36 Abs. 1 meint eine umfassende Verpflichtung der Fachkräfte zur Aufklärung und zur Bereitstellung von Informationen. Nach den Empfehlungen des Landeswohlfahrtsamtes/Landesjugendringes Baden (ISA 1994, S. 201ff., entnommen aus Münder 1998, S. 326) soll eine diesbezügliche Beratung eingehen auf

- das gesamte Leistungsangebot der Hilfen zur Erziehung, weil Betroffene nur dann über ausreichende Informationen für ihre Entscheidungen verfügen
- die internen Abläufe und den Datenschutz, um Transparenz herzustellen
- Möglichkeiten und Grenzen der Ausübung der Personensorge von Pflegepersonen oder Fachkräften in Einrichtungen
- die Kostenbeitragsregelungen
- die Mitwirkungsrechte und -pflichten
- das Wunsch- und Wahlrecht der Betroffenen (§5 KJHG)
- die Beteiligungsrechte von Kindern und Jugendlichen (§8 KJHG)
- die Beachtung der Grundrichtung der Erziehung (§ 9 KJHG)
- die Beteiligungsrechte der Betroffenen bei der Erstellung und Fortschreibung des Hilfeplans
- die datenschutzrechtlichen Bestimmungen
- die möglichen Folgen einer Intervention für die Entwicklung des Kindes oder des Jugendlichen und deren mögliche Auswirkungen auf das familiale Gefüge oder den Entwicklungsweg des Kindes oder Jugendlichen
- Möglichkeiten der (vorzeitigen) Beendigung einer Hilfe
- Beschwerderecht/Beschwerdemöglichkeiten

Das Ziel liegt darin, die Auswahl einer Hilfe und deren konkrete Ausgestaltung im Konsens mit den betroffenen Eltern bzw. Personensorgeberechtigten und Kindern oder Jugendlichen und unter weitgehender Berücksichtigung der Interessen und Bedürfnisse der Betroffenen zu treffen. Durch eine frühe Beteiligung der Adressaten soll deren Rechten entsprochen, die Entscheidungsfindung erleichtert und die Akzeptanz der Eltern bzw. Kinder und Jugendlichen gegenüber der Hilfe gesteigert werden. Der gemeinsam von Fachkräften und Betroffenen zu erstellende Hilfeplan soll neben der Erziehungsplanung der durchführenden Dienste und Einrichtungen die Vorstellungen und Erwartungen der Kinder und Jugendlichen wie auch ihrer Sorgeberechtigten enthalten und das Maß der gefundenen Übereinstimmung wie auch die mit der Hilfe verbundenen Rechte und Pflichten aller beteiligten Personen und Institutionen enthalten. In regelmäßigen Abständen soll in einem Hilfeplangespräch, an dem Fachkräfte des Jugendamtes, der betreuenden Einrichtung und die Familie teilnehmen, überprüft werden, ob die ausgewählte Hilfe weiterhin geeignet und notwendig ist. Darin besteht ein weiterer wichtiger Aspekt des Verfahrens, weil es die Möglichkeit bietet, die Hilfe zu evaluieren und die Entscheidung über deren Fortführung oder Beendigung im Rahmen eines Hilfeplangesprächs als gleichberechtigte Partner zu treffen. Das KJHG fordert in § 36 von den Fachkräften, dass sie sich im Rahmen eines Verständigungsprozesses auf ihre Klienten einstellen, damit diese den Experten ihre Ansichten angstfrei vermitteln können. Die fachliche Einschätzung der Situation soll den Klienten überdies unter Berücksichtigung ihrer biografischen und lebensgeschichtlichen Eigenarten vermittelt werden, indem ihnen die fachlichen Erkenntnisse auf der Aushandlungs- und Interaktionsebene nahe gebracht werden. Auf diese Weise wird es den Klienten ermöglicht, eigene Hilfevorstellungen mit der Expertenansicht zu vergleichen und gegebenenfalls zu modifizieren. Die Fachkräfte sind gehalten, hierbei von den Lebenserfahrungen, den Bedeutungssystemen und Ressourcen der Adressaten auszugehen und sie zu ermutigen, selbst wichtige Beiträge im Hinblick auf Erarbeitung von Ideen und Positionen, Problemlösung und Entscheidungsfindung zu leisten.

Bei der Hilfeentscheidung, der Hilfeauswahl und der Hilfegestaltung sind Mädchen und Jungen, neben den Personensorgeberechtigten, gleichberechtigt zu beteiligen, obwohl die Sorgeberechtigten Inhaber des Anspruches auf Erziehungshilfen sind. Vor allem §§ 8 und 9 KJHG sollen den Kindern und Jugendlichen erleichternde Umstände für ihre Beteiligung verschaffen und zielen auf eine an deren Entwicklungsstand orientierte Beteiligungsform und Beteiligungsgrad ab. Die Sozialarbeiter sind gehalten, für jedes Alter und jeden Entwicklungsstand angemessene Ansätze, Methoden und Verfahren zu entwickeln und so die wachsende Fähigkeit und das zunehmende Bedürfnis der Kinder und Jugendlichen nach selbstständigem, eigenverantwortlichem Handeln, aber auch die unterschiedlichen Sozialisationserfahrungen von Jungen und Mädchen methodisch einzubeziehen. Es besteht zudem die Pflicht, die Jugendlichen darauf hinzuweisen, dass sie sich in Fragen der Erziehung und Entwicklung an das Jugendamt wenden können, dies auch in Not- und Konfliktlagen ohne Kenntnis der Sorgeberechtigten.

In der Praxis ist der hohe theoretische Anspruch einer an der Partizipation der Betroffenen orientierten Verfahrensweise mit erheblichen Schwierigkeiten verbunden. Zunächst einmal muss darauf hingewiesen werden, dass es in der

Kinder- und Jugendhilfe, aber vor allem im Bereich Hilfen zur Erziehung, zwei Adressatengruppen gibt, deren Zielsetzungen grundsätzlich verschieden sein können: Eltern bzw. Sorgeberechtigte und Kinder bzw. Jugendliche. Die besondere Schwierigkeit ergibt sich daraus, dass die Eltern als Sorgeberechtigte die Inhaber des Anspruches auf Erziehungshilfe sind. In der Praxis hat dies zur Folge, dass der Hilfeplan formal mit den Eltern abgeschlossen wird. Auch wenn in den §§ 8 und 36 KJHG eine umfassende Beteiligung der Kinder und Jugendlichen vorgesehen ist, stehen die Eltern als Leistungsberechtigte im Hilfeplanverfahren doch im Vordergrund. Die Perspektiven der Kinder und Jugendlichen werden auch aufgrund fehlenden Know-hows hinsichtlich der Wahrnehmung und Berücksichtigung der kindlichen Bedürfnisse und Perspektiven auf Seiten der Fachkräfte nicht selten nachrangig behandelt. Die Höherwertung des elterlichen Erziehungsrechtes gegenüber dem Persönlichkeitsrecht des Kindes hat dem KJHG den Vorwurf der Familienlastigkeit (Jordan 1994) eingebracht. Doch auch eine umfassende Beteiligung der Eltern ist oft mit Schwierigkeiten verbunden. Aufgrund der krisenhaften Situation, die die Eltern (oder Kinder) Beratung und Hilfe im Jugendamt in Anspruch nehmen lässt, besteht das oberste Interesse der Sorgeberechtigten, der Kinder oder anderer beteiligter Institutionen wie Schule oder Kindergarten darin, das für sie nicht mehr zu bewältigende Problem notfalls mit Verweis auf eine Gefährdung des Kindeswohls schnellstmöglich zu lösen. Der fachliche Anspruch einer umfassenden Beteiligung aller Adressaten kann dann schnell zugunsten eines zügigen Krisenmanagements an Bedeutung verlieren, weil die zeitlichen Verzögerungen, die mit einer umfassenden Erarbeitung der Wünsche, Bedürfnisse und Sichtweisen aller Beteiligten verbunden sind, von den Adressaten in dieser Situation kaum nachvollziehbar sind (DJI 2003, S. 32). Doch nicht nur die krisenhafte Situation, in der sich die Adressaten befinden, und die Verhandlung über ihr als Defizit empfundenes Problem erschweren ihnen die selbstbewusste Vertretung der eigenen Vorstellungen und Interessen, sondern auch die ungleiche Machtverteilung zwischen Leistungsempfängern und Leistungsgewährern. Hier deutet sich bereits der strukturelle Konflikt an, der sich aus dem Anspruch einer umfassenden Beteiligung der Eltern als Leistungsberechtigte auf der einen und der Verantwortung der Fachkräfte für das Wohl des Kindes auf der anderen Seite ergibt: Letztere verfügen nicht nur über die Hilfeangebote, sondern auch über Interventionsmöglichkeiten wie der Möglichkeit der Inobhutnahme von Kindern und Jugendlichen (§ 42 KJHG), der Herausnahme von Kindern und Jugendlichen ohne Einverständnis der Personensorgeberechtigten (§ 43 KJHG) und der Anrufung des Familiengerichts (§ 50 Abs. 3 KJHG). Vor allem in Situationen, in denen von Seiten der Jugendamtsmitarbeiter eine Gefährdung des Wohles des Kindes oder Jugendlichen angenommen wird, werden die Bereitschaft und die Fähigkeit der Eltern zur Mitwirkung in Frage gestellt. Andererseits zeigen gerade Familien mit Kindern in Gefährdungssituationen eine stark abwehrende oder apathische Haltung, die es schwer macht, angemessene Beteiligungsaktivitäten zu entwickeln (vgl. Münder/Mutke 2001, S. 111)

Wenngleich bei den Sozialarbeitern und Sozialarbeiterinnen im Bereich der Hilfen zur Erziehung das Bewusstsein über die Bedeutung und Notwendigkeit der Beteiligung von Adressaten vorhanden ist, fehlt es doch vielerorts an angemessenen Beteiligungsformen und einheitlichen Verfahrensregelungen beispielsweise zur Gestaltung des settings von Hilfeplangesprächen oder zur Überprüfung und Beendigung von Hilfen. Jede Fachkraft entwickelt ihre eigenen Formen und Verfahren, so dass das Vorgehen innerhalb eines Jugendamtes sehr unterschiedlich sein kann. Für die Adressaten, die nicht aufgrund einer eigenen Entscheidung, sondern per jugendamtsinterner Regelungen der für sie zuständigen Fachkraft zugeordnet werden, hängt es dann gewissermaßen vom Zufall ab, ob sie auf eine Fachkraft mit deutlich direktivem Beratungsstil treffen oder auf eine an Beteiligung orientierte Fachkraft, die sich hinsichtlich der eigenen Formulierung von Erwartungen oder „Lösungsangeboten" eher zurückhält (ebd., S. 112). Die Ergebnisse einer Studie des DJI (2003) zeigen, dass dem von Seiten sozialpädagogischer Fachkräfte in den Jugendämtern bzw. Einrichtungen der erzieherischen Hilfen geäußerten Bedarf an Fortbildungen zum Thema Partizipation ein eher geringes Angebot gegenübersteht. Dies lässt vermuten, dass dem Thema Beteiligung von Adressaten eine gegenüber anderen Themen geringe Priorität eingeräumt wird.

Kriener (2001, S. 137) äußert mit Verweis auf Schrapper (1994) die Einschätzung, dass „die 'Entscheidungs-Philosophie' des KJHG, die Entscheidungen als Aushandlungen im Rahmen eines demokratischen-rechtstaatlich verbindlichen Verfahrens vorsieht, im § 36 KJHG besonders deutlich" werde. Münder und Mutke (2001, S. 112) stellen allerdings fest, dass die Beteiligung von Betroffenen im Hilfeplanverfahren in der Regel zwar formal realisiert wird, nicht selten allerdings eher traditionell fürsorglich verfahren wird, sodass eine tatsächliche Stärkung der Beteiligungsmöglichkeiten und -fähigkeiten der Betroffenen vielfach nicht erreicht wird.

Die Beschränkung von Beteiligung auf das Instrument der Hilfeplanung wird dem Anspruch an eine umfassende Partizipation von Eltern und Kindern bzw. Jugendlichen in den Hilfen zur Erziehung nicht gerecht. Zwar stellt das Hilfeplanverfahren ohne Zweifel ein wichtiges und wegweisendes Moment innerhalb eines Hilfeprozesses dar, dennoch dürfen andere Möglichkeiten, Zeitpunkte und Orte der Partizipation während des gesamten Prozesses einer erzieherischen Hilfe nicht aus dem Blick geraten. Werden Adressaten während einer Hilfe konsequent an allen sie betreffenden Entscheidungen beteiligt und erfahren sie sich in diesem Rahmen als selbstbestimmt und selbstwirksam, relativiert sich die Bedeutung der Hilfeplanung. Dies allerdings setzt voraus, dass auch in den Einrichtungen der erzieherischen Hilfen Partizipation konzeptionell verankert und fachliche Standards zur Umsetzung von Partizipation verbindlich festgelegt, reflektiert und weiterentwickelt werden.

1.2 Partizipation und selbstbestimmtes Handeln von Eltern vor dem Hintergrund struktureller, fachlich-konzeptioneller und personenbezogener Kontextbedingungen in den Hilfen zur Erziehung

In der Neuordnung des Kinder- und Jugendhilfegesetzes hat ein Perspektivenwandel in der Jugendhilfe seinen Ausdruck gefunden, der mit der Entwicklung zentraler Konzepte zur sozialen Arbeit zusammenhängt. Das Konzept Lebensweltorientierung nimmt Klienten als Experten ihres eigenen Alltags wahr, deren Lebensbewältigungsstrategien als Ausdruck von Individualität, von Eigensinnigkeit und von Subjektivität begriffen werden müssen. Ihre Bedürfnisse und die Dienlichkeit von Hilfekonzepten für einen gelingenderen Alltag bestimmen die Hilfe. Im Konzept der sozialen Dienstleistung gelten Klienten als Koproduzenten, ohne deren Mitwirkung effektive Hilfe nicht zu gestalten ist. Klienten werden als gleichwertige und gleichberechtigte Partner respektiert und in die Verantwortung genommen. Beide Konzepte zielen auf eine veränderte Wahrnehmung der Adressaten- und Expertenrolle und eine damit verbundene Machtverschiebung in der Helfer-Klient-Beziehung, nämlich Abkehr von der (übermäßigen) Wertschätzung pädagogischen Wissens hin zu einer Wahrnehmung von Klienten als Experten ihrer eigenen Lebenssituation.

Der Blick auf die Weiterentwicklung der gesetzlichen Grundlage der Jugendhilfe zeigt deutlich die Notwendigkeit einer Diskussion über Partizipation der Klienten, zunächst einmal losgelöst vom hohen Anspruch der Konkretisierung und Umsetzung. So formuliert Thiersch, dass Menschen, die mit der Zumutung eigenverantwortlicher Lebensplanung leben müssen, also Menschen, denen demokratische Rechte und Möglichkeiten der Selbstbestimmung in ihren Problemen selbstverständlich sind, ein Recht auf Partizipation haben, indem sie entscheiden, widersprechen und gestalten (Thiersch 2001, S. 229). Das meint auch, dass die Adressaten die Möglichkeit haben müssen, sich in ihren Rechten, Problemen und Einspruchmöglichkeiten Gehör zu verschaffen und aktiv an der Gestaltung der Hilfe mitzuwirken (vgl. BMJFFG 1990; Thiersch 1997). Der 8. Kinder- und Jugendbericht benennt ausdrücklich Partizipation, also Mitwirkung und Mitgestaltung von Kindern, Jugendlichen und Eltern als „konstitutives Moment“ einer Jugendhilfe, die darauf ziele, „dass Menschen sich als Subjekte ihres eigenen Lebens erfahren“ (BMFSFJ 1990, S. 88). So sollen gewünschte und gebotene Leistungen der Jugendhilfe wie z.B. die Hilfen zur Erziehung nicht einfach von Seiten der Fachkräfte vorgegeben, sondern in einem gemeinsamen Aushandlungs- und Verständigungsprozess unter weitestgehender Berücksichtigung der Interessen der Beteiligten vereinbart und konkretisiert werden.

In der Fachdiskussion wird Partizipation als anzustrebendes Ideal diskutiert, welches bei konsequenter Umsetzung eine Demokratisierung und vollständige Gleichberechtigung aller Beteiligten nach sich ziehen kann und sollte. Die Begrenzung durch die strukturelle Situation, die sich aus dem Auftrag der öffentlichen Jugendhilfe ergibt, wird jedoch nicht konsequent diskutiert. So lässt sich mit Blick auf die strukturelle Ebene feststellen, dass eine besondere Problematik in der Spannung zwischen Hilfe und Kontrolle (Merchel 1998) und in der möglichen Spannung zwischen Expertenwissen und Fachlichkeit auf der einen Seite und Bedürfnissen und Wünschen von Adressaten auf der anderen Seite liegt (Münder 1998, S. 325). Eltern, obwohl als Anspruchsberechtigte einer Dienstleistung definiert, erleben sich im Rahmen der Hilfe in einer weniger mächtigen Position als ihre Helfer. Sie verfügen zwar über ein Wunsch- und Wahlrecht und ihre Mitgestaltungsmöglichkeiten im Rahmen der Hilfe sind gesetzlich festgeschrieben (§ 36 KJHG), doch sind sie nicht wirklich frei in der Wahl der Hilfe und in ihrer Ausgestaltung. Ihre Entscheidung wird im Zusammenwirken mit pädagogischen Fachkräften getroffen, die neben ihrem Hilfeauftrag auch einen gesetzlichen Kontrollauftrag haben. Im KJHG wird der sozialpädagogische Auftrag aus dem bestehenden Wächteramt der öffentlichen Jugendhilfe abgeleitet, der darin besteht, das Kind vor Schaden zu bewahren (Wiesner 1996, S. 286). Aus diesem Wächteramt ergibt sich in der Konkretisierung der Hilfe- und Kontrollauftrag: Sozialpädagogen bewerten im Rahmen ihrer Arbeit mit Kindern, Jugendlichen und deren Eltern oder Erziehungsberechtigten u. a. das Verhalten der erziehenden Personen unter der Prämisse der Bewahrung des Kindeswohls. Dieser Auftrag bindet die Fachkräfte an eigene Wertmaßstäbe und gesellschaftliche Normen, die mit denen der Eltern konkurrieren. Letztendlich ist von pädagogischer Seite aus das Kindeswohl Leitlinie für die Ausgestaltung der Hilfe und Maßgabe für die Reichweite elterlicher Partizipation. Vorhandene Spielräume werden genau dort eingegrenzt bzw. gesteuert, wo elterliche Vorstellungen aus pädagogischer Sicht nicht dem Kindeswohl dienlich sind. Diese Voraussetzungen wirken sich so auf die Interaktion zwischen Eltern und Pädagogen aus, dass Partizipation im Sinne einer weitgehend selbstbestimmten Gestaltung des Hilfealltags kaum möglich scheint. Die Dienstleistungsorientierung des KJHG stellt zwar Beratung und Unterstützung als handlungsleitende Orientierungen in den Vordergrund, vermag aber letztlich dieses Spannungsverhältnis nicht aufzulösen. Das Element Eingriff als notwendiger Bestandteil einer Arbeit zum Schutz des Kindes bleibt erhalten, und die Kontrollfunktion der pädagogischen Fachkräfte ist im Bewusstsein der Eltern gegenwärtig. Es besteht eine ungleiche Machtverteilung zwischen den Eltern als Leistungsempfängern und den pädagogischen Fachkräften als Leistungsgewährern, also ein struktureller Machtüberhang zu Ungunsten der Klienten. Trotz des Paradigmenwechsels, der Erziehungshilfe als Dienstleistung und Eltern als gleichberechtigte Partner innerhalb dieses Dienstleistungsprozesses verstehen will, bleiben Statusunterschiede sowie eine nicht selten als Bevormundung und Kontrolle verstandene Hilfe bestimmende Momente.

Der strukturelle Machtüberhang der pädagogischen Fachkräfte setzt sich auf der fachlich-konzeptionellen Ebene sozialpädagogischer Arbeit fort. Dies zeigt sich besonders deutlich in der Gestaltung der zentralen Partizipationssituation „Hilfeplangespräch“, die nach dem Willen des Gesetzgebers idealtypisch als ein Klärungs- und Einschätzungsprozess gedacht ist, in welchem Probleme, Ressourcen, Mittel und Ziele gemeinsam ausgehandelt werden. Dabei wird ausgeblendet, dass grundsätzliche Schwierigkeiten in der sozialpädagogischen Arbeit dennoch bestehen bleiben: das asymmetrische Verhältnis zwischen Sozialpädagogen und Klienten und die der Interaktionsstruktur professioneller Hilfe grundsätzlich innewohnenden Paradoxien (vgl. Gildemeister 1983, S. 64ff), die u. a. im gegensätzlichen Status der Klienten sowohl als Subjekt als auch als Objekt im pädagogischen Prozess liegen. Zwischen Sozialpädagoge und Klient herrscht eine grundsätzliche Differenz, aufgrund derer sich beide erst zusammen finden: Expertenwissen, einschlägige Informationen über Hilfemöglichkeiten, relevante Kontakte auf der einen Seite, individuelles Leid, empfundene Inkompetenz oder einfach ein Wissens- und Informationsdefizit auf der anderen Seite (vgl. Haasis 2002, S. 9).

Mollenhauer sieht in diesem asymmetrischen Verhältnis das Charakteristikum der Beziehung zwischen Pädagoge und Adressat und wertet es als Herrschaftsverhältnis: „Aber gerade dies ist für die pädagogische Situation charakteristisch: dass einer der Partner, derjenige nämlich, der sich in der Rolle des `Pädagogen´ definiert, für sich in Anspruch nimmt, Situationen zu strukturieren, und zwar so, dass seine Chance der Einflussnahme in der Situation größer ist als die der anderen Partner. Er nimmt sogar (...) für sich in Anspruch, dass ihm selbst, wenn nicht ein Monopol, so doch ein entscheidendes Übergewicht institutionell gesichert wird, um Situationen überhaupt vorweg und nicht erst in der Situation selbst zu strukturieren. Das macht das spezifische Herrschaftsgefälle aus, das wir in der Erziehungswirklichkeit antreffen“ (Mollenhauer 1972, S. 120f).

Diese Differenz muss jedoch nicht zwangsläufig zu einer Höherbewertung von Expertenwissen und in einer degradierenden Einschätzung von Klienten als „Laien“ führen, sondern kann als pädagogische Begleitung wirksam werden, die den Klienten auf seinem selbstbestimmten Weg durch situations- und bedürfnisangemessene Nutzung der sozialpädagogischen Wissensbestände unterstützt. Eine sozialpädagogische Arbeit, die sich an der Prämisse Partizipation orientiert, bedeutet, dass der Klient nicht entmündigt, sondern im Sinne einer Hilfe zur Selbsthilfe (Martin 1992, S. 16) in Selbstverantwortlichkeit, Persönlichkeits- und Identitätsbildung gestärkt und von der Hilfe unabhängig wird. Sehr wesentlich und für die Hilfe zentral ist die in der Fachdiskussion herrschende Einigkeit darüber, dass trotz des Kontrollauftrages und der strukturellen Überlegenheit der sozialpädagogischen Fachkräfte der Klient Subjekt seines Lebens bleiben muss, für seine Bildung und seine Persönlichkeitsentfaltung selbst verantwortlich ist und nicht Objekt pädagogischer Bemühungen ist (Giesecke 1992, S. 28), selbst dann, wenn er die anstehenden Probleme und Schäden schuldhaft (mit-) verursacht haben sollte. Unserem Verständnis nach bedeutet Partizipation in Bezug auf die Konzeption pädagogischen Arbeitens die Respektierung der Klienten als aktiv mitgestaltende Subjekte, die sich mit Hilfe „sozialer Assistenz" (Müller 2004, S. 193) notwendige Kenntnisse (im umfassenden Sinn) gemäß ihren Bedürfnissen selbst aneignen.

Auch auf der personenbezogenen Ebene werden, sowohl auf der Seite der Eltern wie auch auf pädagogischer Seite, Faktoren wirksam, die Selbstbestimmung und Partizipation von Klienten in der Jugendhilfe beeinflussen. So lässt sich feststellen, dass in Familien, die über eine längere Zeit einer belastenden Situation ausgesetzt sind, Eltern und Kinder oft nicht über ausreichende Kompetenzen und Kenntnisse verfügen, ihre Beteiligungsrechte wahrzunehmen. Die Adressaten der Hilfe befinden sich in einer Situation, in der über ein als Defizit empfundenes Problem auf ihrer Seite verhandelt wird, mit der Folge, dass sie sich in den konkreten Interaktionen häufig in einer Position erleben, die es ihnen schwer macht, eigene Vorstellungen selbstbewusst einzubringen, vor allem in der direkten Auseinandersetzung mit pädagogischen Fachkräften und Vertretern amtlicher Institutionen. Sie erleben sich häufig als Laien in einer ungewohnten Verhandlungssituation und verfügen nicht über die Informationen, die für einen gleichberechtigten Aushandlungsprozess nötig sind. Die pädagogischen Fachkräfte verfügen über einen Vorsprung, der sich z. B. in fachlicher wie auch sprachlicher Expertenschaft spiegelt und der die Adressaten einschüchtert.

Findet die Hilfe darüber hinaus in einem sogenannten Zwangskontext statt, werden Eltern also unter Androhung von Konsequenzen zur Inanspruchnahme der Hilfe verpflichtet, bestätigt sich für sie einmal mehr die Erfahrung der eigenen Machtlosigkeit, so unverzichtbar aus sozialpädagogischer Sicht die Hilfe auch sei. Der institutionelle, herrschaftlich-öffentliche Charakter der erzieherischen Hilfen mit seiner Anfälligkeit für Bevormundung verstärkt diese Erfahrungen, sofern nicht eine umfassende Beteiligung der Klienten an der Entscheidung für eine Hilfe bzw. an der Ausgestaltung des Hilfeprozesses als Korrektiv wirksam wird.

Auch auf der Seite der pädagogischen Fachkräfte wirken personenbezogene Voraussetzungen einer umfassenden Beteiligung der Eltern entgegen. Die im gesellschaftlichen Auftrag handelnden Sozialpädagogen sind nicht nur ihren eigenen Wertmaßstäben verpflichtet, sie wachen in gesetzlichem Auftrag über das Kindeswohl. Sie fühlen sich in hohem Maße für das Wohlergehen der Kinder verantwortlich. Eine umfassende Beteiligung von Eltern, also deren Möglichkeit, den Hilfeprozess zu beeinflussen, geht einher mit einem Kontrollverlust seitens der Fachkräfte. Sie müssen ihre eigene Erfahrung und Menschenkenntnis einsetzen, einen Teil ihrer Verantwortung an die Eltern zurückgeben und den Klienten ein Vertrauen entgegenbringen, welches sie aufgrund ihrer Berufserfahrung oder der Kürze der Helfer-Klient-Beziehung nicht haben. Dies scheint ein schwieriger, mit Ängsten verbundener Prozess zu sein. Das Maß und die Qualität, mit denen Fachkräfte Elternbeteiligung zulassen, hängt mit deren Wahrnehmung der Rolle der Eltern im Hilfeprozess und in der Helfer-Klient-Beziehung zusammen. Die Interaktion zwischen Pädagogen und Eltern wird durch pädagogische Rollenvorstellungen maßgeblich beeinflusst werden, entsprechen diese doch der Bedeutung, die die Pädagogen den Eltern bei der Erreichung der Arbeitsziele verleihen. In diesem Zusammenhang sind unterschiedliche Rollendefinitionen vorzufinden:

a) Pädagogen nehmen Eltern als Leistungsberechtigte und Auftraggeber wahr. Eltern nehmen den Status kontrollberechtigter Personen ein, die die geleistete Arbeit im Hinblick auf ihre Effektivität bezüglich des Problems bewerten und ihre Zufriedenheit oder Unzufriedenheit äußern und mit Konsequenzen belegen können. Pädagogen passen ihre pädagogische Arbeit den Elternwünschen und -bedürfnissen an und ordnen sich damit dem Dienstleistungsgedanken unter.

b) Pädagogen nehmen Eltern als Partner bei der Erfüllung eines gemeinsamen Erziehungsauftrages wahr. In diesem Falle wird die Zusammenarbeit von Eltern und Pädagogen durch das Moment des permanenten Aushandelns und Verständigens gekennzeichnet. Alle Beteiligten sind gleichberechtigt und können das Gegenüber als Experten für einen bestimmten Bereich des zu bearbeitenden Themenfeldes anerkennen.

c) Pädagogen nehmen Eltern als Problemverursacher für die Schwierigkeiten des Kindes wahr. Dieser Perspektive liegt eine defizitäre Sicht auf Eltern zugrunde, deren pädagogische Konsequenz in einer Überbetonung des bestimmenden und kontrollierenden Aspektes des Helfers in der Helfer-Klient-Beziehung zu suchen ist (vgl. Späth 2001a, S. 586).

Die hohe Bedeutung der Rollendefinitionen der Fachkräfte verlangt nach einer intensiven Reflexion derselben.

Für die Planung der Hilfe und für die weitere Ausgestaltung und Konkretisierung im Prozess der Hilfe selbst scheint es also außerordentlich bedeutsam, bei Zielfindung und -formulierung, bei der Planung und Durchführung den intensiven und kontinuierlichen Kontakt mit Hilfenehmern zu suchen, um einseitig vorgefassten Rollenvorstellungen und damit verbundenen Vordefinitionen von Hilfezielen und -methoden entgegenzuwirken. Denn die Motivation der Adressaten mitzugestalten, sinkt oder verschwindet nur allzu leicht durch Fremddefinition, also von außen vorgegebenen Zielen und Mitteln, und die erhoffte Wirkung der Hilfe bleibt aus.

Eine wichtige Voraussetzung für die Partizipation scheint in einer positiven Haltung der Fachkräfte gegenüber einer partnerschaftlichen Form von Zusammenarbeit mit Eltern zu liegen. Wie offensiv die Fachkräfte die Maxime „Beteiligung" auslegen und wie sie sie jeweils ausg estalten, hängt natürlich davon ab, was konkret unter Partizipation verstanden wird (vgl. BMFSFJ 1998, S. 155). Da dieses Verständnis von Fachkraft zu Fachkraft variiert, kommt es leicht zu einem Eindruck von Beliebigkeit und Willkür im Umgang mit Partizipation. Schwabe (2000, S. 198) bemerkt in diesem Zusammenhang: „An der konsequenten Beachtung partizipativer Elemente sowohl in der Hilfeplanung, als auch im Lebens- und Betreuungsalltag erweist sich, wie ernst es den Fachkräften ist, Hilfeprozesse so weit wie möglich zu demokratisieren". Aber auch fehlendes Know-how im Hinblick auf die Implementierung formaler Partizipationsmöglichkeiten, sowie fehlende finanzielle oder zeitliche Ressourcen auf pädagogischer Seite wirken sich negativ auf eine von Eltern und Pädagogen gleichberechtigt gestaltete Interaktion aus.

Wenngleich von fachlicher Seite vielfach beschworen wird, wie effektiv eine rein auf Aushandlung und Kompromissen beruhende Hilfe sein könnte, ist die Umsetzung des hohen Anspruches einer vollständig auf Partizipation ausgerichteten Arbeit in die Praxis der Hilfen zur Erziehung doch schwierig. Die Grenzen, denen die Pädagogen und Eltern durch das doppelte Mandat von Hilfe und Kontrolle unterliegen, schränken die Selbstbestimmung auf der Seite der Klienten und eine Abgabe von Verantwortung auf pädagogischer Seite ein. So wird der Begriff Partizipation oftmals viel eher zu einem Instrument zur Harmonisierung des Hilfeprozesses, das Eingriffe in das Leben der Klienten mit Hinweis auf deren Beteiligung legitimieren soll. Partizipation so gebraucht, täuscht Eltern und beteiligten Fachkräften eine Gleichheit vor, die vor dem Hintergrund der realen Bedingungen nicht möglich ist, und verschleiert so den strukturellen Machtüberhang auf Seiten der Fachkräfte.

Doch selbst wenn das Ideal einer vollständigen und selbstbestimmten Partizipation von Klienten in den Hilfen zur Erziehung nicht zu erreichen sein wird, ist Partizipation unverzichtbarer Bestandteil einer Jugendhilfe, die die Eigenverantwortlichkeit und Selbstbestimmung ihrer Klienten im Hinblick auf deren individuelle Alltags- und Lebensbewältigung stärken will. Der Versuch, Partizipation innerhalb institutioneller und organisationeller Grenzen umzusetzen, die Erfahrung der hierbei entstehenden Konflikte, die Auseinandersetzung um die Erweiterung und Akzeptanz von Grenzen stellt auch bei nicht Erreichen des Idealzustandes „Gleichheit für alle" eine wichtige Erfahrung für Klienten und Pädagogen dar. Partizipation kann nicht mit dem Maßstab „ganz oder gar nicht" bewertet werden, denn ein Ideal wird in der Realität nie zu erreichen sein. Auch kann die Perspektive „Partizipation als selbstbestimmter Lern- und Erfahrungsprozess" nicht als normativer Anspruch gelten, sondern vielmehr eine Aufforderung an Eltern und Fachkräfte sein, sich ehrlich aufeinander einzulassen.

Das KJHG hat viel Raum gelassen, um Partizipationsformen und -methoden dem Hilfealltag und den Klienten angemessen auszugestalten. Die Schaffung einer gesetzlichen Grundlage bedeutet jedoch nicht zwangsläufig deren Umsetzung in die Praxis. Bisher scheint es so zu sein, dass Beteiligung von Eltern vielfach als Pflicht zur Mitwirkung verstanden wird, Beteiligung also quasi von oben verordnet wird. Damit werden wichtige Grundsätze von Partizipation außer Acht gelassen, denn Freiwilligkeit, Motivation zur eigenständigen Entwicklung und Selbstständigkeit können nicht verordnet werden. Eine umfassende Beteiligung im Sinne einer gleichwertigen, gleichberechtigten partnerschaftlichen Zusammenarbeit zwischen Eltern und Fachkräften muss vor dem Hintergrund der dargelegten Strukturen sicherlich ein Ideal bleiben. So erscheint die Forderung nach Partizipation als eine paradoxe Forderung, und Eltern und Pädagogen agieren in einem nicht aufzulösenden Widerspruch. Wie Eltern mit diesem Widerspruch umgehen, möchten wir anhand unserer Studie zeigen, indem wir neue, ganz eigene Partizipationsformen von Eltern explorieren. Es sind dies keine neuen und nie da gewesenen Handlungsformen. Vielmehr betrachten wir die Handlungen und Äußerungen der Eltern aus einem anderen Blickwinkel. Sie handeln selbstbestimmt und gemäß ihren Bedürfnissen und gestalten mit, auch wenn sie eher selten anwesend sind und ihr Verhalten wie Verweigerung wirkt. Ihre Partizipation kann quer zu den bisher genannten Partizipationsformen identifiziert werden, in verfassten wie nicht verfassten Formen, in direkten wie indirekten Formen, formell oder informell.

1.3 Partizipation als Strukturmaxime einer lebensweltorientierten Jugendhilfe

„Die Würde des Menschen liegt in der Möglichkeit der Selbstbestimmung“ (Geißler/ Hege nach Rogers 1978, S. 69)

Ausgangspunkt unserer Frage nach der sozialpädagogischen Notwendigkeit von Partizipation der Eltern im Hilfeprozess ist das Prinzip der Lebenswelt- und Alltagsorientierung als normative Vorgabe des KJHG. Lebensweltorientierte soziale Arbeit nimmt ihren Ausgang in den gegebenen Strukturen, Verhältnissen und Bewältigungsmustern der Adressaten und nicht an abstrakten Normen und Wertvorstellungen und sieht den Menschen mit seinen individuellen und sozialen Ressourcen zur Lebensbewältigung (vgl. Finkel/ Hamberger 1998, S. 67). Dieser Ansatz geht von einem gesellschaftlich beeinflussten Alltag aus, in dem sich individuelle Bewältigungsmuster herausgebildet haben. Das Konzept der Lebensweltorientierung stellt also die Frage, wie Menschen sich in ihren Verhältnissen mit ihren täglichen Aufgaben und Anforderungen mit Hilfe von Alltagsroutinen und Problemlösungsstrategien bewähren. „Der Begriff der Lebenswelt fasst (...) die Gesamtheit der für das Handeln eines Individuums tatsächlich bestimmenden objektiven Bedingungen in Zusammenhang mit der im Verlauf der biographischen Entwicklung herausgebildeten Art und Weise des Individuums, seine Tätigkeit mit diesem Zusammenhang zu vermitteln“ (Heinze 1987, S. 23). Auf Integration in die Gesellschaft ausgerichtet, schließt sie aber durch ihre Forderung nach Partizipation und Einmischung auch deren Veränderung nicht aus.

Lebenswelt- und alltagsorientierte soziale Arbeit respektiert in ihrer Konsequenz Autonomie und Selbstbestimmtheit des sozialpädagogisch (betreuten) Menschen und stellt damit eine Form indirekter Partizipation dar, weil lebensweltlich bedingte Bedürfnisse und Erfahrungen der Adressaten zur Grundlage der sozialpädagogischen Arbeit gemacht werden. Sie stärkt die Subjektstellung des Adressaten durch gemeinsames Gestalten. Menschen dürfen nicht zum Objekt von Erziehung und Therapie gemacht werden, sondern ihre Ressourcen, ihre Fähigkeit, die Alltagssituation aktiv zu bewältigen, weisen den pädagogischen Weg innerhalb der Jugendhilfeleistung. Eine an der Lebenswelt orientierte sozialpädagogische Denk- und Handlungsweise muss vor allem die „Eigensinnigkeit“ der Klienten dergestalt respektieren, dass sie deren Interessen, Bedürfnisse und sich daraus ergebende selbstbestimmte Nutzung des Hilfeprozesses unterstützt, indem sie durch Partizipationsmöglichkeiten Raum für eben diesen Lernprozess schafft. Lebensweltorientierung heißt dann, dass Adressaten selbst wissen und spüren, welche Angebote der innerhalb der Hilfen zur Erziehung ihnen bei den

Herausforderungen ihres Erziehungsalltags helfen können. Adressaten orientieren sich bei der selbstbestimmten Nutzung der Lern- und Entwicklungschancen des Hilfeprozesses an ihren eigenen „Relevanzsystemen". Es gilt, Strategien zu entwickeln, die den Adressaten die Rechte auf Mitbestimmung und Selbstkontrolle erhalten. Die Angemessenheit der Mittel und Maßnahmen muss, so fordert Thiersch (1992, S. 247), im Respekt vor der Eigensinnigkeit der Erfahrungen der Adressaten und im Wissen um die eigenen „kolonisierenden Möglichkeiten" immer wieder durch kritische Reflexion geprüft werden. In diesem Sinne besteht das Ziel einer lebensweltorientierten Jugendhilfe und ihrer praktischen Umsetzung darin, „Kinder, Jugendliche und ihre Familien in ihren je eigenen Lebensmöglichkeiten und in der Bewältigung von Problemen – wie sie im Alltag erfahren werden – zu unterstützen. Dieser Respekt vor der Eigenverantwortlichkeit der Adressaten führt zur Achtung auch ihres Rechts auf Selbstbestimmtheit in der pädagogischen Begegnung. Aus dem Gesagten kann die Konsequenz gezogen werden, dass ohne selbstbestimmte Partizipation der Adressaten eine lebensweltorientierte Arbeit in den Hilfen zur Erziehung nicht nur nicht möglich ist, sondern Partizipation selbst als weitere Konkretisierung des Ideals der Lebensweltorientierung gesehen werden kann.

Die Hilfeform Tagesgruppe sollte in Abgrenzung zur Heimerziehung eine Hilfe ermöglichen, die die institutionellen Voraussetzungen für dieses sozialpädagogische Prinzip schafft. Die Umsetzung in die Praxis erweist sich jedoch oftmals als schwierig: Lambach und Thurau erkennen in der Tagesgruppe wohl eine lebensweltnahe Einrichtung für Kinder und ihre Familien, bemerken aber, dass dadurch keineswegs das tatsächliche Leben der Familie erreicht wird (vgl. Lambach und Thurau 1992, S. 255f). Räumliche Nähe bedeutet nicht gleichzeitig Milieunähe (vgl. Wegehaupt-Schlund 1998, S. 181), stellt also nicht zwangsläufig einen unmittelbaren Bezug zum realen Leben der Familie her. D. h. dass Eltern trotz Standortnähe weder zwingend Hilfe für ihren konkreten Alltag erhalten, noch dass sie entsprechend ihren lebensweltlich geprägten Bedürfnissen auf die Hilfe gestaltend Einfluss nehmen können. Die Studie „Bestand, Entwicklung und Leistungsmöglichkeiten von Tagesgruppen" von Lambach und Thurau (1992) verweist auf die Problematik einer Konzentration der Tagesgruppenarbeit auf individuelle Probleme der betreuten Kinder und Jugendlichen und die damit zusammenhängende Vernachlässigung der familiären und lebensweltlichen Bedingtheit dieser Probleme. Aufnahme in eine Tagesgruppe finden Kinder, die eine spezifische Problematik aufweisen. Nach Lambach und Thurau finden 90% der Aufnahmen in den von ihnen untersuchten Tagesgruppen aufgrund von Schulproblemen statt, 82% geben Erziehungsprobleme als Aufnahmegrund an, 70% nennen auffälliges Sozialverhalten. Aufgrund der Schwere der Probleme, die oftmals kombiniert auftreten, ist ein Großteil der Aufmerksamkeit der

Pädagogen auf die Kinder bzw. Jugendlichen gerichtet. Der 10. Kinder- und Jugendbericht bemerkt dazu: „Dabei gerät die Familie aus dem Blick, obwohl die erzieherische Hilfe oft mit der familiären Situation begründet wird" (BMFSFJ 1998, S. 191). Eltern bewerten es positiv, wenn auch solche Schwierigkeiten im Alltag zur Sprache gebracht werden können, die nicht ausschließlich mit der Kindererziehung zusammenhängen. Bürger kommt auf der Grundlage einer Befragung von Eltern, die ambulante Hilfeleistungen in Anspruch genommen haben, zu der Einschätzung, dass besonders jene ambulanten Hilfen als sinnvoll empfunden wurden, die konkrete Unterstützung im Alltag boten, niedrigschwellig präsent seien, „Hilfe mit „Rat und Tat" im Lebensfeld anbieten und die Selbsthilfe der Betroffenen angeregt und unterstützt hat" (vgl. Bürger 1998, S. 107).

1.3.1 Die Selbstbestimmungstheorie: Die motivationale Basis selbst/bestimmten Handelns und bedürfnisorientierten Lernens von Eltern in den Hilfen zur Erziehung

Auch wenn sich gezeigt hat, dass in den Hilfen zur Erziehung das selbstbestimmte Handeln an Grenzen stößt, bedeutet dies nicht, dass die Erfahrung von Selbstbestimmtheit in diesem Kontext ganz und gar unmöglich ist. Auch eine von pädagogischer Seite zugestandene Selbstbestimmung ist Selbstbestimmung. Sie wird zwar von den Pädagogen gestattet, entspringt aber den Bedürfnissen der Klienten und ist somit intrinsisch motiviert.

Partizipation als Lern- und Erfahrungsprozess, innerhalb dessen Menschen sich als Subjekte erleben, die selber etwas bewirken und die sich daraus ergebende Verantwortung tragen können, wird möglich, wenn Eltern an allen Phasen der Elternarbeit mitwirken und der Zusammenhang zur Lebenswelt ständig und konkret hergestellt wird (vgl. Hohmeier/Mair 1989 S. 167). Die Organisation Tagesgruppe als lebensweltbezogene familienergänzende Hilfe hat das Ziel, neue Erfahrungen zu ermöglichen, die an die Alltagswirklichkeit von Klienten anschließen. Indem die Tagesgruppe Partizipation im Sinne eines selbstbestimmten Lernprozesses von Eltern zulässt, kann sie Erfahrungsräume anbieten, die sich am Erfahrungshorizont ihrer Adressaten ausrichten und diesen erweitern. Partizipation so verstanden, bedeutet das Zulassen von Eigenwilligkeiten und Besonderheiten Einzelner. Sie hat als wesentlichen Bestandteil das Moment des Diskurses, des Austausches von Meinungen und Positionen, das Aushandeln von Kompromissen und Strategien. Jordan kommt zu dem Schluss, dass es „nicht allein die Ergebnisse sind (...), die zählen, sondern wesentlich auch der Prozess, der diese hervorgebracht hat" (Jordan 1998, S. 540). Partizipation verwirklicht sich auf der Beziehungs- und Interaktionsebene von Helfer und Klient im Rahmen der pädagogischen

Arbeit. Dies wiederum erfordert die Etablierung bestimmter demokratischer, auf Emanzipation ausgerichteter Grundelemente pädagogischen Handelns. Damit orientiert sich eine Sozialpädagogik, die Partizipation als Bedingung, Mittel und Zielsetzung wertet, an freiheitlich-pädagogischen Ansätzen, wie es z. B. das Konzept der non-direktiven Pädagogik darstellt (vgl. hierzu Freire 1993; Rogers 1974; Hinte 1980; Kaufhold-Wagenfeld 1996). Sie setzt auf Bedürfnis- und Ressourcenorientierung, auf Partnerschaftlichkeit und Aushandlung anstelle von Defizitorientierung und Objektisierung des Klienten. Im Mittelpunkt des Lern- und Erfahrungsprozesses in der pädagogischen Arbeit in sozialpädagogischen Handlungsfeldern steht der Begriff der Selbstbestimmung des Klienten als Voraussetzung für einen nachhaltigen Lernprozess (vgl. Hinte 1980). Nach der Selbstbestimmungstheorie entspringt die Motivation zu selbstbestimmtem Handeln z.B. im Rahmen des Hilfeprozesses nicht zuletzt dem Wunsch nach einer Befriedigung eigener Bedürfnisse. Die Möglichkeit zur Befriedigung eigener Bedürfnisse im Rahmen der Tagesgruppenarbeit stellt unseres Erachtens daher eine wichtige Bedingung für die Motivation der Eltern zur Mitarbeit dar, denn „Bedürfnisse werden zu Motiven, d. h. zu Beweggründen, die alle anderen Funktionen wie Wahrnehmung, Denken und Handeln in Gang zu setzen vermögen“ (Schönpflug 1992, S. 10). Menschen sind also vor allem dann zum Handeln motiviert, wenn sie ihre Bedürfnisse dadurch befriedigen oder positive Bedingungen für die Befriedigung ihrer Bedürfnisse schaffen können.

Die Bedeutung des Begriffes „Bedürfnis“ variiert je nach wissenschaftlicher Disziplin wie auch innerhalb einer Disziplin. In der Pädagogik sind „Bedürfnisse“ – vor allem die der Kinder und Jugendlichen – ein häufig gebrauchter Fachbegriff, der z.B. im Kinder- und Jugendhilfebereich als Grundlage für Planungen oder die Formulierung pädagogischer Konzeptionen ebenso bemüht wird wie als Konstitutivum pädagogischer Arbeit an sich (vgl. Mägdefrau 2003). Mägdefrau bietet eine differenzierte Definition, die eine interdisziplinäre Sicht auf das Bedürfnisgeschehen erlaubt, an: „Das Bedürfnis soll verstanden werden als eine psycho-physische Determinante menschlichen Verhaltens, die dem Menschen als Gefühl und Vorstellung wahrnehmbar wird und auf Befriedigung zielt. Diese Befriedigung bzw. Bedürfnisverwirklichung erfolgt durch Verwirklichungsmittel, die dem Menschen in Abhängigkeit von kulturellen, ethnischen, geschlechtsspezifischen, altersspezifischen und bestimmten individualpsychologisch begründeten Bedingungen zur Verfügung stehen und auf bestimmte Art und Weise, die ebenfalls in Abhängigkeit von den genannten Variablen stehen, variieren kann. Bedürfnisse sind sozialisatorisch ausdifferenzierte, mit Zielvorstellungen und Richtungstendenzen verbundene Elemente individueller psychischer Dynamik, die wandelbar sind in der Richtung und der Wahl der Mittel. Bleiben basale Bedürfnisse dauerhaft unbefriedigt, hat das negative Konsequenzen für das

Individuum in der Form von sozialer Desintegration, Krankheit oder Tod“ (Mägdefrau 2003, S. 301f.).

Nach Auffassung der Selbstbestimmungstheorie (vgl. Deci/Ryan 1993; Krapp/Ryan 2002) sind es in erster Linie das Bedürfnis nach sozialer Eingebundenheit und der Wunsch nach Anerkennung und Akzeptanz durch andere wie auch nach einer Erhöhung der Selbstachtung, die eine Person dazu motivieren, jene Verhaltensmuster und Standards, die in der sozialen Umgebung gebräuchlich sind und für wichtig erachtet werden, zu übernehmen. Der Drang nach Befriedigung dieser grundlegenden menschlichen Bedürfnisse, die Deci und Ryan (1993) in ihren Ausführungen zur Selbstbestimmungstheorie als sogenannte „basic human needs“ bezeichnen, bildet eine wesentliche motivationale Grundlage für die Entstehung, Aufrechterhaltung und Durchsetzung situativer und/oder individueller Interessen und damit für das allgemeine Wohlbefinden einer Person. Bedürfnisse stellen somit auch eine wesentliche motivationale Grundlage für Partizipation von Eltern dar, weil davon auszugehen ist, dass sie vor allem diejenigen Angebote im Hilfeprozess ergreifen, die ihren Bedürfnissen entsprechen. Nicht nur die Befriedigung der Bedürfnisse an sich hat einen positiven Effekt auf die Eltern, sondern vielmehr auch die Möglichkeit, die Befriedigung mittels eigener Kompetenzen, unter den für sie geeigneten zeitlichen, örtlichen und personalen Bedingungen zu erreichen. Hierdurch erleben sie sich als selbstwirksam und einflussreich in Bezug auf den Hilfeprozess und auf das eigene Leben. Deci und Ryan (ebd.) identifizieren drei angeborene, grundlegende, psychologische Bedürfnisse: Das Bedürfnis nach Kompetenzerfahrung bezieht sich ebenso wie der Begriff der Selbstwirksamkeit auf das Gefühl, mit dem eigenen Verhalten etwas bewirken zu können und sich in der Lage zu sehen, den vorgegebenen Anforderungen gerecht zu werden. Daraus entsteht das Gefühl, mit eigenen Handlungen auf die Ereignisse in der Umwelt kontrollierend Einfluss nehmen zu können. Das Bedürfnis nach sozialer Eingebundenheit bezeichnet den Wunsch des einzelnen Menschen, mit anderen Personen verbunden zu sein bzw. sich einer Gruppe von Menschen, die ihm persönlich wichtig sind, zugehörig zu fühlen und von diesen Menschen akzeptiert und anerkannt zu werden. Das Bedürfnis nach Autonomie bezieht sich auf die Tendenz des Individuums, sich selbst als Ursache des persönlichen Handels erleben zu wollen, selbst zu entscheiden und sich nicht durch Kräfte, die außerhalb der eigenen Person liegen, also heteronom sind, kontrolliert zu fühlen. Autonomie ist dabei zu nicht verstehen als „völlige Unabhängigkeit des Verhaltens von äußeren Einflüssen“ (Bandura 1989, S. 1175) bzw. von der sozialen Umwelt, sondern vielmehr als die Bereitschaft einer Person, ihr Verhalten an den Anregungen, Vorgaben und Normen der sozialen Umwelt zu orientieren, weil sie mit diesen übereinstimmt. Das heißt, ein Mensch handelt z. B. autonom, wenn er ein Gesetz befolgt, das er für richtig hält, oder einem Anstoß für ein bestimmtes Verhalten aus der Umwelt folgt, weil es seiner Überzeugung entspricht (vgl. Krapp/Ryan 2002, S. 64).

In einer minimalen Erfüllung jedes der drei genannten Bedürfnisse liegt die Voraussetzung für Wohlbefinden und Persönlichkeitsentwicklung des Menschen. Verhalten, das sich auf eine Befriedigung dieser drei grundlegenden Bedürfnisse richtet, ist intrinsisch motiviert, das heißt, die Motivation ist unabhängig von Belohnungen und anderen externalen Handlungsveranlassungen. Empirische Befunde weisen daraufhin, dass intrinsische Motivation nur dann auftritt, wenn die handelnde Person sich als hinreichend selbstbestimmt erlebt. Dies meint vor allem von der Person erlebte „innere Übereinstimmung zwischen dem, was sie selbst für wichtig hält und gerne tun möchte und den in der aktuellen Situation geforderten Aufgabenstellungen. Selbst wenn sich eine Person kompetent und hoch wirksam fühlt, wird sie keine intrinsische Motivation entwickeln, wenn sie gleichzeitig das Gefühl hat, von außen kontrolliert zu sein, sei es durch Belohnung, Strafandrohung oder andere Formen von Zwang“ (Krapp/Ryan 2002, S. 59). Wenn z. B. die Teilnahme an Beratungsgesprächen zur Pflicht gemacht wird, wie dies in den Hilfen zur Erziehung selbstverständlich praktiziert wird, wird der Lernerfolg bei Zwang und mangelnder Freiwilligkeit von anderer Qualität sein, als bei intrinsischer Motivation und Freiwilligkeit. Dies gilt auch für die inhaltliche bzw. thematische Ausgestaltung des Beratungsgesprächs: orientiert es sich an den von den Pädagogen für wichtig erachteten Themen oder dürfen Eltern diejenigen Dinge thematisieren, die ihnen „unter den Nägeln brennen“?

Intrinsische Motivation spielt eine wichtige Rolle bezüglich qualitativ anspruchsvoller Formen des Lernens in Lebensbereichen, die durch starke persönliche Interessen der Akteure bestimmt werden, wie z. B. die Auseinandersetzung mit dem eigenen Erziehungsverhalten. Die Unterschiede in den Ursachen der Motivation führen zu Unterschieden hinsichtlich der Persistenz, der Qualität des emotionalen Erlebens und der Art der Handlungsergebnisse (z. B. Qualität des erworbenen Wissens). Im Hinblick auf die Tagesgruppe ließe dies vermuten, dass Eltern, die sich hinsichtlich bestimmter Tätigkeiten einem äußeren Druck ausgesetzt oder zu einem bestimmten Handeln gezwungen sehen, möglicherweise etwas anderes lernen, als wenn sie die gleiche Tätigkeit aus innerer Motivation – also einem inneren Bedürfnis sich mit einem Thema auseinander zu setzen – ausführen würden. Gerade im pädagogischen Kontext kommt es also auf die Qualität der Motivation an. In der Selbstbestimmungstheorie unterscheidet man darum intrinsische und extrinsische Motivation. Auch extrinsisch motiviertes Handeln bietet Lern- und Entwicklungschancen und stellt eine Motivationsquelle von hoher Bedeutung für Klienten in den Hilfen zur Erziehung dar. Als extrinsisch wird Motivation dann bezeichnet, wenn die Handlung nicht der inneren Befriedigung wegen ausgeführt wird, sondern aufgrund der durch die Handlung erzielbaren Folgen, die außerhalb des eigentlichen Handlungsvollzugs liegen. Die verschiedenen Formen extrinsischer Motivation unterscheiden sich in Bezug auf das Ausmaß erlebter Autonomie bzw. Selbstbestimmung und reichen von einer vollkommen durch äußere Anregungsfaktoren wie Belohnung oder Bestrafung verursachten und damit als fremdbestimmt erlebte Regulation über die introjizierte Handlungsregulation und die Identifikation bis hin zur Integration, bei der das Individuum mit einem hohen Maß an Selbstbestimmung handelt, weil es von außen an es herangetragene Ziele, Normen und Handlungsstrategien in das eigene Selbstkonzept integriert und ein starkes persönliches Interesse entwickelt hat. Für Partizipation in den Hilfen zur Erziehung heißt das, dass im Laufe des Hilfeprozesses Menschen dann am ehesten motiviert sind mitzugestalten und mitzubestimmen, wenn die pädagogische Partizipationsaufgabe ihre persönlichen Interessen berührt und ihrer innersten Überzeugung entspricht.

Die Unterscheidung zwischen intrinsischer Motivation und extrinsischer Motivation stellt für das Lernen und die Entwicklung innerhalb der Hilfen zur Erziehung einen wichtigen Anhaltspunkt dar. Sowohl intrinsisch wie extrinsisch motivierte Handlungen bieten die Möglichkeit des Lernens und der Veränderung und beide Formen des Lernens finden auch in der Tagesgruppe statt. Der Unterschied besteht in der Qualität der Motivation. Während intrinsisch motivierte Verhaltensweisen sich auf die Erfüllung der psychologischen Bedürfnisse beziehen, besitzt integriertes extrinsisches Verhalten eine instrumentelle Funktion. Die Entwicklung der Adressaten der Jugendhilfe bzw. der Hilfen zur Erziehung zu verantwortungsvollen, selbstständig handelnden Individuen setzt ein sozialpädagogisches Herangehen voraus, welches die Selbstbestimmtheit der Adressaten zum zentralen Anliegen ihres fachlichen Denkens und Handelns macht. Nur innerhalb partizipativ angelegter pädagogischer Prozesse, in welchen Menschen sich als selbstbestimmt, verantwortlich und selbstwirksam erfahren – also ihr Handeln durch ihre Bedürfnisse und Interessen motiviert wird – können intrinsisch motivierte Handlungen und damit Chancen zur dauerhaften nachhaltigen Entwicklung der Adressaten entstehen. Jordan und Stork führen an, dass eine passive Haltung gegenüber dem Hilfeprozess entstehen kann, wenn Erwachsene und Kinder nicht adäquat und erlebbar beteiligt werden – die Verantwortung wird an die professionellen Helfer abgegeben und die Hilfeleistung sabotiert, weil die Motivation aufgrund der Erfahrung der Macht- und Einflusslosigkeit sinke (vgl. Jordan 1998, S. 522).

1.3.2 Bedürfnisorientiertes Lernen im Rahmen der Elternarbeit in Tagesgruppen mit Hilfe des Konzeptes der „non-direktiven Pädagogik"

Eine an partizipativen Grundsätzen orientierte Eltern- und Familienarbeit in den Hilfen zur Erziehung wird auch in der pädagogischen Fachdiskussion als klare Notwendigkeit erkannt. Die JULE-Studie sieht einen deutlichen Zusammenhang zwischen erfolgreichen Hilfeverläufen und konsequenter, kontinuierlicher Zusammenarbeit mit den Eltern (vgl. BMFSFJ 1998, S. 23). Conen (1990, S. 20) stellt fest: „Zunehmendes Vertrauen und Interesse sowie eine bessere Zusammenarbeit sind Ergebnisse, die sich bei einer systematischen Arbeit mit den Eltern einstellen". Das theoretische Verständnis über Ziele, Inhalte und Methodik von Elternarbeit orientiert sich am Ideal von Partizipation und Selbstbestimmtheit, wie auch Leube bestätigt: „Bei Elternarbeit handelt es sich in erster Linie nicht um Lernen vom Typus Bildung und Schule, sondern um soziales Lernen. Eltern thematisieren und verändern ihre erlernten Rollen als Mütter und Väter, als Frauen und Männer in der Auseinandersetzung mit aktuellen gesellschaftlichen Entwicklungen, neuen Erkenntnissen über Familiendynamik und veränderten eigenen Bedürfnissen" (Leube 1996, S. 159). Eine bedürfnis- und ressourcenorientierte Elternarbeit erlaubt den Eltern, Wertschätzung sowie die Stärkung ihrer elterlichen Rolle zu erfahren. Grundsätzlich beruht Elternarbeit auf dem Konzept des Verständigungshandelns, wobei nicht Erhöhung der Erziehungskompetenz durch Belehrung angestrebt wird, sondern durch Kooperation, Dialog und gegenseitige Bereicherung. Damit rückt die elterliche und professionelle Kooperationsbeziehung in den Vordergrund. „Das „dialogische Prinzip" (Freire 1980) bestimmt den Umgang, in dem Jugendhilfe ihre Vorgaben begründen und in ihrer Nützlichkeit erweisen muss" (Thiersch 1992, S. 28).

Bei Eltern- und Familienarbeit handelt es sich also um Bemühungen zur Unterstützung der familialen Handlungs- und Problemlösungskompetenzen und der Erziehungskompetenzen. Elternarbeit geht in der Regel von der Integration des Kindes in die Bedeutungszusammenhänge seiner Herkunftsfamilie aus und achtet somit die Familie als primäre Sozialisationsinstanz (vgl. Schilling 1997, S. 110). Im Sinne einer Ressourcen- und Bedürfnisorientierung wird versucht, auf die Eltern und deren alltägliche psychosoziale und familiale Belastung einzugehen (Thiersch 1995; Conen 1990; Lambach/Thurau 1987). In den vergangenen Jahrzehnten haben sich verschiedene Perspektivenwechsel in der fachlichen Ausrichtung der um die Familie gruppierten Helferberufe (Pädagogik, Sozialarbeit, Psychotherapie) vollzogen, die stark an einer Zusammenarbeit von Helfer und Klient ausgerichtet und auf die motivierte Mitarbeit, d. h. Partizipation, der Adressaten angewiesen sind. Zu nennen sind in diesem Zusammenhang die systemische Perspektive, die Netzwerkperspektive und der Empowerment-Ansatz, der den Wechsel von der

Defizitorientierung hin zu einer Kompetenz- oder Ressourcenperspektive sehr deutlich macht.

Dennoch stellt Elternarbeit in den Hilfen zur Erziehung oftmals eine „Erziehung“ im Sinne einer zielgerichteten und ergebnisorientierten Veränderung der Eltern dar, mit dem Ziel einer „Erhöhung von Erziehungskompetenz“. Die in der Praxis der Jugendhilfe gängige sozialpädagogische Betreuung, Führung und Beratung im Sinne von direktivem oder auch partnerschaftlichem „Erziehen“ bestimmt auch die Elternarbeit in den Hilfen zur Erziehung in hohem Maße. Die Notwendigkeit einer „Erziehung“ der Eltern ergibt sich aus dem gesellschaftlichen Auftrag, den die Pädagogen übernommen haben und der verhindert, dass sie elterliche Verhaltensweisen, die aus ihrer Sicht dem Kindeswohl entgegenstehen, tolerieren können. Die Tatsache, dass es sich bei den Klienten um erwachsene Menschen handelt, ändert nichts an der Überzeugung der pädagogischen Fachkräfte und oft auch der Klienten selbst, dass diese in Bezug auf ihre Erziehungs- und Alltagsbewältigungskompetenz etwas lernen müssen.

Um Erziehungskompetenz herzustellen, bedarf es bestimmter Vorstellungen und entsprechender pädagogischer Zielsetzungen, die darauf gerichtet sind, den zu Erziehenden zu verändern: „Erziehung impliziert immer ein Nicht-Zufriedensein mit dem Zustand eines Anderen und zugleich die Ambition, ihn so zu ändern, wie es im Sinne des „Erziehers“ richtig ist“ (Hinte 1980, S. 83). Erziehung ist ein auf Einbindung und Anpassung des Individuums an die Gesellschaft ausgerichtetes pädagogisches Tun. Zur gesellschaftlichen Integration bedarf es der Vermittlung gesellschaftlicher Werte und Regeln, die der Pädagoge in Erziehungsziele und geeignete Methoden zu deren Durchsetzung übersetzt. Hierbei übt er Kontrolle über den zu Erziehenden aus, überprüft sein Verhalten anhand gesellschaftlicher Maßstäbe und schränkt so die Lern- und Entwicklungsmöglichkeiten des Individuums ein. Giesecke spricht in diesem Zusammenhang von einem Gewaltverhältnis von Menschen über Menschen (Giesecke 1975, S. 71). So verstanden, bedeutet Erziehung die inhaltliche Vorgabe des Lernstoffes anhand fremdgesetzter Ziele, eine als asymmetrisch zu definierende Beziehung zwischen Helfer und Klient, die Förderung einer passiven konsumorientierten Haltung der Lernenden, eine Einschränkung des kreativen Potentials der Lernenden, eine Objektisierung der Klienten und dadurch die zentrale Erfahrung von Fremdbestimmtheit, in deren Folge die eigene Ohmacht empfunden wird. Von zentraler Bedeutung dabei sind das Ignorieren der Bedürfnisse der Adressaten und die negative Wirkung eines solchen Vorgehens auf deren Lernmotivation. Das „Erziehen“ von Eltern in den Hilfen zur Erziehung läuft auf diese Weise den zu erreichenden Zielen der Wiederherstellung oder Entwicklung von Selbständigkeit, Verantwortungsbewusstsein und Autonomie – der Emanzipation – zuwider:

„Ein durchstrukturiertes Lernzielprogramm zur Förderung sozialer Qualifikationen sabotiert sich selbst, da eine Vorausbestimmung und Außenlenkung des emanzipatorischen Lernprozesses genau den Zielen dieses Prozesses (Eigenständigkeit, Selbstbestimmung usw.) widerspricht. Vorprogrammiertes menschliches Wachstum verkehrt sich ins Gegenteil; es trägt bei zur Entmündigung und berücksichtigt nicht die je unterschiedliche Ausformung dieses Vorgangs bei dem einzelnen Menschen" (Hinte 1980, S. 99).

Für die sozialpädagogische Arbeit in den Hilfen zur Erziehung stellt sich nun die Frage, wie sie vor dem Hintergrund des gesellschaftlichen Hilfe- und Kontrollauftrags die Grundsätze der Lebensweltorientierung, Partizipation und damit der Selbstbestimmtheit der Klienten respektieren kann. Anhand des Konzepts der non-direktiven Pädagogik wollen wir im Folgenden die pädagogische Notwendigkeit von Bedürfnisorientierung, Selbstbestimmung und Partnerschaftlichkeit für einen selbstbestimmten Lern- und Entwicklungsprozess verdeutlichen. Der hier diskutierte Ansatz der „non-direktiven Pädagogik" setzt bei den Interessen und Bedürfnissen der Adressaten bzw. bei ihrer Erfahrung der sie umgebenden Realität an. Anregungen von außen werden dort von den Individuen aufgegriffen, wo diese eine eigene Betroffenheit verspüren und so in intrinsisch motiviertes Handeln übersetzt. Non-direktive Pädagogik nimmt Klienten konsequent als Subjekte ihres eigenen Lebens wahr und setzt deren Recht und Bedürfnis nach Selbstbestimmung voraus. Sie geht davon aus, dass Klienten lernen wollen und dass dieses Lernen im Sinne einer selbstbestimmten Selbstbildung, die auch soziales Lernen und Persönlichkeitsentwicklung einschließt, bestimmten Kriterien folgt, die sich an der Individualität der Adressaten, ihren kulturellen und lebensweltlichen Erfahrungen orientieren. Daraus leiten sich Prioritäten ab hinsichtlich Entwicklungsstand, Interessen und Bedürfnissen, Lerntempo, Auswahl des Lerninhalts sowie der Wahl der Lehrpersonen. Das Konzept der non-direktiven Pädagogik sieht Menschen als „tätige Subjekte ihrer Lebenspraxis" (Hinte 1980, S. 94) und respektiert, dass Menschen sich dann nachhaltig entwickeln, wenn sie ihre Lernerfahrungen machen, in ihrer Umgebung, mit ihren Sinngehalten, mit ihren Werten und mit ihren Zielen.

Idealerweise bedeuten Lernen und Entwicklung einen Prozess gemeinsamer Solidarität von Pädagogen und Eltern, bei dem es kein Über- und Unterordnungsverhältnis gibt, sondern ein Miteinander und ein gemeinsames Bemühen um Problemlösungen. Durch die Nähe und die Symmetrie in der Beziehung kann prinzipiell ein Rollentausch stattfinden, wenn Pädagogen sich gleichermaßen als Lernende und Adressaten sich als kompetente Personen erfahren. Beide „Lernpartner" benötigen hierbei eine Erweiterung ihrer Perspektive hinsichtlich ihrer eigenen Aufgaben und Ressourcen: „Lernende sind (...) keine Objekte, sondern selbstbestimmt handelnde Subjekte, das Verhältnis zwischen Lehrenden und Lernenden, zwischen Pädagogen und Teilnehmern ist ein partnerschaftlich gleichberechtigtes, die Rollen sind prinzipiell austauschbar“ (Kaufhold-Wagenfeld 1996, S. 190). Es wird davon ausgegangen, dass durch das Zulassen der Verwirklichung elterlicher Kompetenzen Pädagogen selbst neue Erfahrungen in ihrer Arbeit sammeln und ihr fachliches Verständnis erweitern können. Hinte bringt das Anliegen dieses Konzeptes auf den Punkt, indem er stellvertretend für all jene in der sozialen Arbeit Tätigen, deren erstes Ziel die (Wieder-) Herstellung der Selbstverfügungskräfte ihrer Klienten sei – eine grundlegende Frage stellt: „Wie kann ich bei einem Individuum – unter den gegebenen gesellschaftlichen Bedingungen – eine möglichst freie Entfaltung und ein möglichst selbstbestimmtes Lernen fördern? Wie kann ich die Bedürfnisse und Interessen des Einzelnen erkennen und ihn ermutigen, dementsprechend zu handeln? Welche Hindernisse stehen dem entgegen?“ (Hinte 1980, S. 93).

In der non-direktiven Pädagogik verbirgt sich eine Haltung zum Klienten, die den Klienten innerhalb der strukturellen Übermacht durch Institution, pädagogischem Fachwissen und individueller Überlegenheit als eigenständiges Subjekt wahrnimmt. Klienten bzw. Adressaten werden also als selbstbestimmte Persönlichkeiten begriffen, die in der Lage sind, eigene Bedürfnisse, Wünsche und Ziele sowie entsprechende Umsetzungsvorschläge zu formulieren, durchzusetzen und den Hilfeprozess als Lernprozess gemäß den eigenen Bedürfnissen begreifen und nutzen zu können. Oder aber dort die unterstützende pädagogische Begleitung durch Sozialpädagogen zuzulassen, wo sie aufgrund situativer oder lebensgeschichtlich erworbener Defizite (noch) nicht selbstbestimmt handeln können. Bedürfnisorientierte non-direktive Pädagogik soll den Weg für selbstbestimmtes Lernen und damit für selbstbestimmte Partizipation öffnen. Uns ist bewusst, dass wir damit ebenso wie in der Partizipationsdiskussion üblich, Partizipation als pädagogisch gesteuertes Instrument zur Unterstützung des Lern- und Entwicklungsprozesses von Klienten fassen. Dennoch unterscheidet sich unser Standpunkt durch das Moment der Selbstbestimmung der Eltern von der bisher vorfindbaren Haltung. Wir versuchen, das gängige Partizipationsverständnis in diesem Sinne zu erweitern und aus den bisherigen pädagogischen Entwicklungslinien das Potenzial für selbstbestimmte Partizipation von Eltern sichtbar zu machen.

Die Institution der Hilfen zur Erziehung mit ihrem eigenen Wertekanon lässt nun den Klienten auf der einen Seite viel Freiheit in ihrer Entwicklung, kann aber auf eigene Maßstäbe (Kindeswohl) nicht verzichten. Die die Ziele der Hilfen zur Erziehung konkretisierenden Trägerinstitutionen übernehmen hierfür die Verantwortung, denn eine non-direktiv ausgerichtete Pädagogik kann aus ihrer Sicht im Hinblick auf Durchsetzung und Erhaltung der vertretenen Werte eher dysfunktional wirken. Die Forderungen der non-direktiven Pädagogik – und ebenso die Forderung nach uneingeschränkter Partizipation – scheinen vom rein pädagogischen Standpunkt aus nachvollziehbar, sie stoßen aber dort an Grenzen, wo es um Normativität und die Umsetzung eines gesetzlichen und gesellschaftlichen Auftrages geht. Die Kontrollfunktion des Pädagogen in den Hilfen zur Erziehung und die sich daraus ergebende Beeinflussung des Lern- und Entwicklungsprozesses kann nicht negiert werden. Die Macht des Pädagogen, auch wenn er sie nicht offensichtlich ausübt, bleibt im Bewusstsein der Beteiligten gegenwärtig, und allein die Möglichkeit einer einseitigen Machtausübung untergräbt das Konzept selbstbestimmter non-direktiver Pädagogik und verhindert gleichzeitig den Idealfall von Partizipation – uneingeschränkte Beteiligung innerhalb einer gleichberechtigten und partnerschaftlichen Beziehung – in den Hilfen zur Erziehung.

Dennoch weist das Konzept einen Weg, mit dem doppelten Mandat der Helfer in einer Weise umzugehen, die auch innerhalb der gegebenen Strukturen und Grenzen Raum schafft für ein hohes Maß an Selbstbestimmtheit und Initiative auf Seiten der Klienten. Dieser Raum kann dann entstehen, wenn durch das Akzeptieren des Klienten als gleichwertigen Beziehungspartner und durch die Einsicht in die Individualität der eigenen Normen beispielsweise die Normativität des Pädagogen als absoluter Wert in Frage gestellt werden kann. Dann können Klienten gleichberechtigt ihre Sicht der Dinge darlegen. Voraussetzung hierfür ist z. B. die Bereitschaft auf pädagogischer Seite, die eigenen Wertvorstellungen zu überdenken. An dieser Stelle wird deutlich, dass eine der wesentlichen Voraussetzungen für die Umsetzung des Ansatzes der non-direktiven Pädagogik – wie auch für gelingende Partizipation, auf der individuellen Ebene – in der Grundhaltung des Pädagogen gegenüber dem Klienten liegt. Das Konzept der non-direktiven Pädagogik als Konkretisierung der Handlungsmaximen Lebenswelt, Alltags- und Bedürfnisorientierung macht aus unserer Sicht den Nutzen und die Notwendigkeit partizipativen Handelns – im Sinne selbstbestimmter Teilhabe – von Eltern in den Hilfen zur Erziehung deutlich.

1.4 Aufgabenstellung, Zielgruppe und Zielsetzung der Erziehung in einer Tagesgruppe

„Hilfe zur Erziehung in einer Tagesgruppe soll die Entwicklung des Kindes oder des Jugendlichen durch soziales Lernen in der Gruppe, Begleitung der schulischen Förderung und Elternarbeit unterstützen und dadurch den Verbleib des Kindes oder Jugendlichen in seiner Familie sichern. Die Hilfe kann auch in geeigneten Formen der Familienpflege geleistet werden" (§ 32 KJHG).

Tagesgruppen sind ein Angebot für Kinder und Jugendliche im schulpflichtigen Alter, die im Rahmen eines pädagogisch gestalteten Gruppensettings und unter Einbeziehung ihrer Bezugsfelder Familie und Schule eine intensive pädagogisch-therapeutische Förderung erhalten sollen. Es handelt sich dabei um Jungen und Mädchen mit einem besonderen Förder- und Betreuungsbedarf, der zumeist aus einer starken familiären Belastung resultiert und oft mit Entwicklungsstörungen und Verhaltensproblemen einhergeht. In der Regel besuchen die Kinder und Jugendlichen die Tagesgruppe nach der Schule, werden bis zum frühen Abend pädagogisch und/oder therapeutisch betreut und kehren dann wieder in ihre Familien zurück. Diese Art der Hilfe kommt dann in Betracht, wenn die Familie trotz ihrer besonders belasteten Lebenssituation noch über ausreichend Ressourcen verfügt, um eine Versorgung des Kindes zu gewährleisten, und wenn sie darüber hinaus eine Bereitschaft zur Mitwirkung zeigt. Diese Form der Erziehungshilfe kann in Tagesgruppen oder auch in dafür geeigneten Tagespflege-Familien erfolgen, wobei der Tagesgruppenerziehung in einer Familie in der Praxis eine untergeordnete Bedeutung zukommt.

Das Angebot „Tagesgruppe“ soll die Vorteile intensiver stationärer Betreuung – vor allem ein flexibles, bedarfsgerechtes Angebot pädagogischer und therapeutischer Möglichkeiten – mit den Vorteilen ambulanter Hilfen, mit ihrer Orientierung an der Lebenswelt der Kinder und ihrem familiären Kontext verbinden. Bei grundsätzlich tragfähigen Beziehungen innerhalb der Familie liegt ein weiterer Vorteil der Tagesgruppe darin, dass sie möglicherweise einen weniger starken Eingriff in den privaten Lebensraum der Familie darstellt als die sozialpädagogische Familienhilfe bzw. eine Unterbringung der Kinder außerhalb der eigenen Familie.

Diese Hilfe setzt in hohem Maße die Bereitschaft der Eltern zur Mitarbeit voraus und ist damit nur begrenzt als Substitut für eine Unterbringung außerhalb des Elternhauses zu betrachten. Die Tagesbetreuung im Kontext der Hilfen zur Erziehung hebt sich bezüglich der Voraussetzungen, der Ziele und der Kostenregelungen von der Förderung der Kinder in Tageseinrichtungen nach §22 KJHG ab. Von großer Bedeutung sind in diesem Zusammenhang auch die Bestimmungen über Mitwirkung und Hilfeplan (§36 KJHG) und Zusammenarbeit bei Hilfen außerhalb der eigenen Familie (§37 KJHG).

Die im Gesetz genannten Arbeitsziele umfassen im Wesentlichen folgende Punkte:

- soziale Gruppenarbeit, durch die die emotionale Entwicklung und eine Stabilisierung des Kindes gefördert bzw. die Einübung sozialen Verhaltens und eine Integration in die Gruppe erreicht werden sollen

- individuelle Förderung durch sozialpädagogische und therapeutische Angebote für das einzelne Kind
- Begleitung und Förderung der schulischen Entwicklung z. B. durch Hausaufgabenhilfe, aber auch die Bearbeitung von Schulängsten, Schulverweigerung oder misslungener Integration in die schulische Lerngruppe
- Elternarbeit soll die Verbesserung und Stabilisierung der Beziehungen zwischen Eltern und Kindern ermöglichen, Elternarbeit kann z. B. in Form von Hausbesuchen, Elternnachmittagen oder Elterngesprächen erfolgen.

Die Umsetzung dieser Arbeitsziele in der pädagogischen Praxis der Tagesgruppen erfolgt in unterschiedlicher Art und Weise. Gemeinsam ist den Tagesgruppen jedoch, dass sie sich als ein Lern-, Erfahrungs- und Erlebnisfeld für Kinder und Jugendliche verstehen, in dem diese im Rahmen unterschiedlicher Angebote und Aktivitäten vielfältige Möglichkeiten zur Entwicklung und Entfaltung eigener Fähigkeiten, zu Selbsterfahrung und zur Bearbeitung von Problemen und Auffälligkeiten im Bereich des sozialen Verhaltens finden können. Einen wichtigen Aspekt innerhalb dieses Feldes stellen die Beziehungen dar, die zwischen den Kindern und Jugendlichen, aber auch zwischen den Kindern und den Pädagogen entstehen. Sie stellen eine Grundlage für die Bearbeitung und Verarbeitung früherer oder aktueller Beziehungserfahrungen der Kinder z. B. in der Familie dar; Verhaltensmuster, die in anderen Bezugsfeldern zu Problemen führen, können vor dem Hintergrund neuer Beziehungserfahrungen reflektiert und verändert werden. Zugleich sollen die Kinder und Jugendlichen durch eine klare Strukturierung von Tages-, Wochen- und Jahresablauf sowie durch spezifische Regeln und Rituale Orientierung und Sicherheit erhalten.

Auch die Begleitung der schulischen Förderung nimmt, der gesetzlichen Vorgabe folgend, einen breiten Raum innerhalb der Tagesgruppenarbeit ein. Meist ist im Tagesablauf ein fester Zeitraum vorgesehen, in dem sich die Kinder und Jugendlichen mit schulbezogenen Aufgaben beschäftigen und dabei von den pädagogischen Mitarbeitern unterstützt werden. Die schulbezogene Förderung besteht in manchen Tagesgruppen nicht nur in der Erledigung der Hausaufgaben, sondern darüber hinaus werden – nach Rücksprache mit den Lehrkräften – oft noch ergänzende Förderungen z. B. zur Konzentrationssteigerung durchgeführt. Für diese Aufgaben steht in der Regel jedem Kind und Jugendlichen ein eigener Arbeitsplatz in der Tagesgruppe zur Verfügung. Die starke konzeptionelle Gewichtung der schulbezogenen Förderung ist vor allem darauf zurückzuführen, dass schwerwiegende Probleme im Bereich der Schule in sehr vielen Fällen der Auslöser für die Aufnahme des Kindes oder

Jugendlichen in die Tagesgruppe sind. Eine dem Kind oder Jugendlichen bei der Bewältigung seiner Probleme dienliche Zusammenarbeit von Tagesgruppe und Schule setzt regelmäßige Gespräche von Lehrkräften und Tagesgruppenpädagogen voraus, in denen eine Abstimmung der Aufgaben, aber auch eine Klärung der gegenseitigen Erwartungen erfolgen muss.

Ebenfalls konzeptioneller Bestandteil von Tagesgruppenarbeit ist die Zusammenarbeit mit den Eltern bzw. der Familie des Kindes oder Jugendlichen, die einer Unterstützung der familialen Handlungs- und Problemlösungskompetenzen bzw. der Erziehungskompetenzen dient. Die sozialpädagogische Arbeit mit Kindern und Jugendlichen soll auch in deren häuslichem Umfeld wirksam werden und eine Veränderung der oft als problemauslösend zu betrachtenden familiären Rahmenbedingungen herbeiführen. Dieses Ziel wollen Tagesgruppen durch differenzierte und vielfältige Angebote zur Beteiligung, Begleitung und Beratung erreichen. Die Zusammenarbeit mit den Eltern kann auf sehr unterschiedliche Weise erfolgen (vgl. Lambach/Thurau 1992; Thiersch 1998) und umfasst alles vom spontanen, eher informellen Gespräch mit einem oder beiden Elternteilen, über Familientherapiesitzungen mit der gesamten Familie bis hin zu Hospitationsbesuchen im Elternhaus. Durch diese Angebote sollen die Bedingungen für das Zusammenleben in der Familie so weit verbessert werden, dass die Eltern nach dieser Phase der Entlastung, Unterstützung und Anleitung durch die Tagesgruppenmitarbeiter ihre Erziehungsverantwortung wieder allein übernehmen können. Ausgangspunkt und Grundlage der Zusammenarbeit von Eltern und pädagogischen Fachkräften ist der Hilfeplan, der in gemeinsamen Gesprächen mit den Fachkräften des Jugendamtes, der Tagesgruppe, dem Kind oder Jugendlichen und dessen Eltern bei Aufnahme des Kindes in die Gruppe erstellt wird. Er enthält die von allen Parteien vereinbarten Ziele für die Hilfe und die für das einzelne Kind erforderlichen pädagogisch-therapeutischen Maßnahmen und soll so auch zu einer Klärung der gegenseitigen Erwartungen und Forderungen beitragen.

1.4.1 Strukturelle und institutionelle Rahmenbedingungen von Tagesgruppenarbeit

Die Tagesgruppe als lebensweltbezogene, familienergänzende Hilfe hat unter anderem die Ziele, Erfahrungen zu vermitteln, die an die Alltagswirklichkeit von Klienten anschließen, mit Kindern und deren Eltern neue Perspektiven für Alltag und Lebensgestaltung zu entwerfen, sowie Ressourcen und Kompetenzen von Klienten zu entdecken und zu entwickeln. Wie jede Organisation muss sie ihre Strukturen den ihr innewohnenden Zielsetzungen anpassen. Hierbei spielen zum einen die im KJHG verankerten Zielsetzungen, die handlungsleitende Orientierung bieten, eine Rolle, zum anderen aber auch das Leitbild des Trägers, die Einstellungen der Mitarbeiter beispielsweise zur Rolle von Klienten und Experten im Hilfeprozess oder ihre Einstellung zur Aufgabe von Tagesgruppen, ihre Qualifikationen und Interessen sowie materielle Rahmenbedingungen, personelle und zeitliche Ressourcen. Hieraus folgen organisationsbezogene Konsequenzen, die gleichzeitig als Charakteristika der Tagesgruppe gelten können:

- eine geringe Anzahl von Mitarbeitern, die gewissermaßen „Multitalente" sein müssen, weil sie in Personalunion anspruchsvolle Aufgaben wie kindbezogene Einzel- und Gruppenarbeit, elternbezogene Einzel- und Gruppenarbeit, Zusammenarbeit mit externen Stellen wie Schulen und Jugendämtern und Leitungsaufgaben zu bewältigen haben. Dadurch kommt es zu einer geringen Festlegung von bestimmten Aufgaben und Personen, die diese Aufgaben erfüllen: „Die Verwirklichung lebensfeldbezogener Handlungsstrategien stellt jeden Mitarbeiter vor ein breites Aufgabenfeld, innerhalb dessen unterschiedlichste Qualifikationen und Lösungsansätze zum Einsatz kommen müssen, die nicht von vornherein auf bestimmte Personen spezifiziert sind. Die daraus folgende hohe Eigenverantwortlichkeit hat eine entsprechende Entscheidungskompetenz zur Voraussetzung. (vgl. Moch 1989, S. 500, entnommen aus Lambach/Thurau 1992, S. 59). Im Sinne unserer Fragestellung erscheint es interessant, inwieweit dieser hohe Anteil an Eigenverantwortlichkeit und die individuellen Möglichkeiten der Gestaltung sich für Eltern und Pädagogen unterscheiden und inwieweit die Pflicht zur Anpassung an feste Strukturen auf der einen und die Chance zur selbstbestimmten Veränderung von Strukturen auf der anderen Seite Konfliktpotenzial enthalten.
- vorausgesetzte und erwünschte Milieunähe, die bedingt, dass Tagesgruppen auf der organisatorischen Ebene umweltoffen und sich der Umwelt anpassend sein müssen. Milieunähe bedeutet Einbeziehung des umgebenden Sozialraums in die pädagogische Arbeit, aber auch Öffnung für die milieubezogenen Probleme der Klienten. Flexibilität, Offenheit und Bereitschaft zur Veränderung sind Eigenschaften, die Tagesgruppenmitarbeiter im Besonderen mitbringen müssen.
- Einbindung in eine größere Trägerorganisation. Ist die Tagesgruppe Teil eines größeren Trägers, ergeben sich für die Mitarbeiter Vorteile, aber auch Einschränkungen. Zu denken ist hier an finanzielle, materielle und personelle Ressourcen oder an die Möglichkeit eines fachlichen Austausches über die Tagesgruppe hinaus, aber auch an Probleme wie ein unpassendes Rahmenkonzept, Unflexibilität im Gegensatz zur Anforderung der flexiblen schnellen Alltagshilfe oder mangelnde Bedeutung der Hilfeart im Vergleich zu anderen möglicherweise einträglicheren Hilfen im Aufgabenbereich des Trägers.

Allgemein zeichnen sich Tagesgruppen auf der organisationellen Ebene aus durch eine geringe hierarchische Distanz zwischen solchen Personen, die Probleme definieren, Maßnahmen wählen und Aufgaben zuweisen und solchen, die Probleme angehen, Lösungswege ausprobieren und im Alltagshandeln Grenzen erleben. In diesem Sinne bieten die geringe Größe und die flache Hierarchie der Organisation Tagesgruppe eine gute Voraussetzung für Rollenveränderungen der Akteure, weil die Möglichkeit besteht,

- auf Anregungen seitens der Eltern relativ spontan einzugehen
- dass Eltern in der kleinen „Organisation Tagesgruppe" einen relativ hohen Stellenwert einnehmen und jedem Individuum genügend Aufmerksamkeit entgegengebracht werden kann
- dass Eltern in ihre Tagesgruppe im Laufe des Hilfeprozesses „hineinwachsen" und sich mit ihr identifizieren, so dass die Motivation entstehen kann, gestaltend Einfluss zu nehmen
- dass Eltern die Möglichkeit haben, zu anderen Eltern, aber auch zu pädagogischen und hauswirtschaftlichen Fachkräften eine Beziehung aufzubauen.

Die Forderung des KJHG nach einer umfassenden Beteiligung von Kindern, Jugendlichen und ihren Eltern bzw. Personensorgeberechtigten in die Praxis der täglichen pädagogischen Arbeit im Feld der erzieherischen Hilfen umzusetzen, ist eine anspruchsvolle Aufgabe. Die Voraussetzung für ein Gelingen von Partizipation im pädagogischen Alltag besteht einerseits darin, dass partizipative Strukturen in die Institutionenlogik der Organisationen der Kinder- und Jugendhilfe aufgenommen werden, andererseits muss eine an der Partizipation von Adressaten interessierte Einstellung auch Bestandteil des beruflichen Selbstverständnisses der pädagogischen Fachkräfte werden. Die für Tagesgruppen charakteristischen institutionell-organisatorischen Voraussetzungen bestimmen wesentlich mit, in welchem Umfang sich Beteiligung und selbstbestimmtes Handeln in die Praxis der täglichen Arbeit integrieren lassen: so ergeben sich aus der flachen Hierarchie und der überschaubaren Zahl von Mitarbeitern mit etwa gleichberechtigten Entscheidungskompetenzen kurze Entscheidungswege innerhalb der Tagesgruppe und damit für alle Beteiligten die Möglichkeit, über wechselseitige Information und informelle Kommunikation gestaltend Einfluss zunehmen, Veränderungsprozesse zu initiieren und durchzusetzen.

Der verstärkte Bezug der Tagesgruppe zu der sie umgebenden Umwelt hingegen bedeutet nicht nur eine stärkere Orientierung der pädagogischen Arbeit an der Lebenswelt der Adressaten, sondern er kann – beispielsweise über Kontakte zu anderen Institutionen wie etwa Vereinen oder Initiativen – neue

Kooperationsfelder erschließen, Ressourcen mobilisieren und Eltern, Kindern, Jugendlichen und pädagogischen Fachkräften eine Einflussnahme auf die sie umgebenden umweltlichen Bedingungen ermöglichen.

Auch die Einbindung der Tagesgruppe in eine größere Trägerorganisation beeinflusst die Beteiligungsmöglichkeiten der Klienten. Hier ist danach zu fragen, inwieweit der Partizipation von Adressaten als fachlichem Standard moderner Jugendhilfe besondere Relevanz eingeräumt wird. Dies betrifft beispielsweise das zeitliche Budget, dass den Fachkräften zur Verfügung steht, um Partizipationsprozesse zu initiieren und gegebenenfalls zu unterstützen. Mit Blick auf unsere Fragestellung heißt das, dass die Pädagogen der Tagesgruppe einerseits Zeit und Raum finden müssen, mit Eltern in einen Dialog über neu auszuhandelnde Ziele, Regeln oder Strukturen zu treten bzw. Eltern zur Übernahme von Verantwortung zu ermutigen und sie bei der Bewältigung neuer Aufgaben zu unterstützen, dass sie andererseits aber auch den Eltern Zeit und Raum lassen können, eigene Vorstellungen und Perspektiven einzubringen. Das zeitliche Budget bezieht sich jedoch nicht nur auf die unmittelbare Interaktion mit den Adressaten, sondern muss den Fachkräften auch die Möglichkeit bieten, das eigene fachliche Handeln vor dem Hintergrund partizipativer Orientierung vorzubereiten, auszuarbeiten und zu reflektieren. Ob und welche zeitlichen Ressourcen den Fachkräften in einer Einrichtung für ein an Partizipation von Adressaten orientiertes Vorgehen zur Verfügung stehen, hängt nicht zuletzt davon ab, welche Relevanz der Beteiligung von Adressaten aus institutioneller Sicht beigemessen wird. In diesem Zusammenhang stellt sich die Frage, ob und in welcher Form Partizipation als zentrales Moment sozialpädagogischen Handelns im pädagogischen Konzept einer Einrichtung oder eines einzelnen Angebotes oder auch im Leitbild eines Trägers verankert ist. Vor allem die konzeptionelle Verankerung macht die konsequente Umsetzung von Partizipation verbindlich und ermöglicht eine gemeinsame (Weiter-)Entwicklung und Reflexion von Handlungsansätzen und Verfahren. Darüber hinaus sichert diese Form institutioneller Verankerung von Partizipation als integralem Bestandteil des organisatorischen und strategischen Handelns die fachliche Auseinandersetzung der Institution und ihrer Mitarbeiter mit diesem Thema, zum Beispiel durch das Angebot entsprechender Fortbildungen und Schulungen. Da die Konzeptionen einzelner Einrichtungen innerhalb eines Trägers zumeist in Abstimmung und Zusammenarbeit mit dessen Repräsentanten erstellt werden, haben das Leitbild der Trägerorganisation bzw. deren formulierte Organisationsziele einen maßgeblichen Einfluss auf die konzeptionelle Gestaltung eines Angebotes. Wird Partizipation von Adressaten auf dieser Ebene eine Priorität vor anderen Zielen verliehen, findet diese Zielsetzung in der pädagogischen Konzeption und damit in der pädagogischen Arbeit ihren Niederschlag.

Einen weiteren wesentlichen Faktor im Hinblick auf die Partizipation von Adressaten und deren Recht auf Selbstbestimmtheit stellen die Rahmenbedingungen auf der individuellen Ebene dar, das heißt die individuellen Voraussetzungen auf Seiten der pädagogischen Mitarbeiter. Zu nennen sind hier in erster Linie Kompetenzen und Qualifikationen der Mitarbeiter im Hinblick auf Methoden und Verfahren einer partizipativ orientierten Eltern- und Familienarbeit bzw. das berufliche Selbstverständnis des einzelnen Mitarbeiters und die sich daraus ergebenden Einstellungen zur Rolle von Adressat und Helfer bzw. zu Wesen und Ziel sozialpädagogischer Arbeit. Dabei scheint die persönliche Haltung einer Fachkraft zur Partizipation von Adressaten auch durch im Mitarbeiterstatus persönlich erfahrene Beteiligung oder Nicht-Beteiligung beeinflusst zu sein. Erfahren sich Mitarbeiter bei wichtigen, die Gruppe betreffenden Entscheidungen wie etwa Personalentscheidungen als wirksam beteiligt, stehen sie einer Einflussnahme der Adressaten auf die Gestaltung der pädagogischen Arbeit eher positiv und offen gegenüber. Erleben sie sich jedoch in einer Position, die ihnen das Recht zu Mitsprache und Mitbestimmung bei wichtigen Entscheidungen abspricht, kann dies eine durch Ablehnung und Unverständnis bestimmte Haltung gegenüber einer stärkeren Beteiligung von Adressaten nach sich ziehen. Schließlich erscheint es wenig einsichtig, dass die Adressaten sozialpädagogischer Arbeit mehr Einfluss auf die Gestaltung der Arbeit haben sollen als jene, die diese Arbeit leisten (DJI 2003).

Die Rahmenbedingungen der Tagesgruppenarbeit erscheinen günstig für eine pädagogische Arbeit, die an der Maxime der Partizipation von Eltern und Kindern als Adressaten dieser Form der erzieherischen Hilfe orientiert ist. Zum einen ist sie als eine relative junge Hilfeform in einer Zeit sowohl gesellschaftlicher als auch politischer Umbrüche entstanden, in der im Zuge der allgemeinen gesellschaftlichen Demokratisierungsbestrebungen und einer sich daran entzündenden kinder- und jugendhilfepolitischen Fachdebatte individuelle Rechte der Klienten wie das Recht auf Emanzipation oder Autonomie in den Vordergrund rückten, so dass Partizipation von Adressaten programmatischer Bestandteil der pädagogischen Arbeit in vielen Tagesgruppen ist. Zum anderen ist die Zusammenarbeit mit den Eltern der betreuten Kinder gesetzlicher Auftrag und konzeptioneller Kerngedanke der Tagesgruppenarbeit. Im Hinblick auf eine Partizipation von Eltern bleibt – nicht zuletzt angesichts der geschilderten strukturellen Widersprüche und individueller Widerstände – zu fragen, inwieweit „Elternbeteiligung“ meint, dass Eltern an allen sie betreffenden Entscheidungen beteiligt werden, oder ob „Elternbeteiligung“ nicht vielmehr darauf reduziert bleibt, dass innerhalb von Angeboten der Elternarbeit mit oder an Eltern gearbeitet wird und eine kontrollierende bzw. fürsorgliche Haltung im Umgang mit den Eltern deren Erfahrungen von Abhängigkeit und eigener Unwirksamkeit verstärkt. Tatsächlich aber weisen die vielfältigen Bemühungen einer Veränderung von Elternarbeit zum Beispiel im Bereich der Heimerziehung darauf hin, dass die Umsetzung des Partizipationsgedankens in den Hilfen zur Erziehung im Vergleich zu anderen Jugendhilfeeinrichtungen wie etwa Kindergärten oder im Vergleich zur Sozialisationsinstanz Schule deutlich fortgeschritten ist. Bezogen auf die Eltern kann dies allerdings zur Folge haben, dass sie sich aufgrund der im Vergleich zu anderen Institutionen als stark erlebten Beteiligung bereits in besonderer Weise wertgeschätzt fühlen und kein Bedürfnis verspüren, darüber hinaus Mitspracherechte einzufordern. So kann der in anderen gesellschaftlichen Bereichen wahrgenommene geringere Stand der Partizipationsorientierung die Entwicklungsdynamik partizipativer Strukturen in der Kinder- und Jugendhilfe insofern hemmen, als dass eine Verringerung des Einsatzes zur Förderung von Partizipationsmöglichkeiten legitimiert wird (DJI 2003, S. 23.)

1.4.2 Elternarbeit in der Tagesgruppe als Antwort auf vielfältige Problemlagen und Elternbedürfnisse

Elternarbeit wird im Rahmen der Hilfen zur Erziehung, im Besonderen aber in Bezug auf die Tagesgruppenarbeit, vom Gesetzgeber und in der Fachdiskussion als unverzichtbarer elementarer Bestandteil der pädagogischen Arbeit gewertet. (vgl. Späth 2001, S. 585; Krüger 1998, S. 162). Die Elternarbeit in Tagesgruppen stellt sich als ein großes, unübersichtliches und sehr vielfältiges Feld dar. Sie orientiert sich im Wesentlichen an den pädagogischen Konzepten der jeweiligen Tagesgruppen, die hiermit ihrerseits auf spezifische Weise den gesetzlichen Auftrag, die Stärkung der Erziehungskompetenz der Eltern und die Stabilisierung der Familie zu konkretisieren und in methodische Ansätze zu transformieren suchen. Die Angebote der Elternarbeit orientieren sich gleichermaßen an den Problemlagen von Eltern, Kindern oder ganzen Familien und sollen den oben skizzierten Problemlagen effektiv begegnen. Das bundesweit bestehende Angebot an Elternarbeit in Tagesgruppen stellt sich differenziert und vielfältig dar, wobei zum Standard folgende Angebote gehören:

- Elternabende bzw. Elternseminare, die themenspezifisch ausgerichtet sind und die Erfahrungen der Eltern einbeziehen
- Regelmäßige Einzelgespräche mit den Eltern
- Hausbesuche mit den Zielsetzungen Beratung, Erkundung des Lebensfeldes und als vertrauensbildende Maßnahme
- Hilfeplangespräche
- Familiennachmittage und Familienfeste, sowie Feiern in zeitlicher Nähe zu den Festtagen des Jahres (Ostern, Weihnachten)

- Familienfreizeiten an den Wochenenden und in den Ferien
- Hospitation von Eltern in der Tagesgruppe
- Familientherapeutisch orientierte Einzel- und Gruppenangebote an die Eltern
- spezielle methodisch ausgerichtete Angebote, z. B. Video-Beobachtung (vgl. Späth 2001, S. 587)
- Informelle Gespräche mit Eltern, direkt oder telefonisch (vgl. Lambach/Thurau 1992, S. 265)

Systematische Elterngespräche gehören in den meisten Tagesgruppen der Bundesrepublik zum Kern der Elternarbeit. Daneben existieren verschiedene Aktivitäten mit Eltern, die eher sozio-emotionale Bedürfnisse von Eltern befriedigen sollen. Diese Angebote dienen dem Kennenlernen und der Vertiefung des persönlichen Kontaktes (vgl. Lambach/Thurau 1992, S. 265).

Der Hausbesuch gehört zu den eher seltenen Formen der Elternarbeit. Es gibt aber auch Tagesgruppen, in denen ganz auf die Zusammenarbeit mit einigen oder allen Eltern verzichtet wird. Die JULE-Studie wies auf den möglichen Zusammenhang zwischen erfolgreichem Hilfeverlauf und Elternarbeit hin (vgl. BMFSFJ 1998, S. 183). Insgesamt konnte diese Studie bei 73% der Hilfeverläufe eine Zusammenarbeit mit den Eltern nachweisen. Lambach und Thurau unterscheiden Tagesgruppen in behandlungsorientierte und betreuungsorientierte Gruppen. Sie kommen zu dem Schluss, dass behandlungsorientierte Gruppen über dreimal so viele intensive Elterngespräche durchführen wie betreuungsorientierte Gruppen. Sie weisen überdies darauf hin, dass die Väter sehr viel weniger in diese Gespräche einbezogen werden als die Mütter. Dies mag zum einen auf die Tatsache zurückzuführen sein, dass häufig allein erziehende Mütter Klienten von Tagesgruppen sind, aber auch darauf, dass Väter sich häufig aus unterschiedlichen Gründen weniger an der Elternarbeit beteiligen.

Für alle gruppenbezogenen Angebote in der Elternarbeit formulieren die Pädagogen folgende Zielsetzungen:

- gegenseitiges Kennenlernen der Eltern
- Beobachtung des Kindes im Umgang mit anderen durch die Eltern
- Beobachtung der Interaktion von Kind und Eltern durch Pädagogen
- Weiterentwicklung des Umgangs der Eltern mit dem Kind durch Beobachtung des Umgangs der Pädagogen mit den Kindern
- Mitgestaltung des Angebotes durch Eltern
- Eltern können Kompetenzen öffentlich zeigen (z. B. Kochen, Gartenarbeit)

Ein allseits bekanntes Problem in der Elternarbeit stellt die oftmals geringe Bereitschaft der Eltern zur Mitarbeit dar. Leube (1996, S. 160) stellt fest, dass gerade Eltern aus unteren Bildung- und Einkommensschichten, die einen großen Teil der Klientel der Jugendhilfe ausmachen, sich vielen Angeboten der Elternarbeit gegenüber verweigern oder zumindest nicht ganz öffnen. Gerade sozial benachteiligte und mehrfach (z. B. durch Armut und Arbeitslosigkeit) belastete Eltern können sich durch Erwartungen, die ihre Bedürftigkeit nicht genügend einbeziehen, nicht verstanden oder überfordert fühlen. Bei anderen Eltern führt möglicherweise eine Herangehensweise, die sie als eine Bestätigung ihres erzieherischen Misserfolges erleben, zu einer Verweigerungshaltung. Weitere Gründe für oft geringe Beteiligung von Eltern an Angeboten der Elternarbeit, für nur sporadische Teilnahme oder gänzliches Verweigern liegen aber nicht nur in der oft unfreiwilligen Inanspruchnahme der Hilfen zur Erziehung und der daraus resultierenden mangelnden Motivation. Vielmehr spielen eigene Kindheitserfahrungen mit Jugendhilfe, die Mehrfachbelastung durch Familie und Beruf, eine Geringschätzung von Expertenwissen durch Eltern, Angst, zu versagen und die empfundene Belastung durch die Problematisierung von eigenen Denk- und Verhaltensweisen etc. in diesem komplexen Zusammenhang eine Rolle.

In den von uns untersuchten Tagesgruppen wurde eine Vielzahl von Angeboten der Elternarbeit registriert. Diese Angebote präsentierten sich im Wesentlichen als festgelegte Möglichkeiten bzw. Verpflichtung der Mitarbeit von Eltern.

Hier ergaben sich aus Sicht der befragten Mitarbeiter charakteristische Schwierigkeiten:

A: „Eltern zeigen sich nicht motiviert, kontinuierlich und engagiert an den Angeboten teilzunehmen“:

- Es gibt einen großen Spielraum hinsichtlich der Anforderung an Eltern, sich zu beteiligen. Einige Eltern arbeiten sehr engagiert, andere wiederum kaum mit. Die Motivation der Eltern zur Mitarbeit stellt sich als langwierige Aufgabe dar, für die nicht genügend Ressourcen vorhanden sind
- Eltern erscheinen nicht zur Elternarbeit, es wird schon der informelle Kontakt schwierig, manche lassen sich nicht fassen, sind verschlossen, blocken alle Kontaktversuche ab
- Manche Eltern sehen keinen pädagogischen Sinn in ihrer Mitarbeit bei Dingen, die über die Kindererziehung hinausgehen, wie z. B. Gartenarbeit, Kochen und weigern sich
- Elternarbeit wird häufig geschlechtsspezifisch angeboten und genutzt
- Eltern melden keine eigenen Wünsche bezüglich Mitarbeit in der Tagesgruppe an, sie identifizieren sich nicht oder nur wenig mit den Angeboten

der Elternarbeit. Die Motivation von Eltern, von sich heraus aktiv zu werden, z. B. bei der Umsetzung von eigenen Vorschlägen, ist oft eher gering
- Eltern zur Mitarbeit zu motivieren, stellt sich als langwierige Aufgabe dar, für die nicht genügend Ressourcen zur Verfügung stehen
- Elternbedürfnisse geraten manchmal in Konflikt mit Regeln und Tagesstruktur der Tagesgruppe
- Manche Eltern lehnen bei Gruppenaktivitäten die Verantwortung für andere Kinder als ihr eigenes ab
- Wenn Eltern nicht umfangreich an der Hilfeplangestaltung beteiligt werden, wirkt sich das auf die Gestaltung der Hilfe aus: sie arbeiten an fremdbestimmten Zielen nicht motiviert mit, es fehlt ihnen oft an Mut, sich gegen ihnen nicht zusagende Hilfeplanziele auszusprechen
- Eltern schätzen ihren Einfluss auf den Hilfeprozess eher gering ein

B: „Rahmenbedingungen und Hilfsangebote, die nicht an der Zielgruppe orientiert sind, werden nicht angenommen."

- Wenig konkrete Hilfepläne bieten den Pädagogen nur wenig Orientierung hinsichtlich der Gestaltung der Elternarbeit
- Eltern scheinen nicht zu wissen, welche Aufgabe sie innerhalb der Tagesgruppe übernehmen sollen und sitzen die Zeit ab
- Bei einer zu starken Fixierung auf das Konzept und zu wenig Berücksichtigung der Bedürfnisse und Probleme der Eltern könnten Eltern die Hilfe abbrechen
- Formelle Gespräche, wie z. B. Beratungsgespräche, schüchtern solche Eltern ein, die in der Gesprächsführung ungeübt sind
- Konzentriertes Arbeiten in Elterngesprächen kann Einzelne überanstrengen/überfordern
- Eltern und Pädagogen haben teilweise unterschiedliche Zielvorstellungen: Eltern nutzen Angebote als Freizeit und überlassen den Pädagogen die Betreuung der Kinder, die Pädagogen ihrerseits möchten die Eltern in der Interaktion mit ihren Kindern erleben. In Beratungsgesprächen sprechen Eltern teilweise eher über ihre eigene Befindlichkeit, als über Eltern-Kind-Probleme

C: Beziehung Eltern/ Pädagogen:

- Manche Eltern fühlen sich in der Elternarbeit beobachtet und kontrolliert. Sie empfinden Hinweise auf alternative Umgehensweisen mit ihrem Kind als Bevormundung
- Eltern merken, wenn Pädagogen unterschiedliche Informationen über sie besitzen und nutzen dieses zu ihrem Vorteil aus, d.h. sie missbrauchen das Vertrauen der Pädagogen

- Ein Vertrauensverhältnis ist schwer aufzubauen, weil Eltern befürchten, dass im Zuge der engen Kooperation zwischen Tagesgruppe und Jugendamt Informationen an die Sozialarbeiter weitergegeben werden, die letztlich zur Herausnahme des Kindes aus der Familie führen könnten
- Eltern vertrauen einem Pädagogen problematische, das Kindeswohl betreffende Dinge an und übersehen, dass diese Informationen an das Jugendamt weitergegeben werden müssen. Eltern erleben diese Weitergabe von Informationen als Vertrauensbruch und stellen die Beziehung zu den Pädagogen in Frage
- Elternpaare haben die Tendenzen, Pädagogen in ihre Konflikte einzubeziehen, indem sie sie dazu verführen wollen, Partei zu ergreifen
- Eltern neigen zur Grenzüberschreitung, werden zu persönlich
- Manchmal müssen sich die Pädagogen von den allgegenwärtigen Eltern abgrenzen, wenn sie etwas Dienstliches zu besprechen haben, oder einfach mal Pause machen wollen. Nicht alle Eltern können damit umgehen
- Eltern fixieren sich gerne auf einen Pädagogen als Ansprechpartner
- Eltern empfinden die Pädagogen als Konkurrenten um die Zuneigung des Kindes
- Eltern entwickeln mitunter Gefühle von Inkompetenz, Neid oder Konkurrenz, wenn sie erleben, welche Möglichkeiten den Kindern in der Tagesgruppe geboten werden. Pädagogen verfügen nicht nur über großzügige Mittel in der Freizeitgestaltung, sondern auch über viel Zeit und Geduld im Umgang mit den Kindern
- Massive Mitarbeiterpräsenz während der offenen Formen der Angebote kann Eltern einschüchtern und den Beziehungsaufbau hemmen
- Eltern haben zu viel „Ehrfurcht" vor den Pädagogen, sie werden von den Eltern als Menschen ohne Schwächen idealisiert, dies verhindert den Zugang zu den Eltern
- Eltern haben durch Erfahrungen im Umgang mit Institutionen und Amtspersonen festgefahrene Verhaltens- und Denkmuster entwickelt, die sie auf die Pädagogen der Tagesgruppe übertragen, dies erschwert den Beziehungsaufbau

D: Beziehung Eltern/ Eltern:

- Manche Eltern wünschen keinen Kontakt zu anderen Eltern
- Unterschiedlicher sozialer Hintergrund der Eltern erschwert Kontaktaufnahme untereinander
- Es gibt Eltern, die soziale Kompetenzen erst erlernen müssen. Die Fähigkeiten, auf andere zugehen, zu kommunizieren, sich auf eine Beziehung einzulassen, können erst im Laufe eines langen Prozesses erworben werden

- Manche Eltern möchten von anderen Eltern keine Rückmeldung über ihr Erziehungsverhalten, wenn sie diese nicht ausdrücklich dazu aufgefordert haben
- Einige Eltern haben Schwierigkeiten, Rückmeldungen oder Ratschläge anderer Eltern anzuerkennen
- Elternpaare sind sich nicht immer einig bezüglich der Hilfeplanziele. Dann erweist sich eine Arbeit an den Zielen als schwierig

E: Äußere Umstände, die die Elternarbeit beeinflussen:

- Einige Eltern können aus zeitlichen (Berufstätigkeit/Geschwisterkinder) oder gesundheitlichen Gründen unregelmäßig, selten oder gar nicht an der Elternarbeit teilnehmen
- Manche Vorschläge der Eltern können mangels finanzieller Ressourcen nicht umgesetzt werden
- Die teilweise geringe Bereitschaft von Lehrkräften, mit Eltern zu kooperieren, erschwert eine intensivere Zusammenarbeit mit der Schule, die in Anbetracht der massiven Schulprobleme vieler Kinder nötig wäre
- Eltern bedürfen manchmal einer flankierenden Psychotherapie, diese Art der Hilfe wird von Familien, die nicht der Mittelschicht angehören, eher abgelehnt.

F: Emotionale Reaktionen der Eltern:

- Eltern können sich bei defizitärer Betrachtungsweise durch andere Experten abgewertet fühlen und dann generell Hilfe durch Fachkräfte ablehnen. Sie sind dann nicht empfänglich für die respektvolle und wertschätzende Grundhaltung der Mitarbeiter der Tagesgruppe
- Eltern können sich beschämt fühlen, wenn sie auf einen Fehler hingewiesen werden
- Einige Eltern haben Scheu, sich in der Tagesgruppe frei zu bewegen und über die Dinge zu verfügen
- Eltern bekommen im Vorfeld der Hilfeleistung keine Vorstellung davon, was es bedeutet, systemische Familiengespräche zu führen. Sie bemerken erst im Laufe der Zeit, dass dies für sie anstrengende Arbeit an sich selbst bedeutet

G: Erfolg und Wirkung von Elternarbeit:

- Viele Eltern stellen keinen Zusammenhang zwischen den Schwierigkeiten des Kindes und eigenen Sicht- und Verhaltensweisen her
- Eltern verhalten sich bei ausgeübtem Druck sehr schnell angepasst, ohne dass eine wirkliche Veränderung erzielt wurde. Aufgrund der fehlenden

inneren Veränderung können neue Verhaltensweisen nicht zu Hause umgesetzt werden

- Trotz intensiver Elternarbeit zeigen manche Eltern keine beständige Veränderung und behalten problematische Einstellungen und Verhaltensweisen trotz vorheriger Bearbeitung in der Tagesgruppe bei
- Werden Eltern auf ihre Problematik hin angesprochen, übernehmen sie ungern die Verantwortung und weichen aus
- Manchmal verstärkt sich die Problematik im Laufe des Hilfeprozesses, weil es nicht gelingt, den Eltern alternative Sicht- und Handlungsweisen zu vermitteln
- Manche Eltern achten eher auf das Verhalten der anderen Kinder als auf das Verhalten des eigenen, weil sie Auseinandersetzungen mit dem eigenen Kind aus dem Wege gehen wollen
- Manche Eltern halten die selbst beschlossenen Regeln nicht ein
- Die Wirkung der Angebotsformen, die sich in einer Intensivierung von Elternkontakten, im Austausch von Ideen und in einer Vernetzung der Eltern zeigen soll, bleibt noch hinter den Erwartungen der Pädagogen zurück

1.4.3 Strukturell bedingte Konflikte in der Elternarbeit aus Sicht der Pädagogen

Aus der täglichen Arbeit mit Eltern stellen sich für die Mitarbeiter der Tagesgruppen immer wieder Fragen, wie mit typischen Verhaltens- und Denkweisen der Eltern umzugehen sei. Es kristallisierten sich folgende Fragen heraus:

Wie umgehen mit

- der schwierigen Balance zwischen Freiwilligkeit und Zwang bezüglich der Teilnahme?
- Eltern, die die Angebote nicht wahrnehmen wollen?
- der diesbezüglichen Enttäuschung der Pädagogen, die sich fallspezifisch intensiv vorbereiten?
- dem Konflikt vieler Eltern bezüglich der Befriedigung eigener Bedürfnisse und Struktur, Regeln und Anforderungen der Tagesgruppe, die Elternaktivitäten auch bremsen können?
- dem pädagogischen Ziel, Eltern Verantwortung übernehmen zu lassen, ohne dass sie das Gefühl von Zwang haben?
- dem selbst auferlegten Gebot, Eltern in ihrem manchmal recht problematischen Umgang mit dem Kind für den Moment gewähren zu lassen? Die befragten Pädagogen haben sich selbst vorgenommen, auf problematisches

Verhalten zwischen Eltern und Kindern erst im Nachhinein einzugehen, dabei fällt es manchmal schwer, sich zurückzuhalten und auf den geeigneten Moment der Unterbrechung zu warten.

- abwesenden Vätern, die wenigstens thematisch in die Arbeit einbezogen werden sollten?
- der Versuchung, in der täglichen Arbeit mit dem Kind die Defizite von Eltern auszugleichen und so ungewollt eine Konkurrenz für die Eltern darzustellen?
- Eltern, die ihre Kinder zu Hause schlecht behandeln? Manchmal fällt es den Mitarbeitern schwer, professionell zu bleiben und nicht wütend zu werden.
- dem Interessenkonflikt zwischen Bedürfnis nach Information seitens der Eltern und Vertrauensstellung der Pädagogen gegenüber Kindern?
- mit dem Streben vieler Eltern, problematisierenden Gesprächen auszuweichen?

Die Arbeit in der Tagesgruppe verlangt umfassende Qualifikationen von allen Mitarbeitern. Es ist ein Element der Zusammenarbeit, dass die verschiedenen Menschen unterschiedliche Auffassungen bezüglich der Zielvorstellungen, der methodischen Umsetzung und der Grundhaltung gegenüber Eltern haben, die trotz eines einheitlichen Konzeptes die Individualität der Mitarbeiter ausdrücken. Die diesbezüglichen Probleme werden im Rahmen der Reflexionsarbeit aufgegriffen und bearbeitet. Die unterschiedliche Qualifikation der Mitarbeiter kann zu unterschiedlichen Formen und Vorstellungen in der Gesprächsführung führen, z.B. hinsichtlich der Rollenverteilung bei der Beratung durch ein Co-Team oder der Anzahl der Elterngespräche. Zum Beispiel ergibt sich aus dem systemischen Ansatz für eine Fachkraft die Notwendigkeit einer geringen Beratungsfrequenz, wohingegen eine eher fürsorgende Grundhaltung die Notwendigkeit einer hohen Gesprächsfrequenz bedingt. Auch bezüglich der Beteiligung von Eltern an den Angeboten gibt es unterschiedliche Vorstellungen. Die Pädagogen sind sich bewusst, dass sie ihre eigenen Werte in die Arbeit einbringen und dass diese die Zielrichtung der Elternarbeit beeinflusst. Die Vorbereitung der Elterngespräche wird teilweise als nicht ausreichend empfunden, für eine intensivere Vorbereitung fehlt oftmals die Zeit. Eine Fachkraft äußert ein Problem, welches sie als Rollenkonflikt in der täglichen pädagogischen Arbeit bezeichnet: Die Mitarbeiter nehmen in den unterschiedlichen Angeboten der Elternarbeit unterschiedliche Rollen ein. In den Elterngesprächen finden oft sehr intime Details ihren Platz, ein Gespräch muss in manchen Fällen direktiv geführt werden, zu anderen Zeiten treten die Mitarbeiter den Eltern in lockerer Atmosphäre gegenüber, in denen wieder mehr Aktivität der Eltern und gleichzeitig andere Gesprächsinhalte gefordert sind.

2. Methodisches Vorgehen

2.1 Überblick über das methodische Vorgehen

Für unsere Forschungstätigkeit haben wir drei Berliner Tagesgruppen ausgewählt, in denen wir mit den Methoden der teilnehmenden Beobachtung und des problemzentrierten Interviews die Eltern- und Familienarbeit analysierten. Die Erhebung der Daten erfolgte durch teilnehmende Beobachtung in zwei Tagesgruppen bzw. durch problemzentrierte Interviews mit 19 Eltern aus drei Tagesgruppen.

Am Beginn unserer Arbeit standen zum einen die Schaffung eines Zugangs zum Feld, zum anderen eine weitere theoretische Annäherung an den Untersuchungsgegenstand, die Konkretisierung der Fragestellung und eine theoretische Auseinandersetzung mit Fragen der des methodischen Vorgehens.

In jeweils einwöchigen Hospitationen erhielten wir einen ersten Einblick in die pädagogische Arbeit zweier Tagesgruppen. Diese Hospitationen dienten der Auswahl solcher Angebote der Eltern- und Familienarbeit, die sich zur teilnehmenden Beobachtung eignen, der Schaffung und Vertiefung des Zugangs zum Feld, zum Kennenlernen des Tagesablaufes der jeweiligen Tagesgruppe und zur Dokumentation erster Rahmenbedingungen. Im Rahmen dieser Aufenthalte haben wir den Tagesablauf in beiden Tagesgruppen vollständig begleitet und uns an allen Gruppenaktivitäten beteiligt. Es ist uns gelungen, zu vielen Eltern, Kindern und Mitarbeitern eine persönliche Beziehung herzustellen. Alle Gespräche und Beobachtungen wurden protokolliert, um weitere Anhaltspunkte für eine Konkretisierung der Fragestellung bzw. für Beobachtungskategorien und Interviewleitfäden zu gewinnen. Die Reaktionen auf unsere Bitte um Kooperation und unsere einwöchige Teilnahme am Tagesgruppenalltag fielen unterschiedlich aus: die Eltern erwiesen sich in allen untersuchten Tagesgruppen trotz anfänglicher Skepsis als recht offen und zugänglich, die Reaktion der Mitarbeiter reichte von Zurückhaltung über ausgesprochen positive Rückmeldungen bis hin zur vollständigen Ablehnung.

Zur gleichen Zeit begannen wir auch mit der Erarbeitung von Fragebögen zur Erhebung der Rahmenbedingungen. Die Pflege der Kontakte zu Eltern und Mitarbeitern der beiden in die Beobachtung einbezogenen Tagesgruppen gehörte in dieser und den folgenden Projektphasen als wichtige und zeitaufwendige Aufgabe zum routinemäßigen Projektablauf. Vordringliches Ziel dieser Phase war die Erfassung der Kontextbedingungen der pädagogischen Arbeit auf deskriptiver Ebene und eine Beschreibung der pädagogischen Arbeit mit Kindern und Eltern beider Tagesgruppen. Eine Fortbildung zum Thema Elternarbeit in Tagesgruppen lieferte uns wichtige Hinweise zu Fragen der Kommunikation mit und Motivation von Eltern. Eigene berufliche Erfahrungen aus der Jugendhilfe lieferten zusätzliche Informationen für Fragen zu Klientenstruktur, zur Praxis der Elternarbeit, zum Sozialraumbezug und zur Zusammenarbeit mit externen Organisationen wie Schule und Jugendamt. Wir führten Interviews mit fast allen Mitarbeitern der drei Tagesgruppen, um auf der Basis dieser Selbstauskünfte die Praxis zu beschreiben. Die Befragungen der Mitarbeiter sollten ursprünglich durch eine Analyse der Klientenakten ergänzt werden. Von dieser Dokumentenanalyse versprachen wir uns Auskunft über klientenbezogene Daten, die in der Befragung der Mitarbeiter nicht vollständig erhoben werden konnten, die aber zur Bearbeitung der Fragestellung bedeutsam erschienen. Vor allem der Hilfeplan und die Dokumentation des Hilfeverlaufes, insbesondere in Bezug auf die Eltern, schätzten wir als bedeutsam ein. Aufgrund von Vorbehalten auf Seiten der pädagogischen Mitarbeiter der Tagesgruppe mussten wir jedoch von diesem Vorhaben Abstand nehmen.

2.2 Die Datenerhebung

2.2.1 Datenerhebung durch teilnehmende Beobachtung

Teilnehmende Beobachtung ist nach Denzin (1989, S. 157f., zitiert nach Flick 2000, S. 157) definiert als eine „Feldstrategie, die gleichzeitig Dokumentenanalyse, Interviews mit Interviewpartnern und Informanten, direkte Teilnahme und Beobachtung sowie Introspektion kombiniert.“

Für die Tagesgruppenarbeit bietet sich diese Methode an, weil für dieses Praxisfeld der Hilfen zur Erziehung bisher keine vergleichbaren Untersuchungen der Elternarbeit vorliegen. Relevante Informationen, die der Präzisierung des Forschungsinstrumentariums dienen und inhaltlich die Konzentration auf einen Beobachtungsfokus erlauben, müssen erst exploriert werden. Ein zweiter Grund ist darin zu suchen, dass es uns darum geht, „empirische soziale Welt so darzustellen, wie sie für die Untersuchten (...) tatsächlich existiert und nicht so, wie der Forscher sie sich vorstellt“ (Girtler 1984, S. 30). Wir wollen eine Innenperspektive der Tagesgruppenarbeit gewinnen. Indem die Beobachter selbst an der Situation partizipieren (vgl. Flick et al. 1995, S. 189ff.), Klima und Grundton erfahren, können sie auch solche pädagogischen Prozesse sehen und beschreiben, die den pädagogischen Fachkräften, den Eltern oder anderen Beteiligten selbst oft nicht bewusst sind. Im Rahmen dieser Untersuchung kommt der teilnehmenden Beobachtung eine wesentliche Bedeutung als Teil einer Methodenkombination zu. Durch sie ergibt sich die Möglichkeit, das Verhältnis von Aussagen und Realität zu überprüfen, also durch Ergänzung von teilnehmender Beobachtung und Interview herauszufinden, welche Bedürfnisse Eltern und Familien mitbringen und ob und durch welche Angebote diesen Bedürfnissen entsprochen wird, und wie sich die subjektive Wahrnehmung der Eltern zu den Beobachtungen der Forscherinnen verhält. Die teilnehmende Beobachtung eignet sich des Weiteren sehr gut für die Erhebungsphase, um anhand der vorläufigen Befunde Material für die Erstellung eines angemessenen Interviewleitfadens zu nutzen und für die Auswertungsphase, um als Teil der Methodenkombination das Verstehen zu vertiefen und die Fragestellung mehrdimensional anzugehen und zu beantworten.

Vor dem Hintergrund der unterschiedlichen möglichen Grade von Teilnahme an einer Beobachtungssituation (vgl. Moser 1995, S. 148 ff.) entschieden wir uns dafür, eine Rolle einzunehmen, in der wir ansprechbar waren für alle Beteiligten und an allen Aktivitäten teilnahmen, jedoch keine selbstständige Gestaltung von Situationen, keine Initiative und keine pädagogischen Aufgaben im Sinne von Betreuung übernahmen. Dies ermöglichte uns einerseits über die gemeinsame Erfahrung mit Eltern und Pädagogen einen Zugang zu deren Erfahrungswelt, machte es andererseits aber möglich, die nötige Distanz zur zielgerichteten Wahrnehmung und Interpretation der Situation aufrechtzuerhalten.

Für die Datenerhebung durch teilnehmende Beobachtung nahmen wir für einen Zeitraum von jeweils drei Monaten als Beobachter an Angeboten für Eltern in zwei Tagesgruppen teil. Wir richteten den Blick auf „pädagogische Standardsituationen" (vgl. Lambach und Thurau 1993), d.h. auf ausgewählte Situationen in der Eltern- und Familienarbeit, in denen wir die relevanten Akteure und Aktivitäten vermuteten. Dabei wählten wir möglichst unterschiedliche Situationen aus dem Spektrum des durchschnittlichen Tagesablaufes, um die Variationsbreite des tatsächlich Beobachtbaren zu vergrößern. Im Rahmen der Beobachtung haben wir in folgenden Situationen Interaktionen von Eltern und Pädagogen dokumentiert:

Situation	**Anzahl der beobachteten Situationen**
Elterngruppe /Elternabend	9
Mittagessen	6
Begleitung pädagogischer Schwerpunkte	2
Angeleitete Hausaufgabensituation	2
Hilfekonferenz	1
Beratungsgespräche	2
Musiktherapiesitzung	1
Adventsfeier	1
Grillfeste	2
Elternfrühstück	1
Elternfreizeit: Bowling	1
Interaktionen von Eltern und Pädagogen vor und nach Beratungsgesprächen	17
Aufenthalte außerhalb strukturierter Angebote	7
Befragung von Eltern nach der Musiktherapie	4
Aufgezeichnete Beratungsgespräche ohne Anwesenheit der Forscherinnen	2
Befragung von Eltern nach Beratungsgesprächen	14

Als Grundlage unserer Beobachtung verwendeten wir den von uns entwickelten Beobachtungsleitfaden. Die Entwicklung erster Kategorien des Leitfadens erfolgte auf der Basis einschlägiger Literatur. Weitere Kategorien ergaben sich aus den bereits geführten Mitarbeiterinterviews, Elterngesprächen und unseren bisherigen Beobachtungen. Indem wir den Vorgang der Beobachtung immer wieder theoretisch reflektierten und als erste Phase der Auswertung begriffen, konnten der Beobachtungsauftrag und der zunächst offen formulierte Beobachtungsleitfaden operationalisiert und an die zunehmenden Kenntnisse im Feld angepasst werden (vgl. Merkens 1992). Vor jedem Forschungseinsatz wurde der Beobachtungsleitfaden noch einmal durchgesprochen, um etwaige Modifikationen hinsichtlich vorkommender Besonderheiten der jeweiligen Situation berücksichtigen zu können.

Unmittelbar nach Abschluss der Veranstaltung erfolgte die Protokollierung der beobachteten Situationen. Diese Protokolle fertigten wir getrennt voneinander an. Die sofortige Durchführung des Protokolls – Lueger spricht von „deskriptiver Analyse“ (vgl. Lueger 2000, S. 122ff.), weil schon im Niederschreiben eine analytische Bearbeitung des Beobachteten erfolgt – ist notwendig, da bei längerem Warten die Erinnerung durch den Prozess der permanenten selektiven Umorganisierung immer wieder verändert wird (ebd.).

2.2.2 Datenerhebung durch problemzentrierte Interviews

Im Gegensatz zum Beobachtungsverfahren, welches durch die direkte Teilnahme des Forschers dessen Perspektive betont, dient das problemzentrierte Interview (vgl. Witzel 1982) als auf sprachlicher Basis arbeitende Methode dazu, die Perspektive der anderen Teilnehmer an pädagogischen Situationen einzufangen. Die Befragten werden mit diesem Erhebungsverfahren selbst als Experten für ihr Handeln und des jeweiligen Sinnes wertgeschätzt. Um der zugrunde liegenden Fragestellung nach den Beteiligungschancen der Eltern und nach der Möglichkeit, sich in den pädagogischen Tagesgruppenalltag einzubringen, nachzugehen, bedarf es der Reflexion der Hilfeangebote durch die Betroffenen. Gleichzeitig dient das Interview einer Überprüfung der Beobachtungsergebnisse auf subjektiver Ebene.

Vor diesem Hintergrund erscheint das problemzentrierte Interview als offenes, halb strukturiertes Verfahren als Methode der Wahl. Es lässt den interviewten Personen Raum zur Darstellung ihrer subjektiven Erlebnisse und deren Einschätzung und Deutung, gleichzeitig wird die Erzählung thematisch eingegrenzt im Hinblick auf die durch den Forscher wahrgenommenen Probleme.

Das Verfahren orientiert sich am Gegenstand, d.h. der Interviewleitfaden wurde speziell für die hier zugrunde liegende Fragestellung und den befragten Personenkreis entwickelt. Die teilweise Standardisierung durch den Leitfaden erleichterte die Vergleichbarkeit der Interviews; dennoch blieb der Charakter offener, vertrauensvoller Gespräche weitgehend erhalten.

Insgesamt führten wir 19 Elterninterviews. In 17 Fällen suchten wir die Eltern zu Hause auf, um die etwa neunzigminütigen Interviews zu führen, in zwei Fällen wurden die Interviews auf Wunsch der Eltern in der Wohnung von C. Solf geführt. Die Interviews wurden in der Regel von einer Interviewerin geführt, um die Künstlichkeit der Situation nicht durch eine „Übermacht“ der Forscherinnen zu verstärken. Bei einigen Interviews waren die Kinder der Befragten zeitweise oder auch für die Dauer des gesamten Interviews anwesend, obwohl wir die Eltern ausdrücklich um ein Gespräch über ihre eigenen Eindrücke und nicht die des Kindes gebeten hatten und in der Anwesenheit der Kinder einen Faktor befürchteten, der das interviewte Elternteil möglicherweise hemmen oder stören würde.

Beim problemzentrierten Interview – wie auch beim narrativen Interview – wird das Erzählprinzip herausgestellt: die Bedeutungsstrukturierung der sozialen Wirklichkeit sollte weitestgehend dem Befragten selbst überlassen bleiben. Nach einer „warming up“-Phase wurde im Gespräch mit offenen Fragen der interessierende Problembereich – die Erfahrungen in und mit Tagesgruppen – eingegrenzt. Dabei waren weder die Formulierung der Fragen noch ihre Abfolge vorab festgelegt. Innerhalb dieser eigentlichen Interviewphase versuchten wir, die Erzählsequenz der Befragten verstehend nachzuvollziehen, indem wir die Äußerungen der Befragten zurückspiegelten und mit eigenen Worten den Befragten ein Interpretationsangebot der gemachten Äußerungen unterbreiteten, Verständnisfragen stellten, zu Detaillierung anregten oder gegebenenfalls die Befragten auf Widersprüche und Ungereimtheiten hinwiesen. Am Ende des Gespräches stellten wir den Befragten sog. „Ad-hoc-Fragen“ (Lamnek 1989, S. 76) zur Einschätzung ihrer persönlichen Mitbestimmungschancen im Rahmen der Tagesgruppenarbeit. In der Regel wurde das gesamte problemzentrierte Interview auf Tonband aufgenommen. Es liegen 18 aufgezeichnete Interviews vor. In einem Fall lehnte die Befragte eine Aufnahme des Gespräches ab, hier erfolgte eine Mitschrift durch die eigens zu diesem Zweck hinzugezogene Co-Interviewerin.

Mit einem Kurzfragebogen, den die Befragten am Ende des Gespräches ausfüllten, holten wir Angaben zu Geschlecht und Alter der Befragten, zu ihrer materiellen Situation wie etwa der Art des Lebensunterhaltes und der Höhe des Nettoeinkommens der Familie, der Wohnsituation hinsichtlich Wohnungsgröße und Entfernung zur Tagesgruppe, der beruflichen Tätigkeit hinsichtlich der Art der Tätigkeit und der Wochenarbeitszeit, Entfernung der Arbeitstelle zum Wohnort bzw. zur Tagesgruppe sowie Angaben über Familienstand, Anzahl und Alter der Kinder und der Sorgerechtsverteilung ein.

2.3 Auswertung der gewonnenen Daten durch qualitative Inhaltsanalyse

Die qualitative Inhaltsanalyse nach Mayring eignet sich in besonderem Maße für die Auswertung unserer Daten aus der teilnehmenden Beobachtung und aus den Interviews. Bei der vorliegenden Untersuchung handelt es sich um eine explorative Studie. Als theorie- und regelgeleitetes, methodisch kontrolliertes Verfahren soll die qualitative Inhaltsanalyse unter Einbeziehung theoretischer Vorinformationen die Exploration neuer Erkenntnisse zur Fragestellung unterstützen. Durch die Abfolge Theoriebildung, Datenreduktion und Datenkategorisierung sowie deren nachfolgende Analyse soll das Vorgehen im Forschungsprozess und der Prozess der Modifizierung und Ergänzung des Kategoriensystems und die daraus resultierende Entstehung neuer Hypothesen nachvollziehbar gemacht werden. Des Weiteren können mit ihrer Hilfe Texte unterschiedlichster Art auf bestimmte inhaltliche Kategorien hin analysiert werden. Die im Rahmen der teilnehmenden Beobachtungen anfallenden Protokolle ließen eine gewisse Variationsbreite erwarten, je nachdem, ob wir im Laufe der Situation Notizen oder gar Mitschriften anfertigen konnten, was bei mehrstündigen Beobachtungsaufenthalten unumgänglich war, ob wir Befragungen durchführten oder im Abstand zur Situation die erinnerten Daten niederschrieben. Auch die Tatsache, dass zwei Beobachterinnen die Protokolle anfertigten, begründete bei aller Systematik deren Unterschiedlichkeit. Zudem wollten wir auf die etwaige Analyse von Artefakten (Flyer, Einladungen zu Angeboten der Elternarbeit, Konzept der Tagesgruppe etc.) vorbereitet sein, sofern uns diese zugänglich gemacht würden.

2.3.1 Auswertung der teilnehmenden Beobachtung

Als Ergebnis der insgesamt sechsmonatigen Beobachtungsphase in zwei Tagesgruppen liegen insgesamt 93 schriftliche Protokolle aus den verschiedenen Veranstaltungen vor (45 aus Tagesgruppe 1, 48 aus Tagesgruppe 2). Es handelt sich um Protokolle aus pädagogischen Situationen, die sich hinsichtlich Veranstaltungssetting, pädagogischer Zielsetzung, Grad der Strukturierung und hinsichtlich der teilnehmenden Eltern und Pädagogen grundlegend unterscheiden. Die Fülle des Materials machte es notwendig, das Material vor Anwendung der qualitativen Inhaltsanalyse zu systematisieren, um relevante

Daten zur Struktur der Veranstaltung, zur Nutzung und zu den behandelten Themen zu erhalten. Dazu wurden sämtliche Protokolle in vier Schritten in Bezug auf materielle Struktur (Rahmenbedingungen), zeitliche Struktur, Akteure und thematische Inhalte gesichtet.

Bereits im Vorfeld wurden theoriegeleitet bzw. auf der Basis der Erkenntnisse aus Hospitationen und Mitarbeiterbefragungen partizipationsrelevante Kategorien definiert (z. B. Kritik, Initiative, Entscheidung und Steuerung) und Indikatoren ermittelt, auf welche hin die Protokolltexte im Zuge der Auswertung nun durchsucht wurden. Dabei behandelten wir jede einzelne Äußerung oder Handlung innerhalb einer Situation als eigenständige Analyseeinheit. Wir interpretierten die in den Protokollen aufgezeichneten Äußerungen und Handlungen und bezeichneten sie mit dem entsprechenden Indikator. Ließ sich eine Textstelle nicht mit einem bekannten Indikator bezeichnen, ermittelten wir für die jeweilige Textstelle einen neuen Indikator und überprüften, ob sich dieser einer bekannten, d. h. aus der Theorie entwickelten Kategorie zuordnen ließ. Kamen wir zu einem positiven Ergebnis, werteten wir dies als eine neue Merkmalsausprägung bezogen auf Mitgestaltung und erweiterten deshalb die Kategorie um diesen neuen Indikator. Selbstverständlich ließen sich nicht alle Interaktionen unter „Mitgestaltung“ subsumieren, dennoch nahmen wir auch diese in unsere Auswertung auf. Dies gilt zum Beispiel für die Kategorien „Selbstkritik“ und „Unterordnung“. Wenngleich sie nicht unmittelbar als Moment der Mitgestaltung verstanden werden können, geben sie doch weiteren Aufschluss über die Charakteristika von Beziehungsstrukturen und Interaktions- bzw. Kommunikationsprozessen innerhalb der Tagesgruppenarbeit.

Beispiel:

Auswertung des Protokolls eines in der Tagesgruppe stattfindenden Hilfeplangespräches (Auszug). Ein Elternpaar steht vor der endgültigen Entscheidung für oder gegen die Hilfe nach einer Probezeit. Die Eltern sollen bei einer positiven Entscheidung für die aktive Mitarbeit in der Tagesgruppe gewonnen werden.

Teilnehmer:

Pädagoge:	P;
Sozialarbeiterin:	S;
Mutter:	M

Verlauf/ Sequenz	Akteur	Inhalt	Indikator	Kategorie
Pädagoge spricht auf die Eltern ein, informiert diese über die Genese der Probleme von Kindern	P	Wenn Eltern nicht intensiv mitarbeiten, bringt die Hilfe nichts, Schwierigkeiten der Kinder seien oft in ihrer Beziehung zu den Eltern begründet	Vorwurf	Kritik
Pädagoge erläutert sein pädagogisches Konzept	P	Negative Konsequenzen für das häusliche Leben, wenn Eltern nicht intensiv mitarbeiten	eine Information geben	Initiative
Pädagoge spricht Mutter an und äußert seine Bedenken gegenüber ihrer Haltung in Bezug auf kindliche Probleme	P	M bringt Schwierig keiten ihres Kindes nicht mit sich selbst in Verbindung	Infragestellen	Kritik
Mutter äußert einen anderen Standpunkt	M	Sie hat keine Schwierigkeiten	Kritik zurückweisen	Kritik
Pädagoge erläutert konkret, was er von den Eltern wünscht	P	P fordert die intensive Mitarbeit beider Eltern	Forderung	Initiative
Mutter lässt sich Näheres erläutern	M	Was ist mit „intensiver Elternmitarbeit“ gemeint?	Information einholen	Initiative
Mutter stimmt der Mitarbeit zu	M	Entscheidung zur Teilnahme an Elternarbeit	einen Beschluss fassen	Entscheidung
Mutter erläutert ihre Voraussetzungen für die Mitarbeit	M	M bestimmt selbst, wie viel sie teilnimmt	Bedingung stellen	

Im Verlauf der Auswertung wurde angestrebt, eine Verbindung zwischen der fokussierten Thematik und den ermittelten Kontextbedingungen in ihrer Genese und ihrer Dynamik herzustellen. Das Anlegen von Kategorien an das Material bzw. das Ermitteln von Kategorien aus dem Material erfolgte durch Betrachtung aus verschiedenen Perspektiven, wobei durch ihre Verknüpfung und ihre Einbettung in den Kontext das Verständnis für die im Feld vorfindbare Prozessualität vertieft wurde. So ließen sich theoretische Konstrukte gewinnen, die typische Muster in Interaktions- bzw. Kommunikationsprozessen zwischen den teilnehmenden Personen beschreiben und deutliche Hinweise auf die Mitgestaltungsformen von Eltern im Tagesgruppenalltag geben. Ein Vergleich der gewonnenen theoretischen Konstrukte mit anderen Zugriffen auf den Forschungsgegenstand diente dazu, Ergebnisse zu unterstützen oder mögliche Widersprüche aufzudecken. Im Falle unserer Studie sollten die Ergebnisse aus der Beobachtung mit den Ergebnissen aus den problemzentrierten Interviews mit den Eltern verglichen bzw. mit den Aussagen aus den Mitarbeiterinterviews in Beziehung gesetzt werden. Anschließend wurden Zusammenhänge und Hypothesen, die im Rahmen der Deutungsarbeit auftauchen, vor dem Hintergrund anderer Forschungsergebnisse und Theorien reflektiert.

2.3.2 Auswertung der problemzentrierten Interviews

Auch für die Auswertung der problemzentrierten Interviews wählten wir die qualitative Inhaltsanalyse nach Mayring. Alle Interviews wurden transkribiert und liegen in schriftlicher Form vor. Analog zum Vorgehen bei der Auswertung der Daten aus der teilnehmenden Beobachtung wurde ein vorab entwickeltes erstes Kategorienschema an das Textmaterial herangetragen. Dieses wurde zum Teil theoriegeleitet entwickelt, bezog aber auch Ergebnisse aus der teilnehmenden Beobachtung mit ein. Auf der Basis ausgewählter Interviews mit Eltern aus verschiedenen Tagesgruppen explorierten wir aus dem Blickwinkel unserer Fragestellung heraus Themen und Aspekte, die auf das subjektive Erleben und die Relevanzstrukturen von Eltern hinwiesen, und nutzten diese zur Ergänzung des Kategorienschemas.

Folgende Themenfelder ermittelten wir aus dem Material:

1. Schule
2. Bedeutung und Funktion der Tagesgruppe
3. Selbstdarstellung von Eltern: Welches Bild von sich konstruieren Eltern für die Umwelt?
4. Selbstwahrnehmung von Eltern: Welches Bild haben Eltern von sich selbst?

5. Bedeutung anderer Eltern bzw. Bedeutung des Kontaktes zu anderen Eltern
6. Problemwahrnehmung: Wie formulieren Eltern (ihre) Schwierigkeiten?
7. Alltag als Mutter bzw. Vater
8. Berufstätigkeit
9. Bild vom Jugendamt
10. Bedürfnisse
11. Meinungen der Eltern zu einzelnen Angeboten
12. Mitgestaltung – Wie prägen Eltern ein Angebot nach ihren Bedürfnissen und Interessen?
13. Gefühle und Erwartungen im Zusammenhang mit Kritik
14. Umgang mit der Ambivalenz von Hilfe und Kontrolle
15. Kriterien für erfolgreiche Tagesgruppenarbeit
16. Beziehungen

Indem die Auswertungskategorien zum großen Teil aus dem Material heraus entwickelt wurden, bewahrten wir uns die Offenheit für neue, unvorhergesehene Themen. Zwar gab der Interviewleitfaden Themen vor, jedoch nicht in einer starren Reihenfolge oder in festgelegten Formulierungen, sondern vielmehr im Sinne von Themenvorschlägen. Da auch keine festgelegten Antwortalternativen vorgegeben waren, kam es in der Auswertung darauf an, die Themen und Formulierungen der Befragten aufzugreifen und zu verstehen.

2.4 Zur Bedeutung von Beobachtung und Interview im Forschungsprozess

Abschließend lässt sich sagen, dass sich die Rolle der teilnehmenden Beobachtung als wichtigem Forschungszugang im Laufe der Untersuchung bestätigt hat. Unser Verständnis über Tagesgruppenarbeit in der Realität hat sich vertieft, und es wurde uns bewusst, wie sehr der theoretische Zugang über Fachliteratur und der eher oberflächliche Zugang durch Hospitationen der Ergänzung durch Teilnehmen, Nachvollziehen und Verstehen bedürfen. Wir konnten gut nachvollziehen, wie Eltern den Tagesgruppenalltag erleben und fanden zu einem Großteil unsere Deutungen des Beobachteten durch die problemzentrierten Interviews bestätigt bzw. erweitert. Aber es gab auch Situationen, die wir als problematisch werteten, die betreffenden Eltern diese aber als positiv und äußerst selbstbestimmt erlebten. Diese Verschiedenheit bot aber die Gelegenheit, die vorgenommenen Interpretationen noch einmal zu überdenken und im Rahmen einer Falldiskussion zu überprüfen.

Das Interview stellte sich letztlich als der wesentliche Zugang zur Fragestellung heraus. Die Eltern nutzten die Gelegenheit, frei über die sie beschäftigenden Themen zu sprechen. In einer neutralen Umgebung, also außerhalb pädagogisch beeinflusster Räume, schienen sie sich weitgehend öffnen zu können.

Die Triangulation der Forschungszugänge kann beschrieben werden als eine sich gegenseitig beeinflussende Vertiefung des Verständnisses. Nicht so sehr brachten wir am Ende der Erhebungsphase wie geplant drei unabhängige Forschungszugänge zusammen und kamen auf diese Weise zu neuen überraschenden Ergebnissen, sondern vielmehr wuchs unser Verständnis im Laufe der Forschungsphase, so dass wir z. B. zur Planung, Durchführung und Auswertung der Interviews auf unsere Erfahrungen aus der vorhergehenden Forschungsphase zurückgreifen konnten. So war es uns möglich, einen der Problematik und den Eltern angemessenen Interviewleitfaden zu entwickeln, im Interview selbst dort gezielt nachzufragen, wo sich aus unserer Beobachtung heraus offene Fragen stellten und uns bei der Entwicklung des für die Auswertung relevanten ersten Kategorienschemas an den Befunden der Beobachtung zu orientieren. Das Ergebniskapitel fasst die Befunde aus beiden Forschungszugängen zusammen, wobei der Schwerpunkt auf die Interviews gelegt wurde. Hier erschien uns das subjektive Empfinden der Eltern eher zugänglich als durch eine Beobachtung von außen. Zusammenfassend kann die Bedeutung der teilnehmenden Beobachtung als eine wertvolle Ergänzung zum problemzentrierten Interview gewertet werden.

3. Partizipation von Eltern in der Tagesgruppe

3.1 Die Eltern als Adressaten der sozialpädagogischen Elternarbeit in den untersuchten Tagesgruppen

3.1.1 Erziehungsvorstellungen der Eltern

Erziehungsvorstellungen können bewusst oder auch gewissermaßen „unsichtbar“ und unhinterfragt sein. Wie in jeder Kultur gibt es auch in unserem Kulturkreis Erziehungsziele und Regeln, die sich vor dem Hintergrund der herrschenden wirtschaftlichen und sozialen Bedingungen bewährt zu haben scheinen und von einem Großteil der Eltern im Allgemeinen unhinterfragt übernommen werden, um auf diesen aufbauend individuelle und der jeweiligen Familiensituation angepasste Erziehungsvorstellungen zu entwickeln. Für die vergangenen Jahrzehnte zeichnen sich allerdings grundlegende Veränderungen in den Erziehungsvorstellungen der Eltern ab, die nicht zuletzt auf die einschneidenden demographischen, wirtschaftlichen und familienstrukturellen Veränderungen der vergangenen 60 Jahre zurückzuführen sind. Eine Pluralisierung der Lebensformen und der Wunsch nach unabhängiger Lebensgestaltung, existenzielle Unsicherheiten, gestiegene gesellschaftliche Erwartungen an eine verantwortungsvolle Elternschaft und eine nach wie vor schwierige Vereinbarkeit von Berufstätigkeit und Familienarbeit finden ihren Ausdruck auch in einer weiterhin sinkenden Geburtenrate. Zudem zeichnet sich in den letzten Jahren eine Pluralisierung der Familienformen ab – immer mehr Kinder wachsen in nichtehelichen Lebensgemeinschaften, Patchworkfamilien, Ein-Elternfamilien bzw. Scheidungsfamilien auf. Die Bedeutung des Kindes in der Familie hat sich stark verändert. Das Kind steht oftmals im Mittelpunkt der Familie. Die Eltern-Kind-Beziehung ist stark emotionalisiert, autoritäre Erziehungspraktiken verlieren ihre Legitimation. Erziehungsziel ist ein partnerschaftliches Verhältnis zum Kind, das als gleichrangiges Mitglied der Familie angesehen wird.

Die meisten von uns befragten Eltern haben das Ideal einer partnerschaftlichen Beziehung zwischen ihnen und ihrem Kind vor Augen, in der sich Eltern und Kind mit Vertrauen, Offenheit und Respekt begegnen, aber auch die jeweiligen Grenzen des anderen beachtet werden. Dieses Erziehungsideal spiegelt sich in der Erziehungspraxis der Eltern wider. Das Kind nimmt die Position eines den Eltern gleichrangigen Familienmitgliedes ein, das ähnliche Rechte, aber meist deutlich weniger Pflichten als diese hat. Die Wertschätzung dem Kind gegenüber drückt sich darin aus, dass die Eltern in hohem Maße am Leben des Kindes Anteil nehmen.

Nicht selten werden eigene Bedürfnisse der Eltern im Interesse des Kindes zurückgestellt, immer für das Kind da zu sein, es zu versorgen und zu begleiten, sich um seine Belange zu kümmern und sich für das Kind einzusetzen, wird von den meisten Eltern als eine selbstverständliche und mit Engagement wahrgenommene Aufgabe angesehen. Die vermeintlich partnerschaftliche Beziehung zwischen Eltern und Kind kann jedoch auch eine Aufweichung der Generationengrenzen bedeuten und dazu führen, dass die Eltern ihrer Erziehungsverantwortung nicht mehr wirklich gerecht werden, weil sie ihre Kinder durch ein unangemessen hohes Maß an Mitbestimmungsrechten überfordern. Wenngleich von den Eltern geäußert wurde, dass sie das Kind nicht mit ihren eigenen Problemen belasten wollten, kommt es doch gerade bei allein stehenden Eltern nicht selten vor, dass sie ihre Kinder zu Vertrauten und zu zentralen Gesprächspartnern machen, was diese aber gleichfalls überfordern kann.

Bei aller Partnerschaftlichkeit, Parteilichkeit, Vertrautheit und Offenheit zwischen Kind und Eltern machen viele Eltern jedoch auch deutlich, wie wichtig es ihnen ist, dass ihr Kind sich an gesellschaftliche Konventionen anpasst, Erwachsenen mit Respekt und Höflichkeit begegnet und Fleiß, Disziplin und Selbstständigkeit lernt. Darüber hinaus möchten sie die soziale Kompetenz ihres Kindes stärken, was ihrer Ansicht nach einschließt, dass die Kinder lernen, sich einerseits in eine Gruppe einzufügen und andererseits, sich in angemessener Weise gegenüber Gleichaltrigen durchzusetzen und Konflikte gewaltfrei zu lösen. Auch ein möglichst erfolgreicher Schulabschluss als eine wichtige Voraussetzung für die spätere erfolgreiche Lebensgestaltung z. B. hinsichtlich der Berufswahl, ökonomischer Sicherheit und Unabhängigkeit stellt ein wesentliches Erziehungsziel dar.

Ein großer Teil der von uns befragten Eltern scheint an den eigenen Idealvorstellungen im Hinblick auf die Erziehung ihres Kindes, an den eigenen normativen Vorstellungen von gutem Elternsein bzw. an der Diskrepanz zwischen Wunsch und Wirklichkeit zu leiden. Sie tragen ihre Erziehungsvorstellungen unmittelbar in die Elternarbeit hinein, und häufig stellen sie sich als ein problemauslösender Faktor im Hinblick auf die massiven Schwierigkeiten des Kindes und der Familie heraus.

3.1.2 Wie erleben Eltern ihren Alltag als Mutter oder Vater vor dem Hintergrund der kindlichen Problematik?

Angesichts der hohen emotionalen Erwartungen an die eigene Elternschaft und der hohen Ansprüche hinsichtlich der eigenen Erziehung erleben es Eltern als eine enorme Kränkung, wenn sich ihre in bester Absicht praktizierten Erziehungsformen als dysfunktional herausstellen, das Kind vollkommen

„aus dem Ruder läuft“ und jeglichen Respekt vor seinen Eltern vermissen lässt, so dass sie sich in ihrer Hilflosigkeit früher oder später an das Jugendamt oder eine vergleichbare Beratungseinrichtung wenden. Spätestens zu diesem Zeitpunkt verbinden viele Eltern mit ihrem Elternsein vor allem Enttäuschung und Anstrengung. Sie fühlen sich durch ihr Kind, das sie nicht als Elternteil respektieren will, beschämt, die Beziehung zwischen Eltern und Kind wird als überaus angespannt und belastend bis hin zur Eskalation erlebt.

Das Leben mit dem Kind wird von den Eltern nicht nur wegen der ständigen innerfamiliären Konflikte als anstrengend empfunden, sondern auch, weil die Schwierigkeiten des Kindes von ihnen eine ständige Wachsamkeit und Besorgnis erfordern. Es vergeht im Empfinden der Eltern kaum ein Tag, an dem sie nicht befürchten müssten, dass ihr Kind durch Fehlverhalten auffallen würde und sie sich mit den Pädagogen der Schule oder der Tagesgruppe oder auch mit anderen Eltern darüber auseinandersetzen müssten. Ist ein Problem erfolgreich bewältigt worden, kann nur eine geringfügige Entspannung eintreten, weil die Eltern bereits das nächste Problem erwarten. Vor allem bei Eltern, die sich bereits seit mehreren Jahren mit den Schwierigkeiten des Kindes bzw. der Familie auseinandersetzen und mit den Kindern verschiedene Therapien durchlaufen haben, ist die Erwartung neuerlicher Probleme verbunden mit der Angst, ihre Kräfte könnten für die Bewältigung weiterer Probleme nicht mehr ausreichen.

In den Interviews zeigt sich deutlich ein weiteres Charakteristikum des Alltags von Eltern – die Anforderung, hochkonkurrierende Alltagssphären (vgl. Jurczyk/ Rerrich 1993, S. 23) miteinander zu vereinbaren. Besonders allein erziehende berufstätige Eltern müssen erhebliche Organisationsleistungen vollbringen, wenn sie all die unterschiedlichen alltäglichen Anforderungen durch Beruf, Versorgung und Betreuung des Kindes oder mehrerer Kinder, Schule und Tagesgruppe miteinander vereinbaren wollen. Nur in Einzelfällen erfahren sie dabei Unterstützung durch Familienangehörige, Freunde oder professionelle Helfer wie etwa eine sozialpädagogische Familienhelferin. Viele Eltern haben allerdings die Erfahrung gemacht, dass Freunde und Verwandte sich – nicht zuletzt auch wegen der Schwierigkeiten mit dem Kind – zurückgezogen haben, so dass die Eltern vielfach mit der Erziehungsarbeit wie auch der Problembewältigung vollkommen auf sich allein gestellt sind. Doch auch in den Familien, in denen die Eltern zusammenleben, liegt der Hauptlast der Erziehungsarbeit und -verantwortung bei den Müttern, unabhängig davon, ob diese berufstätig sind oder nicht. Der Anspruch an sich, allem und jedem in der Familie wie auch im Umfeld von Beruf und Tagesgruppe gerecht werden zu wollen, ohne dabei die Möglichkeit zu haben, einen Teil der Verantwortung wie auch der Aufgaben abzugeben, führt dann schnell zu einer empfundenen oder tatsächlichen Überforderung.

Wenngleich viele der Eltern das Zusammenleben mit ihrem Kind in mancher Hinsicht als nicht enden wollende Anstrengung empfinden, wurde doch in den Interviews immer wieder deutlich, dass sie – allen Schwierigkeiten zum Trotz – in hohem Maße Zuneigung für ihr Kind empfinden und seine bzw. die gemeinsam erreichten Fortschritte und Erfolge mit großem Stolz betrachten.

3.1.3 Situation vor der Hilfe

Viele der Eltern und Kinder haben bei Eintritt in die Tagesgruppe bereits einen langen Weg durch verschiedene Hilfen und Einrichtungen hinter sich, der nicht selten durch Erfahrung von Hilflosigkeit und Ohnmacht, starke Inkompetenzgefühle und Misserfolgserlebnisse geprägt ist.

Um einschätzen zu können, unter welchen Vorzeichen sich Elternarbeit in einer Tagesgruppe gestaltet, wurden die Eltern nach ihrer familialen Situation vor der Betreuung durch die Tagesgruppe gefragt. Wenngleich die Details sich von Fall zu Fall selbstverständlich unterscheiden, so wird doch deutlich, dass fast alle befragten Familien auf eine mehrjährige Leidensgeschichte zurückblicken können. Oft begannen die Schwierigkeiten des Kindes bzw. die Schwierigkeiten der Eltern mit dem Kind bereits im Kindergartenalter, in zwei Fällen sogar schon im Säuglingsalter. In den zwei letztgenannten Fällen waren es die Mütter der jeweiligen Kinder, die bereits in den ersten beiden Lebensjahren des Kindes Auffälligkeiten in Form einer Verzögerung der motorischen oder der sprachlichen Entwicklung feststellten. Die hinzugezogenen Ärzte nahmen die Befürchtungen der Mütter allerdings nicht ernst, und die Kinder erhielten erst nach einem Arztwechsel einige Jahre später eine adäquate Therapie. Auch andere Eltern trugen sich mit der Vermutung, dass ihr Kind sich nicht altersgemäß entwickle, ließen sich jedoch durch die Haltung in ihrer sozialen Umgebung so verunsichern, dass sie zunächst keine professionelle Hilfe hinzuzogen. So berichtet eine Mutter, die die Verhaltensauffälligkeiten ihres Sohnes über mehrere Jahre hinweg als extreme Belastung erlebte, dass sie bei ihrem Mann wie auch im Freundes- und Familienkreis wenig Unterstützung und Verständnis fand und sich stattdessen dem Vorwurf ausgesetzt sah, sie liebe ihr Kind nicht so, wie es sei, und habe zu hohe Ansprüche. Der Gedanke, dass ihr Vertrauen in den behandelnden Arzt bzw. das fehlende Vertrauen in die eigene mütterliche Sachkenntnis und Intuition mitverantwortlich dafür sein könnte, dass das Kind erst mit jahrelanger Verzögerung die notwendige Hilfe erhielt, scheint für diese Eltern mit nicht unerheblichen Schuldgefühlen verbunden zu sein.

In manchen Fällen brachte schließlich eine medizinisch-psychologische Diagnose nach langer Leidenszeit Klarheit, und wirksame Hilfe durch geeignete Betreuung oder durch eine medikamentöse Behandlung wurde möglich. In einigen Fällen erfolgte die Diagnostik in einer kinder- und jugendpsychiatrischen Einrichtung schon vor der Betreuung in einer Tagesgruppe, z.B. auf Empfehlung der Erzieherinnen im Kindergarten. Andere Eltern wurden erst durch die Pädagogen der Tagesgruppe dazu angeregt, ihr Kind einer entsprechenden Diagnostik unterziehen zu lassen. Aus einer solchen Diagnose, die dem Kind beispielsweise ein Aufmerksamkeitsdefizitsyndrom oder eine Lernbehinderung attestiert, ergab sich für die Eltern eine erhebliche Entlastung, weil sie nicht mehr (nur) ihr Erziehungsverhalten als ursächlich für die Schwierigkeiten betrachten mussten, sondern die Ursache vornehmlich in der Krankheit des Kindes sehen konnten. Darüber hinaus scheint ein definiertes Krankheitsbild möglicherweise gesellschaftlich eher akzeptiert als „bloße“ Verhaltensauffälligkeit.

Kann ein definiertes Krankheitsbild als Ursache der Schwierigkeiten und Verhaltensauffälligkeiten des Kindes angeführt werden, sehen sich die Eltern zu einem nicht unerheblichen Teil aus ihrer Pflicht zur Kooperation mit den Pädagogen entbunden, weil sie ihre Verantwortlichkeit für die Bewältigung der Probleme nun geringer einschätzen. Gleichzeitig führte eine solche Diagnose aber bei den Eltern mitunter auch zu einer resignativen Haltung gegenüber den Schwierigkeiten des Kindes, vor allem dann, wenn die medizinische oder therapeutische Behandlung nicht den erhofften Erfolg zeigte. Einige der Kinder hatten vor der Betreuung in der Tagesgruppe bereits Therapien (vor allem Ergotherapie) gemacht, die den Kindern nach Einschätzung der Eltern aber wenig geholfen haben, weil sich trotz der Therapie keinerlei Verbesserung der Situation eingestellt hatte.

In vielen Familien hatte es im Vorfeld bereits eine oder mehrere andere Hilfen durch das Jugendamt wie z.B. Einzelfallhilfe oder sozialpädagogische Familienhilfe gegeben, die sich als nur bedingt erfolgreich erwiesen hatten oder aufgrund der zeitlichen Befristung einer solchen Hilfe bereits ausgelaufen waren.

Die langjährigen Auseinandersetzungen mit ihrem Kind wie auch mit Lehrern, Erziehern oder anderen Eltern führten zu einer nachhaltigen Verunsicherung der Eltern hinsichtlich der Einschätzung ihrer Erziehungskompetenz. Hinzu kam, dass die betroffenen Eltern sich auch durch die soziale Umwelt, seien es Familienangehörige, Freunde, Lehrer oder auch fremde Personen, und deren von Unverständnis und fehlender eigener Erfahrung bestimmten Urteile über die vermeintlich mangelnde elterliche Erziehungskompetenz angesichts des unbotmäßigen Verhaltens des Kindes zusätzlich beschämt und verunsichert fühlten.

Einige der Eltern, die sich in ihrer Verzweiflung und Hilflosigkeit hilfesuchend an das Jugendamt oder andere professionelle, z. B. medizinische oder psychologische Fachleute gewandt haben – in der Regel die Mütter – stießen bei der Inanspruchnahme von Hilfe auf den Widerstand der eigenen Familie oder des Partners, die kein Problem und damit auch keinen Hilfebedarf sahen. Dies hatte zur Folge, dass die Mütter von dieser Seite aus zunächst nur wenig Unterstützung erfuhren. In anderen Familien drohte die Situation vor der Hilfe durch die Tagesgruppe zu eskalieren, die Eltern sahen sich durch die Schwierigkeiten mit ihrem Kind an ihre Grenzen gebracht und fühlten sich restlos überfordert.

In zwei Fällen hatten Eltern oder auch die betreuenden Fachkräfte des Jugendamtes bereits eine Fremdunterbringung des Kindes in Erwägung gezogen, und die Betreuung durch die Tagesgruppe kann in diesen Fällen zu Recht als Hilfe im Vorfeld der Heimerziehung verstanden werden.

Schließlich gibt es noch jene Familien, die nicht mehr auf das bisher funktionierende Betreuungsnetzwerk durch Hort oder Großeltern zurückgreifen konnten. Dies betrifft vor allem berufstätige allein Erziehende. Da die Kinder sich in einem Alter befunden haben, in dem es ihnen noch sehr schwer fiel, die nachmittägliche Zeit sinnvoll zu strukturieren und sich die Auswahl ihrer sozialen Kontakte zumindest in dieser unbeaufsichtigten Zeit dem Einfluss der arbeitenden Eltern entzog, hatten zum einen die schulischen Leistungen erheblich nachgelassen, zum anderen waren die Kinder Kontakte eingegangen, die einen sehr bedenklichen Einfluss befürchten ließen.

Die Problemlagen, die zum Zeitpunkt des Hilfebeginns in der Tagesgruppe über die als Hilfeanlass benannten Schwierigkeiten mit dem Kind hinaus in vielen Familien bestanden, sind ebenfalls sehr vielfältig: Trennung der Eltern, Arbeitslosigkeit, große finanzielle Probleme, eigene Krankheit oder die des Partners. Von beinahe allen Eltern wird darüber hinaus die schulische Situation des Kindes vor der Hilfe durch die Tagesgruppe als in höchstem Maße problematisch beschrieben. Dies betraf nicht nur schlechte Leistungen in der Schule, sondern vor allem das Verhalten des Kindes während des Unterrichtes und fehlende Kompetenzen im Umgang mit den Mitschülern. Insgesamt wurde in vielen der befragten Familien die Beziehung zwischen Eltern und Kind als sehr angespannt empfunden.

3.1.4 Der Umgang der Eltern mit den Schwierigkeiten und deren Bedeutung für das elterliche Selbstverständnis

In den vorangegangenen Abschnitten wurde deutlich, dass Eltern und Kinder einer Vielzahl unterschiedlicher Probleme ausgesetzt sind. Als belastend erleben die Eltern nicht allein die Langwierigkeit der Probleme, sondern vor allem auch das Scheitern ihrer wiederholten Bewältigungsversuche. Im Folgenden soll es darum gehen, in welcher Weise die Erfahrungen von Inkompetenz und eigener Wirkungslosigkeit, aber auch die Einsicht in die eigene Verantwortlichkeit im Hinblick auf die kindliche Problematik das Selbstverständnis als Mutter oder Vater beeinflussen. Gleichzeitig zeigen wir auf, in welch unterschiedlicher Weise die Eltern mit den Problemen des Kindes bzw. der Familie umgehen und welche Bewältigungsstrategien sie anwenden. Unter Bewältigungsstrategie werden dabei alle Verhaltensanstrengungen verstanden, mit denen der einzelne Mensch versucht, jenen Situationsanforderungen gerecht zu werden, die seine Ressourcen stark beanspruchen oder überschreiten.

Wie die Eltern mit den vor allem das Kind betreffenden Problemen umgehen, hängt nicht zuletzt davon ab, inwieweit sie sich selbst als mitverantwortlich für die bestehenden Schwierigkeiten begreifen. Eine Minderheit der befragten Eltern – ausschließlich Mütter – sehen sich bzw. das eigene Erziehungsverhalten oder aber auch eine konfliktreiche Beziehung zum Partner als mehr oder weniger ursächlich dafür an, dass das Kind ein stark problematisches Verhalten an den Tag legt. Diese Einschätzung und die damit verbundenen Schuldgefühle wirken sich maßgeblich auf die Selbstdefinition dieser Mütter im Hinblick auf ihre Qualitäten als Erziehende aus. Sie äußern überwiegend große Zweifel an den eigenen Erziehungskompetenzen, eine Entlastung stellt für sie die medizinisch-psychologische Diagnose dar, die dem Kind eine „Krankheit" bescheinigt und ihnen dadurch die Akzeptanz der eigenen Schwierigkeiten im Umgang mit dem Verhalten ihres Kindes erleichtert. In der Folge führt das Erleben der eigenen Inkompetenz zu unterschiedlichen Bewältigungsstrategien. Die einen stehen der von ihnen als nicht zu kontrollieren erlebten Entwicklung und der zunehmend schwierigen Beziehung zu ihrem Kind mit Hilflosigkeit gegenüber, wollen sich aber die Erziehungsverantwortung dennoch nicht aus der Hand nehmen lassen – zum Beispiel durch eine Fremdunterbringung – und weiterhin mit der entsprechenden Unterstützung durch die Tagesgruppe Erziehung und Versorgung des Kindes im häuslichen Umfeld wahrnehmen. Andere wiederum stehen den Problemen mit der gleichen Hilflosigkeit gegenüber, meinen aber, keine Ressourcen mehr zu haben und nicht über die jene Kompetenzen zu verfügen, die im Umgang mit dem Kind notwendig seien, so dass sie die Erziehungsaufgaben gern in großem Umfang an die Experten, in diesem Fall an die Pädagogen der Tagesgruppe, delegieren möchten. Angebote der Elternarbeit werden von diesen Eltern weitgehend regelmäßig wahrgenommen, wobei die Motivation zur Teilnahme unterschiedlichen Ursprungs zu sein scheint: zum einen geht es ihnen darum, Anregungen für den Umgang mit dem eigenen Kind zu erhalten, zum anderen möchten sie jedoch auch ihr Bedürfnis nach Austausch und sozialem Kontakt befriedigen. Möglicherweise stellt die Demonstration von Interesse, Engagement und Verlässlichkeit einen Versuch der Eltern dar, sich als gute Eltern zu präsentieren und nicht zuletzt über positive Rückmeldungen der Pädagogen die negative Selbsteinschätzung hinsichtlich elterlicher Qualitäten aufzuwerten.

Daneben gibt es auch Eltern, die zwar in ihrem eigenen Verhalten den Auslöser für die Schwierigkeiten des Kindes sehen, denen es aber gelingt, ihre Initiative und Entscheidung für die professionelle Hilfe als Ressource und die Beratung und Betreuung der Familie in einer Tagesgruppe als Chance zu verstehen. Diese Sichtweise ermöglicht ihnen trotz massiver Probleme mit dem Kind eine verhältnismäßig positive Einschätzung ihrer Qualitäten und Kompetenzen als Eltern. Dennoch sind auch sie durch eine langjährige Leidensgeschichte geprägt, was sich beispielsweise darin äußert, das sie in Angelegenheiten, die ihr Kind betreffen, ihrem eigenen Urteil, ihrer elterlichen Intuition oft weniger trauen als dem Urteil von Experten. Diese Eltern zeigen eine hohe Motivation zur Mitarbeit am Veränderungsprozess und bringen sich interessiert und engagiert in die Tagesgruppenarbeit ein. Im Vordergrund scheint für sie der Wunsch nach einer Erhöhung der eigenen Kompetenzen zu stehen, um die bestehenden Schwierigkeiten besser bewältigen zu können, die Bereitschaft zur Teilnahme an den vielfältigen Angeboten der Elternarbeit entspringt ihrer inneren Überzeugung.

Eine gute Voraussetzung für eine intensive Zusammenarbeit von Eltern und Pädagogen scheint darin zu bestehen, dass Eltern neben ihre Einsicht in die eigene Verantwortlichkeit auch über einen höheren Bildungsstand verfügen. Unserer Einschätzung nach zeichnen sich vor allem solche Eltern, die über einen höheren Schulabschluss oder aber eine einschlägige Berufsausbildung z.B. im pädagogischen Bereich verfügen, durch eine hohe Reflexionsfähigkeit und die Bereitschaft, sich intensiv auf die Hilfe einzulassen, aus. Dies ist unseres Erachtens als ein Hinweis darauf zu betrachten, dass Elternarbeit in der Tagesgruppe mit ihren vorwiegend auf eine verbale Auseinandersetzung ausgerichteten Angeboten (Elternabend, Beratungsgespräch, Elterngruppe) trotz ihres Anspruches, eine lebensweltnahe Hilfe zu sein, eine deutliche Mittelschichtorientierung aufweist.

Die Mehrheit der Eltern hingegen sieht die Verhaltensauffälligkeiten des Kindes in erster Linie entweder durch nachgewiesene organische oder psychopathologische Veränderungen (ADSH, Depression, Lern- und Wahrnehmungsstörungen) auf Seiten des Kindes bzw. durch externe Faktoren begründet. Diese externen Faktoren werden zum Beispiel im pädagogisch fragwürdigen Umgang einer Lehrkraft mit dem Kind oder im falschen Erziehungsverhalten des Ehepartners gesehen, aber auch in einer schwierigen Familien- oder Betreuungssituation oder im hohen Anteil nichtdeutscher Kinder in der Klasse. Diese Eltern scheinen sich der Einsicht, dass sie selbst möglicherweise einen Anteil an den Problemen des Kindes bzw. der Familie haben könnten, weitestgehend zu verschließen. In ihrer Selbsteinschätzung als Mutter oder Vater nehmen sie sich als engagierte und liebevolle Eltern wahr, die ihre Kinder grundsätzlich gut und richtig erziehen und nur in eng umrissenen Erziehungsbereichen Schwierigkeiten haben. Einige Eltern sind in ihrer erzieherischen Grundhaltung projektiv motiviert, d.h. als Eltern reaktivieren sie eigene Kindheitserfahrungen im Umgang mit ihrem Kind. Sie versuchen, als Eltern im Gegensatz zu dem zu handeln, was sie selbst als Kind erfahren haben und stellen dann fest, dass die bloße Orientierung am Gegensatz keine ausreichende Handlungsgrundlage in der Erziehung des eigenen Kindes darstellt. Dies bedingt eine erhebliche Unsicherheit bezüglich der eigenen erzieherischen Kompetenzen. So werden die Pädagogen der Tagesgruppe von diesen Eltern in der Regel als Experten im Hinblick auf Erziehungsfragen anerkannt. Dennoch gibt es gerade unter diesen Eltern auch solche, die dem Erziehungshandeln der Pädagogen zumindest in Teilbereichen kritisch gegenüberstehen. Nicht immer äußern sie ihre Kritik offen, vielfach verhalten sie sich in der Tagesgruppe angepasst und regelkonform, handeln aber außerhalb der Tagesgruppe ihren eigenen Vorstellungen und Maßgaben gemäß.

Auch bei diesen Eltern lassen sich unterschiedliche Formen der Problembewältigung erkennen. So gehen einige der Eltern aktiv an eine Bewältigung der Schwierigkeiten heran. Sie äußern deutlich ihren Hilfebedarf und suchen selbst gezielt nach Hilfeangeboten. Ihre Bereitschaft, regelmäßig – sofern es die eigene Berufstätigkeit und die Betreuungssituation in der Familie zulassen – an den Angeboten der Elternarbeit teilzunehmen, gründet sich zum einen auf ein echtes Interesse an den thematischen Inhalten dieser Angebote und dem Wunsch, das eigene Bedürfnis nach Kontakt und Austausch mit Menschen in ähnlichen Lebenssituationen zu befriedigen. Zum anderen geht es aber auch darum, durch eine möglichst regelmäßige Teilnahme und interessierte Mitarbeit die eigene Verlässlichkeit und Tauglichkeit als Mutter oder Vater unter Beweis zu stellen.

Wenn die Eltern die Ursachen für die Probleme des Kindes zuallererst beim Kind selbst sehen – oft nicht zuletzt aufgrund einer medizinisch-psychologischen Diagnostik, die dem Kind beispielsweise ein Aufmerksamkeitsdefizit-Syndrom mit oder ohne Hyperaktivität attestiert – ist ihre Motivation zu einer regelmäßigen Teilnahme an den Angeboten der Elternarbeit zumindest teilweise geringer als bei den anderen Eltern. Die medizinische oder psychologische Diagnose enthebt sie ihrer Ansicht nach von der Pflicht, das eigene Erziehungsverhalten zu überprüfen und sich selbst zu verändern und weiterzuentwickeln. Wenngleich sich diese Sichtweise bei dem einen oder der anderen im Verlauf des Hilfeprozesses zu ändern vermag, scheint eine regelmäßige Teilnahme an den Angeboten vor allem dann zu erfolgen, wenn die Pädagogen deutlich gemacht haben, dass sie diese Form der Mitarbeit von Seiten der Eltern für unerlässlich halten. Einem Teil der Eltern gelingt es jedoch trotz dieser als fremdbestimmt empfundenen Anforderung, die Angebote der Elternarbeit auch zur Befriedigung eigener Bedürfnisse zu nutzen. Daneben gibt es aber auch jene Eltern, die jedes Angebot auf seine mögliche Effizienz im Hinblick auf die eigenen Erziehungsfragen und -probleme hin überprüfen und es sich nicht nehmen lassen, selbst zu entscheiden, welches Angebot sie tatsächlich wahrnehmen. Obschon die Eltern die Unterstützung durch die Tagesgruppe für sich und das Kind als sehr hoch einschätzen, scheint sich ihre Motivation zu einer umfassenden Mitarbeit und Mitgestaltung doch in Grenzen zu halten.

Die dritte Gruppe von Eltern steht den Schwierigkeiten des Kindes resignativ gegenüber. Nach oft jahrelangem Weg durch verschiedene Therapien und Hilfen zur Erziehung, die ihrer Ansicht nach keine oder zumindest keine anhaltende Verbesserung der Situation zur Folge hatten, scheinen sie die Hoffnung auf Fortschritte oder ein Ende der Schwierigkeiten endgültig aufgegeben zu haben. Vor allem dann, wenn sie das Gefühl haben, ihr Kind würde die Chancen, die die Betreuung in der Tagesgruppe in ihren Augen bereithält, vorsätzlich verstreichen lassen, reagieren sie mit Unverständnis und Ablehnung. Diese Reaktion mag viel damit zu tun haben, dass die Eltern angesichts der als permanentes Scheitern erlebten Entwicklung ihre Erziehungskompetenz wie auch die Wirksamkeit ihres Handelns in Frage gestellt sehen. Darüber hinaus bedeutet diese Verweigerung des Kindes für sie eine Bedrohung. Die Tagesgruppe stellt für manche Eltern in ihrer als verzweifelt empfundenen Situation die einzige verlässliche Möglichkeit dar, ihre Bedürfnisse nach Zuwendung, Anerkennung, Austausch und Zugehörigkeit zu erfüllen. Die Wirksamkeit dieser erzieherischen Hilfe wird jedoch zuallererst im Hinblick auf die Entwicklung des Kindes überprüft. Sollte sich in dieser regelmäßigen Überprüfung im Rahmen eines Hilfeplangespräches herausstellen, dass die Hilfe in der Tagesgruppe nicht die richtige Hilfeform ist, müssen sie den Verlust dieses Bezugsrahmens fürchten. Die regelmäßige Teilnahme dieser Eltern an den Angeboten der Elternarbeit entspricht ihrer Einschätzung, dass sie die Hilfe und Unterstützung durch die Pädagogen der Tagesgruppe für sich persönlich als sehr hoch bewerten und die Pädagogen im Hinblick auf die

Belange des Kindes als Experten verstehen, deren Anregungen und Ratschläge anzunehmen sich als sehr sinnvoll erwiesen hat.

Zusammenfassend lässt sich feststellen, dass die befragten Eltern, so unterschiedlich ihr Selbstverständnis als Mutter oder Vater und ihre Bewältigungsstrategien sein mögen, die Pädagogen als fachlich und sozial kompetente Berater und Begleiter im Hinblick auf die persönlichen Schwierigkeiten anerkennen. Das Bestreben der Eltern, an den Angeboten der Elternarbeit innerhalb der Tagesgruppe teilzunehmen, macht letztlich doch deutlich, dass sie motiviert sind, gemeinsam mit den Pädagogen an einer Veränderung der Situation zu arbeiten.

3.1.5 Die sozioökonomischen Lebensverhältnisse der befragten Familien

Die Eltern wurden in den Monaten Juli, August und September des Jahres 2002 interviewt. Befragt wurden 19 Mütter und Väter aus drei Tagesgruppen – von 13 Müttern und 5 Vätern liegen Angaben zu den Sozialdaten vor. Die Darstellung der sozioökonomischen Lebensverhältnisse erscheint uns notwendig, weil sich aus unterschiedlichen Lebenslagen unterschiedliche Bedürfnisse und Erfordernisse ergeben, die in die Elternarbeit der Tagesgruppe einfließen.

Familienstand, Sorgerecht
Zum Zeitpunkt der Befragung waren 6 der 18 Befragten verheiratet und lebten mit ihrem Ehepartner zusammen, 12 lebten allein mit ihrem Kind oder ihren Kindern, 8 der allein erziehenden Elternteile hatten das alleinige Sorgerecht. In zwei Fällen haben wir Vater und Mutter eines Kindes befragt.

Alter der Befragten und Anzahl der Kinder
Die Eltern waren zum Zeitpunkt der Befragung zwischen 24 und 62 Jahren alt, der überwiegende Teil von ihnen war älter als 35 Jahre alt. Fünf der Familien haben ein Kind, acht Familien haben zwei oder drei Kinder, drei Familien haben sechs oder mehr Kinder.

Alter und Geschlecht des in der Tagesgruppe betreuten Kindes
Die in der Tagesgruppe betreuten Kinder der befragten Elternteile waren im Alter zwischen 7 und 14 Jahren, es handelt sich überwiegend um Jungen (bei 16 von 18 Befragten). In neun Familien war die Hilfemaßnahme zum Zeitpunkt des Interviews bereits beendet.

Sicherung des Lebensunterhaltes, tägliche Arbeitszeit und materielle Situation zur Zeit der Tagesgruppenbetreuung
11 der 18 Befragten sicherten den Lebensunterhalt durch eigene Berufstätigkeit oder die des Ehepartners, sechs erhielten Sozialhilfe, in einen Fall erfolgte die Sicherung des Lebensunterhaltes durch Renten- und Unterhaltszahlung. Insgesamt waren zum Zeitpunkt der Betreuung 9 der befragten Eltern nicht erwerbstätig. Die tägliche Arbeitszeit der berufstätigen Befragten lag zum Zeitpunkt der Tagesgruppenbetreuung zwischen 4 und 9 Stunden, der überwiegende Teil dieser Eltern arbeitete 8 Stunden am Tag. 5 der befragten Eltern gaben an, dass das derzeitige Familieneinkommen im Hinblick auf die laufenden Ausgaben nicht ausreicht, in 7 Familien reicht das Einkommen knapp, nur 4 Familien bezeichneten das Einkommen als ausreichend.

Bildungsstand/Berufstätigkeit
8 der befragten Eltern haben einen Hauptschul- oder erweiterten Hauptschulabschluss, 5 verfügen über einen Realschulabschluss, ein Elternteil hat die allgemeine Hochschulreife erworben. In einem Fall liegt ein Sonderschulabschluss vor, bei 3 der Befragten liegt ein nicht vergleichbarer oder kein Schulabschluss vor. 15 der befragten Elternteile verfügen über eine abgeschlossene Berufsausbildung.

Entfernung zur Tagesgruppe
8 der befragten Eltern erreichten die Tagesgruppe immer oder zeitweise mit dem Auto, 11 legten diesen Weg immer oder zeitweise mit öffentlichen Verkehrsmitteln zurück. Die Fahrzeit zur Erreichung der Tagesgruppe vom Wohnort aus wird mit 5 bis 40 Minuten angegeben. Der überwiegende Teil der Eltern und Kinder gibt eine Dauer von 10 bis 25 Minuten für den Weg vom Wohnort zur Tagesgruppe an. Dies deutet darauf hin, dass nicht in jedem Fall eine wohnortnahe Unterbringung möglich war.

3.2 Bedeutung und Funktion der Tagesgruppen für die Eltern

Im Folgenden möchten wir die große Bedeutung der Hilfe Tagesgruppe für die Eltern verdeutlichen, da wir einen wesentlichen Zusammenhang sehen zwischen der Bedeutung, die Eltern der Tagesgruppe beimessen, und ihrer Motivation zur Mitgestaltung.

Für den überwiegenden Teil der befragten Eltern hat die Tagesgruppe eine große Bedeutung in ihrem Alltag. Diese zentrale Stellung bezieht sich auf die Tagesgruppe sowohl als positiv empfundene unterstützende Hilfe als auch auf ihre als negativ empfundene belastende Funktion.

Eine bedeutsame Rolle spielt die Tagesgruppe vor allem in den Augen jener Eltern, die im Vorfeld noch keine andere Hilfe, wie z. B. sozialpädagogische Familienhilfe in Anspruch genommen haben. Manche der Eltern, die bereits über lange Jahre mit dem Jugendamt in Kontakt stehen und bereits mehrere Hilfen erhalten haben, scheinen die Tagesgruppe hingegen eher als eine Hilfe von vielen wahrzunehmen und dieser Hilfe mit weniger Erwartungen, aber auch mit weniger Motivation hinsichtlich eigener Mitarbeit gegenüberzustehen. Dies mag mit enttäuschten Erwartungen in Bezug auf andere Hilfen zusammenhängen, aber auch mit der Erfahrung, dass auch Experten wie etwa Pädagogen oder Ärzte in ihrer Einschätzung irren und Wege einschlagen können, die sich im Nachhinein als wenig glücklich erweisen. Hilfen, die parallel zur Tagesgruppe laufen, wie beispielsweise eine Familienhilfe, werden von Eltern als notwendige Unterstützung bei der Bewältigung der Anforderungen durch die Tagesgruppe herangezogen, z. B. als Vermittler oder Verstärker in Gesprächen oder im Hinblick auf die Wahrnehmung unterschiedlicher Therapietermine des Kindes.

Funktion der Tagesgruppe zu Beginn der Hilfe

Die Eltern können zu Beginn des Hilfeprozesses die Bedeutung der Hilfeform für sich selbst noch nicht voll erfassen, zumal sich diese im Laufe der Zeit verändern bzw. ausdifferenzieren wird. Die zu diesem Zeitpunkt benannten Funktionen und Bedeutungen spiegeln erste Eindrücke wider und weisen auch auf Erwartungen von Eltern an die Tagesgruppe hin: Eltern stehen der Tagesgruppe ein wenig ängstlich und unter massivem Leidensdruck stehend gegenüber. Oft hatten sie gar nicht die Auswahl zwischen verschiedenen Hilfen, oft konnten sie nicht unter verschiedenen Tagesgruppen wählen, die Pädagogen sind ihnen fremd und die Tagesgruppe verändert massiv den familiären Alltag. Im Wesentlichen empfinden die Eltern diese Hilfe trotz vieler Unabwägbarkeiten als positiven Einschnitt in ihrem Leben. Für einige der Eltern stellt sich die Betreuung des Kindes in der Tagesgruppe als die letzte Alternative zu einer Fremdunterbringung des Kindes dar. Vor allem in Zeiten starken Leidensdruckes und schwerer Krise aufgrund massiver Schwierigkeiten mit dem Kind erleben Eltern die Tagesgruppe als Rettungsanker – sie finden nicht nur Entlastung, sondern auch Unterstützung bei der Suche nach Wegen aus der vielfach belasteten Lebenssituation. In der Konsequenz bedeutet dies, dass die Tagesgruppe Eltern vor einer weiteren Überforderung durch das schwierige Verhalten des Kindes schützt, gleichzeitig aber auch das Kind vor „Übergriffen“ durch die Eltern als Folge seines schwierigen Verhaltens schützen kann.

Den Eltern ist es wichtig, dem Kind zu signalisieren, dass sie und die Pädagogen „an einem Strang“ ziehen und miteinander in Kontakt stehen, damit das

Kind nicht Eltern und Pädagogen „gegeneinander ausspielen“ könne. Die Pädagogen fungieren quasi als Bündnispartner. Innerhalb dieses Prozesses werden die Pädagogen von den Eltern als Verbündete in der Auseinandersetzung mit dem Kind wahrgenommen, vor allem dann, wenn Eltern das Verhalten ihres Kindes als sehr anstrengend und belastend erleben. Um das Gewinnen von Bündnispartnern kann es auch in Trennungskonflikten gehen. Schwierig für Pädagogen und Eltern wird es, wenn beide in Trennung begriffenen Elternteile Klienten der Tagesgruppe sind. Vor allem, wenn eine gerichtliche Regelung des Sorgerechts zugunsten eines der beiden Partner ansteht und die Pädagogen der Tagesgruppe in einer Art Gutachterfunktion hinzugezogen werden, können beide Partner bestrebt sein, die Pädagogen als Verbündete gegen den Partner zu gewinnen. Für andere Eltern hat die Tagesgruppe eine weniger dramatische, aber dennoch wichtige Funktion: viele Eltern, besonders allein Erziehende, erleben die Tagesgruppe als Unterstützung bei Überlastung durch die alleinige Verantwortung für die Erziehung und Versorgung des Kindes.

Tagesgruppe als zweites oder wahres „Zuhause“

Für einige Eltern gewinnt die Tagesgruppe eine so starke Bedeutung, dass sie sie als ihr zweites Zuhause empfinden. Dieses Gefühl des „Zuhause-Seins“ ergibt sich aus der Qualität der Beziehungen, die die Eltern in der Tagesgruppe finden. Sie verstehen gerade ihre Bezugspädagogen als Partnerersatz oder Familienersatz im umfassenden Sinne, d.h. sie nehmen sie wahr als Erziehungspartner, Gesprächspartner oder gar Lebenspartner, wodurch ihnen ein Zugehörigkeitsgefühl und Sicherheit vermittelt wird. Angenommen und wertgeschätzt werden, Vertrauen genießen, dies sind Erfahrungen, die diese Eltern in ihrem Alltag schmerzlich vermissen. Sie kommen für die Eltern eher unerwartet, haben sie doch befürchtet, im Rahmen einer Erziehungsmaßnahme ihrer Kinder als inkompetente Eltern bloßgestellt zu werden. Dies gilt aber nicht nur für den Kontakt zu den Pädagogen, sondern auch im Hinblick auf die anderen Eltern. Die neuen Erfahrungen werden möglicherweise dadurch unterstützt, dass sich Eltern eines verhaltensauffälligen und schwierigen Kindes in der Tagesgruppe als Gleiche unter Gleichen wahrnehmen und Erfahrungen und Perspektiven mit anderen teilen können.

Tagesgruppe als Entlaster von Verantwortung

Eine äußerst wichtige Funktion der Tagesgruppe liegt in der Entlastung der Eltern. Sowohl allein Erziehende als auch Elternpaare wählen die Hilfeform Tagesgruppe nur bei hohem Leidensdruck, also während einer als unerträglich empfundenen häuslichen Situation, die sie nicht mehr bewältigen können.

Die Tagesgruppe entlastet Eltern von Verantwortung, indem diese Hilfeform für Eltern unangenehme, weil konfliktträchtige Erziehungsaspekte übernimmt, wie z. B. konsequentes Handeln, ein Aspekt der Erziehung, dem sie sich bisher mit unterschiedlichsten Strategien entzogen haben. Konsequenz in der Erziehung bedeutet im Wesentlichen, sich an erarbeitete Erziehungsstrategien zu halten. Eltern erleben die Pädagogen als Modell, deren Konsequenz sie nachahmen können, aber gleichzeitig brauchen sie sie als Reflexionshilfe um herauszufinden, welche Schwierigkeiten sie mit diesem Thema haben und welche persönliche Erziehungsstrategie sie entwickeln und umsetzen können.

Die Tagesgruppe übernimmt die Betreuung des als schwierig empfundenen Kindes über den Tag. Die betreffenden Eltern genießen in dieser Zeit eine gewisse Freiheit und das Gefühl, nicht verantwortlich zu sein. Fühlen Eltern sich sehr in ihrer Erziehungskompetenz eingeschränkt, leiden sie gar unter Krankheitszuständen körperlicher oder seelischer Natur, entlastet die Tagesgruppe doppelt: Eltern erhalten nicht nur einen Freiraum, den sie für ihre Genesung benötigen, sie werden zudem von dem Gefühl entlastet, ihrem Kind aufgrund ihres Zustandes zu wenig Anregung bieten zu können. So fühlen sie sich durch das Engagement der Tagesgruppe enorm erleichtert. Werden die konfliktträchtigen Aufgaben aber alle im Rahmen der Tagesgruppenarbeit erledigt – Hausaufgaben, Tischdienst, Zimmer aufräumen – wird die Erziehungsrealität teilweise von den Eltern fern gehalten. Stellt dies einen Dauerzustand dar, können Eltern nicht lernen, mit diesen Konflikten im häuslichen Alltag zurecht zu kommen.

Manche Eltern fühlen sich unsicher, welche Rollen sie in der Erziehung ihrem Kind gegenüber einnehmen können. Sie fragen sich, ob die Rolle des Freundes, dem man sich anvertrauen kann, mit der Rolle des strengen, möglicherweise strafenden Elternteils vereinbar ist? Wenn Pädagogen sich hauptsächlich in der Rolle des Erziehers sehen, können Eltern leicht die Vorstellung entwickeln, sie könnten ausschließlich als Freund ihrer Kinder auftreten. Diese Rolle scheint mit weniger Belastungen der Eltern-Kind-Beziehung einherzugehen, da konfliktträchtige Themen eher ausgeklammert werden. Letztendlich stellt dies aber nur eine situative Erleichterung dar, ein Umstand, der alle Entlastungsfunktionen der Tagesgruppe betrifft. Die Eltern werden entweder im Laufe der Hilfe oder danach gezwungen, sich mit eben diesen Anforderungen auseinander zu setzen.

Tagesgruppe als Ort der Anregung

Es scheint unabdingbar, dass Eltern während der Zeit der Hilfe Neues kennenlernen, sich mit neuen Situationen, Anforderungen, Menschen und Meinungen auseinander setzen müssen. Die Tagesgruppe wird daher im Laufe der Hilfe für Eltern ein anregender Ort, an welchem neue Erfahrungen vermittelt werden. Sie lernen alternative Aspekte des Lebens kennen, an die sie vor der Hilfe nicht einmal gedacht haben. Die neuen Anforderungen können nur dann bei Eltern Widerhall finden, wenn diese eine Bereitschaft zur Veränderung entwickelt haben. Die Tagesgruppe bietet Hilfe bei der Bewältigung konkreter Alltagsanforderungen, beispielsweise indem die Pädagogen Eltern von den Kompetenzen ihrer Kinder überzeugen und sie ermutigen, ihre Kinder im Vertrauen auf deren Kompetenz eigenständiger werden zu lassen.

Darüber hinaus erleben Eltern im Umfeld der Tagesgruppe ihr Kind anders als bisher, lernen neue Seiten an ihm kennen und sehen, wie es sich mit anderen Kindern und Erwachsenen auseinandersetzt und können so ihr Bild vom belastenden häuslichen Alltag mit dem Kind erweitern und sich wieder für die positiven Seiten des Kindes öffnen. Allein durch diese Perspektiverweiterung verändert sich die eingespielte Eltern-Kind–Kommunikation. So kann ein Entwicklungsprozess in der Beziehung von Eltern und Kind angeregt und unterstützt werden, in dessen Verlauf Eltern ihre Erziehungsverantwortung in einigen Bereichen wieder stärker wahrnehmen. Anregungen finden Eltern auch dann, wenn Tagesgruppenarbeit nicht ihren Vorstellungen entspricht: durch Angebote, deren Verlauf und Inhalt Eltern nicht zusagen, wird die dahinter stehende Normativität in Frage gestellt. Eltern, die ein ungutes Gefühl oder Anlass zur Kritik haben, fragen sich, welche Aspekte des Angebotes nicht ihren Vorstellungen entsprechen und warum ihnen die pädagogischen Lösungen nicht zusagen. Die Tagesgruppe bietet also in jedem Fall die Chance, Anregungen aufzunehmen, zu prüfen und hieran eigene Vorstellungen zu entwickeln.

Die Tagesgruppe als Ort der Begegnung

In der Tagesgruppe treffen Eltern zwangsläufig auf andere Eltern. Eltern erleben die Tagesgruppe nicht nur als informellen Treffpunkt, d. h. als eine Gelegenheit, ungezwungen Kontakt zu anderen Eltern aufzubauen, sie erleben die Tagesgruppe in diesem Zusammenhang auch als eine Art eigene Welt, deren „Bewohner“ eine eigene Normativität vertreten. Die Normativität scheint der ihren ähnlich, sie fühlen sich nicht mehr ausgegrenzt und können die Erfahrung, an einer sogenannten Normalität gemessen zu werden, situativ bei Seite schieben. Die Normen der Alternativwelt Tagesgruppe werden den Normen der „Welt draußen“ als gleichwertig entgegengesetzt. Sie können freilich nicht die Erfahrungen, dass das eigene Kind oder das Elternteil selbst bestimmten Normalitätsvorstellungen nicht entsprechen, rückgängig machen, da der Tagesgruppenaufenthalt aus ebendieser fehlenden Entsprechung heraus initiiert wurde. Die Alternativnormen erweitern aber die elterliche Normalitätsvorstellung, und sie fühlen sich zumindest innerhalb der Welt „Tagesgruppe“ zugehörig und „normal“. Die Tagesgruppe, von der eigentlich erwartet wurde, dass sie mit strengen Belehrungen Kind und Elternteil zur Alltagstauglichkeit erzieht, wird zu einem Ort, an dem Eltern sich „in Ordnung“ fühlen. Dies gilt freilich nicht für alle Eltern. Für manche bedeutet die Tagesgruppe im Wesentlichen einen Ort der Auseinandersetzung mit anderen Eltern: diese werden zum Anlass genommen, über die eigene Situation nachzudenken, indem sie als Spiegel, als Abbild, als gefürchtete Entwicklungsstufe, als Konkurrenten o. ä. wahrgenommen werden.

Es erscheint uns an dieser Stelle notwendig, auf die Elternarbeit, die den Kontakt der Eltern untereinander fördern soll, und ihre Bedeutung für die Eltern, tiefer einzugehen. Der Aufbau einer Beziehung zwischen den Eltern wird von den Pädagogen der untersuchten Tagesgruppen gerne gesehen. Zu diesem Zweck werden immer wieder Gelegenheiten geschaffen, mit denen ein Kennenlernen bzw. eine Vertiefung des Kontaktes zwischen Eltern möglich werden soll. Pädagogische bzw. konzeptionelle Grundlage bildet der Netzwerk- bzw. Selbsthilfegedanke: die Tagesgruppen verstehen sich als „Ermöglicher von Lernen“, indem sie Raum im Sinne von materiellem Raum, aber auch von Freiraum (Betreuung der Kinder durch Pädagogen) für Eltern zur Verfügung stellen, also dem Beziehungsaufbau förderliche Bedingungen schaffen, so dass diese sich selbstbestimmt und den eigenen Bedürfnissen gemäß zusammenfinden können. Möglicherweise, so die Zielsetzung, entstehen Elterngemeinschaften, die sich gegenseitig bei den komplexen Herausforderungen ihres Alltags unterstützen sowie Ideen und Anregungen austauschen, gleichzeitig soll so die Möglichkeit für vereinsamte Eltern geschaffen werden, aus ihrer Isolation herauszutreten. Welchen Nutzen Eltern aus diesen Angeboten und möglicherweise entstehenden Gemeinschaften ziehen, bleibt ihnen aber selbst überlassen, da eine pädagogische Steuerung der Elternbeziehungen durch Einfluss auf Intensität und Qualität der Elternkontakte nicht möglich ist. Allerdings ist festzustellen, dass diese Ziele mit Hilfe der gängigen Formen der Elternarbeit häufig nicht erreicht werden. Eltern suchen kaum nach Kontakt untereinander und gehen sehr selten eine Beziehung ein, die über den Tagesgruppenaufenthalt hinaus bestehen bleibt.

Dies wird von pädagogischer Seite in erster Linie mit einer fehlenden Motivation der Eltern im Hinblick auf die Angebote der Elternarbeit begründet: viele Eltern erscheinen nicht oder nicht regelmäßig zur Elternarbeit und treffen daher nicht mit anderen Eltern zusammen. Begleitende Ängste und Minderwertigkeitsgedanken erschweren die Kontaktaufnahme zusätzlich. Pädagogen nehmen in diesem Zusammenhang bei vielen Eltern Schwierigkeiten wahr, Kontakt aufzubauen und miteinander zu kommunizieren. Zudem scheint die Anwesenheit der pädagogischen Fachkräfte die Eltern in ihrer Spontaneität zu hemmen, so dass sie sich bei der Kontaktaufnahme überprüft fühlen, obwohl dies nicht in der Intention der Pädagogen liegt. Erschwert wird die Kontaktaufnahme weiterhin durch unterschiedlichen sozialen Hintergrund und daraus resultierende Verschiedenheit der Interessen, der Probleme und der Form der Kommunikation. Zudem reagieren manche Eltern empfindlich auf Meinungsäußerungen anderer Eltern bezüglich ihres Erziehungsverhaltens. Sie verbitten sich „Ratschläge“ von Personen, die ebenfalls auf die Hilfe der Tagesgruppe angewiesen sind. Mannigfache individuelle Hindernisse wie Ängste oder fehlende Motivation wirken der Erreichung der pädagogischen Zielsetzungen möglicherweise ebenfalls entgegen.

Wir gehen im Rahmen dieser Untersuchung von der Vermutung aus, dass die diesbezüglichen pädagogischen Bemühungen nicht erfolgreich sind, weil der Aufbau einer Eltern-Eltern-Beziehung nicht der Zielsetzung und den Bedürfnissen des Großteils der Eltern entspricht, bzw. andere Bedürfnisse und Ziele mehr Dringlichkeit besitzen. Wir versuchen, diesen Umstand zu verstehen und Aufschluss darüber zu erlangen, welche Bedeutung andere Eltern bzw. der Kontakt zu anderen Eltern für die Klienten haben können bzw. welche inneren Beweggründe einer Beziehungsbildung zwischen Eltern im Wege stehen.

Eltern zeigten im Wesentlichen drei Grundhaltungen bezogen auf andere Eltern der Tagesgruppe:

A) Annahme:
Eltern suchen aus unterschiedlichen Beweggründen heraus den Kontakt zu anderen Eltern, d. h. sie nutzen die Kontakte, die mit Hilfe der Tagesgruppe entstehen auf eine ihren Bedürfnissen entsprechende Weise.

B) Abgrenzung:
Eltern wünschen Kontakt zu anderen Eltern nur insoweit, als es dem normalen Rahmen des Tagesgruppenangebotes entspricht. Darüber hinaus weisen sie die Möglichkeit einer Vertiefung des Kontaktes von sich.

C) Indifferenz:
Der Beziehung zu anderen Eltern wird keine besondere Bedeutung beigemessen.

Annahme:
Dieser Gruppe lassen sich Eltern zuordnen, die die anderen Eltern willkommen heißen und ihr Vorhandensein in der Tagesgruppe begrüßen. Die vielfältigen Möglichkeiten, den Kontakt zu anderen Eltern für sich zu nutzen, motivieren manche überhaupt dazu, an der Tagesgruppenarbeit verstärkt teilzunehmen. Eltern „nutzen" die anderen Eltern auf unterschiedliche Weise:

- Maßstab: Eltern vergleichen sich mit anderen Eltern. Sie versuchen, bessere Mütter und Väter zu sein und sich positiv von diesen abzuheben. Hierbei kann auch ein demonstratives Moment in Bezug auf die Pädagogen nicht ausgeschlossen werden. Eltern definieren sich selbst als höherwertig, indem sie andere Eltern abwerten. Andere Eltern bieten damit eine negative Orientierung. Diese Negativorientierung scheinen Eltern zu benötigen, um einen eigenen Selbstentwurf zu entwickeln, wobei sie anhand der anderen Eltern definieren können, welches Erziehungsverhalten ihnen missfällt.
- Orientierung: Eltern nutzen andere Eltern, um sich in Bezug auf eigenes Verhalten an ihnen zu orientieren. Aus dem Verhalten und den Äußerungen anderer Eltern können sie erfahren, inwieweit welches Verhalten in der Tagesgruppe angemessen bzw. nicht angemessen oder nicht ratsam erscheint. Hier steht der Aspekt der Solidarität im Vordergrund, der „positiven" Orientierung. Durch das Beispiel anderer Eltern erfahren Eltern Sicherheit in ungewohnten Situationen.
- Leidensgemeinschaft: Das Zusammensein mit anderen Eltern, die ähnlich gelagerte Probleme bewältigen müssen, führt bei den Eltern zu einer – eher oberflächlichen – Gemeinschaft. „Anderen geht es genauso" heißt unter anderem „auch andere schaffen es nicht, damit umzugehen", „ich bin nicht die einzige inkompetente Mutter bzw. Vater". Das Zusammensein verheißt weniger die Erwartung, eine gemeinsame Lösung zu finden, sondern eher, in der gemeinsamen Erfahrung des Leidens und der Machtlosigkeit zu verharren. Gerade das gemeinsame Klagen über Schwierigkeiten und die damit einhergehende Bestätigung der eigenen Person und der anderen als ohnmächtig fördert ein Verharren im Ist-Zustand. Die Eltern können ihre gemeinsame Erfahrung nicht nutzen, um sie, zumindest teilweise, als gesellschaftlich bedingte Notlage zu identifizieren, ihr empfundenes Versagen bleibt jeweils als individuelles Versagen im Bewusstsein.
- Erfahrung völliger Gleichwertigkeit und Gleichheit durch gemeinsame Erfahrungen: Eltern setzen voraus, dass andere Eltern mit ähnlichen Erfahrungen sich besonders gut in ihre Situation einfühlen können. Auch sie empfinden für andere Eltern ein tiefes Verständnis und glauben, ihre Nöte mitempfinden zu können. Dies hebt sie von Eltern außerhalb der Tagesgruppe ab, die nicht die Erfahrung völliger Überforderung durch kindliches Leiden erleben mussten. Eltern empfinden also die Möglichkeit,

Verständnis und Mitgefühl zu geben und zu erlangen. Dies führt zu einer neuen Erfahrung von Bedeutung, denn andere Eltern sind für dieses Mitfühlen und Verstehen sehr dankbar.

- Zweckgemeinschaft um der Kinder willen: Eltern halten Kontakt miteinander, weil dies funktional für die Entwicklung ihrer Kinder erscheint, denn auch diese sind oftmals sozial isoliert. Gleichzeitig sorgen allein Erziehende auf diese Weise für Entlastung. Es finden sich gerade jene Eltern zusammen, deren Kinder in der Tagesgruppe eine freundschaftliche Beziehung pflegen. So entstehen bei Wahrnehmung gemeinsamer kindlicher Aktivitäten außerhalb der Tagesgruppe (Sportverein, Kindergeburtstag, Übernachten) immer auch Kontaktmöglichkeiten für die Eltern.
- Anerkennung: Gerade Eltern, deren Kinder die Tagesgruppe schon längere Zeit besuchen, lassen andere Eltern gerne an ihren Erfahrungen teilhaben und können sich so ihrer eigenen Kompetenz bewusst werden. Dies geschieht, wenn sie z. B. im Rahmen der pädagogischen Vorgaben andere Wege des Verhaltens suchen, wenn sie andere Eltern über Tagesgruppenregeln und den Umgang mit den Pädagogen belehren können, besonders aber, wenn sie ihre Erfahrungen im Umgang mit speziellen kindlichen Problemen weitergeben oder diskutieren können. Eltern fühlen sich dann als Vorbild und genießen ihre Helferrolle.
- Erfahrung von Selbstbestimmtheit: Eltern können gemeinsam mit anderen Eltern die Erfahrung selbstbestimmter Gestaltung einer Situation erleben. In Diskussionen gehen Eltern gerade den Themen nach, die ihnen wichtig erscheinen und handeln so bedürfnisadäquat. Dieses Handeln geschieht nicht geplant, sondern spontan. Eltern entwickeln zuweilen eine Gruppenidentität und fühlen sich in dieser Solidargemeinschaft stark genug, eigene Forderungen durchzusetzen. Diese solidarische Elterngruppe stellt einen Ausnahmefall dar: oft handelt es sich um eine Koalition von Eltern innerhalb der Gruppe, die aufgrund von äußeren Umständen wie Dauer der Tagesgruppenzugehörigkeit, des Bildungsniveaus oder der Ähnlichkeit der kindlichen Problematik zueinander finden. Eine große Gemeinschaft aller Tagesgruppeneltern konnte nicht beobachtet werden.

Abgrenzung:
Eltern neigen neben der Annahme auch zur Abgrenzung von anderen Eltern. Dies geschieht, wenn die anderen Eltern subjektiv eine Bedrohung darstellen und Eltern diese zusätzliche Belastung meiden wollen.

- Konkurrenten: Eltern stellen die Beziehung zu den Pädagogen in den Mittelpunkt der Zusammenarbeit. Sie schätzen die exklusive Beziehung zu ihren Helfern und erleben andere Eltern als Konkurrenten. Dies wird verständlich, hält man sich vor Augen, dass manche Eltern zum ersten Mal die

Erfahrung von Wertschätzung, Anerkennung und Vertrauen zu professionellen Helfern erleben. Da Elternarbeit nur den kleineren Teil der pädagogischen Aufgaben darstellt, haben Pädagogen für Eltern oft nicht so viel Zeit, wie sie gerne hätten. Sie müssen ihre professionelle Zuwendung auf alle Eltern verteilen, was bei manchen Eltern zu einer Kränkung führt. Sie möchten mit ihren Konkurrenten nichts zu tun haben und im Rahmen von Gemeinschaftsangeboten nicht erleben, wie „ihre" Pädagogen sich auch um andere Eltern kümmern. Daher kann es gerade bei solchen Veranstaltungen, bei denen die pädagogische Zielsetzung auf Kontaktaufnahme der Eltern untereinander ausgerichtet ist, zu gegenteiligen Handlungen und Fixierung der Eltern auf die Pädagogen kommen.

- Unvereinbare Gegensatzpaare: Neben der gefühlsmäßigen subjektiven Form der Abwehr anderer Eltern geben diese auch objektive unüberwindbare Beziehungsgrenzen als Grund für mangelnden Kontakt zu anderen Eltern an. Innerhalb der überschaubaren Gruppe der untersuchten Eltern wurden Paarungen bzw. „Abstoßungen" sichtbar, die sich als unvereinbare Gegensatzpaare präsentierten. Die Unüberwindbarkeit dieser Grenzen stellte nun wiederum eine subjektive Entscheidung der Eltern dar, da sie eher nach Unterschieden suchten, um ihre Abwehr zu begründen, als nach Gemeinsamkeiten, um das Trennende zu überwinden. Folgende Gegensatzpaare konnten ermittelt werden:
  - „alte" Eltern vs. „neue" Eltern (bezogen auf die Dauer der Tagesgruppenzugehörigkeit)
  - Eltern mit hohem Bildungsniveau vs. Eltern mit niedrigem Bildungsniveau (Unterschied der Reflexions- und Kommunikationsfähigkeit)
  - mittellose Eltern vs. besitzende Eltern (Unterschied der Alltagsprobleme)
  - berufstätige vs. nicht berufstätige Eltern (Unterschied der Tagesstruktur und des Selbstwertes)
  - ruhige vs. spontane Eltern (Wesensunterschied)
  - junge Eltern vs. ältere Eltern (Altersunterschied)
  - engagierte vs. desinteressierte Eltern (Motivationsunterschied)

- Gefahr der Enttäuschung: Eltern bevorzugen die Beziehung zu ihren Helfern auch aus dem Bedürfnis nach Sicherheit. Die echten gewachsenen Beziehungen zu anderen Eltern finden ungeschützt statt: Es besteht immer die Gefahr des Zurückgestoßenwerdens oder der Beschämung bei der Preisgabe der eigenen Persönlichkeit mit ihren Stärken und Schwächen. Eltern haben keine Garantie, dass andere Eltern so auf ihre Bedürfnisse eingehen, wie die Pädagogen dies tun: akzeptierend, freundlich, mit dem Anliegen des Elternteils im Mittelpunkt, helfend, unterstützend und mitfühlend. Dergestalt überhöhte Erwartungen lassen zwischen Eltern keimende Freundschaften schnell im Sande verlaufen. Andererseits kann der Versuch, diesen Erwartungen zu entsprechen, zu Überforderung führen. Die Eltern sind sich der positiven Aspekte einer Eltern-Eltern-Beziehung weniger bewusst. Die Qualität der gewachsenen Beziehung unterscheidet sich von der Qualität der Helfer-Klient-Beziehung, birgt sie doch die Chance auf Fortdauer über den Tagesgruppenaufenthalt hinaus, auf echte Gefühle, auf Gleichberechtigung und Gleichwertigkeit sowie Selbstbestimmtheit. Gleichzeitig wird die Eltern-Eltern-Beziehung nicht durch strukturelle Gegebenheiten (z. B. doppeltes Mandat des Sozialpädagogen) belastet.

- Überforderung: Eltern sehen sich oft nicht in der Lage, die Belastungen und Gefahren einer echten Beziehung auszuhalten. Einerseits fühlen sie die Verpflichtung, für den anderen da zu sein und sich elterliche Probleme anzuhören und zu helfen – was bei ihnen aufgrund ihrer eigenen Bedürftigkeit das Gefühl der Überforderung auslöst – andererseits scheuen sie sich, andere Eltern mit ihren Problemen zu belasten, um diese nicht zu überfordern. Um dieser Zwangslage zu entgehen, meiden sie die Beziehung zu anderen Eltern, auch wenn sie sich Kontakt wünschen.

Indifferenz:
Sowohl die Kategorie Annahme wie auch die Kategorie Abgrenzung zeigten die hohe Bedeutung, die Eltern in der Tagesgruppe füreinander haben. Für einige Eltern spielen andere Tagesgruppeneltern nur eine sehr unbedeutende Rolle.

- gewisse Bedeutungslosigkeit bzw. geringe Wichtigkeit der anderen Eltern: Die Bedürfnisse nach freundschaftlicher Zuwendung werden in anderen Lebensbereichen der Eltern befriedigt. Diese Eltern verfügen außerhalb der Tagesgruppe über genügend Sozialkontakte. Auch die Tagesgruppe als Hilfeform wird als einer von mehreren relevanten Lebensbereichen wahrgenommen.
- Lockere Gemeinschaft: Die Eltern der Tagesgruppe bilden eine lockere Gemeinschaft, die man bei der Gelegenheit des Zusammentreffens gerne genießt. Darüber hinaus haben die anderen Eltern kaum eine Bedeutung. Wichtig erscheint den Eltern aber, dass sie im Rahmen dieser Gemeinschaft ihre Probleme auch einmal vergessen können. Hierdurch werden noch andere Perspektiven auf das Leben geboten, „Spaß haben" in Gemeinschaft mit anderen bedeutet, dass Eltern sich in anderen Rollen erfahren.

Die Eltern lassen sich diesen Kategorien nicht eindeutig zuordnen. Vielmehr wurden diese unterschiedlichen Grundhaltungen bei Eltern gleichzeitig entdeckt. Dies weist auf die Ambivalenz der Gefühle gegenüber anderen Eltern hin: Beziehungen zu anderen Eltern können durchaus als positiv erlebt werden und dennoch treten z.B. Konkurrenzängste auf. Wichtig erscheint uns, diese Ambivalenzen offen zu legen, um so diese widersprüchlichen und damit völlig normalen Erfahrungen der Eltern für die Bearbeitung zugänglich zu machen.

Tagesgruppe als Modell für Erziehungshandeln

Die Wirkung auf das Erziehungshandeln der Eltern scheint nur eine der vielen Funktionen von Tagesgruppe darzustellen. Ihr kommt jedoch im Hinblick auf Aufgabe und Anspruch dieser Hilfeform eine entscheidende Bedeutung zu. Die Tagesgruppe stellt eine Welt für sich dar, in der eigene Normen gelten. Eltern erfahren dies nicht nur in ihren Beziehungen zu anderen Eltern, sondern auch in ihren Beziehungen zu den Pädagogen. Die Werte, die in der Tagesgruppe vermittelt werden, die Vorstellung davon, was angemessen und unangemessen sei, werden von den Eltern als Maßstab für „normales" oder „richtiges" Handeln gewertet. Daher können die Pädagogen für die Eltern als Modell im Umgang mit dem Kind wirken. An einem solchen Modell können Eltern alternative Verhaltensweisen in der Interaktion mit ihrem Kind kennenlernen, sie prüfen und entweder für sich übernehmen oder aber daran eigene und ganz andere Vorstellungen hinsichtlich des Umgangs mit dem Kind entwickeln. Die Modellfunktion der Pädagogen bewirkt also nicht zwangsläufig, dass Eltern ihre Verhaltensweisen nachahmen. Pädagogen können durchaus auch als „negative" Identifikationsfigur wirken, wenn Eltern eine bestimmte Form pädagogischen Handelns für sich ablehnen und zum Anlass nehmen, ein der eigenen Vorstellung entsprechendes Erziehungshandeln zu entwickeln und auszuprobieren. Die Modellfunktion kann jedoch auch mit der Erwartung der Eltern an die Pädagogen verbunden sein, diese wüssten „richtig" mit dem Kind umzugehen. Leicht kann so bei den Eltern die Illusion entstehen, dass es lediglich gilt, „richtige" Verhaltensweisen im Umgang mit dem Kind zu erlernen, also sich einem vermeintlich erreichbaren Erziehungsideal anzunähern, um alle Schwierigkeiten nachhaltig zu beseitigen.

Werten Eltern die Pädagogen als positives Modell, haben sie den pädagogischen Umgang mit dem Kind beobachtet und reflektiert und sie wählen die Pädagogen als Vorbild, heißt das, das Modell des pädagogischen Handelns sagt ihnen zu und sie wünschen sich, ähnlich erfolgreiche Strategien in der Erziehung einschlagen zu können. Tritt ein Erfolg in der erwarteten und erhofften Weise allerdings nicht ein, erleben Eltern dies als Misserfolg und erneute Bestätigung ihrer erzieherischen Inkompetenz, so dass die Tagesgruppe in einem solchen Fall auch verunsichernd wirken kann.

Das Erziehungshandeln der Pädagogen wird von Eltern auch dazu genutzt, ihre eigene Erziehungskompetenz einzuschätzen. Weil die Pädagogen das Kind in der Tagesgruppe Tag für Tag mit allen seinen guten und schlechten Seiten erleben, werden sie vor allem von allein erziehenden Eltern als „Erziehungspartner" betrachtet, die mit dem Kind ähnlich problematische Situationen erleben wie sie selbst, und die deshalb manche problematischen Verhaltensweisen der Eltern eher nachvollziehen und verstehen können als Außenstehende, die oft mit Unverständnis reagieren. Eltern sehen sich deshalb den Pädagogen gegenüber nicht unter einem Rechtfertigungszwang. Darüber hinaus entlastet diese Ähnlichkeit der Probleme die Eltern teilweise von Verantwortung und Schuldgefühlen: das elterliche, möglicherweise fehlerhafte Erziehungshandeln kann nicht die alleinige Ursache für die kindlichen Schwierigkeiten darstellen. In manchen Fällen kommt es zu Zweifeln an der Fachkompetenz der pädagogischen Fachkräfte, weil diese sich trotz ihres Fachwissens als nicht unfehlbar offenbaren. Ihr Expertenstatus wird von den Eltern dann teilweise nicht mehr anerkannt.

Tagesgruppe als Lebensmittelpunkt

Vor allem nicht berufstätige Eltern konzentrieren mitunter ihre Energie, ihr Denken und Handeln auf die Erziehung des Kindes und die Auseinandersetzung mit den auftretenden familialen Problemen. Sie begrüßen die Tagesgruppe als ein Angebot, bei dem sie diese Aufgaben mit professioneller Hilfe angehen können. Sie verbringen nach Möglichkeit viel Zeit in der Tagesgruppe, arbeiten engagiert mit und wollen nach Möglichkeit einen Gewinn aus ihrer Zeit in der Tagesgruppe ziehen. Da die Pädagogen der Tagesgruppen in der Regel sehr offen für Elternengagement sind, sind den Eltern in ihrer Aktivität keine Grenzen gesetzt. Für die Zeit der Hilfe stellt die Tagesgruppe ihren Lebensmittelpunkt dar, besonders, wenn diesen Eltern die Erziehung ihrer Kinder allein obliegt. Hier finden sie eine befriedigende Aufgabe, Anerkennung für ihre Leistung, Kontakte zu Pädagogen und anderen Eltern und Anregung. Tagesgruppe bedeutet für sie eine arbeitsreiche Zeit, und sie fühlen sich fast an berufsmäßiges Engagement erinnert. Es zeigt sich, dass einige dieser Eltern die Berufstätigkeit vermissen und in der Tagesgruppe den gesellschaftlichen Umgang pflegen können, der ihnen teilweise im Beruf zur Verfügung stand. Tagesgruppenarbeit als zielgerichtetes Arbeiten bedeutet für diese Eltern zudem eine berufsähnliche Struktur im Alltag.

Tagesgruppe als Mittler zwischen Eltern und Schule

Viele der Eltern fühlen sich der Institution Schule schutzlos und machtlos ausgeliefert. Die Pädagogen der Tagesgruppe spielen daher eine wesentliche Rolle bei der elterlichen Auseinandersetzung mit der Schule.

- Pädagogen nehmen als Vermittler in der Auseinandersetzung mit der Schule eine neutrale Position ein. Sie sehen sich als Vertreter der Belange des Kindes. Eltern nutzen diese Parteilichkeit für das Kind, wenn sie selbst sich im Zusammentreffen mit Lehrern unbeholfen und schwach fühlen. In der Regel begleiten Pädagogen dann Lehrer-Eltern-Gespräche als Moderatoren.
- Pädagogen fungieren als Verbündete der Eltern in der Auseinandersetzung mit der Schule. Eltern erleben die Pädagogen dann in einer parteilichen anwaltlichen Position, die die Eltern beim Lehrergespräch vertritt. Eltern erleben die Schule als unbeeinflussbare Institution, in der die Lehrer nach eigenem Gutdünken willkürlich walten können, was z. B. bei Schulempfehlungen oder Versetzungen einen nicht unerheblichen Einfluss auf den Lebensweg des Kindes haben kann. Sie haben in der Regel schon erfolglose Verhandlungsversuche mit Lehrern hinter sich und überlassen die Auseinandersetzungen lieber den Experten der Tagesgruppe. Sie vertrauen ihnen, und wissen, dass diese im Sinne der Eltern mit den Lehrern verhandeln werden. Eltern und Tagesgruppenpädagogen haben sich in der Regel im Vorfeld über Inhalt und Ziele der Gespräche verständigt. Auch Pädagogen scheinen zuweilen ohne Einfluss in der Zusammenarbeit mit der Schule, wenn Lehrer sich z. B. nicht an Vereinbarungen halten oder keinen Wert auf eine Zusammenarbeit mit der Tagesgruppe legen. Die Pädagogen teilen dann die Erfahrung der Machtlosigkeit mit den Eltern und erleben das Handeln der Lehrer als willkürlich. Diese Erfahrungen verbinden Eltern und Pädagogen, so dass aus der erfahrenen Machtlosigkeit auch die Erfahrung von Solidarität erwächst. Wenn selbst die Pädagogen der Tagesgruppe in solchen Situationen scheitern, erleben Eltern sich als weniger inkompetent.
- In einigen Fällen übernehmen die Pädagogen der Tagesgruppe gänzlich die Verbindung zwischen Schule und Eltern, sie agieren an Stelle der Eltern und berichten diesen lediglich über Inhalt und Verlauf der Gespräche. Sie handeln also stellvertretend für die Eltern. Diese verlieren so die Möglichkeit, Erfahrungen in der Auseinandersetzung mit diesem wichtigen Lebensbereich des Kindes zu sammeln.

Tagesgruppe als beratende Institution

Einen hohen Stellenwert nehmen die Pädagogen in ihrer Funktion als Gesprächspartner ein. Dies gilt zum einen für die regelmäßig stattfindenden Beratungsgespräche, aber auch für ungeplante und unregelmäßige informelle Kontakte. Beratungsgespräche erfüllen für die Eltern vor allem zwei wichtige Funktionen: Eltern erhalten ungeteilte Zuwendung und Aufmerksamkeit durch die Pädagogen und erfahren Entlastung, indem sie ihre Sorgen anderen mitteilen. Dies wird nach Aussagen der Eltern durch eine vertrauensvolle Beziehung zu den Pädagogen und eine verstehende Haltung der Pädagogen erleichtert, weil sich die Eltern nicht zu verstellen oder zu rechtfertigen brauchen. Besondere Bedeutung kommt auch der Tatsache zu, dass sich die Pädagogen in Krisensituationen kurzfristig als Ansprechpartner zur Verfügung stellen. Diese Möglichkeit zum Gespräch stellt für die Eltern in einer als stark belastend empfundenen Situation eine ungeheure Erleichterung dar, wenngleich sie mit der Erkenntnis verbunden sein kann, dass auch die Pädagogen nicht gleich einen Lösungsvorschlag parat haben. Aber nicht nur Krisen, auch Alltagsschwierigkeiten, für die Eltern keine anderen Ansprechpartner haben, können mit den Pädagogen besprochen werden. Eine sehr wichtige Funktion kommt den Pädagogen in ihrer Eigenschaft als Gesprächspartner bei Erziehungsschwierigkeiten zu. Ob aktuelle Krise oder lang andauernde Probleme, Eltern können gerade diese Themen im Rahmen kontinuierlicher Gespräche verlässlich bearbeiten. Nicht zuletzt fungieren Pädagogen als Ansprechpartner aller die Hilfe betreffenden Angelegenheiten. Die Hilfe stellt einen komplexen Prozess dar, bei deren Bewältigung Eltern der Begleitung bedürfen.

Tagesgruppe als Ermöglicher von Freiraum und Selbstfindung

Eltern, vor allem Berufstätige und allein Erziehende, erfahren eine große Entlastung, wenn sie die Verantwortung für ihr Kind für einen Teil des Tages abgeben können. Damit schafft die Tagesgruppe in ihrer Betreuungsfunktion den Eltern einen persönlichen Freiraum, der es ihnen erlaubt, trotz eines schwierigen Kindes berufstätig zu sein oder sich der Bewältigung anderer, den Alltag überschattender Probleme zuwenden zu können. Andere Eltern nutzen den gewonnenen Freiraum, um sich sportlich zu betätigen oder anderen Tätigkeiten nachzugehen, die ihnen gut tun. Eltern können in dieser Zeit ihr Leben neu überdenken und auch praktische Schritte zur Veränderung einleiten, wie die Teilnahme an einer Fortbildung. Die Funktion der Tagesgruppe geht aber über die Hortfunktion hinaus, da die Pädagogen die Eltern bei diesen Gedanken und Schritten beratend begleiten können.

Tagesgruppe als „überflüssiger Luxus“

Die Tagesgruppe mit ihrem umfassenden Angebot für die ganze Familie wird von manchen Eltern als überflüssig empfunden, auch wenn die Leistungen gerne in Anspruch genommen werden. Der Aufwand, den die Tagesgruppe betreibt, scheint ihnen übertrieben. Dies äußern gerade die Eltern, die die Schwierigkeiten ihres Kindes als gering einschätzen, die sich selbst aus der Problematik herausnehmen und die sozialpädagogische Beziehungsarbeit als eine Tätigkeit bewerten, die ein jeder Mensch „instinktiv“ beherrscht. Die wesentlichen Ziele dieser Eltern liegen in einer Verbesserung der Schulleistungen des Kindes, im Erstellen ordentlicher Hausaufgaben und in der pädagogisch sinnvoll strukturierten Freizeit des Kindes.

Bedeutung der Tagesgruppe für das Kind

Fast alle Eltern sind sich der immensen Bedeutung der Tagesgruppe für ihr Kind bewusst. Sie sehen die Tagesgruppe als existentiell wichtig für die Entwicklung und Heilung des Kindes an. Die umfangreiche pädagogische und therapeutische Betreuung erkennen sie als Ursache für eine Verbesserung bzw. Heilung kindlicher Störungen und spüren die positiven Folgen auch im häuslichen Alltag. Auch in Bezug auf die Schule messen Eltern der Tagesgruppe eine große Bedeutung zu. Sie betrachten die Tagesgruppe als notwendigen Ausgleich für die durch Leistungsdruck und soziale Schwierigkeiten bestimmte Zeit in der Schule. Sie fängt das Kind nach der Schule auf, und im Gegensatz zur Schule bietet die Tagesgruppe in den Augen der Eltern dem Kind wie auch ihnen selbst Nähe, Ausgleich und emotionale Befriedigung. Eltern bewerten die Tagesgruppe als Kontaktmöglichkeit ihrer Kinder außerordentlich hoch: die Kinder werden mit anderen Kindern konfrontiert, mit anderen Lebensstilen, Charakteren, Werten. Die Tagesgruppe bietet damit ein komplexes Lernfeld, die sich von der bisherigen Umwelt der Kinder durch ihren anregenden Charakter mit der Möglichkeit der begleiteten Weiterentwicklung unterscheidet. Diese alternative Erfahrungs- und Lernwelt gewinnt gerade durch die Anwesenheit anderer Kinder mit ähnlicher Problematik eine hohe Bedeutung für die soziale Entwicklung. Die Tagesgruppe wird auch in ihrer Bedeutung als Möglichkeit des Ausgleichs elterlicher Unzulänglichkeiten erkannt. Sie bedient kindliche Bedürfnisse oder für die Entwicklung notwendige Ansprüche, denen nachzukommen Eltern sich nicht in der Lage fühlen. Eltern empfinden es als äußerst belastend, wenn sie bemerken, dass ihrem Kind Selbstverständlichkeiten vorenthalten werden müssen. Dies gilt nicht nur für körperlich anstrengende Aktivitäten oder angemessene Umgangsformen, für sinnvolle anregende Freizeitbeschäftigung oder professionelle Begleitung der Kinder bei den Schularbeiten. Die Tagesgruppe ermöglicht Kindern auch Erfahrungen, die nur mit ausreichend finanziellen Mitteln zu bewältigen sind, wie z. B. Reisen.

Eltern empfinden die Arbeit der Tagesgruppe in ihrer Gesamtheit als sehr hilfreich und bemerken eine Erleichterung des Alltagslebens, weil das Kind durch die alltagsnahe Hilfe gut auf die Anforderungen des täglichen Lebens vorbereitet wird. Damit wird das Kind in seiner Entwicklung zur Selbstständigkeit unterstützt. Weil ein erheblicher Teil des Alltags des Kindes in der Tagesgruppe stattfindet, bedeutet diese Hilfe für Eltern auch einen Verlust:

die Tagesgruppe wird zum eigenständigen Lebensbereich des Kindes, es teilt wichtige Erfahrungen, Erlebnisse oder Alltägliches mit den Pädagogen der Tagesgruppe. Auch wenn Pädagogen als Vermittler zwischen Eltern und Kinderalltag fungieren, können Gespräche über das Kind nicht die gemeinsame Erfahrung ersetzen. Daher fühlen Eltern sich neben anderen, als positiv empfundenen Auswirkungen der Tagesgruppe, vom Leben ihres Kindes ausgeschlossen. Auch das Kind erleidet einen Verlust: neben einer Entfernung vom Alltag der Familie verliert es häufig den Kontakt zum eigenen Freundeskreis. Für soziales Leben außerhalb der Tagesgruppe bleibt in der Woche kaum Zeit. Eltern befürchten, die Kinder finden nach Ablauf der Hilfe keinen Anschluss an die „normale" Welt.

Tagesgruppe als Belastung

Tagesgruppe als emotionale Belastung: Bei aller Entlastung bedeutet die Tagesgruppe jedoch auch eine große Belastung, z. B. in emotionaler Hinsicht. Wenn Eltern sich auf regelmäßige Beratungsgespräche oder andere, auf Veränderung abzielende Angebote der Tagesgruppe einlassen, müssen sie sich – über den Rahmen des Angebotes hinaus – mit dem Besprochenen auseinandersetzen und das Erarbeitete im Alltag anwenden. Hinzu kommt die Verarbeitung enttäuschter Erwartungen, die notwendig wird, wenn der erhoffte Erfolg in Form einer Verhaltensänderung des Kindes, des Partners oder eines anderen Beteiligten ausbleibt. Allerdings schätzen manche Eltern die Pädagogen der Tagesgruppe gerade deshalb, weil sie aufgrund ihres pädagogischen Wissens eine Analyse und Reflexion problematischen Erziehungsverhaltens der Eltern ermöglichen.

Eine emotionale Belastung anderer Art entsteht durch die pädagogische Intervention in schwierigen Situationen. Probleme zwischen Eltern und Kind werden in der Tagesgruppe für die Pädagogen sichtbar. Je mehr den Eltern der prüfende Blick der Pädagogen bewusst wird, desto verkrampfter fühlen sie sich im Umgang mit ihrem Kind. In mancher Tagesgruppe wird gar direkt in die Eltern-Kind-Interaktion eingegriffen, um alternative Vorgehensweisen erarbeiten und gleich umsetzen zu können. Eltern begrüßen dieses Angebot in der Theorie, in der Praxis fühlen sie sich höchst verunsichert und empfinden das pädagogische Eingreifen als schwer zu ertragen. Man kann davon ausgehen, dass sie sich unter pädagogischer Beobachtung besonders bemühen, daher empfinden sie diese Kritik als sehr verletzend. Viele Eltern bevorzugen daher die Beratungssituation, da sie hier auf Distanz zum Geschehen gehen können und das Sprechen über ihre Probleme als weniger beschämend empfinden.

Tagesgruppe als zeitlich-organisatorische Belastung

Für manche Eltern erweist sich die Teilnahme an Veranstaltungen der Tagesgruppe als schwierig, weil sie weitere Kinder zu betreuen haben oder weil sie einer Erwerbstätigkeit nachgehen – unter diesen Umständen empfinden sie die Mitarbeit in der Tagesgruppe mitunter als eine kaum zu leistende zusätzliche Belastung. Hinzu kommt, dass die Kinder nicht immer wohnortnah untergebracht sind und die Teilnahme an Angeboten dann mit einem längeren Weg verbunden ist. Dann stellt sich für die Eltern die mit den Terminen verbundene Anstrengung als größer dar als der Nutzen, den sie ihrer Ansicht nach daraus ziehen können. Von manchen Eltern wird die zeitliche wie auch die psychische Belastung durch die Mitarbeit in der Tagesgruppe als eine Überforderung erlebt, der sie sich nur durch einen konsequenten Rückzug aus der Tagesgruppe entziehen zu können meinen.

Darüber hinaus trägt die Tagesgruppe in mancherlei Hinsicht an die Eltern den Anspruch einer ständigen Verfügbarkeit heran: Wenn es z. B. innerhalb der Tagesgruppe massive Schwierigkeiten mit einem Kind gibt, werden Eltern im schlimmsten Fall aufgefordert, ihr Kind umgehend aus der Tagesgruppe abzuholen. Für die betroffenen Eltern bedeutet dies nicht selten eine kurzfristige Absage vereinbarter Termine und eine Unterbrechung des geplanten Tagesablaufes. Dieser Anspruch stößt bei den Eltern um so mehr auf Unverständnis, je mehr diese die Tagesgruppe nutzen wollen, um sich von einer anhaltenden Beanspruchung durch das Kind zu entlasten und je mehr sie die Pädagogen als Experten im Umgang mit ihrem schwierigen Kind begreifen.

Die Bedeutung der Tagesgruppe nach der Hilfe

Der besondere Wert der Tagesgruppe für die Eltern zeigt sich auch bei Beendigung der Hilfe, die im Leben der Eltern einen massiven Einschnitt darstellt, unabhängig davon, ob sie vorzeitig abgebrochen wurde oder termin- und regelgerecht ausgelaufen ist. Für viele Eltern bedeutet das Ende der Hilfe ein entschiedenes Mehr an Verantwortung und Arbeit: sie müssen nicht nur für eine Mittagsmahlzeit sorgen, sondern auch die Erledigung der Hausaufgaben steht allein in ihrer Obhut, und die nachmittägliche Betreuung ist – gerade bei älteren Kindern allein erziehender Berufstätiger – oft nicht gesichert, was für die Eltern mit großer Sorge und Unsicherheit verbunden sein kann. Darüber hinaus sind die Eltern bei der Bewältigung von Schwierigkeiten mit dem Kind erneut auf sich allein gestellt, denn die Kontakte zu anderen Eltern oder auch zu den Pädagogen aus der Tagesgruppe reichen meistens nicht über das Tagesgruppengeschehen hinaus. Die meisten Eltern erleben also zusätzlich einen beträchtlichen Verlust an sozialen Kontakten. Als schmerzhaft erleben Eltern den Verlust beständiger Wertschätzung und Solidarität, wie sie

sie in der Tagesgruppe erfahren haben. Dennoch werden Angebote von Seiten der Pädagogen, nach Beendigung der Hilfe noch einmal in der Tagesgruppe vorbeizuschauen, oft nur zurückhaltend oder gar nicht wahrgenommen. Gleichwohl spielt das Interesse der Pädagogen an den Eltern nach Beendigung ihrer Hilfe für diese eine große Rolle. Einige Eltern äußerten die Hoffnung, dass die Pädagogen sich auch nach Abschluss der Hilfe für sie und ihren Weg interessieren, und das Gefühl, in Notzeiten auf die Pädagogen zurückgreifen zu können, verleiht den Eltern eine gewisse Sicherheit für die „Zeit danach". Für das Kind selbst sehen die Eltern die Beendigung der Hilfe oft als weniger problematisch an, weil sie ihm einen Zugewinn an Freizeit und Kontakte zu Kindern außerhalb der Tagesgruppe ermöglicht. Einzelne Kinder sind auch in andere Angebote wie etwa Sportvereine eingebunden, andere haben während ihrer Zeit in der Tagesgruppe gelernt, Kontakt zu anderen Kindern zu knüpfen und suchen sich nun einen neuen Freundeskreis.

3.3 Welche Erwartungen haben Eltern an die Tagesgruppe? Worin sehen Eltern erfolgreiche Tagesgruppenarbeit?

Eltern tragen verschiedenste Erwartungen an die Hilfeform Tagesgruppe heran. Eine überwiegende Erfüllung dieser Erwartungen kann zu motivierter Mitarbeit und Zufriedenheit auf Seiten der Eltern beitragen und so die Effektivität der Hilfe erhöhen. Das Hilfeplangespräch nach § 36 KJHG stellt einen zentralen Ort dar, an dem Eltern ihre Erwartungen und Interessen formulieren und im Gespräch mit den Fachkräften klären können (Müller 1993). In diesen Hilfekonferenzen nach § 36 KJHG sollen mehrere Fachkräfte, die Personensorgeberechtigten, das Kind oder der Jugendliche und gegebenenfalls weitere an der Personensorge beteiligte Personen oder Institutionen gemeinsam eine Entscheidung über die im Einzelfall geeignete Hilfe fällen. Die gesetzliche Festlegung von Beteiligungsrechten entspricht der sozialpädagogischen Erkenntnis, dass ohne Einbeziehung und Mitwirkung der Betroffenen ein Erfolg sozialpädagogischer Hilfen nicht erreichbar ist (vgl. Deutscher Verein für öffentliche und private Fürsorge 1994).

Wenngleich der Hilfekonferenz als Beteiligungsforum auch im Hinblick auf die Eltern in der Literatur und von Seiten der sozialpädagogischen Fachkräfte im Jugendamt eine zentrale Bedeutung beigemessen wird, scheint sie im Bewusstsein der von uns befragten Eltern doch eine geringere Bedeutung im Hinblick auf ihre Motivation und Kooperationsbereitschaft zu haben als die Erfahrungen, die sie innerhalb der Tagesgruppe und in der Interaktion mit den Pädagogen der Tagesgruppe gemacht haben. Hinzu kommt sicherlich, dass das Jugendamt von manchen Eltern als jene mächtige, kontrollierende

Instanz wahrgenommen wird, der gegenüber man als hilfesuchende Mutter oder Vater lieber Vorsicht walten lässt. Die Pädagogen der Tagesgruppe hingegen werden oftmals eher als Verbündete in der Auseinandersetzung mit den Mitarbeitern des Jugendamtes wahrgenommen, vor allem, wenn sie die Eltern in ihrem Wunsch nach einer Verlängerung der Hilfe unterstützen.

Es zeigt sich aber auch, dass einige Eltern trotz Hilfekonferenz keine oder nur sehr wenig konkrete Vorstellungen von dem haben, was sie in der Tagesgruppe erwartet und wie das zu lösende Problem konkret umrissen ist. In anderen Fällen hingegen zeigen sich Erwartungen, die unangemessen hoch und unerreichbar scheinen.

Um Erwartungen der Eltern an die Tagesgruppe und die Erfolge durch Tagesgruppenarbeit besser einschätzen zu können, muss man vorausschicken, wie Eltern die Schwierigkeiten ihres Kindes erleben und worin Eltern Ursachen für die Probleme sehen, die letztendlich zu einer Aufnahme des Kindes in die Tagesgruppe geführt haben. Ihre Situation vor Eintritt in die Hilfe beschreiben alle Eltern in ähnlicher Weise: das schwierige Verhalten des Kindes und seine Probleme in Schule und Familie und die damit verbundenen Anforderungen und Auseinandersetzungen stellten für die meisten Eltern eine immense Belastung dar, sie fühlten sich überfordert und empfanden die Situation als ausweglos. Als Probleme, die letztlich zur Aufnahme des Kindes in die Tagesgruppe geführt haben, nannten die Eltern

- Entwicklungsverzögerungen aufgrund angeborener Defekte
- Lernbehinderung/Wahrnehmungsstörungen
- Schwierigkeiten in der Schule hinsichtlich Sozialverhalten und Schulleistungen aufgrund festgestellter Hyperaktivität/ADS, verstärkend wirkten in diesem Zusammenhang inkompetentes Umgehen der Lehrkräfte mit der bekannten Problematik und ein Umgang des eigenen Kindes mit solchen Gleichaltrigen, die aus Sicht der Eltern einen ungünstigen Einfluss ausübten
- Verhaltensstörungen aufgrund eigener Defizite oder eigenen problematischen Erziehungsverhaltens
- Verhaltensstörungen aufgrund des Erziehungsverhaltens des anderen Elternteils
- Aggressives Verhalten gegenüber Gleichaltrigen
- Respektloses Verhalten gegenüber Erwachsenen
- Soziale Isolation des Kindes, d.h. das Kind hat keine Freunde
- Fehlende Betreuungsmöglichkeit für das Kind, das auf jeden Fall einer Betreuung bedarf
- andauernde heftige Konflikte zwischen Eltern und Kind

Mit der Hilfe Tagesgruppe verbinden Eltern unterschiedliche Erwartungen, die sich aus der oft jahrelangen Vor- und Leidensgeschichte ergeben. Alle Eltern verbindet jedoch die Erwartung, dass die Betreuung in der Tagesgruppe schnell zu einer umfassenden Verhaltensänderung auf Seiten ihres Kindes, manchmal aber auch auf Seiten des (Ehe-) Partners führt. Im Hinblick auf die Art der erhofften Verhaltensänderung äußern sich jedoch nur wenige Eltern konkret. Vielmehr sind ihre Erwartungen aus der Schilderung der jeweiligen Vorgeschichte zu erschließen. So wünschen sich die Eltern zum Beispiel eine Entspannung in der Beziehung zu ihrem Kind, sie möchten von ihrem Kind als Mutter oder Vater wahrgenommen und respektiert werden. In vielen Fällen richtet sich die Erwartung auf eine Verbesserung der schulischen Leistungen oder darauf, dass ihr Kind einen anderen Umgang mit Gleichaltrigen erlernt und Kontakt zu anderen Kindern findet. Die Erwartung einer umfassenden Verhaltensänderung beim Kind scheint vor allem dann zu bestehen, wenn Eltern die Ursache für die Probleme ausschließlich beim Kind oder im Verhalten eines anderen Beteiligten wie etwa des Partners oder der jeweiligen Lehrkraft sehen, den Zusammenhang zwischen den Problemen des Kindes und ihrem eigenen (Erziehungs-) Verhalten jedoch nicht zu sehen vermögen. Aus einer solchen Sichtweise erklärt sich dann beispielsweise die teilweise geringe Motivation von Eltern, an Gesprächen oder Angeboten teilzunehmen, die auf eine Veränderung des eigenen Verhaltens gerichtet sind. Manchmal entsteht allerdings aber auch der Eindruck, dass die Eltern selbst das Verhalten ihrer Kinder eigentlich als wenig problematisch einschätzen und sie nur unter äußerem Druck durch die Schule oder das Jugendamt eine Veränderung anstreben wollen. Das heißt möglicherweise, dass sie einer Hilfe ohne wirkliche innere Überzeugung zustimmen.

Die Erwartung, Tagesgruppenarbeit würde eine Verhaltensänderung beim Kind erreichen, findet sich vor allem bei jenen Eltern, für die das Verhalten ihres Kindes eine immense Belastung darstellt. Bei Eltern, die von der Tagesgruppe nicht nur Hilfe für das Kind, sondern auch für sich selbst erwarten, erwächst aus dieser Hoffnung die Bereitschaft zu Kooperation und Engagement. Die meisten Eltern scheinen jedoch erst im Verlauf der Hilfe festzustellen, dass sie ganz persönlich von dieser Hilfe profitieren können. Dann werden die Angebote der Elternarbeit nicht mehr als lästige Verpflichtung wahrgenommen, sondern von den Eltern tatsächlich genutzt, um Erfahrungen auszutauschen, neues Wissen zu erwerben oder – beispielsweise bei freizeitorientierten Angeboten – einen unbeschwerten Tag oder Abend zu verbringen.

Eine andere von den Eltern geäußerte Erwartung betrifft die Erleichterung und Entlastung, die eine Betreuung des Kindes in der Tagesgruppe besonders ihnen als Eltern bringen soll. Diese Erleichterung verbinden die Eltern vor allem mit einer zuverlässigen Erledigung der Hausaufgaben in der Tagesgruppe, denn gerade im Zusammenhang mit der Anfertigung der Hausaufgaben gibt es in vielen Familien große Schwierigkeiten und erhebliche Spannungen. Darüber hinaus wird von Eltern aber auch die Erwartung geäußert, dass die Tagesgruppe den betreuten Kindern solche Erfahrungen vermittelt, die sie benötigen, um ihr Leben und ihren Alltag zu bewältigen. Als weniger hilfreich werden dagegen Erfahrungen und Handlungsmuster verstanden, die sich grundverschieden zu denen des Lebens außerhalb der Tagesgruppe verhalten.

Mit der Inanspruchnahme einer teilstationären Erziehungshilfe wie der Tagesgruppe überantworten Eltern ihre Kinder für einen erheblichen Teil des Tages an jene Pädagogen, die sie für Experten im Umgang mit ihrem als schwierig erlebten Kind halten. Entsprechend hoch sind die Erwartungen, die sie an diese Experten haben. So erwarten sie beispielsweise einen problemangemessenen Umgang mit ihrem Kind. Gleichzeitig erwarten Eltern jedoch auch, dass die Pädagogen mit den Kindern, die in anderen pädagogischen Kontexten wie etwa der Schule oftmals Ablehnung, Ausgrenzung und Unverständnis erfahren, einfühlsam und liebevoll umgehen.

Obwohl Eltern die Hilfe durch die Tagesgruppe insgesamt sehr positiv einschätzen, stehen sie der pädagogischen Arbeit bzw. den Pädagogen nicht unkritisch gegenüber. Der Mut, dem professionellen pädagogischen Handeln eigene Ideen entgegenzusetzen, entsteht nicht zuletzt aus der Erkenntnis, dass auch die Pädagogen nur Menschen sind, deren Umgang mit dem eigenen Kind nicht immer von vollkommener Perfektion bestimmt ist. Diese Erkenntnis bringt auf der einen Seite eine gewisse Entlastung, führt aber auf der anderen Seite dazu, dass eine völlige Abgabe der Verantwortung für die Problembeseitigung nur bedingt möglich ist. Scheitert die Hilfe, machen Eltern dafür auch pädagogisches Handeln verantwortlich, das sie selbst als nicht den Schwierigkeiten des Kindes angemessen empfinden.

Es gibt auch Eltern, die aufgrund fehlender Informationen im Vorfeld kaum Vorstellungen und Erwartungen im Hinblick auf die Hilfe durch die Tagesgruppe haben.

Manche Eltern scheinen aufgrund ihrer langjährigen Erfahrungen in Bezug auf Erziehungshilfen eher desillusioniert, was mögliche, zu erwartende Erfolge angeht. Sie haben die Hoffnung auf Besserung des Verhaltens ihres Kindes und eine Erleichterung ihres Lebens durch psychosoziale Unterstützung aufgegeben, weil der erhoffte Erfolg bisher weitgehend ausgeblieben ist. Sie erleben deshalb die Terminforderungen der Tagesgruppe als fremdbestimmt und sinnlos und scheinen weder fähig noch willens zu sein, sich auf einen weiteren längeren Hilfeprozess einzulassen und eigene Leistungen z. B. in Form von Mitarbeit zu erbringen. Eine ähnliche Haltung scheint sich auch dann zu ergeben, wenn die Erwartung der Eltern an die Hilfe groß ist, der erwartete schnelle Erfolg jedoch ausbleibt.

Dies weist darauf hin, wie wichtig es ist, vor allem im Vorfeld, z. B. im Rahmen der Hilfeplangespräche, durch eine Formulierung konkreter und kleinschrittiger Ziele unrealistische Erwartungen zu korrigieren und den Eltern dadurch gleichzeitig Instrumente zur Überprüfung ihres Erfolges in die Hand zu geben.

Während Eltern ihre Erwartungen an die Hilfe Tagesgruppe kaum konkretisieren (können), fällt es ihnen erheblich leichter zu beschreiben, welche positiven Veränderungen sich aus ihrer Sicht durch die Tagesgruppenarbeit eingestellt haben. In erster Linie beziehen sich diese Erfolge auf das Kind. Als einen Erfolg werten es Eltern, wenn es dem Kind durch seinen Aufenthalt in der Tagesgruppe gelingt oder gelungen ist, seine soziale Isolation zu überwinden, wenn es Freunde gefunden hat oder aber sehr viel eher in der Lage ist, Kontakt zu anderen Kindern, auch außerhalb der Tagesgruppe, zu knüpfen. Gerade in dieser Hinsicht beschreiben viele Eltern das Verhalten ihres Kindes vor der Hilfe durch die Tagesgruppe als problematisch. Nur wenige Kinder hatten überhaupt Freunde, „normalen Kindern", so eine Mutter, falle der Umgang mit ihrem Kind sehr schwer.

Die pädagogische Arbeit in der Tagesgruppe wirkt sich oft positiv auf das Zusammenleben in der Familie und auf die Beziehung zwischen Eltern und Kind aus. So beschreiben die meisten Eltern positive Veränderungen im Verhalten des Kindes, die beispielsweise darin bestehen, dass sie ihr Kind angstfreier erleben, dass es mehr aus sich heraus kommt und dass es seltener zu Konfrontationen zwischen Eltern und Kind kommt. Bei einigen Kindern hat sich nach Aussage der Eltern die Konzentrationsfähigkeit verbessert, andere Kinder werden von ihren Eltern als offener und selbstbewusster wahrgenommen oder sind selbstständiger geworden.

Diese zum Teil erheblichen Veränderungen bedeuten für die Eltern eine große Erleichterung: sie machen sich weniger Sorgen um ihr Kind, sie werden seltener zu Elterngesprächen in die Schule geladen und haben weniger Unannehmlichkeiten. Auch können sie (wieder) mehr Vertrauen in die Selbstständigkeit bzw. in die Fähigkeiten des Kindes setzen. Vor allem im Hinblick auf die schulischen Leistungen ihres Kindes geben fast alle Eltern eine deutliche Verbesserung der Situation an.

Mitunter wird die Hilfe durch die Tagesgruppe als hilfreich für die ganze Familie gewertet. Die Gespräche mit den Pädagogen können zu einem veränderten Umgehen der Eltern mit den Schwierigkeiten ihres Kindes, aber auch zu einem veränderten Miteinander als Partner führen. An die Stelle gegenseitiger Schuldzuweisungen können dann eine Annäherung und ein vertrauensvollerer Austausch treten, in dem sich beide Eltern auf einen Weg zur Verbesserung der Situation zu verständigen suchen.

Ein weiteres Kriterium im Hinblick auf die Einschätzung der Tagesgruppe als Hilfe zur Erziehung ergibt sich aus der Frage danach, ob das Kind gerne in die Tagesgruppe geht oder gegangen ist. Als erfolgreich werten Eltern Tagesgruppenarbeit dann, wenn sich das Kind ihrer Einschätzung nach in der Gruppe wohl fühlt. Dass die Kinder überwiegend gern in die Tagesgruppe gehen, hängt nach Ansicht der Eltern auch mit dem abwechslungsreichen Freizeit- und Beschäftigungsprogramm zusammen. Die Kinder erfahren in der Tagesgruppe eine Art von Freizeitgestaltung (z. B. Ausflüge, Sportangebote, Kino- oder Theaterbesuche, Ferienunternehmungen), die sie von zu Hause oftmals nicht kennen und zu der in mancher Familie die finanziellen Mittel wie auch Zeit, Willen und Vermögen der Eltern fehlen. Aus Sicht einiger Eltern bietet die Tagesgruppe ihrem Kind also die Möglichkeit, in der Familie erfahrene Defizite in der Freizeitgestaltung auszugleichen.

Viele Eltern stehen der Tagesgruppe mit ausgesprochen positiven Gefühlen gegenüber und halten sich gerne in der Tagesgruppe auf. Sie erleben nicht nur die pädagogische Arbeit mit dem Kind als sehr hilfreich, sondern stellen – meistens erst im Verlauf der Hilfe – fest, dass auch sie ganz persönlich profitieren können. Dies betrifft sicherlich in erster Linie den empfundenen Zugewinn an erzieherischer Kompetenz und eine damit verbundene Veränderung des eigenen Erziehungsverhaltens in verschiedenen Bereichen. Einige Eltern versuchen beispielsweise, Methoden, die sie in der Tagesgruppe kennen gelernt haben, in ihrem Familienalltag umzusetzen. Andere sehen im Nachhinein das eigene, teilweise nicht unproblematische Erziehungsverhalten ein und äußern, dass es ihnen gelungen sei, dieses zu verändern. Da diese Eltern ihren Anteil an den Schwierigkeiten zu akzeptieren gelernt haben, sehen sie auch ihren Anteil am Gelingen der Hilfe durch die Tagesgruppe. Dieses Erfolgserlebnis stärkt sie im angemessenen Ausfüllen ihrer Elternrolle und macht sie zuversichtlich im Hinblick auf die Bewältigung zukünftig auftretender Probleme.

Es gibt jedoch auch Eltern, die ihren Gewinn aus der Betreuung in der Tagesgruppe über die empfundene Steigerung ihrer erzieherischen Fähigkeiten hinaus in einer persönlichen Weiterentwicklung sehen, die sich selbst als selbstbewusster und selbstbestimmter erleben.

Ein wichtiges Kriterium im Hinblick auf die Einschätzung erfolgreicher Tagesgruppenarbeit durch Eltern stellt die Entlastung dar, die die Betreuung des als oftmals sehr anstrengend erlebten Kindes in der Tagesgruppe vor allem für allein erziehende Väter und Mütter bedeutet, aber auch für jene Eltern, die mit einer Vielzahl von Schwierigkeiten zu kämpfen haben. Hinzu kommt die Entlastung, die beispielsweise dadurch möglich wird, dass die Pädagogen der Tagesgruppe die Eltern in der Auseinandersetzung mit den Lehrern des Kindes unterstützen und zwischen Eltern und Lehrern vermitteln.

Doch nicht allein der Aspekt der Entlastung ist den Eltern wichtig. Vielmehr geht es ihnen darum, dass das Kind in einer seinen Problemen angemessenen Weise betreut wird. So ist es beispielsweise Eltern sogenannter ADHS-Kinder sehr wichtig, dass das Kind in der betreuenden Einrichtung Sicherheit erfährt durch klare Regeln und eine übersichtliche Strukturierung des Tagesablaufes. In einigen Fällen waren es die Pädagogen der Tagesgruppe, die den Eltern empfohlen haben, ihr Kind in einer kinder- und jugendpsychiatrischen Einrichtung vorzustellen oder die Eltern ermutigt haben, für ihr Kind einen Schulwechsel zu veranlassen. Diese Anregungen der Pädagogen scheinen Eltern und Kinder, die oftmals schon eine jahrelange Odyssee durch verschiedenste Therapien und Erziehungshilfen hinter sich hatten, auf einen Weg gebracht zu haben, der sowohl für die Kinder als auch für die Eltern endlich mit einer Linderung des empfundenen Leidensdrucks wie auch einer erfolgreichen Bewältigung der Probleme verbunden ist oder war.

Obwohl die Hilfe durch die Tagesgruppe von den Eltern überwiegend als positiv und hilfreich eingeschätzt wird, kommt es in manchen Familien während der laufenden Hilfe zu Eskalationen, zu krisenhaften Verläufen. Einige Eltern äußerten sogar, dass sich das Verhalten des Kindes, vor allem im häuslichen Bereich, eher verschlimmert habe (ein Zusammenhang zwischen fehlender Bereitschaft zur Mitarbeit in der Tagesgruppe und krisenhaftem Verlauf ist nicht festzustellen, eine solche Entwicklung kam sowohl in Familien vor, in denen die Eltern motiviert in der Tagesgruppe mitarbeiteten, wie auch in solchen, in denen sich die Eltern eher zurückzogen). Im Verlauf einer solchen Entwicklung spielen manche Eltern durchaus mit dem Gedanken, eine Unterbringung des Kindes außerhalb der Familie in die Wege zu leiten, andere erachten die Unterstützung durch die Pädagogen der Tagesgruppe als ausreichend, um die Krise zu bewältigen. Vor allem in Gesprächen mit den Pädagogen können Eltern diese problematischen und für sie mit Scham- und Angstgefühlen besetzten Situationen aufarbeiten. Während das Ziel der Pädagogen darin liegt, nach einer Reflexion eben dieser Situationen mit den Eltern Handlungsalternativen zu entwickeln, wollen Eltern in erster Linie erfahren, wie sie sich angesichts dieser massiven Schwierigkeiten verhalten sollen. Oftmals stehen diese neuerlichen Schwierigkeiten im Zusammenhang mit der Schule, z. B. nach einem Schul- oder Lehrerwechsel. Ein aus Sicht der Eltern unangemessenes Verhalten einer Lehrkraft wird dann von den Eltern durchaus als eine Bedrohung der bereits erzielten Erfolge empfunden.

Wenngleich sich die Eltern durchgehend sehr positiv über die Arbeit der Tagesgruppe äußern, muss dabei doch berücksichtigt werden, wie unberechenbar Erfolg in der pädagogischen Arbeit mit den Kindern, mit den Eltern und wie unterschiedlich die Einschätzung von Erfolg sein kann. Erfolge in der Entwicklung des Sozialverhaltens des betreuten Kindes können einhergehen mit einer problematischen Entwicklung der Eltern-Kind-Beziehung, ebenso kann das, was Eltern als Erfolg werten, von den Pädagogen und Therapeuten als wenig erfolgreich betrachtet werden.

Wie schwierig es sein kann, auf die Frage nach dem Erfolg oder auch dem Misserfolg einer erzieherischen Hilfe wie etwa der Tagesgruppe eine eindeutige Antwort zu geben, wird im folgenden Fall sehr deutlich. So schildert eine Mutter, deren Sohn über etwa zwei Jahre in einer Tagesgruppe betreut wurde, rückblickend, dass dieser die Hilfe durch die Tagesgruppe von Anfang an abgelehnt habe. Zwar sei er jeden Tag in die Tagesgruppe gegangen, er habe sich dort aber nie besonders wohl gefühlt. Sein Verhalten habe sich in diesen zwei Jahren zum negativen entwickelt, aus dem ehemals ruhigen Kind sei ein aggressiver Junge geworden, der sich auch mal prügele. Darüber hinaus habe er durch die Tagesgruppe den Kontakt zu seinen Freunden verloren und stehe nun, nach Beendigung der Hilfe, ohne Freunde da. Die Schwierigkeiten beim Lernen und bei der Erledigung der Hausaufgaben, die damals Anlass waren, eine Hilfe zur Erziehung in Anspruch zu nehmen, würden aber nach wie vor bestehen, daran habe sich nichts geändert. Als positiv wertet sie die Anregung der Tagesgruppenpädagogen, bei ihrem Sohn eine kinderpsychologische Diagnostik vornehmen zu lassen und einen Wechsel der Schule anzustreben. Während sie die Veränderungen, die sich daraus für ihren Sohn ergeben haben und zu denen sie sich durch die Pädagogen ermutigt sah, durchaus als Erfolg wertet, schätzt sie den Hilfeverlauf im Hinblick auf ihren Sohn insgesamt jedoch als relativ erfolglos ein. Die Ursache für diesen Misserfolg liegt ihrer Ansicht nach aber nicht bei den Pädagogen, sondern ausschließlich bei ihrem Sohn.

Ganz anders hingegen scheint sie die Hilfe in Bezug auf sich selbst einzuschätzen: ihr bot sich durch die Inanspruchnahme dieser Hilfe die Möglichkeit, ihre Bedürfnisse nach Austausch, nach Gesprächen, nach informellem Kontakt, aber auch nach Unbeschwertheit und Spaß zu erfüllen. So hat sie an möglichst vielen Angeboten in der Tagesgruppe teilgenommen und informelle Kontakte zu den Pädagogen, z. B. in der Abholsituation, gesucht.

Diese Mutter hat sich gegen die Bedürfnisse ihres Sohnes, der die Hilfe vollkommen abzulehnen scheint, durchgesetzt und für sich ganz persönlich einen großen Gewinn aus der Tagesgruppenbetreuung gezogen. Sie fühlt sich den Tagesgruppenpädagogen auch nach der offiziellen Beendigung der Hilfe noch sehr verbunden und nutzt nach eigenem Bekunden jede Gelegenheit, in der Tagesgruppe „vorbeizuschauen“. Die Hilfe „Tagesgruppe“ scheint an den Bedürfnissen des Sohnes vollkommen vorbeigegangen zu sein, was die Frage aufwirft, inwieweit die Entscheidung für eine Hilfe in der Tagesgruppe überhaupt unter Einbeziehung des Kindes zustande gekommen sein mag. An dieser Stelle zeigt sich sehr deutlich die auch von Bürger (1997) festgestellte Diskrepanz zwischen den Erwartungen und Erfolgseinschätzungen der Eltern auf der einen Seite und der Kinder und Jugendlichen auf der anderen, die nicht zuletzt auf deren unterschiedlichen Bedürfnissen beruhen. Wenngleich die eigentliche Zielstellung der Tagesgruppe als Hilfe zur Erziehung, nämlich die Unterstützung der Entwicklung des Kindes oder Jugendlichen, in diesem Fall möglicherweise nicht erreicht wurde, so kann doch auch die Steigerung des subjektiven Wohlbefindens der Mutter als Erfolg eingeschätzt werden, der es ihr ermöglicht, alte und neue Probleme mit neuer Kraft anzugehen.

3.4 Bedürfnisse, Selbstwirksamkeitserfahrungen und Autonomieerleben als Quellen der Motivation zur Mitarbeit im Tagesgruppenalltag und im Hilfeprozess

Im Hinblick auf eine Partizipation von Eltern in Hilfeprozess und Tagesgruppenalltag kommt der Frage nach den Bedürfnissen von Eltern eine zentrale Bedeutung zu, weil das Streben nach der Befriedigung von Bedürfnissen eine wesentliche Motivation zum Handeln darstellt. Ist Partizipation von Eltern selbstverständlicher Teil der pädagogischen Arbeit in einer Tagesgruppe, haben Eltern durch eine höhere Gewichtung ihres Subjektstatus die Chance, ihre Bedürfnisse wahrzunehmen, und sie können versuchen, diese in den Tagesgruppenalltag im Konsens mit anderen Eltern, mit Mitarbeitern und Kindern zu integrieren.

Die Bedürfnisse und Interessen von Eltern und Pädagogen, die sich in den gegenseitigen Erwartungen spiegeln, können in einem Spannungsverhältnis zueinander stehen oder sogar einander ausschließen, denn nicht immer decken sich die aus den Zielformulierungen des Hilfeplans resultierenden Anforderungen der Mitarbeiter mit den Bedürfnissen von Eltern. Anspruch an Engagement und Mitgestaltung auf der einen Seite, Bedürfnis nach Entlastung, Freiraum und Schonung, besonders in der ersten Phase der Hilfe, auf der anderen Seite – hier kann es zu einer nachhaltigen Frustrierung von Bedürfnissen kommen, auf die gerade die Eltern mit Ärger, Unverständnis oder sogar Verweigerung reagieren.

Vor dem Hintergrund unserer Kernfrage „wer partizipiert wie woran?“ fragen wir danach, welche Bedürfnisse Eltern haben, deren Kinder in einer Tagesgruppe betreut werden, mit welchen Mitteln und Wegen sie eine Befriedigung dieser Bedürfnisse erreichen oder zu erreichen suchen und in welcher Weise die pädagogischen Fachkräfte mit den Bedürfnissen der Eltern und ihren Bestrebungen nach einer Befriedigung umgehen. Mägdefrau (2003) weist darauf hin, dass die Fähigkeit zur Artikulation von Bedürfnissen eine Grundvoraussetzung für deren Befriedigung darstellt. Doch Bedürfnisse sind häufig nur unbewusst vorhanden und können deshalb – oder auch aus anderen Gründen – nicht spontan formuliert werden. Darüber hinaus werden sie manchmal bewusst verändert, verborgen oder unterdrückt. Im günstigsten Fall können Bedürfnisse direkt erfragt oder an Wünschen, Interessen, Tätigkeitsprofilen o. ä. abgelesen werden (vgl. Lukas 1996). Manchmal sind sie jedoch allenfalls indirekt über Gespräche, über die Analyse von Akten oder Dokumenten, Beobachtung von Situationen und deren Interpretation zu erschließen. Bezogen auf pädagogische Handlungsfelder heißt das, es bedarf eines professionellen methodischen und reflektierenden Herangehens, um Bedürfnisse von Kindern, Jugendlichen und Erwachsenen wahrzunehmen.

Im Rahmen dieser Untersuchung war es uns möglich, Elternbedürfnisse aus unterschiedlichen Perspektiven zu ermitteln, z. B. aus Sicht der Mitarbeiter wie auch aus der der Eltern. Die Sicht der Sozialpädagogen und Erzieher im Hinblick auf Elternbedürfnisse interessierte aus der Vermutung heraus, dass diese ihre Arbeit (Angebote, Themen, Umgang mit den Eltern) unter anderem nach diesen Bedürfnissen ausrichten. Die befragten Pädagogen der Einrichtungen haben aus der Zusammenarbeit mit Eltern Einblick in deren Erwartungen an die pädagogische Arbeit und deren Bedürfnisse gewonnen. In der Untersuchung zeigt sich, dass von pädagogischer Seite aus die breite Palette von Wünschen und Bedürfnissen ihrer Klienten zu einem großen Teil richtig eingeschätzt wurde und im Rahmen der Elternarbeit versucht wird, auf diese Bedürfnisse einzugehen.

Im Gegenzug konnte durch die Befragung der Eltern geklärt werden, wie die Eltern selbst ihre Bedürfnisse wahrnehmen und formulieren, wie die Eltern die Befriedigung bzw. deren – pädagogisch durchaus notwendige – Versagung empfinden und welche Folgen dies für die Motivation der Eltern zur Mitarbeit hat. Darüber hinaus stellte sich die Frage, wie die Eltern den Umgang der pädagogischen Fachkräfte mit ihren tatsächlichen Bedürfnissen erleben. Dies steht in einem engen Zusammenhang mit der Erfahrung von Selbst- bzw. Fremdbestimmung. Deci und Ryan (1993) zufolge beeinflusst die von einer Person wahrgenommene Autonomie bzw. Fremdbestimmung maßgeblich ihre Motivation. Wir gehen daher davon aus, dass das individuelle Empfinden von Autonomie und Selbstbestimmung bzw. Kontrolle und Fremdbestimmung einen maßgeblichen Einfluss auf die Motivation der Eltern zu Mitarbeit und Mitgestaltung in Tagesgruppenalltag und Hilfeprozess hat. Gleichzeitig stellt sich aber – mit Blick auf die zugrunde liegenden Forschungsfragen – auch die Frage, inwieweit welche Bedürfnisse im Rahmen einer professionellen pädagogischen Beziehung überhaupt befriedigt werden können.

Da wir partizipatives Handeln gleichsetzen mit selbstbestimmtem Handeln, erscheint es uns sinnvoll, unsere Ergebnisse vor dem Hintergrund der in der Selbstbestimmungstheorie von Deci und Ryan (1993) dargestellten Bedürfniseinteilung zu ordnen. So unterscheiden wir Elternbedürfnisse in den Bereichen „soziale Einbindung“, „Kompetenzerfahrung“ und „Autonomie“. Da sich ein wesentlicher Anteil der Elternbedürfnisse im Kontext der Tagesgruppe auf den Bedarf nach Unterstützung und Entlastung bezieht, fügen wir den genannten Bedürfnisbereichen den Bereich „Entlastung und Unterstützung“ hinzu.

3.4.1 Bedürfnisse von Eltern als motivationale Grundlage selbstbestimmten Handelns

Bedürfnisse der Eltern im Bereich „Entlastung und Unterstützung“

Das Bedürfnis nach Entlastung und Unterstützung vor allem im Bereich der Erziehung zeichnet sich bei allen befragten Eltern ab. Eltern haben, besonders zu Beginn des Hilfeprozesses, aber auch in dessen Verlauf, ein großes Bedürfnis nach Entlastung von der oftmals alleinigen Verantwortung für das Kind und seine Schwierigkeiten durch Hilfe und Unterstützung von außen. Die meisten der befragten Eltern fühlten sich zu Beginn der Hilfe am Ende ihrer Kräfte. Nichts von dem, was sie bisher taten oder unternahmen, schien eine positive Wirkung auf das Verhalten des Kindes oder die familiale Situation zu haben, d. h. sie erleben die Unwirksamkeit ihres Erziehungsverhaltens und stellen ihre elterlichen Kompetenzen in Frage. Sie fühlen sich angesichts des schwierigen Verhaltens ihres Kindes hilflos, überfordert und an ihre

Grenzen gebracht. Darüber hinaus stehen viele der Eltern den Problemen des Kindes oder der Familie aber auch tatsächlich allein und ohne Rückhalt durch Partner oder Familie gegenüber. Die betrifft nicht nur allein Erziehende, sondern durchaus auch solche Mütter und Väter, deren Partner den Schwierigkeiten gegenüber die Augen verschließen und keinerlei Hilfebedarf sehen.

Für einige der Eltern stellt sich die Betreuung des Kindes in der Tagesgruppe daher als die letzte Alternative dar, um eine Fremdunterbringung des Kindes bzw. eigenes gewalttätiges Verhalten gegen das Kind oder sich selbst zu vermeiden.

In dieser Situation, die durch einen erheblichen Leidensdruck und Gefühle eigener Inkompetenz und Unwirksamkeit geprägt ist, möchten manche Eltern die Erziehung ihres Kindes durch Fachleute vornehmen lassen, deren Fachwissen sie deutlich über ihre elterliche Erfahrung, Kompetenz und Intuition stellen. Oftmals tief verunsichert, verspüren sie zumindest in dieser ersten Zeit der Hilfe den Wunsch nach konkreter Anleitung und einer behutsamen Führung durch die Pädagogen der Tagesgruppe. Gleichzeitig wünschen sie sich die Pädagogen als Verbündete, die sie in der Auseinandersetzung mit Institutionen wie Jugendamt und Schule, in denen sie sich oft als hilflos, ohnmächtig und nicht ernst genommen erleben, unterstützen, die ihnen zum anderen aber auch beistehen in der Auseinandersetzung mit ihrem Kind, welches ihnen in extremer Weise ihre Grenzen aufzeigt. Ein wesentlicher Unterstützungsaspekt besteht aber auch darin, dass sie in den Pädagogen der Tagesgruppe Gesprächspartner finden, an die sie sich bei Problemen jederzeit wenden können und die ihnen zuverlässig zur Seite stehen.

Aufgrund der ohnehin empfundenen Hilflosigkeit und Unterlegenheit reagieren Eltern allerdings empfindlich auf eine als zu stark empfundene Ausdehnung der anleitenden und führenden Rolle durch die Pädagogen als Inhaber der Kontroll- und Sanktionsmacht – sie machen deutlich, dass sie ernstgenommen werden und die von ihnen gesetzten Grenzen wie auch ihre Privatsphäre respektiert wissen wollen.

Das eingangs angesprochene Bedürfnis nach Entlastung und Unterstützung betrifft in hohem Maße auch die Bewältigung des Alltags. Vor allem für berufstätige allein Erziehende stellt die Betreuung und Versorgung ihres Kindes nach der Schule oftmals ein großes Problem dar. Sie befürchten eine Verschärfung der meist ohnehin schon massiven Probleme des Kindes in Schule und Familie. Sie erleben es als eine große Entlastung von Verantwortung, wenn sie sicher wissen, dass ihr Kind nach der Schule angemessen betreut wird und z. B. unter Anleitung seine Hausaufgaben wenigstens zum Teil erledigt. Der persönliche Freiraum, den die Tagesgruppe den Eltern durch diese Betreuungsfunktion verschafft, erlaubt es ihnen, sich nicht ausschließlich mit den Belangen des Kindes auseinandersetzen zu müssen, sondern sich auch anderen, sie oder die Familie betreffenden Problemen zuwenden zu können.

Bedürfnisse der Eltern im Bereich „soziale Einbindung“

Eltern verhaltensauffälliger Kinder werden durch ihre Erziehungsaufgaben in besonders hohem Maße eingebunden. Sie tragen eine große Verantwortung und erleben sich als permanent gebend. Zum einen haben sie aufgrund der ständigen Spannungen und Konflikte das Gefühl, von ihren Kindern wenig an positiven Gefühlen zurückzubekommen, zum anderen erscheint es ihnen, dass die Umwelt die Augen vor den Bemühungen und dem guten Willen der Eltern die Augen verschließt und nur die Defizite der Kinder wie auch der Eltern wahrnimmt. Das von den Eltern empfundene Ungleichgewicht von Geben und Nehmen kann so zu einem Gefühl der Überforderung, der Inkompetenz und der Wertlosigkeit führen. Aus diesem Gefühl heraus entsteht das starke Bedürfnis, nicht nur die erbrachten Erziehungsleistungen anerkannt zu wissen, sondern vor allem als Person Zuwendung zu erfahren und vorurteilsfrei angenommen zu werden. Es ist den Eltern daher sehr wichtig, in der Tagesgruppe Nähe, Akzeptanz, Verständnis und Solidarität zu erfahren. Der Wunsch der Eltern nach einer Wertschätzung und Anerkennung ihrer Person richtet sich vor allem an die Pädagogen der Tagesgruppe und schließt den Wunsch nach einer freundschaftlichen Beziehung zu einzelnen Pädagogen ein. Eine Wertschätzung ihrer Person empfinden manche Eltern beispielsweise dann, wenn sie sich als Person willkommen und gewürdigt fühlen. Dies tun sie, wenn z. B. zu bestimmten Anlässen in der Tagesgruppe der Kaffeetisch für sie festlich gedeckt wird oder Veranstaltungen angeboten werden, die nur für Eltern und ihre Themen bestimmt sind, auch wenn diese Themen außerhalb des Bereiches Erziehung liegen. Vielen Eltern, gerade allein erziehenden, fehlt das Gefühl, dass jemand sich um sie und ihr Wohlbefinden sorgt, und sie reagieren dankbar auf Angebote, bei denen ihnen die Verantwortung für die Ausgestaltung gänzlich abgenommen wird. Andere Eltern freilich nehmen die „Versorgung“ als Einschränkung ihrer Autonomie wahr. Diese Eltern würden lieber tatkräftig anpacken und mitgestalten.

Eltern, die sich in erheblich belasteten Lebensumständen befinden und sich in der Auseinandersetzung mit Schule, Ärzten und Jugendamt als ohnmächtig und nicht ernst genommen erlebt haben, scheinen sich eine Beziehung zu den Pädagogen zu wünschen, in der sie sich als gleichwertig erleben und anerkannt fühlen. Um diese Gleichwertigkeit herzustellen, suchen sie nach „Ähnlichkeiten“ zwischen sich und den Pädagogen, die das bestehende Gefälle (Bildung, unterschiedlichen Rollen im Hilfeprozess, unterschiedliche Kompetenzen in der Erziehung) verringern sollen, wie etwa gleiches Geschlecht, ähnliches Alter, gleiche Schwierigkeiten mit dem Kind.

Die Pädagogen gehen mit diesem Versuch der Eltern, Nähe herzustellen, unterschiedlich um. Eine Strategie scheint darin zu bestehen, durch eine gewisse Assimilation, beispielsweise im Hinblick auf Sprache und Habitus, den Versuch der Eltern zu unterstützen. Auch wenn das Empfinden einer gewissen Gleichheit es manchen Eltern erleichtert, sich zu öffnen, birgt eine solche Haltung doch auch die Gefahr einer Verschleierung oder Verleugnung der kontrollierenden Anteile pädagogischer Arbeit. Wenngleich die Klienten sich der auch kontrollierend-sanktionierenden Funktion der Pädagogen zumindest teilweise bewusst sind, arbeiten sie an dieser Verschleierung mit.

Eine andere Strategie von pädagogischer Seite aus scheint in einer bewussten Aufrechterhaltung von Distanz zu bestehen. Ein Grund für diese Aufrechterhaltung von Distanz liegt unseres Erachtens darin, dass eine stetige Öffnung der Tagesgruppe und der pädagogischen Arbeit für Eltern eine große Herausforderung (wenn nicht gar Überforderung) für die Pädagogen darstellt: sie haben den Anspruch, über die gesamte Zeit als „gute Pädagogen" funktionieren zu müssen. Dies wiederum führt dazu, dass sie sich selbst und die Kinder unter dauernder Kontrolle halten und verschärft auf die Einhaltung von Regeln achten müssen, denn sie stehen – vermeintlich oder tatsächlich – unter dauernder Beobachtung (und Wertung) durch die Eltern. Eine emotionale Distanz zwischen Eltern und Pädagogen erleichtert möglicherweise gegenseitige Kritik, weil eine kritische Äußerung nicht den Verlust einer als emotional befriedigend und exklusiv empfundenen Beziehung befürchten lassen muss. Die Distanz zwischen Klienten und Pädagogen lässt eine Offenlegung der kontrollierenden Funktion der Pädagogen eher zu, das Jugendamt als Geld- und Auftraggeber wird als die Instanz erkennbar, die die Maßstäbe für die Arbeit in der Tagesgruppe setzt.

Vor allem der Sprache scheint in der Herstellung von Nähe und Distanz zwischen Eltern und Pädagogen eine große Bedeutung zuzukommen. So kann sich eine „Hochsprache" oder der Gebrauch von Fremdwörtern und Fachsprache als Kommunikationsbarriere erweisen, weil sich in ihnen grundlegende Interessensunterschiede als Ausdruck verschiedenartiger Lebenslagen und Voraussetzungen (andere Bevölkerungsschicht, anderes Bildungsniveau, andere materielle und soziale Möglichkeiten) offenbaren (vgl. Heiliger et al. 1981, S. 109f.). Eltern machen dann die Erfahrung, dass sie die Pädagogen nicht zu verstehen meinen, sich aber andersherum auch nicht von den Pädagogen verstanden fühlen, was in der Konsequenz zu Überforderung und einem Rückzug aus der Tagesgruppenarbeit führen kann.

Die Erfahrung der Eltern, dass ihr großes Bedürfnis nach Wertschätzung durch die Pädagogen der Tagesgruppe gestillt wurde, scheint vor allem bei den Müttern zu einer starken Bindung an die Tagesgruppe und ihre Mitarbeiter zu führen, so dass sie den Wunsch haben, den Kontakt auch nach einer offiziellen Beendigung der Betreuung aufrechtzuerhalten. Vor allem diese Eltern sind es, die nach eigener Einschätzung von der Betreuung und Beratung in der Tagesgruppe viel im Hinblick auf die eigene persönliche (Weiter-) Entwicklung profitieren.

Eine pädagogische Zielsetzung in der Elternarbeit in Tagesgruppen besteht darin, durch Angebote unterschiedlicher Art Eltern aus ihrer Isolation herausholen und es ihnen zu ermöglichen, Kontakt zu anderen Eltern zu finden. Häufig findet in den Familien durch die empfundene Auffälligkeit des Kindes ein Rückzug ins Private statt, da befürchtet wird, die Öffentlichkeit reagiere mit Vorwürfen und Unverständnis auf Verhaltensauffälligkeiten. Ähnliche Problemlagen hingegen scheinen das Verständnis füreinander zu erleichtern und zu vergrößern, da vorausgesetzt wird, dass andere Eltern entsprechende Erfahrungen in der Öffentlichkeit gemacht haben und daher ähnliche emotionale Reaktionen – ein Gefühl von Scham, Schuld und Ohnmacht – erlebt haben. Viele Eltern berichten, dass sie sich häufig in ihrer Zusammenarbeit mit Experten – z. B. Ärzten und Lehrern – nicht ernst genommen fühlen. Vor allem Eltern von Kindern mit ADS-Syndrom berichten von Diagnosen im Schnellverfahren, von ihrem Empfinden nach voreiligem Verschreiben einschlägiger Medikamente wie z. B. „Ritalin" und einer Nichtbeachtung ihrer Einschätzung des kindlichen Verhaltens. Sie geraten gerade bezüglich der medikamentösen Therapie in einen schweren Konflikt. Einerseits lehnen sie die Gabe dieser „Droge" ab, andererseits haben sie dem jetzigen Zustand keine eigene Lösung entgegenzusetzen, so dass sie sich fügen und ihre Zweifel bezüglich des Medikaments unterdrücken, weil sie Angst haben, etwas zu versäumen und damit die Zukunft ihres Kindes zu gefährden. Andere Eltern erleben immer wieder das Unverständnis der sozialen Umwelt, wenn sie ihre Probleme mit dem Kind schildern. In solchen Situationen stellt es sich für viele Eltern als Segen dar zu erfahren, dass andere Eltern Ähnliches erleben und ähnliche Konflikte aushalten müssen. Gemeinsam lassen sich diese Gefühle und Erfahrungen von Trauer, Wut oder Empörung besser verarbeiten. Diese „Schicksalsgemeinschaft" mit Gleichgesinnten führt zu einer Aufhebung des Gefühls von Isolation, zu einer Verringerung des Leidensdrucks – „geteiltes Leid ist halbes Leid" – und des Schuldgefühls und zu einem Gefühl von Stärke.

Wenngleich dieser Erfahrungsaustausch weniger einer gegenseitigen Hilfe im Sinne einer Erarbeitung alternativer Reaktionsmöglichkeiten bei der Kommunikation mit Experten oder der Umwelt dient, so kann er doch das Bedürfnis nach Verstandenwerden und nach Überwindung der empfundenen oder tatsächlichen Isolation befriedigen.

Deutlichen Ausdruck findet der Wunsch nach einem Erfahrungsaustausch mit anderen betroffenen Eltern in der Initiative einiger Mütter, eine über die Tagesgruppe hinausgehende Selbsthilfe- bzw. Gesprächsgruppe zu gründen. Von pädagogischer Seite wurde diese Initiative der Mütter unterstützt, indem die Räumlichkeiten zur Verfügung gestellt wurden. Die Eltern selbst entschieden sich für eine Begleitung der Gruppe durch Pädagogen der Tagesgruppe. Die an der Gründung dieser Gesprächsgruppe beteiligten Mütter sehen mit Stolz auf ihren Erfolg, wenn auch die Zahl der externen Mütter, die die Gruppe besuchen, bislang hinter ihren Erwartungen zurückgeblieben ist.

Deutlich im Hinblick auf Veranstaltungen im Rahmen der Elternarbeit wird auch das große Bedürfnis der Eltern, einmal alle ihre Sorgen vergessen zu können. Sie möchten mit anderen Eltern lachen und „Spaß haben" und sich auch auf Veranstaltungen der Tagesgruppe in „un-pädagogischen Räumen" bewegen, d. h. ohne pädagogische Beobachtung und Anleitung. Der Kontakt zu den anderen Eltern, der zwar auf die gemeinsame Schwierigkeit „verhaltensauffälliges Kind" zurückzuführen ist, soll nach ihrem Wunsch nicht ausschließlich durch Gespräche über diese Schwierigkeiten legitimiert werden.

In den untersuchten Tagesgruppen konnten verschiedene pädagogische Umgehensweisen mit diesen Elternbedürfnissen beobachtet werden. Einige pädagogische Fachkräfte zeigten die Absicht, eine unkontrolliert ablaufende Veranstaltung in ihrem Sinne pädagogisch zu lenken, damit die Eltern über die reine Bedürfniserfüllung hinaus auf kognitiver Ebene noch Erkenntnisse mitnehmen können. Andere Pädagogen überließen den Eltern die Gestaltung und passten sich der ungerichteten und spontan verlaufenden Kommunikation an. Sie nutzen dieses Bedürfnis der Eltern, um ihnen eine Intensivierung ihrer Kontakte, aber auch eine Entdeckung oder eine Demonstration ihrer Kompetenzen zu ermöglichen: Eltern geben häufig Tipps oder zeigen Empathie, indem sie von ihren eigenen Erfahrungen sprechen.

Dabei scheint eine gewisse pädagogische Präsenz gerade für solche Eltern wichtig zu sein, die eine Scheu empfinden, auf andere zuzugehen oder sich in der Gruppe verbal zu äußern. Sie benötigen Unterstützung, um Kontakte zu anderen Eltern in der Tagesgruppe zu knüpfen. Darüber hinaus scheinen es die weniger verbal orientierten Angebote als vielmehr freizeitorientierte Angebote wie Elternfreizeit oder Elternfrühstück zu sein, die solchen Eltern Kontakt und Beteiligung ermöglichen, da sie in diesen Angeboten mehr Zeit für ein „warming up" haben und sich nicht so sehr genötigt sehen, sich an einer Unterhaltung zu beteiligen wie das etwa bei einem Elternabend der Fall ist.

Dennoch muss darauf hingewiesen werden, dass die Gruppenveranstaltungen für viele Eltern keine übergeordnete Bedeutung zu haben scheinen. Einige äußerten, dass sie in ihrem Privatleben über ausreichend Kontakte verfügen, die sie zudem selbst aussuchen können. Die Gemeinschaft in der Tagesgruppe wird von manchen sogar als eine Zwangsgemeinschaft verstanden, also nicht als eine freiwillige Zusammenkunft wie etwa eine Selbsthilfegruppe. Daher nutzen solche Eltern die Gruppe auch nicht in diesem Sinne. Einige Eltern sind der Ansicht, dass sie nicht die geeigneten Gesprächspartner finden, vor allem in Bezug auf ihr Bildungsniveau, und weisen auf daraus resultierende unterschiedliche Interessen und Umgangsformen hin. Auch bestehende Altersunterschiede und Verschiedenheit in Lebensform und Wesensart werden als Argumente gegen eine Intensivierung von Kontakten mit anderen Eltern der Tagesgruppe angeführt. Kontakte über die Tagesgruppe hinaus bestehen daher bei den wenigsten Eltern und werden vom überwiegenden Teil der Eltern auch nicht angestrebt.

Als erschwerend im Hinblick auf eine mögliche Vertiefung von Kontakten erweist sich die zeitweise relativ hohe Fluktuation von Kindern und Eltern. Mit einer Beendigung der Hilfe scheiden diese aus der Tagesgruppe aus, der damit verbundene Beziehungsabbruch kann von beiden Seiten, also sowohl von den Eltern, die die Tagesgruppe verlassen, wie auch von jenen, die weiter dort bleiben, als schmerzhaft erlebt werden.

Ein weiterer Grund dafür, dass Eltern keine weiter gehenden Beziehungen zu anderen Eltern eingehen wollen, liegt möglicherweise darin, dass der Aufbau neuer Beziehungen Zeit und Energie bindet und mit der Preisgabe von Persönlichem und der Gefahr von Konflikten verbunden sein kann. Hinzu kommt, dass Eltern sich mit ihren eigenen Problemen überfordert fühlen und sich nicht noch diejenigen anderer Eltern „aufhalsen“ möchten. Für den Aufbau von Freundschaften besteht aus Sicht der Eltern auch keine unbedingte Notwendigkeit: Sie fühlen sich viel mehr zu ihren jeweiligen „Lieblingspädagogen“ hingezogen, die in ihrem Bewusstsein eine zentrale Rolle einnehmen und mit denen sie eine exklusive Beziehung anstreben. Als zentrale Bezugsperson in der Tagesgruppe bedient die jeweilige pädagogische Fachkraft viele Bedürfnisse der Eltern, ohne dass die Eltern selbst in dieser Hinsicht gefordert werden. Dies kann von den Eltern als sicherer, bequemer und ungefährlicherer empfunden werden als das ungewohnte Terrain einer neuen Freundschaft. Freilich stellt diese exklusive Beziehung zu Pädagogen eine Illusion dar, und mit Blick auf die starken Bedürfnisse der Eltern nach Erfahrungsaustausch, Verständnis, Zugehörigkeit und Solidarität erscheint es uns von zentraler Bedeutung, dass die Eltern untereinander Kontakt finden. Hier stellt sich also die Frage, unter welchen Bedingungen die Beziehung zwischen

Eltern möglicherweise eine Qualität annehmen könnte, die im Rahmen einer sozialpädagogischen Arbeitsbeziehung nicht zu verwirklichen ist, wie z.B. eine gleichberechtigte Beziehung oder echte Freundschaft, die über den Tagesgruppenaufenthalt hinaus andauern kann. Einen Anhaltspunkt liefert die von Müttern der Tagesgruppe gegründete Selbsthilfe- und Gesprächsgruppe. Hier haben Eltern sich einen eigenen Raum geschaffen, in dem sie selbst über die Gestaltung entscheiden und – das erscheint als das wesentliche Merkmal – in der die Teilnahme vollkommen freiwillig ist. Diese Gruppe steht auch jenen Eltern offen, die die Hilfe bereits beendet haben, und tatsächlich nehmen Mütter diese Möglichkeit wahr, über das Ende der Hilfe hinaus Kontakt zu anderen Eltern zu halten.

In Bezug auf die Kontakte zu Eltern außerhalb der Tagesgruppe wird von einigen Eltern ein starkes Unbehagen geäußert. Diese Eltern mit ihren „normalen" Kindern hätten „normale" Sorgen, und die Schwierigkeiten mit einem verhaltensauffälligen Kind lägen außerhalb ihres Erfahrungshorizontes. Die Angst als Rabenmutter bzw. Rabenvater bewertet zu werden und damit sich und das eigene Kind zu isolieren, scheint sehr stark zu sein. Keinesfalls wollen Eltern als „typische" Mutter oder „typischer" Vater eines verhaltensauffälligen Kindes wahrgenommen werden. Sie wehren sich gegen Verallgemeinerungen und wollen ihre Individualität berücksichtigt wissen. Da die Tagesgruppe teilweise als eine eigene Welt erlebt wird, deren Werte und Normen als ein Alternativentwurf zur Normalität außerhalb gesehen werden, können die Erfahrungen innerhalb dieser Alternativwelt die Sicht auf eigene und kindliche Probleme erweitern bzw. zu einer differenzierteren Bewertung dieser Probleme führen, d.h. die begrenzte Definition von Normalität wird erweitert und lässt auch als störend empfundenes Verhalten als eine mögliche Variante normalen kindlichen Verhaltens erscheinen. Darüber hinaus lernen Eltern, sich negative und sonst als unrecht empfundene Gefühle in Bezug auf die elterliche Rolle zuzugestehen.

Bedürfnisse der Eltern im Bereich „Kompetenzerfahrung"

Da Eltern die Erfordernis einer Hilfe zur Erziehung in vielen Fällen als ein In-Frage-Stellen ihrer gesamten elterlichen Kompetenz erleben, messen sie einer Anerkennung ihrer Person, ihrer Erziehungsbemühungen, wie auch ihrer Kompetenzen in anderen Bereichen durch pädagogische Fachkräfte in Tagesgruppe, Schule und Jugendamt große Bedeutung zu. Sie handeln trotz Hilfemaßnahme weiterhin in vielen die Erziehung betreffenden Bereichen eigenverantwortlich, aber sie sind aufgrund ihrer bisherigen Erfahrungen oftmals unsicher, ob ein Verhalten als richtig oder falsch zu bewerten sei, oder aber sie handeln wider besseres Wissen und trotz Bearbeitung ihrer Probleme in der Tagesgruppe weiterhin dysfunktional. Die Eltern bedürfen einer Anerkennung ihrer Erziehungsbemühungen, konkreter Verhaltensanweisungen und einer Aufarbeitung der jeweiligen Situation. Die Anerkennung wünschen sie auch dafür, dass sie sich in dieser schwierigen Situation überhaupt an einen Pädagogen wenden und sich damit als verantwortlich handelnde Eltern ausweisen.

Die meisten Eltern empfinden sich als Experten in Belangen, die ihr Kind betreffen, und als wichtigste Bezugsperson ihres Kindes. Geraten sie an Mitarbeiter pädagogischer Institutionen, die nicht ihre Leistungen anerkennen, sondern nur das ohnehin empfundene Versagen bestätigen, fühlen sie sich häufig ebenso als Klienten wie ihre Kinder – genau wie diese sehen sie sich im Rahmen eines Hilfeplans betreut und ihre Leistungen und Entwicklungen einer ebensolchen Beurteilung und Kontrolle ausgesetzt. Um als Partner bei der Erziehung in der Tagesgruppe mitzuwirken, wollen Eltern rückhaltlos als gleichberechtigt anerkannt werden, indem z. B. ihre Erziehungsvorschläge ebensolche Berücksichtigung in Diskussionen finden wie methodisch ausgereifte Interventionsstrategien der Pädagogen.

Eine erhebliche Belastung für die Eltern stellt das Gefühl dar, maßgeblich und allein für die Schwierigkeiten innerhalb der Familie bzw. für die Probleme des Kindes verantwortlich zu sein. Diese Eltern haben im Laufe ihres Daseins als Mutter und Vater nicht selten die Erfahrung eigenen Versagens in dieser Rolle verinnerlicht. Doch auch Eltern, die ihre Schwierigkeiten ursächlich auf ein ADS-Syndrom, auf einen genetischen Defekt, auf eine unangemessene Schulsituation, auf Geldmangel oder eigene Krankheit zurückführen, setzen sich mit der Frage nach ihrer Schuld auseinander. Sie haben den Anspruch an sich, mit der gegebenen Situation zumindest umgehen zu können und fürchten, durch falsche Verhaltensweisen die Verschlimmerung der Situation herbeigeführt zu haben. Eine Entlastung im Hinblick auf die Frage nach Ursache und Schuld erfahren Eltern nicht nur im Beratungsgespräch. Schon die Erkenntnis, dass auch andere Eltern oder gar die Pädagogen ebensolche Schwierigkeiten mit ihrem Kind haben, führt zu einer Entlastung von der alleinigen Verantwortlichkeit und kann das Gefühl elterlicher Inkompetenz teilweise relativieren.

Das Bedürfnis der Eltern, ihre Leistung anerkannt zu bekommen, als Person respektiert und wertgeschätzt und trotz ihres vermeintlichen Versagens in der Erziehung als „gute Eltern“ wahrgenommen zu werden, scheint eine wichtige Bedingung für die Bereitschaft der Eltern zur Mitarbeit darzustellen. So erleichtern Anerkennung und Wertschätzung bezüglich ihrer Erziehungskompetenz es einigen Eltern, sich mit eigenen, möglicherweise unbequemen

Vorstellungen in den Tagesgruppenalltag einzumischen, gleichzeitig scheint es unter dieser Voraussetzung manchen Eltern aber auch leichter zu fallen, sich mit „unbequemen" oder schmerzlichen Wahrheiten auseinander zu setzen.

Vor dem Hintergrund der vielfältigen Inkompetenz- und Unwirksamkeitserfahrungen legen Eltern großen Wert darauf, ihre persönlichen Kompetenzen unter Beweis zu stellen. Ein Weg, ihre Kompetenzen zu zeigen, besteht darin, anderen Eltern oder Pädagogen behilflich zu sein oder ihnen das eigene Wissen zu vermitteln. Lassen die Pädagogen dies zu, geben sie den Eltern die Möglichkeit, sich als nützlich und wichtig zu erfahren. Indem Eltern einen eigenen wichtigen Beitrag leisten, erfahren sie sich als handelnde Subjekte und treten für diese Momente aus dem größtenteils empfundenen Objektstatus heraus. Dieses Bedürfnis nach Kompetenzerfahrung kann z.B. erfüllt werden, indem Eltern in die Ausgestaltung eines Festes einbezogen werden und vielleicht etwas Leckeres für das Büfett mitbringen. Sie reagieren allerdings ablehnend, wenn ihnen das Gefühl vermittelt wird, ihre Beteiligung sei eine pädagogische Maßnahme und sie würden auf diese Weise pädagogisch betreut.

Insgesamt fallen die alltags- und berufsnahen Tätigkeiten wie hauswirtschaftliche oder handwerkliche Arbeiten im Rahmen der Tagesgruppenarbeit den meisten Eltern leichter als die Übernahme pädagogischer Aufgaben. Zu diesen sind sie erst nach geraumer Zeit bereit, wenn ihr Selbstwertgefühl eine Stärkung erfahren hat. Einige Eltern zeigen bei der Mitarbeit in der Tagesgruppe ein hohes Engagement und reagieren empfindlich, wenn dieses Engagement als selbstverständlich hingenommen wird. In ihrer angeschlagenen Verfassung bedeutet das ungewohnte Engagement für viele eine große Leistung, die sie entsprechend gewürdigt wissen wollen. Die Bitte der Pädagogen um ihre Mitarbeit und Unterstützung empfinden Eltern weniger als Belastung denn als Anerkennung und Wertschätzung. Wenn Eltern die Mitarbeit ablehnen, dann eher aus Angst vor Versagen und einer Blamage als aus Unlust oder Desinteresse am Kind. Da den Eltern sehr daran liegt, sich einen guten Ruf innerhalb der Tagesgruppe zu erwerben, übernehmen sie lieber jene Aufgaben, von denen sie wissen, dass sie ihnen gewachsen sind.

Bedürfnis nach Autonomie

Obgleich ein Teil der Eltern zu Beginn der Hilfe von den Pädagogen an die Hand genommen werden möchte, muss an dieser Stelle noch einmal darauf hingewiesen werden, dass sich dieses Bedürfnis nach Anleitung und Führung in der Regel lediglich auf einen Bereich ihres Alltags bezieht, nämlich auf die Bewältigung der Erziehungsprobleme und gegebenenfalls auf den Umgang mit Behörden wie etwa dem Jugendamt und damit zusammenhängenden

Formalitäten. Deshalb möchten sie als das wahrgenommen werden was sie sind: als alltagskompetente und selbstbestimmte Menschen.

Im Hilfealltag wird das Streben der Eltern nach Autonomie vielfach sichtbar. So beispielsweise, wenn sie eine Aufgabe im Tagesgruppenalltag übernehmen. Zwar schätzen sie die zurückhaltende Begleitung durch eine pädagogische Fachkraft, möchten aber ihre Ideen weitgehend selbstständig umsetzen. Führen sie diese nach eigenem Ermessen aus, kommt es in manchen Fällen zu Konflikten, weil unterschiedliche Vorstellungen von Mitarbeitern und Eltern aufeinander prallen. Es kommt jedoch auch vor, dass Eltern auf Drängen eines pädagogischen Mitarbeiters eine Aufgabe übernehmen, der sie sich eigentlich nicht gewachsen fühlen. Erleben sie bei der Ausführung dieser Aufgabe entsprechend der eigenen geringen Selbstwirksamkeitserwartung einen Misserfolg, bestätigt das in ihren Augen die fehlende eigene Kompetenz und Selbstwirksamkeit und kann mit Scham- und Schuldgefühlen verbunden sein.

Einen hohen Stellenwert in Bezug auf Selbstbestimmung, aber auch im Hinblick auf Selbstachtung und Wertschätzung durch andere nimmt eine Berufstätigkeit ein. Zwar sind manche der Eltern vor allem aus finanzieller Notwendigkeit heraus berufstätig, doch wird die berufliche Tätigkeit darüber hinaus auch als eine Quelle der Wertschätzung durch andere und als für die Achtung vor sich selbst unabdingbar wahrgenommen. Hinzu kommt, dass die Eltern sich als kompetent und selbstwirksam erfahren, wenn sie ihren Lebensunterhalt durch eigene Arbeit verdienen und keine staatlichen Sozialleistungen in Anspruch müssen.

Aus der Berufstätigkeit der Eltern ergeben sich allerdings dann Schwierigkeiten im Hinblick auf die Mitarbeit in der Tagesgruppe, wenn die organisatorischen Strukturen der Tagesgruppe keine flexible Gestaltung von Angeboten der Elternarbeit zulassen. So können berufstätige Eltern aufgrund ihrer Arbeitszeiten beispielsweise oft nicht an vormittäglichen Veranstaltungen teilnehmen. Eine zeitlich flexible Gestaltung dieser Angebote, die die Arbeitszeiten der Eltern berücksichtigt, bedeutet für die Pädagogen hingegen oftmals, dass sie im Anschluss an einen langen und aufreibenden Betreuungstag noch Elterngespräche führen oder einen Elternabend durchführen müssen. Allerdings dürfen die Notwendigkeit oder der Wunsch der Eltern, ihren Lebensunterhalt zu verdienen, in keinem Fall von pädagogischer Seite aus als fehlendes Interesse an einer Zusammenarbeit zum Wohle des Kindes gewertet werden mit der Konsequenz, dass eine Hilfe wie die Betreuung in einer Tagesgruppe von diesen Eltern möglicherweise nicht in Anspruch genommen werden kann.

Ohnehin empfinden manche Eltern eine gewisse Scham und sehen sich zu einer Rechtfertigung veranlasst, wenn ihnen bewusst wird, dass sie nicht allein zum Zwecke der bloßen Existenzsicherung arbeiten gehen, sondern auch, weil diese Tätigkeit ihnen gut tut und ihnen darüber hinaus die Möglichkeit gibt, sich und ihrem Kind die eine oder andere Annehmlichkeit zu gönnen.

Überhaupt fällt es Müttern wie Vätern schwer, guten Gewissens eine Befriedigung eigener Bedürfnisse anzustreben, sofern dies mit möglichen Nachteilen oder Einschränkungen für das Kind verbunden ist. Sie befürchten, dass die Umwelt sie für egoistisch hält und sie für schlechte Väter bzw. Mütter gehalten werden könnten. So neigen vor allem die Frauen dazu, entweder eigene Bedürfnisse den Interessen und Bedürfnissen ihres Kindes unterzuordnen oder Gefahr zu laufen, in Konflikt zu geraten zwischen eigenen und fremden Bedürfnissen und schließlich die eigene Bedürftigkeit zu leugnen oder zu verdrängen. Dies betrifft auch das Bedürfnis von Eltern nach Freiraum und Möglichkeiten der eigenen Regeneration. Alle Eltern, besonders aber die Eltern verhaltensauffälliger Kinder, sind in einen Tagesablauf mit vielen Pflichten eingebunden. Ihr Tagesablauf wird von den institutionellen Anforderungen an die Kinder mitstrukturiert. Das Bringen und Abholen zu Schule, Kita, Vereinen und Freunden, Arzt- und Therapiebesuchen und die Pflichten im Zusammenhang mit der Tagesgruppenarbeit geben die Tagesstruktur vor. Hier ergibt sich ein Widerspruch zwischen den pädagogischen Zielsetzungen und Erwartungen auf der einen und dem Bedürfnis der Eltern nach Entlastung auf der anderen Seite: Eine Zielsetzung der pädagogischen Arbeit in der Tagesgruppe besteht in einer Stärkung der Erziehungsfähigkeit der Eltern. Die Pädagogen wollen – gemeinsam mit den Eltern – daran arbeiten, dass diese in ihrer Elternrolle wieder sicherer werden und wieder mehr Erziehungsverantwortung übernehmen. Im Interesse des Kindes und einer Bewältigung der bestehenden Problematik erwarten sie von den Eltern eine entsprechende Mitarbeit und ihre Teilnahme an den Angeboten für Elternarbeit. Die Eltern hingegen beanspruchen für sich angesichts einer längeren Periode erheblicher Belastung Zeit und Raum für die eigene Regeneration. Besonders bei erwerbstätigen Eltern und Eltern mit mehreren Kindern potenzieren sich die Anforderungen und geraten häufig in einen Konflikt miteinander. Eltern empfinden sich durch diese von außen auferlegte Tagesstruktur teilweise fremdbestimmt und äußern ein starkes Bedürfnis nach freier, nicht durch Elternpflichten gebundener Zeit, in der sie ihren eigenen Interessen nachgehen und sich auf andere Tätigkeitsbereiche konzentrieren können.

Der Umgang der Eltern mit diesem Bedürfnis ist sehr unterschiedlich. So ordnen einige Eltern auch in dieser Hinsicht die eigene Bedürftigkeit den

Bedürfnissen ihres Kindes unter. Andere haben in der Tagesgruppe gelernt, ihrem Kind eine Grenze zu setzen, und es gelingt ihnen, ihr Bedürfnis nach Entspannung und Erholung gegenüber ihrem Kind durchzusetzen und Zeit für sich zu finden.

Die Durchsetzung ihres Bedürfnisses nach Entlastung und Regeneration den Pädagogen gegenüber fällt manch einem Elternteil ungleich schwerer. In der Annahme, dass sich vor allem über eine rege Teilnahme an den Angeboten der Elternarbeit Kooperationsbereitschaft und Interesse am Kind signalisieren lassen, versuchen sie, an möglichst vielen Veranstaltungen teilzunehmen und haben ein schlechtes Gewissen, wenn es ihnen einmal nicht möglich ist. Doch es zeigt sich auch, dass die Motivation der Eltern zu Mitarbeit und Teilnahme an den Angeboten steigt, wenn kein Druck ausgeübt wird und die Eltern selbst die Entscheidung treffen, an welchen Angeboten sie wann und in welchem Umfang teilnehmen.

Innerhalb der Tagesgruppe zeigt sich das Bedürfnis nach Selbstbestimmtheit in dem Wunsch nach Freiräumen, also Räumen und Zeiten, in denen kein pädagogisches oder therapeutisches Angebot wahrgenommen werden muss. Diese Freiräume möchten Eltern aber nutzen, d. h. sie benötigen die Möglichkeit, sich selbstbestimmt Aufgaben zu suchen, die ihrem derzeitigen Interesse, ihrer Stimmungslage und empfundener Kompetenz entsprechen. Ein Aufenthalt in der Tagesgruppe ohne eine solche Möglichkeit kann bei Eltern eher ein Gefühl des „Überflüssig-Seins" und der Sinnlosigkeit ihrer Anwesenheit hervorrufen.

Das Bedürfnis der Eltern nach Freiraum drückt sich mitunter aber auch dadurch aus, dass sie der Tagesgruppe fernbleiben oder ihre Anwesenheit auf ein Minimum reduzieren. Dies scheint besonders dann der Fall zu sein, wenn Termine in Tagesgruppe und Jugendamt für die Eltern angstbesetzt sind und einen hohen Stressfaktor darstellen. Hier geht es also primär nicht um eine mangelnde Organisationsleistung, sondern vor allem um die Bewältigung von Ängsten. Eltern neigen auch dann zum Fernbleiben, wenn innerhalb der Angebote ein zu starkes Ungleichgewicht zwischen Regeln, Wertvorstellungen und Gewohnheiten aus der eigenen Lebenswelt und denen der Tagesgruppe empfunden wird. Sie empfinden es teilweise so, als müssten sie eine bestimmte Rolle spielen, die den von ihnen angenommenen normativen Erwartungen der Pädagogen und anderer Eltern entspricht. Diese Rolle wird aber nicht selbst angenommen und verinnerlicht. Hierdurch fühlen sich manche Eltern auch in ihrem Bedürfnis nach Ausdruck ihrer Individualität wie auch in ihrem Bedürfnis nach Selbstständigkeit – im Sinne von selbstständig über die eigene Zeit verfügen und sie nach eigenem Gutdünken auszufüllen – eingeschränkt. Eltern schätzen in diesem Zusammenhang gerade die informellen Gelegenheiten in der Tagesgruppe sehr. Die Chance, bei informellen Gelegenheiten eine weniger den äußeren Erwartungen angepasste Rolle einzunehmen und damit ein Gefühl von Selbstständigkeit zu erleben, kann bei diesen Gelegenheiten steigen. Transparente Strukturen und ein überschaubares Regelwerk erleichtern es den Eltern, eine ihnen entsprechende Rolle im Tagesgruppenalltag einzunehmen und sich selbstbestimmt und selbstständig in den Tagesgruppenalltag einzubringen.

Selbstbestimmtes Handeln zeigt sich beispielsweise aber auch darin, dass Eltern Grenzen zu setzen vermögen. Erfahren die Eltern eine Anerkennung der von ihnen gesetzten persönlichen Grenzen z. B. im Rahmen von Beratungsgesprächen, wächst ihre Bereitschaft zu offener und vertrauensvoller Zusammenarbeit. So finden sie eher Mut und Kraft, sich auch in Bezug auf die Schwierigkeiten des Kindes bzw. der Familie eine Mitverantwortlichkeit einzugestehen. Erst wenn Eltern ihren Anteil an den entstandenen Schwierigkeiten akzeptieren, können sie sich auch mitverantwortlich fühlen für die Erfolge und positiven Veränderungen, die im Laufe der Hilfe eintreten. Dies wiederum fördert ihre Motivation und Veränderungsbereitschaft.

1. Bereich	„Entlastung und Unterstützung“
Bedürfnis nach	Abgabe von Erziehungsverantwortung Unterstützung bei der Bewältigung der Erziehungsprobleme mütterlicher bzw. väterlicher Zuwendung und Führung Unterstützung bei der Bewältigung des Alltags zuverlässig zur Verfügung stehenden Gesprächspartnern Respekt vor den eigenen Grenzen und Schutz der eigenen Privatsphäre
2. Bereich	**„soziale Einbindung“**
Bedürfnis nach	Zuwendung und vorurteilsfreier Annahme Wertschätzung und Anerkennung Akzeptanz als gleichberechtigter Partner der Pädagogen Verständnis und Erfahrungsaustausch Unbeschwertheit und Spaß
3. Bereich	**„Kompetenzerfahrung“**
Bedürfnis nach	Anerkennung eigener erzieherischer Fähigkeiten und anderer persönlicher Kompetenzen Ermutigung Verteilung der Schuld
4. Bereich	**„Autonomie“**
Bedürfnis nach	selbstbestimmtem Handeln Berufstätigkeit Freiraum und Regeneration

Der Zusammenhang von erfahrener Selbstbestimmtheit und Motivation wird besonders deutlich im Zusammenhang mit der Zielformulierung, wie sie im Rahmen von Hilfeplan- oder anderen Elterngesprächen erfolgt. An der Erreichung von Zielen, mit denen die Eltern übereinstimmen und von deren Sinnhaftigkeit sie selbst zutiefst überzeugt sind, werden sie entschieden motivierter arbeiten als an solchen, die ihrer persönlichen Auffassung nicht entsprechen oder sogar zuwiderlaufen. So zeigt sich, dass Eltern, die aus einem erheblichen persönlichen Leidensdruck heraus selbst die Initiative ergriffen und beim Jugendamt oder einer entsprechenden Institution um Hilfe ersucht haben, oft in weit stärkerem Maße zu einer Mitarbeit bereit sind als solche, an die die Erfordernis einer professionellen Unterstützung und Hilfe von Dritten herangetragen wurde.

Maßnahmen und Rückmeldungen von pädagogischer Seite, die die Eltern in ihrer Eigeninitiative und Wahlfreiheit unterstützen und daher von ihnen als autonomiefördernd erlebt werden, können ihre Motivation zu Mitarbeit und Veränderung stärken. Dies kann das Angebot von Wahlmöglichkeiten, aber auch die Äußerung von Anerkennung bzw. persönlicher Anteilnahme sein. Ein positives Feedback kann dann motivierend wirken, wenn es sich auf Sachverhalte bezieht, die aus einer selbstbestimmten Handlung resultieren, und wenn es darüber hinaus nicht als kontrollierend verstanden wird (Deci 1971, Fisher 1978, Ryan 1982). Bezogen auf Elternarbeit heißt das, dass Eltern ein positives Feedback am ehesten dann annehmen können, wenn sie sich tatsächlich auch als Verursacher einer erfolgreichen Situationsbewältigung, also als selbstbestimmt Handelnde, verstehen. Gerade diejenigen Eltern, die durch die anhaltenden Schwierigkeiten so nachhaltig verunsichert sind, dass es ihnen schwer fällt, sich im Hinblick auf ihr Verhalten einen positiven Aspekt vorstellen zu können, können durch positive Rückmeldungen lernen, dass es Erziehungsbereiche gibt, in denen sie Anleitung und Hilfe benötigen, aber auch solche, in denen sie kompetent sind. Doch auch ein negatives Feedback kann, sofern es auf autonomieunterstützende Weise erteilt wird, als Herausforderung aufgefasst und als Hilfe erlebt werden, die den Eltern zeigt, wie sie problematische Situationen künftig besser bewältigen können. In einem solchen Fall fühlen sich die Eltern eher zur Mitarbeit motiviert. Im Gegensatz dazu könnte ein negatives Feedback, welches in einem kontrollierenden Kontext und darüber hinaus mit kritisch bewertender Absicht geäußert wird, auf Seiten der Eltern zu einer Reduktion der empfundenen Kompetenz und damit zu einer Verringerung ihrer Motivation führen.

Zusammenfassend lässt sich sagen, dass Eltern, deren Kinder in einer Tagesgruppe betreut werden, vielfältige Bedürfnisse in unterschiedlichen Bereichen haben. Wir unterscheiden vier Bedürfnisbereiche voneinander:

Einige Bedürfnisse werden von einem Großteil der befragten Elternteile geäußert. Dies betrifft beispielsweise den Wunsch nach Erfahrungsaustausch mit anderen betroffenen Eltern, aber auch das Bedürfnis nach Anerkennung und Wertschätzung durch die Pädagogen. Dies kann als Indiz dafür gewertet werden, dass besonders Eltern verhaltensauffälliger Kinder in hohem Maße Unverständnis, aber auch Geringschätzung ihrer elterlichen Bemühungen und Fähigkeiten durch ihre soziale Umwelt erfahren.

Die Eltern gehen sehr unterschiedlich mit ihren verschiedenen Bedürfnissen um. Folgende Umgangsweisen konnten wir identifizieren:

- Bedürfnisse verleugnen
- eigenen Bedürfnissen nicht nachgeben, sich kontrollieren
- Bedürfnis erkennen und die Befriedigung dieses Bedürfnisses von außen erhoffen oder erwarten
- Bedürfnis annehmen und aktiv für die Befriedigung dieses Bedürfnisses sorgen
- fremden Bedürfnissen die gleiche Wichtigkeit einräumen wie den eigenen und deshalb in Konflikt geraten zwischen der Erfüllung eigener und fremder Bedürfnisse
- eigene Bedürfnisse zurückstellen, um fremden Bedürfnissen und Erwartungen gerecht zu werden

Aus den Bedürfnissen der Eltern ergeben sich zum einen bestimmte Erwartungen, die an die Tagesgruppe und ihre Mitarbeiter herangetragen werden mit dem Ziel, dass diese maßgeblich zu einer Bedürfniserfüllung beitragen, und zum anderen die Motivation zu einer Zusammenarbeit mit den Pädagogen mit dem Ziel der Bedürfnisbefriedigung. Zur Erreichung dieses Ziels werden die Tagesgruppe bzw. ihre Pädagogen „funktionalisiert“ (z.B. als Modell, Rettungsanker). Indem Eltern innerhalb der Tagesgruppe nach Möglichkeiten suchen, ihre Bedürfnisse zu stillen, gestalten sie, bewusst oder unbewusst, den Hilfealltag mit. Dieses Mitgestalten findet seinen Ausdruck beispielsweise darin, dass Eltern ein Angebot ihren Bedürfnissen entsprechend gestalten und Kritik oder Wünsche äußern. Finden Eltern innerhalb der Tagesgruppe keine ausreichenden Möglichkeiten, entsprechend ihren Bedürfnissen zu handeln, kann dies zur Folge haben, dass sie sich diese Möglichkeiten außerhalb der Tagesgruppe schaffen. Stehen beispielsweise innerhalb der Tagesgruppe keine Räume oder Zeiten für informelle, das heißt nicht in irgendeiner Form „pädagogisierte“ Kontakte zwischen Eltern zur Verfügung, verschaffen sich Eltern möglicherweise selbst den nötigen Freiraum, indem sie sich in einem Café verabreden.

Es gibt Bedürfnisse von Seiten der Eltern, die die Pädagogen nicht erfüllen können und wollen. Dies gilt etwa für den Wunsch der Eltern nach einer persönlichen Freundschaftsbeziehung mit einem Pädagogen oder nach einer weitgehenden Abgabe der Erziehungsverantwortung an die Pädagogen. Wenn einem solchen Bedürfnis zwar nicht nachgegeben, aber es ernstgenommen und thematisiert wird, können die Eltern damit umgehen. Fühlen sich die Eltern in ihrer Bedürftigkeit nicht ernstgenommen, kommt es im besten Fall zu einem offenen Konflikt, der vielleicht noch eine Klärung zulässt. Wahrscheinlicher jedoch ist es, dass die Eltern sich aus der Tagesgruppenarbeit zurückziehen oder sich einer weiteren Zusammenarbeit verweigern. Da gerade in dieser Hilfeform eine Kooperation der Eltern unabdingbar ist, kann eine solche Entwicklung den gesamten Hilfeerfolg gefährden.

Eine zumindest minimale Erfüllung grundlegender Bedürfnisse nach sozialer Einbindung, nach Autonomie und Kompetenzerfahrung macht eine persönliche Weiterentwicklung möglich, so dass die Eltern über die Stärkung ihrer Erziehungsfähigkeit hinaus von der Beratung und Betreuung in der Tagesgruppe profitieren. Ein Klima, in dem die Pädagogen als maßgebliche Bezugspersonen der Eltern Anteil nehmen, in dem die Befriedigung psychologischer Bedürfnisse ebenso möglich ist wie die Erfahrung individueller Kompetenz und die Eltern in ihren Autonomiebestrebungen unterstützt werden, fördert die Motivation der Eltern zu Mitarbeit und steigert ihre Bereitschaft, sich auch mit solchen Werten und Zielen auseinander zu setzen, die sie als ihrem Selbstverständnis zuwiderlaufend betrachten, und sie auf ihre mögliche Relevanz hin zu prüfen. Dann handelt Eltern nicht mehr in einer bestimmten Art und Weise, weil sie das Gefühl haben, sie sollen es tun, sondern weil sie eine bestimmte Verhaltensweise für persönlich wichtig halten. Darüber hinaus bietet ein offenes und vertrauensvolles Klima den Eltern die Chance, ihre Ideen zur Gestaltung einzubringen und umzusetzen, ohne sich unter einen Erfolgsdruck setzen zu müssen. Die Erfahrung von Selbstwirksamkeit und Kompetenz stärkt ihr Selbstvertrauen und stellt damit einen wichtigen Schritt auf dem Weg zu einer selbstverantwortlichen und eigenständigen Bewältigung auch anderer Anforderungen dar.

3.5 Partizipation als Grundprinzip sozialpädagogischen Handelns – Die Bedeutung der Beziehung zwischen Helfer und Klient für einen demokratischen Hilfeprozess

Als eine wichtige Grundfrage dieser Arbeit stellt sich die Frage nach der Beziehung zwischen Sozialpädagoge und Klient dar. In der Helfer-Klient-Beziehung können Eltern zentrale Partizipationserfahrungen sammeln, denn Partizipation findet zuallererst in der Interaktion statt (vgl. Kriener 2001, S. 138). Wir näherten uns der Frage nach Mitgestaltungsmöglichkeiten innerhalb der Helfer-Klient-Beziehung durch Eltern daher u. a. über die Frage nach jenen Interaktionen zwischen Fachkräften und Eltern, die innerhalb der Beziehung stattfinden und diese wiederspiegeln. Um Einflussmöglichkeiten von Eltern identifizieren zu können, muss das Verhältnis der beiden Beziehungspartner zueinander hinterfragt werden. Handelt es sich um gleichwertige Beziehungspartner, die gleichberechtigt an einem gemeinsam entworfenen

Hilfeplan arbeiten? Führt der strukturelle Machtüberhang der Experten zu einem bevormundenden Hilfeprozess, in welchem Eltern als Erfüllungsgehilfen des gesellschaftlichen Auftrags des Sozialpädagogen funktionalisiert werden? Welches sind Elemente einer partnerschaftlichen Beziehung, und wie kann innerhalb der Hilfen zur Erziehung eine Beziehung partnerschaftlich gestaltet werden?

Eltern suchen sich vielfältige Möglichkeiten der Mitbestimmung, wobei diese nicht nur auf der Grundlage einer Gleichwertigkeit bzw. Partnerschaftlichkeit gedeihen, sondern auch innerhalb mehr oder weniger sicht- und spürbarer machtungleicher, druckvoller Arbeitsbeziehungen. Die sozialpädagogische Arbeitsbeziehung stellt ein zentrales Moment in der Elternarbeit dar, welches abhängig von der jeweiligen Gestaltung Einfluss auf den Hilfeverlauf hat. Eine gelingende Helfer-Klient-Beziehung gilt gemeinhin als Voraussetzung für darauf aufbauende sozialpädagogische und ganzheitliche Bildungs- und Entwicklungsprozesse. Klienten und Pädagogen begegnen sich innerhalb einer Situation, die auf der Klientenseite häufig durch Unsicherheit, Not und das Gefühl von Inkompetenz und Ohnmacht geprägt ist. Das Ziel der sozialpädagogischen Arbeit besteht darin, dem Klienten zu ermöglichen, auf der Basis einer vertrauensvollen Beziehung den Mut zu gewinnen, sich unangenehmen Themen und Situationen zu stellen und sowohl alltagspraktische Fähigkeiten zu erlernen als auch in seiner Persönlichkeit eine Entwicklung zu vollziehen. Eine stabile sozialpädagogische Arbeitsbeziehung bedeutet oftmals eine neue Erfahrung, die innere Veränderung mitbedingt und dem Klienten die Möglichkeit gibt, angstfrei eigene Vorschläge, Kritik und andere Partizipationsstrategien anzuwenden. Die sozialpädagogische Arbeitsbeziehung in den Hilfen zur Erziehung aber ist in ein Gefüge von Gesetzen, Verfahrensweisen und Funktionen eingebunden, das Pädagoge und Klient in unterschiedliche, oft komplementäre Rollen drängt. So wird diese Beziehung auch zu einem Ort, an welchem die sie bedingenden strukturellen, oft asymmetrischen Verhältnisse für den Einzelnen erfahrbar werden. Die Betrachtung pädagogischer Beziehungen muss die Bedingungen, unter denen sie stattfindet, und die daraus resultierende begrenzte Gestaltbarkeit der Beziehung reflektieren. Für die Tagesgruppenarbeit, die als eine Form der Hilfen zur Erziehung der Gesellschaft durch ihren gesellschaftlichen Auftrag verpflichtet ist, muss diesbezüglich besonders das Spannungsverhältnis zwischen Hilfe und Kontrolle reflektiert werden, welche die sozialpädagogische Arbeitsbeziehung maßgeblich prägt.

Im folgenden Kapitel werden wir uns, nach einer Einführung über die Bedeutung der sozialpädagogischen Arbeitsbeziehung für Hilfe und Hilfeverlauf und dem Hinweis auf rechtliche und fachliche Standpunkte zu diesem

Thema, mit den beziehungsrelevanten Ergebnissen unserer Studie auseinandersetzen und diese vor dem Hintergrund unserer Fragestellung reflektieren. Hierbei verfolgen wir Fragen, die es ermöglichen sollen, den besonderen Zusammenhang zwischen der Helfer-Klient-Beziehung und selbstbestimmten Partizipationsbestrebungen seitens der Eltern zu verstehen. So ist in diesem Zusammenhang zu fragen, welche Möglichkeiten der Beziehungsgestaltung sich in den durch spezielle Rahmenbedingungen geprägten und organisationell eingebundenen Hilfen zur Erziehung ergeben bzw. welche Rollen die Beziehungspartner Helfer und Klient innerhalb des Hilfeprozesses einnehmen. Mit Hilfe dieser Perspektive soll der angenommenen Rollenvielfalt in der Helfer-Klient-Beziehung und ihrer Bedeutung bzw. Nutzbarmachung für den Partizipationsgedanken nachgegangen werden. Wesentlich erscheinen in diesem Zusammenhang die Handlungs- und Deutungsspielräume der Eltern innerhalb vorgegebener Rollen und fester Strukturen. Theoretische Interpretationsfolie bildet die Organisationssoziologie (vgl. Esser 1993, Büschges/Abraham 1997). Mit Hilfe dieser Perspektive versuchen wir, das bedürfnisorientierte bzw. intrinsisch motivierte Verhalten des Individuums vor der begrenzenden Wirkung institutioneller Verhaltenserwartungen zu klären.

Eine weitere wichtige Frage innerhalb der Beziehungen zwischen Helfer und Klient, die sich aus der Frage der Rollenzuschreibungen ergibt, bezieht sich auf die Beziehungswünsche, die Eltern an Helfer haben. Eltern tragen ihre Bedürfnisse in die Tagesgruppenarbeit hinein, und die Gestaltung einer Arbeit, die Elternbedürfnisse ernst nimmt, schließt diese mit ein. Wir gehen im Folgenden auf jene Bedürfnisse der Eltern ein, die sich auf ihre Beziehung zum Helfer beziehen und beleuchten insbesondere die Aufgabe der Pädagogen, die darin liegt, für diese Beziehungswünsche zur Verfügung zu stehen und sie zu begrenzen. Die Verantwortung für die pädagogische Nutzbarmachung dieser Beziehungswünsche im Sinne der Eltern liegt bei den Pädagogen. Hier zeigt sich in der Gestaltungs- und Strukturierungsaufgabe besonders deutlich die Asymmetrie der Beziehung. Es wird zu diskutieren sein, ob diese Asymmetrie Partizipation trotzdem zulässt bzw. wie Eltern gerade die Asymmetrie für selbstbestimmtes Partizipieren im Sinne des Suchens und Findens eigener Wege nutzen (können).

Die Institution Hilfe zur Erziehung bildet den Rahmen für die Beziehung zwischen Helfer und Klient. Ihre Beziehung wird vor allem durch den gesellschaftlichen Auftrag des Helfers – Hilfe und Kontrolle – beeinflusst: einerseits der Auftrag einer auf Vertrauen fußenden Hilfe (Chance des Klienten für eine weitgehende Öffnung mit allen Fehlern und Schwächen), andererseits der Auftrag der Kontrolle (Bewertung der zu Tage tretenden Fehler und Schwächen und ihre Überprüfung hinsichtlich eines Einflusses auf das

Kindeswohl). Wie wirkt sich das „doppelte Mandat“ auf die Beziehungsgestaltung aus? Auch wenn im Sinne des personenbezogenen Dienstleistungsgedankens Sozialpädagogen den Eltern gegenüber eine Dienstleistung erbringen sollen und Klienten damit in eine relativ mächtige Position versetzt werden, verfügen die Experten durch ihren Kontrollauftrag über einen Machtvorsprung, der durch ihren Wissens-, Erfahrungs- und Informationsvorsprung weiter verstärkt wird. Auch bei noch so sensiblem Umgang mit der Machtposition durch Pädagogen lässt sich dieser Machtüberhang, der auf struktureller Ebene besteht, auf individueller Ebene nicht auflösen. In der Beziehung wird die Ungleichheit spürbar und erfahrbar. Darum muss auf der Beziehungsebene nach solchen Situationen geschaut werden, in denen Eltern diese Ungleichheit spüren, um dann nach jenen Strategien zu forschen, mit denen sie ihrerseits der erfahrenen Macht und Ohnmacht in der Helfer-Klient-Beziehung begegnen und die somit als Partizipationsbestrebung zu interpretieren sind.

3.5.1 Die Rolle des Sozialpädagogen in der Helfer-Klient-Beziehung und ihr Einfluss auf Partizipation von Eltern

Pädagogisches Handeln ist soziales Handeln, also auf das Handeln anderer Menschen bezogen. Professionelle pädagogische Kompetenz erwächst daher maßgeblich aus der Qualität der jeweiligen pädagogischen Beziehung und darf sich nicht allein auf die Regeln einer pädagogischen Methodik stützen (vgl. Giesecke 1999, S. 14). Beziehung bedeutet das Verbundensein zweier oder mehrerer Personen, in welchem Wahrnehmung, Handlung und Erwartung durch die empfundene Zugehörigkeit zum anderen und seine Bedeutung für den anderen beeinflusst werden. Eine Beziehung zwischen zwei Menschen bedeutet ein Aufeinandertreffen zweier unterschiedlicher Individuen, die unterschiedliche Erfahrungen gesammelt haben, unterschiedlichen Kulturen entstammen bzw. ähnliche Kultur- und Milieuerfahrungen auf individuelle Weise wahrnehmen und verarbeiten und unterschiedliche Lebenspläne verfolgen. Das Eingehen einer Verbindung bedeutet daher auch immer ein Aufeinanderprallen unterschiedlicher Werte. Das Zusammentreffen der Individuen in einer Beziehung fordert diese heraus: Konflikte und Spannungen stellen einen wesentlichen Bestandteil der Beziehung dar. Um die Beziehung zu erhalten, müssen sich die Individuen aufeinander einstellen und eine Balance zwischen Nähe und Distanz, zwischen Annäherung und Abgrenzung herstellen. Die Aufgabe, diese Balance zu finden und zu wahren, wird nie endgültig bewältigt werden und sich den Beziehungspartnern immer wieder stellen, soll die Beziehung nicht in eingefahrenen Rollenvorstellungen „ersticken“ und lebendig bleiben. Im Prozess der Beziehungsentwicklung eröffnen sich dem Individuum also neue Perspektiven, erlebt sich der Mensch in neuen Herausforderungen, so dass selbst in schwierigen, konflikthaften Verbindungen die Möglichkeit einer Weiterentwicklung und Persönlichkeitsreifung verborgen liegt: „Beziehung bedeutet nicht Auflösung, sondern Gewinn von Identität, nicht schulterklopfende Verbrüderung, sondern respektvolle Auseinandersetzung, die Anerkennung ebenso inkludiert, wie Abgrenzung und Zurückweisung“ (Reinelt 1989, S. 2). Die Helfer-Klient-Beziehung erlaubt bei Einhaltung bestimmter Regeln Wachstum und Veränderung. Diese entwicklungsförderlichen Aspekte einer Beziehung bedingen ihre Wichtigkeit in der Sozialpädagogik. So stellt eine Reihe von Autoren die Beziehung zwischen Klient und Pädagogen in den Mittelpunkt der pädagogischen Arbeit: „Was immer an Zielen der Erziehung und Unterrichtung und an dafür geeigneten methodischem Repertoire erdacht werden mag, alles muss über diese Beziehung, also durch persönliche Vermittlung transportiert werden“ (Giesecke 2003, Einführung). Er definiert die „eigentümliche menschliche Beziehung zwischen Helfer und Klient“ (Giesecke 1992, S. 100) als fundamentalen Tatbestand des pädagogischen Handelns und Nachdenkens und als zentrales Moment des pädagogischen Arbeitens sowie notwendige Bedingung für wirksames pädagogisches Handeln (vgl. Gehres 1997, S. 76f; BMFSFJ 1998, S. 572ff). Für Olk (1986, S. 195) bedeutet die soziale Beziehung das zentrale Transportmittel für die Beeinflussungsversuche des Sozialpädagogen schlechthin, weil die Persönlichkeit des Helfers als Instrument der sozialpädagogischen Arbeit in der Beziehung wirksam werden kann. Die Beziehung zwischen Helfer und Klient in Therapie und Pädagogik kann als wesentlicher Wirkfaktor für Veränderungsprozesse in den Therapieformen Psychoanalyse und Gesprächspsychotherapie und in sozialpädagogischen Hilfeprozessen angenommen werden (vgl. Fröhlich-Gildhoff 2002, S. 42f). Müller (1991, S. 95ff) definiert die Beziehung gleichzeitig als Objekt und Teil des Bildungsvorgangs. Wichtig sei vor allem das Anbieten von Verbindlichkeit und Distanz, von Entwicklungsmöglichkeiten, auch durch Verweigerung und Widerstand. D. h. nicht nur die Aufarbeitung bereits vergangener Beziehungserfahrungen wird innerhalb der neuen Beziehung angeregt, es werden aufgrund der durch den Professionellen herangetragenen Strukturelemente, die quasi als neue Entwicklungsaufgaben eingebracht werden, neue Erfahrungen und damit eine Weiterentwicklung der Persönlichkeit provoziert.

Je nach Beziehungsgestaltung ergeben sich für Klienten unterschiedliche Lernchancen. Die Beziehungsgestaltung durch die Sozialpädagogen in den Hilfen zur Erziehung und die daraus resultierenden Rollen von Helfer und Klient müssen sowohl dem gesellschaftlichen Auftrag als auch dem Klientenauftrag gerecht werden. Die Aufträge unterscheiden sich vor allem durch die jeweilige Zielstellung und lassen den strukturellen Machtüberhang des Sozialpädagogen zu Ungunsten des Klienten einmal mehr, einmal weniger spürbar werden. Der gesellschaftliche Auftrag der Hilfe und Kontrolle kann mit dem individuellen Auftrag durch den Klienten, der eine parteiliche Hilfe erwartet, in Konflikt geraten.

3.5.2 Gesellschaftlicher und individueller Auftrag des Sozialpädagogen und dessen Auswirkungen auf seine Rolle in der Helfer-Klient-Beziehung

Der gesellschaftliche Auftrag des Sozialpädagogen in den Hilfen zur Erziehung zielt auf die Integration des Individuums in die bestehenden gesellschaftlichen Strukturen. Eine Person, die aus dem Gefüge gesellschaftlicher Strukturen und Werte heraus fällt und auf diese Weise öffentlichen Handlungsdruck erzeugt, soll (wieder) in die gesellschaftlichen Strukturen integriert werden. Als Reaktion auf vorgefundene Probleme innerhalb bestehender Strukturen, wie z.B. Isolation und Verarmung nicht erwerbstätiger oder nicht erwerbsfähiger Menschen in einer Arbeitsgesellschaft, soll das Individuum darin unterstützt werden, innerhalb dieser Strukturen eine Handlungsfähigkeit zu erreichen. In den Hilfen zur Erziehung konkretisiert sich der gesellschaftliche Auftrag durch die Aufgaben der Hilfe bei der (Wieder-)Herstellung der Autonomie, der Fähigkeit zur Selbsthilfe und der Wiederbelebung von Netzwerkstrukturen und damit des Erlangens von Erziehungskompetenz und der gleichzeitigen Kontrolle des Individuums bezüglich der Gefährlichkeit seines Verhaltens für das Kind. Sozialpädagogen üben also ihre Profession aufgrund wahrgenommener gesellschaftlicher Missstände aus, die durch Menschen ohne ausreichende Ressourcen auf individueller Ebene nicht bewältigt oder ausgeglichen werden können.

In den Hilfen zur Erziehung wird der sozialpädagogische Auftrag aus dem bestehenden Wächteramt der öffentlichen Jugendhilfe abgeleitet, der darin besteht, das Kind vor Schaden zu bewahren (Wiesner 1996, S. 286). Aus diesem Wächteramt ergibt sich in der Konkretisierung der Hilfe- und Kontrollauftrag: Sozialpädagogen bewerten im Rahmen ihrer Arbeit mit Kindern, Jugendlichen und deren Eltern oder Erziehungsberechtigten u. a. das Verhalten der erziehenden Personen unter der Prämisse der Bewahrung des Kindeswohls und helfen den Eltern, ein dem Kindeswohl dienliches Erziehungsverhalten zu entwickeln. Ihre Beziehung wird also auf der Ebene der Interaktion, auf der Ebene der Emotion oder der Ebene der Wahrnehmung durch den Kontext des gesellschaftlichen Auftrags „Kontrolle" bestimmt. Für die Hilfen zur Erziehung gilt, dass Eltern in die Lage versetzt werden sollen, ihre Kinder so zu erziehen und ihren Anlagen gemäß zu fördern, dass diese weder in ihren Persönlichkeitsrechten eingeschränkt noch durch „missbräuchliche Ausübung der elterlichen Sorge, durch Vernachlässigung (...) durch unverschuldetes Versagen der Eltern (...) gefährdet sind" (Schone 2002, S. 947).

Die Veränderungen, die im Hinblick auf die Eltern angestrebt werden, haben die Entwicklung einer selbstständigen und selbstbestimmten, dabei aber verantwortlichen Persönlichkeit im Blick, die die teilweise problemauslösenden oder -verstärkenden gesellschaftlichen Verhältnisse aus eigener Kraft zu bewältigen lernt. Die Strukturmaximen des KJHG – primäre und sekundäre Prävention, Existenzsicherung, Lebensweltorientierung, Freiwilligkeit (vgl. BMFSFJ 1999, S. 22) – die als Handlungsprinzipien einer zeitgemäßen Jugendhilfe gelten, bilden die Grundlage für sozialpädagogisches Handeln in den Hilfen zur Erziehung.

Die Erfüllung des gesellschaftlichen Auftrages der Hilfe und Kontrolle ist an bestimmte Erwartungen bezüglich der pädagogischen Umsetzung z. B. innerhalb der Helfer-Klient-Beziehung gebunden: „Das Grundrecht des Schutzes der Menschenwürde fordert in diesem Kontext u. a. die respektvolle Achtung und Behandlung auch der sich in sozialer Not befindlichen Individuen und Familien selbst dann, wenn diese die anstehenden Probleme und Schäden schuldhaft (mit-) verursacht haben (...) (es) werden die Selbstverantwortung der Erziehungsberechtigten und die Autonomie der Familien gestärkt und es wird der Einbezug junger Menschen und ihrer Angehörigen in den Entscheidungs- und Hilfeprozess gefordert“ (BMFSFJ 1999, S. 23).Nach dem Willen des Gesetzgebers besteht zwischen Helfer und Klient eine partnerschaftliche Beziehung, die „... nicht als Herrschafts- und Abhängigkeitsverhältnis definiert wird“ (Bayerisches Landesjugendamt 1994, S. 9). Wiesner (1995, S. 294f) definiert die Schwierigkeiten von Familien im Wesentlichen als Verminderung der Teilhabemöglichkeiten am gesellschaftlichen Leben, die wiederum nur im Rahmen eines Klärungs- und Entscheidungsprozesses durch aktive Teilhabe der Betroffenen angegangen werden können. Z. B. soll die Gestaltung der zentralen Partizipationssituation „Hilfeplangespräch“ als Klärungs- und Einschätzungsprozess verlaufen, in welchem Probleme, Ressourcen, Mittel und Ziele gemeinsam mit allen an der Hilfe beteiligten Personen ausgehandelt werden. Die Gesetzgebung, die den gesellschaftlichen Auftrag der Sozialpädagogen in den Hilfen zur Erziehung wie auch deren Auslegungen bezüglich der Beziehungsgestaltung zwischen Helfer und Klient bedingt, will den strukturellen Machtüberhang auf Expertenseite und die durch den Kontrollauftrag gegebene Objektisierung des Klienten mildern durch Einmahnen der Prinzipien Wahrung der Menschenwürde, Gleichrangigkeit und Gleichwertigkeit von Helfern und Klienten und Anprangern gesellschaftlicher Missstände als Mitverursacher der Probleme. Gleichzeitig kann aber nicht verhindert werden, dass bei aller gewünschten Partnerschaftlichkeit und Autonomie des Klienten die Sozialpädagogik maßgeblich integrative und damit auch erziehende Zielsetzungen verfolgt.

Der individuelle Auftrag der Sozialpädagogik im Rahmen der Hilfen zur Erziehung geht vom Klienten aus. Eltern oder andere erziehende Personen sehen sich durch Alltagsanforderungen stark belastet und können eine von ihnen als problematisch empfundene Situation aus eigener Kraft nicht ändern, sie fühlen sich hilflos und ohnmächtig. Auch in diesem Auftrag findet sich der Wunsch nach Entwicklung von Handlungsfähigkeit und Autonomie als Voraussetzung für eine (Wieder-)Herstellung der Erziehungsfähigkeit. Der Hilfesuchende aber strebt nicht nach Integration, sondern versucht seine individuelle Entwicklung ohne einschränkende Grenzen anzugehen.

Eltern gelten nach dem KJHG als Anspruchsberechtigte, die Hilfe zur Erziehung als Dienstleistung des Staates nutzen können: „Gegenstand des Anspruchs der Eltern auf Hilfe zur Erziehung ist eine Erziehungshilfe, die geeignet ist, den erzieherischen Bedarf in der von den Leistungsberechtigten gewünschten Ausgestaltung zu decken" (BMFSFJ 1999, S. 23). Eltern befinden sich demnach in einer Subjektposition und die Zusammenarbeit mit dem Sozialpädagogen sollte sich an ihren Bedürfnissen und Ansprüchen orientieren. Eltern können auf dieser Basis verlangen, dass ihre eigenen Vorstellungen und Entwicklungsressourcen in den Mittelpunkt der Zusammenarbeit und damit auch der Beziehung gestellt werden. Der Helfer hat dann die Aufgabe, die Beziehung so zu gestalten, dass sie für das Elternteil so effektiv wie möglich ist, wobei sich diese Entwicklung innerhalb der Hilfen zur Erziehung auf die Förderung der Erziehungskompetenz als letztendliches Ziel konzentriert. In der Regel werden in den Hilfen zur Erziehung aber keine selbstsicheren Kunden die Hilfe verlangen, sondern Menschen, die sich unsicher fühlen und deren Leidensdruck ihren keine Wahl lässt. Daher tritt ihnen der Sozialpädagoge als sensibler Beziehungspartner gegenüber, der versucht, innerhalb einer den Regeln entsprechenden helfenden Beziehung die Selbstständigkeit, das Selbstvertrauen der Klienten zu stärken und ihnen ihre Verantwortung für das eigene Handeln bewusst zu machen. Die Wichtigkeit der Beziehung bedingt, dass der Sozialpädagoge die Beziehung in ihrer Bedeutung erkennt und die wesentlichen Bereiche in der Beziehungsgestaltung nutzt. Die dominante Funktion der Sozialpädagogen bei der Beziehungsgestaltung kann auf die Klienten einschüchternd wirken und die eigene Kompetenz in Frage stellen. Daher wird professionellen Helfern immer wieder angeraten, die eigene Gestaltungsmacht so anzuwenden, dass die Klienten die Chance erhalten, die Beziehung mitzugestalten, d. h. die gelingende Beziehungsgestaltung stellt sich in den Dienst der Klienten. Besonders der Aspekt der Gleichrangigkeit, Gleichwertigkeit und Partnerschaftlichkeit wird immer wieder betont. So steht für Giesecke (1992, S. 108f) in der helfenden Beziehung die Partnerschaft der Parteien im Vordergrund. Der Partnerschaftlichkeit liegt die Einsicht zugrunde, dass zur Erreichung eines Ziels die Mitarbeit beider Parteien gleiche Bedeutung hat. Auch Gottschalch (1988, S. 172ff) schließt sich dieser Definition an: der Helfer soll so wenig wie möglich drängen, manipulieren, erziehen, unterjochen und auf Ratschläge und Führung verzichten. Ratschläge und Führung seien Ausdruck eines vom Helfer anvisierten Ziels, welches aber vor der Arbeit nicht festgelegt werden kann. Vielmehr sei die gemeinsame Arbeit eine gemeinsame Suchbewegung. Im Vordergrund steht das Verstehen des Klienten, das über Empathie hinausgeht: der Experte sucht zu begreifen, warum der andere so ist, wie er ist und handelt. Es kommt darauf an, den Sinn der Handlungsweise erkennen und mit Verständnis zu begleiten. Mit dem Verzicht auf eine Bewertung des Klientenhandelns und dem Versuch, es zu verstehen, heißt sozialpädagogisches Handeln nicht Erziehung, sondern Begleitung und Bearbeitung der dem Handeln zugrunde liegenden Erfahrungen. Martin (1992, S. 37) spricht in diesem Zusammenhang von „gekonnter Selbstbegrenzung“: Beziehungen zu Klienten seien provisorisch, deshalb dürfe nicht in anmaßender Weise in das Leben der Unterstützten eingegriffen werden. Merchel (1998, S. 47f) stellt die Kommunikation als Ausdruck der Beziehung zwischen den Beziehungspartnern in den Vordergrund: wichtig seien Kommunikationsformen, die sich durch gesichertes Vertrauen, weitgehende Offenheit, große Flexibilität, hohe Verlässlichkeit und angemessene Umgangsformen auszeichnen.

Kaufhold-Wagenfeld (1996, S. 179ff) negiert die Asymmetrie zwischen den Partnern in einer sozialpädagogischen Arbeitsbeziehung und plädiert, angeregt durch die „freiheitliche Pädagogik“ Paolo Freires, für eine vollständig partnerschaftliche Sozialpädagogik im Sinne einer „pädagogischen Begleitung“. Kaufhold-Wagenfeld überträgt Freires (1993) pädagogischen Ansatz, der Pädagogik als Instrument zur Emanzipation unterdrückter oder ausgegrenzter Gruppen nutzt, auf die Arbeit mit Müttern im Bereich der Jugendhilfe. Pädagogische Arbeit mit Müttern sollte auf einer vollständig partnerschaftlichen Beziehungsebene geschehen.

Eine Frau und Mutter, aber auch Väter pädagogisch zu begleiten heißt, einen gemeinsamen Weg mit ihnen zu gehen, ohne Richtung und Ziel des Weges vorzugeben. Die Erfahrung von Nachrangigkeit, geringerer Wertschätzung, Machtlosigkeit und Selbstzurücknahme, die Klienten oftmals im Rahmen ihrer Sozialisation erleben, dürfen in der pädagogischen Arbeit, weder inhaltlich noch auf der Beziehungsebene, wiederholt werden. Idealerweise entspricht dieser Prozess einem Dialog, wobei die partnerschaftliche und gleichberechtigte Beziehung zwischen Pädagogin und Mutter und die Gleichwertigkeit ihrer Rollen betont wird. Diese Gleichwertigkeit führt nach Kaufhold-Wagenfeld zu der Möglichkeit des Rollentausches: prinzipiell sind nicht nur die Pädagogen, sondern auch die Klienten in der Lage, ihr Wissen weiterzugeben, zu Lehrenden zu werden. Das bedeutet, dass Eltern durch die Anerkennung ihrer Kompetenzen für einen Bereich zu Experten werden können, was wiederum ihr eigenes Bewusstsein für ihre Kompetenzen verstärken wird (ebda.). Freire drückt dies folgendermaßen aus: „Der Lehrer ist nicht länger bloß der, der lehrt, sondern einer, der selbst im Dialog mit den Schülern belehrt wird, die ihrerseits, während sie belehrt werden, auch lehren. So werden sie miteinander für einen Prozess verantwortlich, in dem alle wachsen. In diesem Prozess sind Handlungen und Argumente, die auf Autorität begründet sind, nicht länger gültig. Um wirken zu können, muss Autorität auf der Seite der Freiheit sein und nicht ihr Gegenüber“ (Freire 1993, S. 65). Aus diesen Prämissen lässt sich eine Grundhaltung bezüglich sozialpädagogischen Handelns erkennen, welche auf Subjektstellung und Recht auf Selbstverfügung des Klienten Wert legt bzw. diese sogar als Basis des Tuns ansieht. Kardorff fasst diese Grundhaltung auf der Interaktionsebene zusammen und verlangt vom Sozialpädagogen eine Gewährleistung des Selbstverfügungsrechts des Individuums als Grenze von Interventionen einschließlich des Rechts auf Verweigerung von Behandlungen, Transparenz der Intervention und ihrer absehbaren Folgen, das Prinzip der Freiwilligkeit bei Interventionen, den Versuch einer möglichst weiten Konsensherstellung bei Interventionen und Parteilichkeit für den Klienten (Kardorff 1988, S. 319).

Die hier als Ideal dargestellte Gestaltung der Hilfebeziehung im Sinne des individuellen Klientenauftrages verlangt im Grunde einen frei handelnden Sozialpädagogen, der individuelle offene Entwicklung des Klienten gleichzeitig als Weg und als Ziel der Arbeit begreift. Diese Freiheit wird in den Hilfen zur Erziehung durch den gesellschaftlichen Hilfe- und Kontrollauftrag eingeschränkt. Es hat den Anschein, als ob, eingedenk des sich daraus ergebenden strukturellen Machtüberhangs der Experten und der relativen Ohmacht der Klienten, die Bedeutung des Partizipationsgedankens in den sozialpädagogischen Konzepten zur Beziehungsgestaltung besonders betont wird. Hierbei wird auch auf die Notwendigkeit der Selbstreflexivität der professionellen Helfer und eine kontinuierlichen Beziehungsklärung hingewiesen.

3.5.3 Partizipation durch selbstbestimmte Beziehungsgestaltung seitens der Eltern

Eltern messen ihrer Zusammenarbeit mit den Pädagogen und ihrer exklusiven Beziehung im Rahmen von Beratungsgesprächen, persönlicher Begleitung zu hilferelevanten Terminen in Jugendamt oder Schule oder bei informellen Kontakten eine große Bedeutung zu. Im Folgenden wird gezeigt, wie Eltern an der Beziehungsgestaltung partizipieren. Sie nutzen die Pädagogen gemäß ihrer Bedürfnisse – soweit es ihr Handlungs- und Deutungsspielraum zulässt – indem sie sie mit Rollen belegen und damit der Rollendefinition durch

Pädagogen und den sich aus der Organisationsstruktur ergebenden Rollenvorgaben eine eigene entgegensetzen. Allein dieser Akt der Zuschreibung stellt ein bedürfnisorientiertes Handeln dar, also ein Geschehen, dass die Helfer-Klient-Beziehung im Sinne der Klienten verändert. Die empfundene Selbstbestimmtheit kann sich durchaus auf partizipations-„feindliche“ Beziehungsformen richten: beispielsweise kann es im Sinne eines Elternteils liegen, sich ganz den Zielen des Pädagogen oder der Institution unterzuordnen, um Anerkennung zu ernten, und mit Strategien der Unterordnung und Anpassung lässt sich dieses Ziel erreichen.

Im Sinne der Fragestellung nach Partizipation von Eltern durch selbstbestimmtes Handeln soll im Folgenden die Helfer-Klient-Beziehung in der Tagesgruppe auf ihre Wirksamkeit im Hinblick auf Partizipationsbestrebungen – hier eigenständige Rollendefinitionen – von Eltern reflektiert werden, indem die Beziehungsformen bzw. Rollenkonzeptionen durch Eltern und Pädagogen bezüglich ihres Potentials für Erfahrungen selbstbestimmten Handelns ausgelotet werden.

Um die Rollen- bzw. Beziehungsdefinitionen der Eltern analysieren zu können, wird mit Hilfe der „Grundarten von Beziehungen“ (von Thun, 1981, S. 181) das Verhältnis der beiden Rolleninhaber Elternteil und Pädagoge zueinander beschrieben. Im Hinblick auf unsere Fragestellung erscheinen uns zwei Grundarten von Beziehungen zwischen Menschen relevant:

A) Symmetrische Beziehungen
In der symmetrischen Beziehung stehen sich zwei gleichberechtigte und gleichwertige Partner gegenüber, d. h. die Beziehungspartner definieren sich in einer Rolle, die der Rolle des Gegenübers bezüglich der Freiheiten und Pflichten entspricht. Beide Partner können dem anderen gegenüber das gleiche Verhalten zeigen, wie etwa Vorschläge machen, kritisieren oder Ratschläge geben (ebda.).

B) Asymmetrische oder Komplementärbeziehungen
Asymmetrische Beziehungen werden im Rahmen dieser Arbeit als Komplementärbeziehungen aufgefasst, in der von der Struktur der Beziehung her ein Machtgefälle zwischen den Beziehungspartnern besteht, welches durch strukturelle Gegebenheiten aber auch durch Eigendefinition der Rolleninhaber gegeben sein kann: „Komplementär ist eine Beziehung dann, wenn A andere Verhaltensweisen zeigt als B, die beiden Verhaltensweisen sich aber ergänzen und gleichsam aufeinander zugeschnitten sind“ (ebda.).

Innerhalb der symmetrischen und der asymmetrischen Beziehung sind unterschiedliche Rollendefinitionen möglich:

Die im Rahmen dieser Arbeit explorierten Eigendefinitionen der Rollen innerhalb der Helfer-Klient-Beziehung ergeben sich aus der identifizierten Grundart der Beziehung und aus den Verhaltenserwartungen, Aufgaben, Rechte und Pflichten, die an die jeweiligen Beziehungspartner gestellt werden. Die Frage, die diesem Teil der Arbeit zugrunde liegt, lautet, welche Rollendefinitionen haben Eltern für den Pädagogen und sich selbst bzw. wie nehmen sie sich und die Pädagogen wahr und welche Verhaltenserwartungen knüpfen sie daran?

Die explorierten Rollendefinitionen der Eltern lassen sich in drei Kategorien fassen:

Kategorie I:
Der Rolleninhaber wird als Träger und Vertreter individueller und gesellschaftlicher Werte definiert, für deren Einhaltung er Sorge trägt. Gleichzeitig übernimmt er die Verantwortung für sein Gegenüber. Die wesentlichen Elemente dieser Rolle stellen sich als das kritisch verurteilende, das fürsorgliche und das fordernde Element dar. Im Rahmen dieser Arbeit zeigen sich empirisch entsprechende Rollendefinitionen seitens der Eltern, in welchen sie die pädagogischen Fachkräfte z.B. als moralische, mächtige und als „bemutternde" Instanz erleben, ihre eigene Rolle komplementär als untergeordnet, inkompetent oder schutz- und pflegebedürftig (Kategorie II) definieren. Ein weiteres Element, welches die Rollen innerhalb der Kategorie I auszeichnet, ist die wahrgenommene Fachkompetenz und Funktionalität, aus deren Vorhandensein sich die Berechtigung zur Forderung bestimmter Verhaltensweisen beim Gegenüber ableitet.

Kategorie II:
Die Rollen innerhalb dieser Kategorie ergeben sich aus der Orientierung an den eigenen Bedürfnissen, der Äußerung spontaner unreflektierter Gefühle innerhalb der Beziehung und auf die Tendenz zur Anpassung bzw. Unterordnung und Abgabe der Verantwortung. Auch Unsicherheit und die Neigung, Sicherheit in als richtig angenommenen Verhalten und Normen des Gegenübers zu suchen, zeigen sich als typisch. Das Empfinden von Fremdbestimmtheit und eine daraus entstehende Entlastung, aber auch Resignation und Gefühle von Wut konnten als bestimmende Faktoren exploriert werden. Diese Rollendefinition zeigte sich auch dann als angemessen, wenn eher spontan auf Situationen und Menschen reagiert wurde und diese Reaktion (noch) nicht reflektiert werden konnte.

Die Zuordnung der Pädagogen unter Kategorie II (vgl. Beziehung Dienstleister-Kunde) ergibt sich aber ausschließlich aus der ihnen von Seiten der Eltern zugeschriebenen Rolle als Befehlsempfänger.

Kategorie III:
Die Rollen innerhalb dieser Kategorie zeichnen sich durch Reife und fortgeschrittene Persönlichkeitsentwicklung aus. Wichtige Parameter der Rolle innerhalb dieser Kategorie stellen die wahrgenommene Gleichwertigkeit zum Gegenüber, die emotionale Bindung, empfundene Partnerschaftlichkeit und Respekt sowie Reflexionsvermögen dar. Besonders in partnerschaftlichen Beziehungen definieren Eltern sich selbst und die Pädagogen als respektierte verantwortliche Erwachsene. Die Rolleninhaber sehen sich und ihr Gegenüber in der Lage, die Vorkommnisse der Realität auszuwerten und die Impulse und möglichen Reaktionsformen auf ihre Angemessenheit zu überprüfen. Wesentlich für die Rolleneinnahme erscheint die Bereitschaft, Verantwortung für die eigene Entwicklung und gegebenenfalls für das Gegenüber zu übernehmen und Konsequenzen zu tragen.

Folgende Rollendefinitionen innerhalb der Helfer-Klient-Beziehung konnten abgeleitet werden:

1. Als asymmetrisch empfundene Komplementärbeziehungen:

1.A) Beziehung zwischen Pädagogen (Kategorie I)
und Eltern (Kategorie II)
Erzieher/ Lehrer – Zögling/ Schüler
Mutter/ Vater – Kind
Experte – Laie

1.B) Beziehung zwischen Pädagogen (Kategorie II)
und Eltern (Kategorie I)
Dienstleister – Kunde

2. Als symmetrisch empfundene Beziehungen:

2.A) Beziehung zwischen Pädagogen (Kategorie III)
und Eltern (Kategorie III)
Zweckbündnis
freundschaftliche Partnerschaft/Scheinfreundschaft
Beratungsbeziehung

2.B) Beziehung zwischen Pädagogen (Kategorie II)
und Eltern (Kategorie II)
Kampfgenossen
Gegner/Konkurrenten

Die Rollendefinitionen der Eltern und die jeweiligen Beziehungscharakteristika erschlossen wir über folgende Leitfragen:

a) Welche Struktur hat die Beziehung, wird sie als symmetrisch oder asymmetrisch empfunden?
b) Welche subjektiv empfundenen Handlungsmöglichkeiten sehen Eltern, welche Aktivitäten üben sie tatsächlich aus?
c) Welcher subjektiv empfundene Gewinn ergibt sich aus der Art der Beziehung bzw. Rollengestaltung?
d) Welche Wirkung auf die Möglichkeit selbstbestimmten Handelns ergibt sich aus der Rollengestaltung?

1. Als asymmetrisch erlebte Beziehungen:

1.A) Beziehung zwischen Pädagogen (Kategorie I) und Eltern (Kategorie II)

Pädagogen als Erzieher/Lehrer – Eltern als Zöglinge/Schüler

Charakteristika der Beziehung

a) Struktur: Pädagoge in der Rolle des Erziehers oder Lehrers, Eltern in der Rolle des Zöglings bzw. Schülers, Grundart der Beziehung: Komplementärbeziehung, Asymmetrie
b) Handlungsmöglichkeiten: für Klienten vorgegeben bzw. Empfinden von fremdbestimmtem Handeln, jegliches Beziehungshandeln der Pädagogen wird als Verfolgung eines pädagogischen Ziels wahrgenommen
c) Gewinn: Anregungen für Umgang mit Problemen, die entindividualisiert gerade solche Eltern als hilfreich empfinden, für die Auseinandersetzung mit den eigenen Problemen (noch) nicht möglich ist, Bedienung des Bedürfnisses nach äußerer Sicherheit und Strukturgebung, Definition eines angenommenen „richtigen" Erziehungsverhaltens, Gewinn pädagogischer Anerkennung
d) Wirkung: Einschränkung der Freiheiten bzw. ein widerwilliges Sich-Unterordnen, Gefühl des Nicht-Ernst-Genommen-Werdens, Empfinden von Druck, letztlich Resignation

Beziehungen dieser Art zwischen Helfer und Klient (Erzieher – Zögling) bedienen das elterliche Bedürfnis nach Struktur und Führung und ermöglichen gleichzeitig den Pädagogen eine Gestaltung der Beziehung und des Hilfealltags bzw. Hilfeprozesses gemäß ihrer als angemessen definierten Vorgehensweise. Im Rahmen dieser Beziehungsform bzw. Art der Rollengestaltung haben Eltern das Empfinden, dass sie selbst in einer kindlichen Rolle einer pädagogischen Einflussnahme auf die ganze Person ausgesetzt sind. Die

Beziehungen zeichnen sich aus durch eine komplementäre Rollengestaltung: eine Person (pädagogische Fachkraft) verfügt nach gemeinschaftlicher Definition über einen Wissens- und Wertekanon, der als gesellschaftlich anerkannt gewertet wird und damit für die Eltern annehmbar erscheint. Wichtig ist, dass dieser Wissens- und Wertekanon im Bewusstsein der Beteiligten als „richtig" definiert wird und Eltern aus diesem Grund anstreben, dieses Wissen und diese Verhaltensweisen zu übernehmen, um sich „auf der sicheren Seite" zu bewegen und einen Weg aus ihrer Krise zu finden. Pädagogen werden nicht nur als Experten für die Erziehung schwieriger Kinder wahrgenommen, sondern auch als Repräsentanten der Gesellschaft, der „normalen" Welt, und sie vertreten im Bewusstsein der Eltern die Gesellschaftsnormen. Erziehungsmaßnahmen, die durch die Pädagogen abgesegnet sind, entsprechen mit Sicherheit den gesellschaftlichen Normen und Konventionen. Die andere Person (Elternteil) übernimmt die Rolle des Lernenden bzw. zu Erziehenden. Ihre eigenen Werte und Wissensbestände werden von ihr selbst als nachrangig gewertet und oft als „falsch" bzw. unwirksam empfunden. Eltern nehmen daher gerne Ratschläge und Verhaltensanweisungen entgegen und versuchen, ihr Verhalten danach auszurichten. Dennoch fühlt sich das Erworbene ungewohnt an und entspricht teilweise nicht den Erfahrungen und Bedürfnissen der Eltern, so dass z. B. bei der Übernahme des pädagogisch intendierten Wissens und entsprechender Verhaltensweisen eine starke Unsicherheit herrscht und Eltern das Gefühl haben, auf unsicherem Boden zu stehen. Diese Unsicherheit zeigt sich in Situationen, die mit der Erziehung des Kindes zu tun haben, aber auch bei der Eroberung neuer Felder.

Eltern, die ihre Beziehung zu Pädagogen als eine Erzieher-Zögling-Beziehung definieren, scheinen in Bezug auf eigene Werte und Vorstellungen wenig Eigenes anzubieten zu haben oder ihren eigenen Wertvorstellungen nicht zu trauen. Daher wird eine Leitung und Führung von außen trotz des Gefühls der Einschränkung und Objektisierung begrüßt und eine entsprechende Rolle eingenommen. Wenn sich ein möglicherweise pädagogisch intendierter Lernerfolg zeigt, indem Eltern im Rahmen der Tagesgruppenarbeit handeln wie erwünscht und subjektiv durch die positive Rückmeldung daraus einen Gewinn ziehen können und Ermutigung erfahren – denkbar wäre die Würdigung der Bereitschaft, die vorhandenen Ängste zu überwinden und die Gruppenleitung zu übernehmen – kann dies durchaus zu einer Steigerung der Kompetenzen beitragen. Erfahren Eltern eher kritische Rückmeldungen, so bleibt ein ambivalentes Gefühl zurück mit einer Tendenz, die eigene Leistung abzuwerten. Bei einer Rollenverteilung in der Beziehung, die darauf ausgerichtet ist, dass ein Akteur positiv bzw. negativ verstärkend Verhaltensweisen beeinflussen darf, der andere Akteur sich dieser Bewertung und der damit einhergehenden Normativität unterordnen muss, besteht die Gefahr der Missachtung des Klienten, seiner Bedürfnisse und seiner Ressourcen.

Eltern haben durchaus ein Gefühl für die Notwendigkeit einer Erweiterung ihrer Kompetenzen. Sie fassen die Konfrontation mit anderen Werten trotz anfänglichen Widerstrebens als Ansporn auf, sich mit den eigenen Verhaltensweisen kritisch auseinander zu setzen. Im Rahmen der Erziehung ihrer eigenen Kinder zeigen sie Verhaltensweisen, die das Eingreifen durch Pädagogen notwendig erscheinen lassen. Das Wissens- und Kompetenzdefizit der Eltern, von welchem sie auch selbst ausgehen, stellt für die Eltern in manchen Fällen keine Kränkung dar. Sie beziehen diese Einschätzung ihrer Person auf konkret abgrenzbare Bereiche, in denen sie selbst nicht nur einen Mangel verspüren, sondern diesen beheben möchten. Dabei bleibt die Rollenverteilung innerhalb dieser Beziehung auf den konkreten Problembereich beschränkt, und daher wird die Identität als Mutter oder Vater als nicht in Frage gestellt empfunden. Vielmehr geht es um ein Training hilfreicher Strategien, deren Notwendigkeit die Eltern selbst einsehen oder um Wissensvermittlung, die Eltern anregt, ihr Kind oder andere Lebensbereiche aus einer neuen Perspektive anzuschauen.

Selbstverständlich beinhaltet eine Beziehungsdefinition Lehrer – Schüler eine Ungleichheit zwischen den Rolleninhabern; eine „offene Asymmetrie“ zwischen Lehrer und Schüler bzw. Erzieher und Zögling gehört zur Grundstruktur dieser Form helfender Beziehungen (vgl. Szczyrba 2003, S. 16). Durch eine dieser Beziehung entsprechende Konzeption von Lernsituationen, wie z. B. ein Elternabend –Vorlesungsstil, Auswahl des engeren Themas und der Experten durch Pädagogen ohne Mitwirkung der Eltern – fühlen sich Eltern nicht in ihrer eigenen Expertenschaft gewürdigt. Aus einem solcherart konzipierten Elternarbeitsangebot als Bildungsangebot können Eltern sich eher allgemeines Wissen aneignen als Handlungsfähigkeit oder ein Bewusstsein darüber, was die Auffälligkeiten des Kindes bei ihnen selbst auslösen und welche Emotionen den Umgang mit dem Kind bestimmen. Eltern nehmen möglicherweise das Gefühl mit, nicht richtig mit den Verhaltensauffälligkeiten des Kindes umgehen zu können bzw. sich über das Thema noch nicht genügend Expertenwissen angeeignet zu haben, woraus sich die Illusion ergeben kann, dass bei genügend Anhäufung desselben notwendigerweise eine Besserung eintritt. Elternabenden dieser Art kommt dennoch eine hohe Bedeutung zu. Die Eltern können mit Hilfe allgemeinen Wissens zur Problematik und neuen Anregungen möglicherweise ihre eigene Situation besser reflektieren. Darüber hinaus erkennen Eltern, dass sie nicht allein mit ihrem Problem sind. Für manche Eltern kann es auch sehr hilfreich sein, ihr Problem quasi anonymisiert zu verhandeln.

Eine kritische Betrachtung der Erzieher-Zögling-ähnlichen bzw. Lehrer-Schüler-ähnlichen Helfer-Klient-Beziehung muss immer die Nachhaltigkeit der Klientenentwicklung in Bezug auf eine Änderung hin zum gelingenderen Alltag im Auge haben. Es stellt sich die Frage, inwieweit erlernte Verhaltensmuster und Übernahme fremder Werte helfen, ein subjektiv besseres Gefühl hinsichtlich des eigenen Lebens als Mutter bzw. Vater zu entwickeln und zu bewahren.

Pädagogen als Mutter/Vater – Eltern als Kind

Charakteristika der Beziehung

a) Struktur: Pädagoge in der Rolle der Mutter bzw. des Vaters, Eltern in der Rolle des Kindes. Grundart der Beziehung: Komplementärbeziehung, Asymmetrie
b) Handlungsmöglichkeiten: kein Bedürfnis nach selbstbestimmtem Handeln von Seiten der Eltern, Anpassung an Handlungsvorschläge der Pädagogen
c) Gewinn: Schutz, Akzeptanz, Annahme, Abgabe von Verantwortung (Entlastung)
d) Wirkung: Unerfüllbarkeit von Beziehungswünschen der Eltern führt zu Frustrationen, Gefühl der Einschränkung und Unbehagen mit der kindlichen Rolle

In Rahmen dieser Beziehungsdefinition wird das Bestreben der Eltern sichtbar, die professionelle Arbeitsbeziehung um den Aspekt einer inneren starken Verbundenheit zu bereichern und damit den funktionalen Aspekt der sozialpädagogischen Arbeitsbeziehung zu mildern. Eltern stellen die reine Funktionalität einer Helfer-Klient-Beziehung selbstverständlich in Frage, da sie normalerweise in Alltagsbeziehungen leben und diese Erfahrungen zwischenmenschlichen Verhaltens auf zweckgebundene Beziehungen übertragen. Die aus ihrer Sicht bestehende Reduktion der Beziehung seitens der Pädagogen gründet sich auf Pädagogenseite auf fachliches Wissen über Gesetzmäßigkeiten der helfenden Beziehung, deren Gestaltung bestimmten Regeln unterworfen ist und eine „kunstvolle stark regelgeleitete Beziehungsarbeit“ (Szczyrba 2003, S. 17) darstellt. Die Funktionalität, die die Abgrenzung seitens der Pädagogen mit sich bringt, kann von Eltern oftmals nicht nachvollzogen werden. Die von uns auf die Helfer-Klient-Beziehung bezogene Typisierung als „Eltern-Kind-Beziehung“ lässt sich aufgliedern hinsichtlich dreier zentraler Aufgaben, die die Eltern den Pädagogen zuschreiben:

a. Umsorgen bzw. Versorgen (Behausen), Schützen
b. Gütiges Verstehen, Annehmen
c. Erziehen und Kontrollieren

Umsorgen bzw. versorgen, schützen:

Die umsorgende schützende „Eltern-Kind-Beziehung“ bietet den Eltern Halt in Krisensituationen oder ungewohnten Situationen, die für sie den Charakter einer Prüfung haben, wie z. B. ärztliche Untersuchungen, Hilfekonferenzen oder Schulterminen. Eine ständige Verfügbarkeit und vorausschauende Bereitschaft der Pädagogen, den Eltern beizustehen, unterstreicht den Charakter dieser „Eltern-Kind-Beziehung“. Die von den Eltern empfundene Fürsorge der Pädagogen zeigt sich auch in der Herstellung von Situationen, die auf die Bedürfnisse, umsorgt und gehegt zu werden, seitens der Eltern reagieren. Diese Situationen (gemeinsame Aktivitäten mit Eltern außerhalb der professionellen Arbeitsbeziehung, z. B. ein lockeres Beisammensein) zeichnen sich dadurch aus, dass die Eltern von allen gestaltenden bzw. verantwortlichen Elementen entbunden sind. Die Pädagogen gehen davon aus, dass es Eltern, gerade allein Erziehenden, an dieser Fürsorge mangelt und bereiten ihnen z. B. ein Frühstück. Eltern wird die Möglichkeit gegeben, zu entspannen und ohne Kinder einfach ihre Zeit miteinander zu genießen. Eltern nehmen diese Art der Elternarbeit gerne an. Sie überlassen sich vertrauensvoll den Pädagogen, und die Asymmetrie in der Beziehung wird hinsichtlich ihres entlastenden Aspekts als wohltuend wahrgenommen. Es bleibt offen, ob die Eltern so stark geschützt und umsorgt werden wollen, dass sie sich im Grunde als nicht fähig erleben, eine schwierige Situation als Erwachsener eigenständig zu bewältigen oder ob sie unter den „liebevollen parteilichen Elternaugen“ selbständige Schritte tun, die ihre Entwicklung fördern. Die subjektiv empfundenen Handlungsmöglichkeiten der Eltern werden als begrenzt empfunden. Die Regel des „Nichtstuns“ kann nicht aufgebrochen werden, auch wenn manche Eltern einen Drang dazu verspüren, weil es ihnen z. B. schwer fällt, dieses „Geschenk“ anzunehmen.

Gütiges verstehendes Annehmen:

Ein anderer wichtiger Aspekt jeglicher helfenden Beziehung ist die bedingungslose Akzeptanz und Wertschätzung des Klienten, so wie Eltern in der Regel ihr eigenes Kind bedingungslos und umfassend annehmen. Funktionale wie dysfunktionale Aspekte seines „So-Seins“ werden als individuelle – dem bisherigen Entwicklungsstand angemessene – Bewältigungsstrategien für seinen Alltag und für Probleme seines Alltags akzeptiert. In dieser Beziehungsdefinition leben Eltern die Phantasie, dass sie, gleich welcher Art ihre Schwächen zu Tage treten, keinesfalls die Wertschätzung – empfundene „Liebe“ – der Pädagogen verlieren können. Sie haben gleichfalls das Bild, dass den Pädagogen persönlich an ihrer Entwicklung liegt und gehen daher davon aus, dass alle von den Pädagogen an sie heran getragenen Ansprüche letztlich für sie dienlich und entwicklungsfördernd sind, auch wenn sie das in der Situation bisweilen nicht sehen können. Aufgrund des individuellen als auch des gesellschaftlichen Mandats sind Pädagogen berechtigt, „professionsspezifische Handlungs- und Anwendungsverfahren" anzuwenden, die „für die Anbefohlenen der Professionen mit Unannehmlichkeiten und Verdruss verbunden sein können" (Schütze 1997, S. 183f). Bezüglich der Struktur der Beziehung kann auch hier von einer Asymmetrie ausgegangen werden, in welcher die Verantwortung einseitig auf der Expertenseite gesehen wird, Eltern sich hingegen fallen lassen können. Eltern definieren sich gerade in Situationen der Überlastung als hilflos und treten den Pädagogen in der Rolle des zu behütenden Kindes gegenüber, weil ihr Bedürfnis nach Beruhigung, Hilfe, Trost oder einem konkreten Ratschlag, der sie selbst von der Verantwortung für ihr Handeln entbindet, sehr mächtig zu sein scheint.

Gerade Eltern, die allein erziehend sind oder selbst ihre eigenen Eltern schon verloren haben, scheinen in der Helfer-Klient-Beziehung diese situativ auftretenden Bedürfnisse ausleben zu wollen. Sie scheinen sich im Rahmen dieser Beziehungsdefinition nicht entmachtet zu fühlen, weil sie durch ihr Handeln und ihre Rollendefinition die Pädagogen dazu bringen, die Komplementärrolle einzunehmen. Sie scheinen dennoch nicht auf diese Rolle festgelegt, sondern können gleichwohl in anderen Situationen, in denen sie sich besser in der Lage sehen, Verantwortung zu übernehmen, selbstbestimmt handeln. Es bleibt im Laufe des Hilfeprozesses jeweils abzuwarten, ob diese Rolle oder eine andere als beziehungsdeterminierend verstanden werden kann. Die fürsorgerische Grundhaltung der Pädagogen vermittelt nur wenige Kompetenzen zur Bewältigung der Erziehungsprobleme. Klienten können aber Beziehungen eingehen, die vielleicht an sich keine Funktion in der Bewältigung des Erziehungsalltages haben, aber dennoch heilsam und motivierend wirken können. Eine zu starke Betonung des fürsorgerischen Aspektes scheint die Motivation zur Eigenaktivität, das Vertrauen in die eigene Kompetenz aber auch schwächen zu können.

Erziehen, kontrollieren:

Die dritte Variante der Eltern-Kind-ähnlichen Helfer-Klient-Beziehung ergibt sich aus dem erziehenden Aspekt, der im Sinne von Kontrolle verstanden wird und sich von der Erzieher-Zögling-ähnlichen Beziehung dadurch unterscheidet, dass die Machtposition der Pädagogen sich nicht auf zugestandene Bildungs- und Wissensvorsprünge bezieht, sondern ausschließlich auf eine empfundene Autorität. Gingen im ersten Fall die Eltern mit den Pädagogen darin konform, dass sie selbst eigene Inkompetenzen auszugleichen hätten, kann in diesem Fall eher eine deutlich kritische Haltung gegenüber pädagogischen Wertvorstellungen und Vorgehensweisen bemerkt werden. Die Kontrollfunktion äußert sich darin, dass Pädagogen Verhalten von Eltern bewerten und es auf ihre Regelkonformität hin überprüfen. Hier wird nicht die Frage nach dem situativen Sinn von Elternhandeln oder möglichen Emotionen, die das Handeln der Eltern beeinflussen können, gestellt.

Im Rahmen dieser Beziehungsdefinition nehmen Eltern sich als Menschen wahr, die sich mit strengen Elternpersonen auseinandersetzen müssen, ähnlich einer autoritären Erziehungssituation. Dieses oft nur Teilbereiche des Hilfealltags betreffende Festhalten an Regeln und bestimmten Abläufen hat von pädagogischer Seite aus gesehen einen Sinn, d. h. es kann möglicherweise als konzeptionelle und individuelle Antwort auf die in der Organisation Tagesgruppe herrschende Rollenvielfalt und die damit einhergehenden unterschiedlichen, sich teilweise widersprechenden Anforderungen und Aufgaben interpretiert werden. Pädagogische Fachkräfte in der Tagesgruppe nehmen im Verlauf ihrer Arbeit gegenüber Eltern unterschiedliche Rollen ein und spüren den, den Hilfen zur Erziehung inhärenten Widerspruch zwischen Hilfe und Kontrolle am eigenen Leib. Es bedarf daher möglicherweise der Einnahme einer Grundposition in der pädagogischen Arbeit, eine Konzentration auf einen Pol, um die innere Ambivalenz der Fachkräfte zu erleichtern. Pädagogische Konzeptionen und Regeln, die diese Grundentscheidung abbilden, bieten Pädagogen einen Schutz vor Unsicherheit und vermitteln ihnen die Illusion einer endgültigen Kontrolle über das Geschehen. Das Festhalten an einer Konzeption und sich daraus ergebenden Situationsregeln bieten also eine übergeordnete handlungsleitende Orientierung, die für alle Ebenen der Arbeit eine Grundlage bildet. Diese Sicherheit kann auf Kosten einer situationsangemessenen Flexibilität gehen.

Die Pädagogen deuten ihre Aufmerksamkeit gegenüber angemessenem Rollenverhalten als Konsequenz, Eltern empfinden dieses Vorgehen als Strenge. Diese subjektive Deutung des pädagogischen Vorgehens wirkt sich auf die von Eltern wahrgenommene Möglichkeit selbstbestimmten Handelns unterschiedlich aus. Konsequenz setzt eine Begründung und Zielgerichtetheit des Handelns voraus. Damit verbleibt der konsequent Handelnde in einer übergeordneten Position, weil er das Recht hat, aufgrund der logisch nachvollziehbaren Begründung diese Position einzunehmen. Bei der „Strenge“ fehlt das Moment der Begründung, so dass der Machtaspekt überbetont wird und das Handeln einen willkürlichen Charakter annimmt und die streng behandelten Personen ohne Einsicht in die Gründe den Anweisungen folgen. Diese Form der situativen Beziehungsgestaltung wirkt sich in erster Linie negativ auf Partizipationsmöglichkeiten und selbstbestimmtes Handeln von Eltern aus:

- Ein begründetes, situations- und individuumsgerechtes Eingehen von Pädagogenseite auf Eltern und Kinder scheint nicht möglich und nicht erwünscht. Der Aufbau einer vertrauensvollen Beziehung zwischen Eltern und Pädagogen wird dadurch erschwert, eine Distanz erhalten.

- Individuelles spontanes Verhalten wird in vielen Fällen nicht mit Regeln übereinstimmen und daher leicht als Störung gewertet. Eltern fühlen sich unsicher und verlernen ihr Vertrauen in sich selbst.
- Stark verregelte Situationen provozieren Konflikte und böten daher gute Übungsfelder für partizipatives Handeln von Eltern. Dies verlangt wiederum eine Offenheit auf Seiten der Pädagogen, die diese in diesen Situationen nicht anbieten möchten. Daher bleibt den Eltern nur übrig, sich unterzuordnen.
- Die starke Verregelung führt bei Eltern zum Empfinden des Gelenkt-Werdens, sie fühlen sich fremdbestimmt. Ihre eigenen situativen Bedürfnisse scheinen kein Gewicht zu haben. Die Einnahme der kindlichen Rolle zeigen Eltern auch durch ihre Wortwahl: sie fragen sich, was darf ich, was darf ich nicht.

Pädagogen als Experten – Eltern als Laien

Charakteristika der Beziehung

a) Struktur: Pädagogen in der Rolle des Experten, Eltern in der Rolle der Laien; Grundart der Beziehung: Komplementärbeziehung / Asymmetrie
b) Handlungsmöglichkeiten der Eltern werden vorgegeben, allerdings mit deren Einverständnis, Einflussnahme auf einen klar abgegrenzten Bereich des Elternlebens, Gegenwehr der Eltern gegen als überheblich empfundenes Expertenverhalten
c) Gewinn: Anregungen für Umgang mit Problemen, die sich nur auf einen Teilbereich des Elternlebens beziehen, ermöglichen es Eltern, trotzdem Kompetenzerfahrung in anderen Bereichen zu machen, Bedienung des Bedürfnisses nach äußerer Sicherheit und Strukturgebung, Definition eines angenommenen „richtigen" Erziehungsverhaltens bringt Sicherheit, Entlastung von Verantwortung
d) Wirkung: Keine Entwicklung eigener Handlungskompetenzen, Idealisierung von Experten mindert Vertrauen in eigene Fähigkeiten, teilweise Gefühl des Nicht-Ernst-Genommen-Werdens

In dieser Rollendefinition wird deutlich, dass Eltern sich eher in einer hilflosen Lebenssituation empfinden und sich zur Verbesserung derselben einem Experten anvertrauen, der ihre Probleme „richtig" diagnostiziert und geeignete Mittel weiß, sie zu lösen. Experten werden dann beansprucht, wenn ein für Laien nicht zugängliches Fachwissen benötigt wird. Eltern sprechen Pädagogen und anderen Experten qua ihrer Ausbildung Kompetenz zu und verbinden diese Kompetenz mit einer Art von „Weisungsbefugnis“, der sie sich unterordnen. Diese Rollendefinition leitet sich aus einer als stark empfundenen Inkompetenz oder einem Mangel an Wissen auf Seiten der Eltern her.

Eltern empfinden die Hilfe des Experten als unterschiedlich hilfreich. Zum einen bedeutet Expertenhilfe für sie schnelle gute Hilfe. Spezialisten – Pädagogen, Ergotherapeuten, Ärzte – behandeln das Kind, so gut es geht, die Eltern haben die Aufgabe, dem Kind diese Ressourcen zu erschließen. In diesem Fall könnte man zwar davon sprechen, dass zwischen Eltern und Experte eine asymmetrische Beziehung besteht, weil eine Person die Berechtigung und Verpflichtung hat, ihr Wissen weiterzugeben, und die andere Person sich durch die Inanspruchnahme des Experten freiwillig in die Rolle des Annehmenden begibt. Aufgrund dieser Freiwilligkeit trägt die Beziehung aber trotz Asymmetrie einen partnerschaftlichen Charakter. Handlungsvorschläge, die sich auf das Verhalten der Eltern beziehen, werden als notwendiger Teil der Hilfeleistung wertgeschätzt und nicht in Frage gestellt. Eltern empfinden hierdurch eine Sicherheit und durch die Abgabe der Verantwortung Entlastung. Die Rollendefinition als untergeordneter Beziehungspartner (Kategorie II) geht auf die Abgabe von Verantwortung zurück und die Tendenz, vor problembeeinflussender elterlicher Verantwortung die Augen zu verschließen und den Expertenmeinungen geradezu gläubig gegenüber zu stehen.

In diesem Fall stimmen Experten und Elternteil in ihrer Sicht auf das Problem und den angemessenen Behandlungsweg überein, daher kommt es zu keinerlei Unsicherheit auf der Seite der Eltern. Der eigenen Problemeinschätzung und der eigenen Fähigkeit, mit ihrem Kind umzugehen, trauen Eltern weniger als der Einschätzung und den Strategien der Experten. Im Rahmen des Tagesgruppenalltags kommt es immer wieder zu Situationen, die Eltern aus ihrem häuslichen Alltag mit ihren Kindern gut kennen. Erwachsene und Kinder wollen Unterschiedliches. Kinder handeln spontan und bedürfnisbezogen, Erwachsene folgen einem bestimmten Tagesplan und haben die Erfüllung dieses Plans zu ihrer Aufgabe gemacht und den Tag entsprechend strukturiert. Experten müssen sich in den hieraus entstehenden Konfliktsituationen oftmals gegen die Kinder durchsetzen. Dies gelingt ihnen anscheinend „besser“ – d. h. Eltern sehen, dass Kinder dem Experten besser gehorchen als den Eltern zu Hause. Aufgrund des Experten zugestandenen Fachwissens kommt es den Eltern nicht in den Sinn, die Konfliktsituation zwischen Experten (Pädagoge) und Kind zu hinterfragen, z. B. bezüglich der Angemessenheit des Tagesplans oder bezüglich der Bedürfnisse des Kindes und des pädagogischen Umgangs mit ihnen. Auf Eltern wirkt es häufig sehr beeindruckend, wenn Experten sich scheinbar mühelos bei ihren Kindern durchsetzen, und oft genug versuchen sie ein entsprechendes Verhalten zu Hause zu kopieren, ohne zu reflektieren, dass sie in einer gänzlich anderen Beziehung zu ihrem Kind stehen als die Experten, die dieser Aufgabe innerhalb klarer Grenzen (emotional und institutionell) nachkommen. Da Eltern sich in einer Zuschauerrolle befinden, haben sie an der Veränderung des Kindes nicht aktiv teil und können die notwendigen Schritte nicht nachvollziehen oder ihre eigene Rolle in der Kommunikation mit dem Kind hinterfragen.

Hat ein Elternteil aber weniger Vertrauen in Experten oder fühlt sich selbst als Experte in eigener Sache nicht ernst genommen, wird das Vorgehen zwar akzeptiert, aber auch kritisiert, vor allem dann, wenn sich kein Erfolg durch die Expertenbehandlung einstellt. Dies kann z. B. geschehen, wenn das Elternteil keine Erleichterung des Leidensdrucks erfährt, da sich der Experte gemäß seines Auftrages auf das aus seiner Sicht zu lösende Problem begrenzt. Hierdurch fehlt ihm die Einsicht in andere problembeeinflussende Umstände, beispielsweise eine belastende Lebenssituation. Die Problemdefinition und Lösung kann daher an den realen Problemen der Eltern vorbeigehen und für das Elternteil keine Hilfe bedeuten. Aus Respekt vor den Experten und aus der Erfahrung heraus, nicht ernst genommen zu werden, zögern Eltern, ihre Sichtweise darzulegen oder den Experten zu wechseln bzw. andere Lösungsmöglichkeiten zu suchen. Als Gegenstrategie wird den Experten die Kompetenz abgesprochen. Besonders belastend für Eltern ist das Auftreten vieler, sich oft auch widersprechender Expertenmeinungen. Eltern nehmen im Laufe ihrer Leidensgeschichte zu den unterschiedlichsten Experten Kontakt auf (Ärzte, Pädagogen des Jugendamtes, Pädagogen der Tagesgruppe, Lehrer, Sozialpsychiatrischer Dienst). Oft geraten sie in eine paradoxe Situation, weil die Anweisungen der Experten einander widersprechen. Die Folge kann ein Vertrauensverlust in professionelle Hilfemöglichkeiten sein.

Ein wichtiges Kriterium für die subjektiv als gering empfundenen Handlungsmöglichkeiten von Eltern bildet die mangelnde Möglichkeit, Entscheidungen zu treffen, die auf sorgsamer Erwägung der Vor- und Nachteile sowie auf einer Erwägung der persönlichen Vorbehalte bezüglich eines Themas basieren. Gerade in der Experte-Laie-ähnlichen Helfer-Klient-Beziehung werden Entscheidungen auf der Basis von gesellschaftlich anerkanntem Fachwissen getroffen, wobei dem Erfahrungswissen und dem „Bauchgefühl“ der Eltern lediglich eine zuarbeitende, keinesfalls aber entscheidungstragende Funktion zukommt. (Anmerkung Lektorat) Die von den Experten getroffenen Entscheidungen müssen aber dennoch im Alltag von den Eltern getragen werden, (hier z. B. Ritalin-Gabe). Der für die verantwortliche Übernahme der Konsequenzen der Entscheidung durch Eltern wichtige Prozess der partnerschaftlichen vertrauensvollen Zusammenarbeit und gegenseitigen Anerkennung des exklusiven Expertenwissens scheint zu entfallen. Es bleibt ein

Gefühl der mangelnden Einflussmöglichkeit, die den Eltern die getroffene Entscheidung als fremdbestimmt erscheinen lässt. Daher wehren sie sich bei ausbleibendem Erfolg gegen eine Mitverantwortung. Die Bearbeitung des eigentlichen Problems scheint vor der Bearbeitung des empfundenen Ohnmachtgefühls in den Hintergrund zu treten. Eltern sehen sich gezwungen, nicht nur den problembelasteten Alltag zu bewältigen, sie müssen sich zusätzlich mit unwillkommenen Erfahrungen von Fremdbestimmung belasten.

Betrachten Eltern die Tagesgruppe als Territorium der Experten, so definieren sie sich selbst als außenstehende Laien, die aufgrund mangelnden Fachwissens keinerlei Einfluss auf den Tagesgruppenalltag und damit auch auf den Hilfeprozess ihres Kindes nehmen können. Eine häufig beobachtete Verweigerung der Mitarbeit oder Reduzierung der Mitarbeit auf die notwendigsten Pflichttermine resultiert also nicht unbedingt aus einer Unlust der Eltern, sich ihrer Verantwortung zu stellen, sondern folgt eher aus der Wahrnehmung der Pädagogen als „Experten in Sachen Erziehung". Mitbestimmung wird von Eltern in einem eher negativen Sinne aufgefasst insofern, dass sie anzunehmen scheinen, eigene Ideen und Vorschläge seitens der Eltern kämen nur dann vor, wenn die Experten ihrer Aufgabe ungenügend nachkommen. Aktive Partizipation oder nur der Wunsch nach Beteiligung kommt dann einer Kritik gleich, zu der sich Eltern nicht berechtigt fühlen, da sie sich nicht als Experten fühlen. Die Rolle des Laien enthält in der Selbstdefinition der Eltern also ein Tabu: Expertenwissen wird nicht hinterfragt und ist nicht hinterfragbar. Hier zeigt sich ein wichtiger Unterschied zur Rolle der Eltern, deren Handeln jederzeit hinterfragbar ist. Nicht nur aktive Kritik, sondern jedes eigenständige Handeln in einer Situation, welches nicht mit dem Modellhandeln der Pädagogen als Experten übereinstimmt, kann bei stark regelorientierten Konzepten als (noch) nicht richtiges Handeln aufgefasst werden.

1.B) Beziehung zwischen Pädagogen (Kategorie II) und Eltern (Kategorie I)

Pädagogen als Dienstleister – Eltern als Kunden

Charakteristika der Beziehung

a) Struktur: Pädagoge in der Rolle des Untergebenen, Eltern in der Rolle des Auftraggebers; Grundart der Beziehung: komplementär, asymmetrisch
b) Handlungsmöglichkeiten: Anspruch an Möglichkeit der Steuerung der Dienstleistung als Kunde bzw. Kundin nach eigenen Erwartungen, Selbstbewusstsein auf Seiten der Eltern und Funktionalität der Beziehung ohne emotionale Beteiligung der

Beziehungspartner macht das Durchsetzen von Forderungen leichter

c) Gewinn: Entlastung von konkreten Aufgaben, Entlastung von Verantwortung
d) Wirkung: Wenig Einfluss auf Verlauf der Hilfe, da selbst nicht mitgearbeitet wird

Im Rahmen dieser Rollendefinition drehen Eltern „den Spieß um", indem sie sich selbst als Auftraggeber einer Dienstleistung sehen, auf die sie einen berechtigten Anspruch haben.

Eltern werden in modernen Dienstleistungsansätzen als Konsumenten bzw. Koproduzenten der personenbezogenen Dienstleistung aufgefasst. Hierdurch sollen sie aus der untergeordneten Position herausgehoben werden. Die Definition der Eltern als Koproduzenten oder gar als primären Produzenten verweist sie auf ihre Verantwortung hinsichtlich einer angestrebten Veränderung. Darüber hinaus soll durch diese Beziehungsdefinition eine Bedürfnisbezogenheit der Dienstleistungsangebote erreicht (Nachfragesteuerung durch Klienten) und der Autonomieanspruch der Klienten verdeutlicht werden (Karsten 1995, S. 48). Die Definition sagt noch nichts darüber aus, ob Eltern sich tatsächlich in der Rolle des Koproduzenten sehen. Der gesellschaftliche Auftrag der Hilfen zur Erziehung, die sich daraus ergebenden Ziele und eine entsprechende „Steuerung" der Klienten bilden weiterhin einen beziehungsdefinierenden Hintergrund. Auch können sich viele Eltern durch die Anforderung gleichberechtigter, verantwortungsvoller Mitarbeit überfordert sehen. Die von uns befragten Eltern nahmen sich mitnichten in der Rolle eines am Hilfeprozess mitarbeitenden Koproduzenten wahr. Eltern, die sich als Kunden eines Dienstleisters definieren, sehen Pädagogen oder andere Experten als Personen, die sich durch die Wahl ihrer Profession zur Befriedigung der Kundenwünsche verpflichtet haben. Als Kunden sehen sich Eltern in der Position, das Maß ihrer Mitarbeit an ihren Bedürfnissen und Vorstellungen zu orientieren und gegebenenfalls diesbezügliche Grenzen zu setzen. Am häufigsten sehen sich Eltern in ihrer Kunden-Rolle in Zusammenhang mit der Betreuung des Kindes über den Tag. Das Kind steht am Nachmittag unter der Aufsicht der Pädagogen. Zu den wesentlichen Aufgaben, die Eltern von den Pädagogen erledigt wissen wollen, gehört die Betreuung der Kinder bei den Schularbeiten. Durch die Tagesstruktur der Tagesgruppe (in der Regel sind diese bis 17.00 oder 18.00 Uhr geöffnet) haben Eltern kaum die Möglichkeit, den Schularbeiten beizuwohnen oder sie abends noch gemeinsam mit den Kindern zu erledigen, wodurch im Laufe der Zeit die Abgabe der Verantwortung für die Schularbeiten erfolgt und Eltern sich dafür nicht mehr zuständig fühlen. Die Abgabe von Verantwortung kann sich auf andere Bereiche über die Hausaufgabensituation hinaus ausdehnen. Der Bereich „Erziehung des problematischen Kindes“ wird dann aus dem Alltag ausgeblendet. So nehmen sich die Eltern die Möglichkeit, eigene Kenntnisse und Kompetenzen in diesem Bereich zu erweitern.

Es wird deutlich, dass Eltern Experten als Beziehungspartner wahrnehmen, die die Aufgabe haben, ihren Auftrag auszuführen. Die Experten stellen sich für diese Rollendefinition aber nicht zur Verfügung. Sie sehen sich in der Pflicht, ihr Experten- und Erfahrungswissen in die Behandlung bzw. den Hilfeprozess einfließen zu lassen. So entsteht aus einer nicht komplementären Rollendefinition der Beziehungspartner eine Konfliktsituation, die gemeinsames funktionales Handeln verhindert. Der Experte, der sich als Experte mit Weisungsbefugnis definiert, bedarf eines Laien in der Komplementärrolle. Eltern als Auftraggeber mit empfundener Weisungsbefugnis bedürfen eines kundenorientierten Dienstleisters. Eltern nehmen sich also eher in der Rolle des Konsumenten wahr. Eine aktive Rolle als primärer Produzent scheint ihrer Selbstdefinition nicht zu entsprechen. Eltern scheinen die Rahmenbedingungen der Hilfen zur Erziehung, also den Kontrollauftrag und eine daraus resultierende steuernde Einflussnahme der Pädagogen, weitgehend auszublenden.

2. Als symmetrisch empfundene Beziehungen:

2.A) Beziehung zwischen Pädagogen (Kategorie III) und Eltern (Kategorie III)
Pädagogen als Experten – Eltern als Partner der Experten

Charakteristika der Beziehung

a) Struktur: Pädagoge und Klient in der Rolle des Experten und seines kompetenten Partners, Zweckbündnis. Grundart der Beziehung: symmetrisch
b) Handlungsmöglichkeiten bleiben auf den Problembereich beschränkt, eine Erweiterung der Handlungsmöglichkeiten über den Problembereich hinaus wird nicht angestrebt, Funktionalität ohne emotionale Beteiligung beider Beziehungspartner
c) Gewinn: Problem kann auf einen Lebensbereich beschränkt werden, da ein Zusammenhängen mit anderen Lebensbereichen ausgeschlossen wird. Hierdurch Gefühl von Entlastung der Eltern, niedriger Leidensdruck, empfundene Inkompetenz nur in einem Lebensbereich
d) Wirkung: Emotionale Distanz, kein Vertrauensverhältnis, durch eingeschränkte Definition keine Möglichkeit der Veränderung der problemdeterminierenden Umstände, die außerhalb des Grenzbereiches liegen, z. B. Arbeitslosigkeit, Familienkommunikation

Im Rahmen dieser funktionalen Verbindung definieren Eltern ihre Rolle als Partner des Experten. Das Verhältnis zwischen beiden Beziehungspartnern wird von den Eltern als partnerschaftlich und in den meisten Fällen als gleichwertig empfunden. Die zweckgebundene Beziehungsform kann sich auf jegliche im Rahmen des Hilfeprozesses entstehende Beziehung zwischen Helfer und Klient beziehen: Eltern und Experten, Pädagogen, Mitarbeiter des Jugendamtes, Lehrerinnen, Ärzte. Charakteristisch für diese Beziehung ist die strenge quantitative und inhaltliche Begrenzung des Kontaktes auf die zur Lösung des Problems relevanten Bereiche. Häufig handelt es sich bei diesen Problemen um Auffälligkeiten des Kindes, z.B. ADS. Die Störung des Kindes, wie auch der daraus resultierende problematische Alltag, werden als Folge einer Krankheit definiert. Die Einbeziehung anderer Lebensbereiche der Klienten steht nicht zur Debatte und käme einer Grenzüberschreitung gleich. Zweckbündnisse klammern weitgehend die emotionale Dimension der Beziehung aus und konzentrieren sich auf die funktionale Dimension d.h. zwischen Helfer und Klient besteht keine emotionale Verbindung oder sie wird als nachrangig erlebt. Problemlösende Interventionen sind aus Sicht der Eltern daher nicht personengebunden. Die helfende Person wird austauschbar.

Im Rahmen dieses Zweckbündnisses herrscht aus Sicht der Eltern eine symmetrische Struktur, zwei sich gleichberechtigt und gleichwertig gegenübertretende Partner vollbringen gemeinsam eine Leistung. Durch die Begrenzung bleibt die Möglichkeit der Mitarbeit auf diesen Teilbereich beschränkt. Innerhalb dieses Bereiches scheinen die Möglichkeiten des selbstbestimmten Handelns zweckgebunden gegeben. Da es sich bei dieser Beziehungsform um eine symmetrische Form handelt, in der zwei sich als gleichermaßen kompetent definierende Personen begegnen, sieht sich keine der beiden Personen in der Position, etwas Belehrendes zu von sich zu geben oder anzunehmen. Da die Auseinandersetzung fehlt, kommt es kaum zu Momenten der Berührung, und es fehlt die Möglichkeit, sich näher kennen zu lernen, so dass die Beziehung auf einer neutralen, distanzierten Ebene bleibt, die keine tieferen Eindrücke hinterlässt.

Freundschaftliche Partnerschaft

Charakteristika der Beziehung

a) Struktur: Pädagoge und Eltern in der Rolle von guten Bekannten, Nachbarn; Grundart der Beziehung: symmetrisch
b) Erweiterung der eigenen Handlungsmöglichkeiten durch erfahrene Ermutigung, Reflexion der Beziehung möglich

c) Gewinn: Entlastung von Verantwortung, Erfahren alternativer Strategien, Reduktion der Probleme, Spontaneität möglich, Eingehen einer emotionalen Verbindung
d) Wirkung: Möglichkeit des Verbleibs auf nicht-verantwortlicher Ebene, Begrenzung der Beziehung auf die Organisation – keine „echte" Freundschaft, Entsolidarisierung der Eltern untereinander

Im Rahmen der elterlichen Beziehungsdefinition „freundschaftliche Partnerschaft" empfinden Eltern ihre pädagogischen Beziehungspartner auf einer gleichberechtigten und gleichwertigen Ebene und nehmen sie wie in einer Alltagsbeziehung wahr. Sie definieren sie als gute Nachbarn oder lose Freunde, die bei Problemen durchaus Hilfe anbieten können und beraten dürfen. Die relativ lose Beziehung stellt den Eltern frei, ob sie sich auf die Beratung einlassen und inwieweit sie entsprechende Veränderungen anstreben. Charakteristische Situationen, in denen diese Beziehungsdefinition deutlich hervortritt, stellen spontane informelle Gespräche zwischen Pädagogen und Eltern dar z. B. in Bringe- und Abholsituationen, bei gemeinsamen Aktivitäten oder während spontaner Krisengespräche.

Da innerhalb des kurzen Kontaktes keine längeren Beratungen durchgeführt werden können, sprechen Eltern sehr auf Tipps und Ratschläge der Pädagogen an. Die Ratschläge der Pädagogen entlasten von alleiniger Verantwortung und werden als Ermutigung empfunden. Ihre Ratschläge wirken als überprüfte allgemeine Wahrheiten und als alternative Perspektive, außer Acht lassend, dass sie lediglich eine Möglichkeit des Handelns darstellen. So dienen sie Eltern als Orientierung, werden aber im Gegensatz zur Lehrer-Schüler-ähnlichen Beziehung nicht als Handlungsanweisung erlebt. Indem sich beide Beziehungspartner in der Rolle Erwachsener gegenüber stehen, dient den Eltern die situative Fähigkeit zur Reflexion die Möglichkeit, eigene Reaktionen wie Ängste vor Unbekanntem oder Respekt vor übergeordneten Moralvorstellungen, die Eltern in asymmetrischen Beziehungsformen zu bestimmten Handlungsweisen treiben können, zu überprüfen. Die Ebene der gleichberechtigten Erwachsenen macht es Eltern möglich, aufgrund eigener Kompetenzen den Pädagogen bei der Lösung diverser Probleme beizustehen, indem sie ihnen auf freundschaftlicher Ebene in bestimmten Bereichen ebenfalls Ratschläge erteilen und die pädagogische Perspektive zu erweitern suchen. Einige Eltern, die die Angebote des freundschaftlichen Beisammenseins oft nutzen, gehen mit den Pädagogen eine Verbindung ein, die als auf Gegenseitigkeit beruhend wahrgenommen wird. Eltern empfinden sich dann als mitverantwortlich für das Gelingen von Veranstaltungen, z. B. den Aufbau einer Selbsthilfegruppe. Eltern zeigen sich sehr empfänglich für eine Hilfeanfrage seitens der Pädagogen im Hinblick auf wichtige Informationen aus Themenbereichen, in denen sie sich von den Pädagogen als Experten wahrgenommen fühlen. Das Empfinden von Ähnlichkeit mit den Pädagogen macht es Eltern besonders leicht, sich als gute Nachbarn oder Freunde zu definieren. Eltern unterstellen, dass bei ähnlichen Lebenslagen gleichzeitig ähnliche Probleme, Erfahrungen und Empfindungen vorliegen, die Beziehungspartner Pädagoge und Elternteil einander helfen können und dass das Erkannte für beide Seiten neue hilfreiche Aspekte enthält. Durch die angenommene Ähnlichkeit der Erfahrungen mindert sich zudem das Gefühl der Scham, wenn empfundene Inkompetenzen offensichtlich werden, und auch die Angst vor einer Verurteilung schwindet. Im Grunde, so empfindet es ein Vater, zwingt die Eingebundenheit in Institution und Organisation den Beziehungspartnern eine Rolle als Helfer und Klient auf, richtig aber wäre die „freundschaftliche" Beziehungsdefinition.

Für Eltern scheint es sehr wichtig zu sein, dass Pädagogen sie als gleichberechtigte Partner im Hilfeprozess wahrnehmen, so fällt es ihnen leicht, die Expertenschaft und Kompetenz der Pädagogen anzuerkennen, ohne sich im Gegenzug als inkompetent zu fühlen. Sie führen dies auf die Kunst der Pädagogen zurück, sich auf die Eltern individuell einzulassen, d. h. jedes Elternteil wird mit seinen Ressourcen angenommen, die Kompetenzen der Pädagogen werden nicht höher bewertet als die der Eltern, und vor allem wird jedem Elternteil für sein Kind im Hilfeprozess eine Bedeutung zugemessen, die nicht von Pädagogen übernommen wer den kann. Die Eltern fühlen sich in ihrer Rolle als Eltern respektiert, sie fühlen sich wertvoll.

Ein weiterer wichtiger Aspekt der hier besprochenen Beziehungsdefinition und Rollenwahrnehmung der Eltern als gute Nachbarn oder Freunde der Pädagogen stellt die Qualität des Kontaktes dar, die an eine Alltagsbeziehung erinnert. Hier kommen diejenigen Beziehungsaspekte zum Tragen, die nicht als wesentlicher Teil der professionellen Arbeitsbeziehung gelten: Spontaneität, Emotionalität, keine spezielle Zieldefinition und Freiwilligkeit. Das Empfinden der Möglichkeit spontanen Handelns führt gleichzeitig zur Erfahrung der Selbstbestimmtheit. Spontanes Handeln entspringt dem empfundenen Druck, eine Situation herbeiführen oder so verändern zu wollen, dass sie dem eigenen Bedürfnis entspricht. Im Rahmen der Helfer-Klient-Beziehung äußert sich Spontaneität häufig in ungeplanten Besuchen, die ein Bedürfnis nach Nähe oder empfundenen Leidensdruck zeigen. Durch das Angebot der Pädagogen an die Eltern, jederzeit für ein Gespräch zur Verfügung zu stehen, empfinden sich Eltern innerhalb der Beziehung in einer Position, die über die Klientenrolle hinausgeht. Sich willkommen zu fühlen, bedeutet für Eltern, dass sie den Pädagogen nicht nur als Mitarbeiter im Hilfeprozess wichtig sind, sondern auch als Menschen. Dieses Gefühl der Akzeptanz kann sogar dazu führen, dass die Beziehung und damit die Tagesgruppenzugehörigkeit für das Elternteil mehr Bedeutung und positive Effekte haben können als für das

Kind. Die Bedeutung der Beziehung scheint für Eltern so groß, dass sie zeitweise ihre Bedürfnisse nach Nähe über die Bedürfnisse des Kindes stellen.

Die Nähe der „freundschaftlichen" Beziehung zwischen Eltern und Pädagogen zur alltäglichen Freundschaftsbeziehung führt dazu, dass manche Eltern diese mit einer echten gewachsenen Beziehung verwechseln und ausschließlich hier ihre emotionalen Bedürfnisse nach Nähe ausleben. Gerade allein erziehende Eltern nutzen Pädagogen fast im Sinne eines Partners, indem sie Rollenanteile einer Lebens- und Erziehungsgemeinschaft in der Helfer-Klient-Beziehung suchen. Sie fühlen sich einer Gruppe von Menschen zugehörig und blenden dabei die Künstlichkeit und den professionellen Charakter der Beziehung aus.

Durch die Beschränkung sozialer Kontakte von Eltern auf die Pädagogen der Tagesgruppe, entgehen ihnen die Anforderungen der alltäglichen nicht-professionellen Beziehungen. Die Helfer-Klient-Beziehung birgt keine Gefahren, denn Pädagogen verbleiben auch bei Konflikten in ihrer professionellen Haltung. Eine Beziehung zum Pädagogen ist eine sichere Beziehung. Ein wichtiges Element stellt auch die Aufgabenverteilung der Helfer-Klient-Beziehung dar. Pädagogen helfen und unterstützen, Eltern bekommen Hilfe. Dies erleben sie als äußerst entlastend, eine „natürliche" Beziehung hingegen fordert Eltern diesbezüglich ungleich stärker, die Probleme der anderen Eltern scheinen die empfundene Belastung mit der eigenen Situation noch zu verstärken. Daher werden engere Beziehungen zu anderen Eltern nach Möglichkeit vermieden.

Pädagoge als Berater – Eltern als Beratene

Charakteristika der Beziehung

a) Struktur: Pädagoge in der Rolle des kompetenten Beraters, Elternteil in der Rolle des kompetenten Klienten; Grundart der Beziehung: symmetrisch
b) Erweiterung der eigenen Handlungsmöglichkeiten durch Weiterentwicklung der eigenen Persönlichkeit, Reflexion der Beziehung möglich
c) Gewinn: Erfahren alternativer Strategien, Reduktion der Probleme, Spontaneität möglich, Eingehen einer emotionalen Verbindung
d) Wirkung: Hohe Motivation zur Mitarbeit, Übernahme von Verantwortung wird als selbstbestimmtes Einwirken auf den Beratungsprozess möglich

Die partnerschaftlich-freundschaftliche Beziehung, wie sie im vorherigen Abschnitt beschrieben wurde, scheint für Eltern die Voraussetzung zu bilden, sich auf beratende Gespräche einzulassen, in denen sie wahrhaftig die Bereitschaft zu Veränderung mitbringen und eine innere Entwicklung möglich scheint. Die Vertrautheit, die sich zwischen den Beziehungspartnern entwickelt, führt zur Verminderung von Angst. Mit der Erfahrung des Angenommenseins, die quasi die Basis für die weitere Arbeit bildet, wagen sich die Eltern in bisher nicht bearbeitete Bereiche vor und stellen sich drängenden persönlichen Fragen. Die lockere Freundschaftsbeziehung entwickelt sich zu einer Beziehung zwischen Berater und Klient. Den Aussagen der Pädagogen kommt nun ein höheres Gewicht zu als in der Beziehung zum Experten.

In der asymmetrischen Expertenbeziehung nehmen sich Eltern als inkompetent und ohnmächtig wahr, d. h. sie haben kein Vertrauen in ihre eigene Leistungsfähigkeit und entwickeln dies auch nicht selbst, da das Problem von jemand anderem gelöst wird, der davon offensichtlich mehr versteht. In der Beratungsbeziehung öffnen sich Eltern für die auch nur als begrenzt wahrgenommene Expertenschaft der Pädagogen, lassen die eigene Expertenschaft zu und nehmen die daraus resultierende Verantwortung zur Mitarbeit an. Diese veränderte Perspektive zeigt, dass hier eine Beziehungsart vorliegt, die Entwicklung ermöglicht, weil sie selbst erst aus der Überwindung fester Rollenvorstellungen entstanden ist. Eltern erfahren, dass im Gespräch neue Perspektiven entwickelt werden können. Für viele ist dies eine ungewohnte Erfahrung. Die Eltern können sich in die Beratungssituationen und ihre Rolle als Beratene gut hineinfinden, da sich diese von den informellen Situationen durch ein klares Setting und eine eindeutige, vorher abgesprochene Rollenverteilung unterscheiden.

Die Kontinuität hinsichtlich der Quantität der Beratungen und der teilnehmenden Personen hat für die Eltern eine hohe Bedeutung. Sie akzeptieren die Pädagogen als professionelle Helfer, denen sie auf gleicher Ebene gegenüberstehen. Die nur für sie stattfindende, verpflichtende Beratung wird in der Anfangszeit häufig als Zwang empfunden, das Empfinden von Gewinn und Bereicherung überwiegt aber im Laufe der Zeit. Eltern ziehen ihren Gewinn besonders aus der wachsenden Vertrautheit der Pädagogen mit der Persönlichkeit und Individualität der Eltern und dem Vertrauen, welches sie den Pädagogen entgegen bringen und das ihnen einen ehrlichen Blick auf sich selbst gestattet. Eltern empfinden beispielsweise ab und zu Wut auf ihre Kinder, wenn diese trotz intensiver elterlicher Bemühungen ihr Verhalten nicht ändern. Im Rahmen der Beratung ist es erlaubt, dieser Wut Ausdruck zu verleihen, Eltern können sich relativ sicher sein, dass diese Wut nicht verurteilt wird, weil sie möglicherweise pädagogischen Vorstellungen von „gutem Elternsein" zuwider läuft. In der Beratung können Eltern aber die eigene

Verurteilung der Wut erkennen und bearbeiten. In der vertrauensvollen Beziehung wagen Eltern Initiativen, indem sie selbst Erziehungsvorschläge entwickeln und ausprobieren. Sie können sich auf unbekanntes Terrain begeben und verspüren hierbei eine ermutigende, Sicherheit bietende Begleitung. Eltern erleben ihre Beratungspartner gleichzeitig als Menschen mit Stärken und Schwächen. Sie empfinden sich durch Ehrlichkeit der Pädagogen in Bezug auf eigene Inkompetenzen ihrerseits als vertrauenswürdige Partner wertgeschätzt und erkennen, dass durch gegenseitige Aufrichtigkeit persönliche Begegnung stattfindet. Hierdurch wird die professionelle Arbeitsbeziehung lebendig und als befriedigend erlebt.

2. B) Beziehung zwischen Pädagogen (Kategorie II) und Eltern (Kategorie II)

Kampfgenossen

Charakteristika der Beziehung

a) Struktur: Pädagogen und Eltern in der Rolle verbündeter Kämpfer für eine Sache
   Grundart der Beziehung: symmetrisch
b) Erweiterung der Handlungsmöglichkeiten durch gegenseitige Stärkung
c) Gewinn: Teilen von negativen Erfahrungen mit Pädagogen und daraus resultierend Bildung einer Koalition, gemeinsame Übernahme von Verantwortung, Erprobung alternativer Handlungsstrategien, Üben von Auseinandersetzungen mit der Außenwelt, Eingehen einer emotionalen Verbindung, Erfahrung von Solidarität
d) Wirkung: Emotionalität verhindert teilweise Reflexion; fällt der Pädagoge als Kampfpartner weg, fehlt Eltern die Stütze

Diese Rollen- und Beziehungsdefinition zeichnet sich durch spontanes emotionales Handeln und eine sich situativ einstellende „Verbrüderung“ der Beziehungspartner aus, die eintritt, wenn Pädagogen und Eltern sich mit Menschen auseinandersetzen müssen, die vernünftigen Argumenten nicht zugänglich scheinen. Dieser Umstand begegnet Pädagogen und Eltern bei unzureichendem Kooperationswillen der Lehrkräfte an Schulen, Willkürerfahrungen mit mächtigen Personen, bei stark belastendem Verhalten des Kindes zu Hause und in der Tagesgruppe, bei unbefriedigendem Kontakt mit Experten – vorzugsweise Ärzten – oder bei Konflikten mit dem Partner. Da die Pädagogen Eltern häufig bei Schul- oder Expertenkontakten begleiten und diese Menschen ebenso hautnah erleben wie die Eltern, kommt es bei den Beziehungspartnern zu vergleichbaren Erfahrungen.

Eltern und Pädagogen merken, dass bestimmte Aufgaben nur gemeinsam gelöst werden können, „an einem Strang ziehen“ zeigt sich als häufig benutzte Redewendung in diesem Zusammenhang. Eltern empfinden sich durch die Aufgabe der gegenseitigen Begleitung und Stärkung bei diesem Kampf in einer bedeutenden Rolle. Erlittene Demütigung oder Enttäuschung wird durch die gemeinsame Erfahrung leichter erträglich. Eltern erfahren, dass nicht nur sie, sondern selbst professionelle Pädagogen Willkür ausgesetzt sind und dass dieses Verhalten keineswegs durch sie persönlich ausgelöst wurde, sondern mit Schwächen oder Inkompetenzen des gemeinsam aufgesuchten Experten zusammenhängen kann. Konflikte zwischen Lehrern und Lehrerinnen auf der einen Seite und Pädagogen und Eltern auf der anderen Seite werden des Öfteren zum Anlass genommen, eine „Kampfkoalition“ zu bilden, wenn etwa Lehrer sich der Zusammenarbeit mit der Tagesgruppe entziehen und das Kind in der Schule Erfahrungen macht, die den positiven Erfahrungen in der Tagesgruppe zuwider laufen.

Auch der Gang zum Jugendamt stellt für viele Eltern eine belastende Situation dar, weil sie sich den Experten nicht gewachsen bzw. sich nicht ernst genommen fühlen. Auch wenn Mitarbeiter des Jugendamtes Eltern in keiner Weise benachteiligen wollen, erleben Eltern sich selbst in einer Rolle als „um ihr Recht auf Hilfe Kämpfende“. Zuweilen gehen Eltern und Pädagogen gar eine Koalition gegen das betreute Kind ein, wenn dieses versucht, Eltern und Pädagogen „gegeneinander auszuspielen“, so eine häufig gebrauchte Umschreibung des kindlichen Verhaltens.

Gegner / Konkurrenten

Charakteristika der Beziehung

a) Struktur: Pädagogen und Eltern in der Rolle von Feinden; Grundart der Beziehung: symmetrisch
b) Handlungsmöglichkeiten: Gegenseitige Beschränkung der Entwicklungsmöglichkeiten durch dysfunktionale Konzentration auf Fehler und mangelnde Reflexion der Helfer-Klient-Beziehung. Negative Emotionen verhindern die Erweiterung von Handlungsspielräumen. Handeln durch Verweigerung möglich
c) Gewinn: Üben von Auseinandersetzungen mit der Außenwelt, Erfahrung von Solidarität mit Leidensgenossen auf Seiten der Eltern
d) Wirkung: Emotionalität verhindert teilweise Reflexion, Pädagoge als Konkurrent nährt Ängste der Eltern, trägt zu ihrer Verunsicherung bei, Gefühl von Ohnmacht

Die symmetrische gleichberechtigte Beziehung äußert sich nicht nur in gemeinsamer Arbeit, sie kann Pädagogen und Eltern auch zu Konkurrenten oder sogar unversöhnlichen Gegnern machen. Eltern geben trotz empfundener Probleme in der Erziehung ihr Bestes und sehen sich selbst in der Rolle derjenigen, die ihr Kind am besten kennen und für deren Entwicklung sie vom ersten Tag an verantwortlich sind. Sie haben Erziehungsvorstellungen und Gewohnheiten entwickelt und verfolgen im Zusammenhang mit ihren Kindern Ziele und Träume. Begeben sie sich auf den Weg des Infragestellens der eigenen Sichtweise, indem sie sich für eine Tagesgruppe oder eine andere Hilfeform entscheiden, werden sie mit anderen Zielen, Vorstellungen und Gewohnheiten in Bezug auf ihr Kind konfrontiert. Trotz rationaler Einsicht in die Notwendigkeit von Veränderung oder die Bereicherung durch andere Perspektiven, kommen Gefühle wie Eifersucht, Angst vor Verlust von Einfluss auf das Kind und Konkurrenzgedanken auf. Eltern und Pädagogen stehen sich meistens auf gleicher Ebene gegenüber, weil sie in der Lage sind, diese Gefühle zu reflektieren, sich nicht der Eifersucht oder Wut hingeben und „kindliche" Strategien des Kampfes oder der Vermeidung benutzen. Diese Gefühle können oft erfolgreich innerhalb einer Beratung bearbeitet werden. Manchmal aber gelingt es beiden Beziehungspartnern nicht, die gegenseitigen Emotionen als natürlichen Teil der Zusammenarbeit zu reflektieren, und Eltern verbleiben dann in einer unversöhnlich, aber auch hilflos anmutenden Rolle als Gegner der Pädagogen. Hier ähnelt die Beziehung einem Kampf: beide Partner definieren ihre jeweiligen Vorstellungen als richtig und scheinen sie dem „Gegner" aufzwingen zu wollen. Der Kampfbeziehung fehlt die gegenseitige Akzeptanz des Gegners als Mensch mit berechtigten Vorstellungen und ein Vertrauen in seine Fähigkeiten. Die Verhärtung der Fronten macht eine Annäherung und Umwandlung in eine fruchtbare Arbeitsbeziehung unmöglich.

Eltern empfinden eine solche Beziehung als wenig hilfreich, da sie sich dem offenen Kampf aufgrund ihrer vielfältigen Problembelastung nicht gewachsen fühlen. Eltern meiden dann ein Zusammentreffen oder ihnen bleibt bei verhärteten Konflikten mit Pädagogen nur ein Wechsel des pädagogischen Angebots bzw. Schule übrig. Anzumerken ist, dass dieser „offene Kampf" nur in zwei Fällen beschrieben wurde und aus unserer Sicht nicht problematischer zu werten ist als die Unterdrückung von Bedürfnissen und Wutgefühlen oder der bedingungslosen Anpassung an pädagogische Vorstellungen seitens der Eltern. Die offene Auseinandersetzung bietet zumindest die Möglichkeit, den Konflikt zu lösen.

3.5.4 Resümee

In diesem Kapitel zur sozialpädagogischen Arbeitsbeziehung stand die Frage nach den Rollendefinitionen von Eltern und ihren damit verbundenen Partizipationsstrategien im Vordergrund. Es wurde deutlich, dass Eltern ihre eigene Rolle in der Tagesgruppe innerhalb ihrer Beziehung zu Pädagogen und anderen Experten vielfältig gestalten. Sie sind zwar als Eltern in der Institution „Hilfen zur Erziehung“ und in der Organisation Tagesgruppe auf die Rolle der „Hilfeempfänger“ festgelegt, es konnte aber gezeigt werden, dass Eltern bei allen Begrenzungen durch äußere Rahmenbedingungen und individuelle Bedürfnislagen einen großen Spielraum bezüglich ihrer Rollendefinition haben.

Die elterliche Rollendefinition wird in der Interaktion mit den Pädagogen aktuell, d. h. Eltern kommen zwar mit bestimmten Vorstellungen von ihren Aufgaben im Hilfeprozess in die Tagesgruppe, diese werden dann im Laufe der sich entwickelnden Beziehung zum Pädagogen modifiziert. Ihre Rollendefinition wird beeinflusst durch

- den jeweiligen pädagogischen Beziehungspartner
- das aktuelle Bedürfnis des Elternteils
- die empfundene Kompetenz und Inkompetenz in unterschiedlichen Bereichen
- die Phase des Hilfeprozesses
- die aktuelle Situation

Die definierte Rolle der Eltern eröffnet ihnen Möglichkeiten der Partizipation und des persönlichen Gewinns, es entstehen aber auch spezifische Probleme. Gerade die symmetrisch angelegte Beziehung scheint einen positiven Einfluss auf selbstbestimmtes Handeln bzw. Partizipation von Eltern zu haben. Dies zeigt sich darin, dass Eltern sich hier als gleichberechtigte und gleichwertige Beziehungspartner fühlen, wohingegen die asymmetrische Form der Beziehung eine Beziehungsform darstellt, in der Eltern sich mehr oder weniger freiwillig der Führung und Anleitung der Pädagogen überlassen. Auch diese Beziehungsform hat Einfluss auf elterliche Partizipation, denn gerade die Bearbeitung der Beziehungsbedürfnisse von Eltern kann als wichtige Voraussetzung für Partizipation gewertet werden, wenn Eltern ihre Bedürfnisse kennen, ausdrücken und deren Beachtung im Rahmen der Tagesgruppenarbeit einfordern können. Man kann hier auch von situations- und bedürfnisangemessener Rollenzuschreibung sprechen. Die Rollenvielfalt auf elterlicher und pädagogischer Seite kann auch zu Unsicherheiten führen, wenn innerhalb dieser Rollen gegensätzliche Erfahrungen gemacht werden. Es erscheint fast nicht möglich, sich in einer Situation als kontrolliertes Kind wahrzunehmen, in der nächsten Situation, beispielsweise einer Beratungssitzung, als verantwortlicher Erwachsener. Das Hin- und Herspringen zwischen verschiedenen Rollendefinitionen läuft dem Bedürfnis nach Eindeutigkeit und Kontinuität zuwider, daher werden die Eltern sich eher einer bestimmten „Hauptrolle" zuneigen. Manche bevorzugen die symmetrische verantwortungsvolle Beziehung, dies können Eltern sein, die schon länger im Hilfeprozess befindlich sind und bestimmte Kompetenzen einüben konnten, aber auch neue Eltern mit entsprechendem Selbstbewusstsein bevorzugen diese Rolle. Andere Eltern fühlen sich eher in der asymmetrischen Beziehung aufgehoben, lassen sich eher führen, leiten und „bemuttern". Es bleibt im Laufe des Hilfeprozesses jeweils abzuwarten, ob diese Rolle oder eine andere als beziehungsdeterminierend verstanden werden kann. Die Tagesgruppe bietet aufgrund ihrer speziellen Struktur (flache Hierarchien, Rollenvielfalt der Pädagogen durch vielfältige Aufgaben und hieraus resultierende Vertrautheit mit den Eltern, Flexibilität bezüglich der Konzeptionsgestaltung) und die durch das KJHG geforderte Partizipation von Eltern eine hervorragende Basis für das Einüben von Partizipationskompetenzen. Pädagogen stehen in der Verantwortung, die verschiedenen Rollendefinitionen der Eltern zuzulassen, letztlich aber im Sinne der Entwicklung einer verantwortungsvollen Persönlichkeit, die ein befriedigendes Familienleben gestalten kann, die Rolle des reflektierenden Erwachsenen zu fördern. Erfahrungen von Nachrangigkeit, minderem Wert, Anpassung durch Unterdrückung der eigenen Persönlichkeit, die Eltern im Alltag erleben, sollten daher nicht in der Beratungsbeziehung wiederholt werden.

3.6 Kontrollstrategien von Eltern in der sozialpädagogischen Arbeitsbeziehung zur Erhöhung ihres Einflusses auf den Hilfeprozess als Partizipationsstrategien

Die Gestaltung der Beziehung im Sinne des gesellschaftlichen Auftrages „Hilfe und Kontrolle" durch die Pädagogen stellt für diese eine selbstverständliche Verpflichtung dar. Die Pole Hilfe und Kontrolle als Aufträge der Sozialpädagogik in den Hilfen zur Erziehung sind schwer miteinander zu vereinbaren, da sie gegenläufige Zielsetzungen beinhalten. In diesem Zusammenhang wird von einer paradoxen Anforderung an die Pädagogen gesprochen, die vor der Aufgabe stehen, mit dem „doppelten Mandat" in der Beziehung umzugehen. Der Kontrollauftrag fordert von den Pädagogen, die Beziehung gemäß ihrer funktionalen Basis zu gestalten bzw. zu steuern. Kontrolle über die Beziehung umfasst nicht das gesamte Spektrum des Kontrollauftrags der Pädagogen. Im weiteren Sinne geht es um eine Kontrolle durch Bewertung des elterlichen Handelns und Denkens, aber auch um die bewusste Einflussnahme beispielsweise auf die Lenkung der Entwicklung von Eltern durch die pädagogische Gestaltung des Hilfeprozesses. Die Aufgabe des Pädagogen zu führen und zu lenken, wird auf der Beziehungsebene von den Eltern durchaus als Ausübung von Macht bzw. als Verlust eigener Kontrolle empfunden. In der theoretischen Einführung zu dieser Arbeit wurde auf den bestehenden strukturellen Machtüberhang auf Seiten der Pädagogen bzw. Experten hingewiesen, der auf der Beziehungsebene für die Eltern direkt erfahrbar wird. Die der helfenden Beziehung immanenten Paradoxien, die sich aus den strukturellen Gegebenheiten einer institutionalisierten Hilfe herleiten, können auf der Beziehungsebene trotz entsprechender Aushandlungsstrategien nicht bewältigt werden, d. h. die Asymmetrie zwischen Helfer und Klient besteht aufgrund der Kontrollfunktion des Helfers auch in Beziehungen, die sich einem demokratischen Idealzustand annähern. Im Folgenden gehen wir der Frage nach, wie Eltern den Kontrollauftrag und die sich daraus ergebenden Machtpotentiale der Pädagogen erleben und sich mit ihnen innerhalb ihrer Beziehung zum Pädagogen auseinandersetzen.

3.6.1 Die sozialpädagogische Arbeitsbeziehung als asymmetrische Machtbeziehung

Pädagogen üben durch ihren Kontrollauftrag Macht auf die Klienten aus. Machtprozesse werden dann spürbar, wenn verschiedene Parteien versuchen, die Situation gemäß den eigenen Vorstellungen zu gestalten, z. B. bei Konflikten bezüglich geeigneter Zielstellungen im Hilfeprozess oder bei unterschiedlichen Vorstellungen im Zusammenhang mit der Gestaltung einer konkreten Situation. In der Regel wird diejenige Person, die über mehr Macht verfügt, ihre Vorstellungen durchsetzen und die Realität hiernach verändern. Eine Organisation wie die Tagesgruppe stellt ein stabiles, dauerhaftes Muster strukturierter (vorgeregelter) menschlicher Beziehungsgeflechte und tatsächlich gelebter Formen dieser Muster dar. Die Organisation Tagesgruppe als Teil der Institution Jugendhilfe bzw. der Hilfen zur Erziehung kann daher neben zahlreichen helfenden Einflüssen auch Quelle der Unterdrückung und Fremdbestimmung sein. Gesellschaftlich gegebene Machtstrukturen wie der strukturelle Machtüberhang auf Seiten der Experten und das menschliche Handeln in diesen Strukturen können auf der Mikroebene der Organisation analysiert werden.

Im Folgenden soll nun deutlich gemacht werden, wie die Eltern in den Tagesgruppen den Aspekt „Macht“ und „Autorität“ im Rahmen der Hilfe erleben. Eine Auswahl von Situationen und Aktionen bzw. Reaktionen der Akteure in der sozialpädagogischen Arbeitsbeziehung soll aufzeigen, wo im Hilfeprozess Macht und Kontrolle eine Rolle spielen. Zuerst wird auf die Frage eingegangen, anhand welcher Erfahrungen Eltern dem Macht- und Kontrollaspekt innerhalb der Helfer-Klient-Beziehung begegnen. Es wird gezeigt, dass insbesondere die Definitionsmacht bei der Bewertung von kindlichem oder Elternverhalten und die damit zusammenhängende Höherbewertung der pädagogischen Normen zur Macht- bzw. Ohnmachtserfahrung der Eltern beitragen. Diese Erfahrung wird durch das Empfinden von Beliebigkeit und Willkür begleitet. Im Anschluss werden anhand dreier Beispiele Erfahrungen konkreter Machtausübung und die damit verbundenen Reaktionen von Eltern beschrieben. Diese Erfahrungen zeigen sich in Entscheidungssituationen, im Zusammenhang mit Mitbestimmungschancen und bei der Übernahme von Verantwortung. Den Aspekten Entscheidung, Mitbestimmung und Verantwortung kommt im Rahmen der Partizipationsdiskussion eine besondere Bedeutung zu. Abschließend werden die von Eltern als positiv empfundenen Konsequenzen erfahrener Macht der Pädagogen herausgearbeitet. Zu nennen sind die Entlastung von Verantwortung und die Erfahrung neuer Aspekte des Lebens – etwa bei erzwungener Teilnahme an Angeboten – die das elterliche Leben letztendlich bereichern.

3.6.2 Der Macht- und Kontrollaspekt in der Helfer-Klient-Beziehung: Normativität und Definitionsmacht der Pädagogen

Empfundene Beliebigkeit und Willkür der pädagogischen Fachkräfte im Umgang mit der Konzeption einer Einrichtung und eine damit verbundene Höherbewertung ihrer normativen Vorstellungen bietet häufig die Gelegenheit für Eltern, die Macht der Pädagogen durch Kontrolle zu erfahren. Die Konzeption einer sozialen Einrichtung bildet eine handlungsleitende Konkretisierung der Anforderungen des KJHG und die methodische und inhaltliche Basis des pädagogischen Arbeitens. Die hier formulierten Grundsätze stehen im Rahmen der Helfer-Klient-Beziehung nicht zur Diskussion. Sie beziehen sich z. B. auf die Quantität und Qualität der Mitarbeit der Eltern und bezeichnen den Umfang an Mitarbeit, den die Pädagogen als förderlich für eine Weiterentwicklung des Kindes und der gesamten Familie betrachten. Die häufige Teilnahme an Angeboten der Elternarbeit gehört in vielen Tagesgruppen also zur selbstverständlichen Anforderung an Eltern. Aber auch die Qualität der Teilnahme unterliegt pädagogischen Vorstellungen. Sie entwickeln anhand ihrer Konzeption solche Angebote, von denen sie glauben, dass sie eine Besserung der Familienproblematik mit sich bringen und erwarten von den Eltern eine entsprechende Nutzung des Angebotes. Beispielsweise sollen Eltern innerhalb der Tagesgruppe einen anderen Umgang mit ihrem Kind erlernen, indem die anwesenden Pädagogen die Eltern-Kind-Kommunikation beobachten und sie hierbei vor Ort beraten und unterstützen. Einige der befragten Eltern empfanden das als Hilfe und Unterstützung erdachte Angebot als Belastung, da mit ihm vielerlei Verpflichtungen verbunden sind. Die häufige Teilnahme an diesen Angeboten wird vor allem dann als Zumutung empfunden, wenn Eltern die Konzeption nicht verstehen oder sie nicht befürworten. Sie lassen sich ungern auf diese intensive Elternarbeit ein, wenn sie die Verantwortung für eine Änderung eher beim Kind und bei den Pädagogen sehen. Dies ist auch der Fall, wenn Eltern durch andere Verpflichtungen schon stark beansprucht werden und die zeitweilige Trennung vom Kind als große Entlastung erfahren. Sehr stark kommt der Aspekt von Macht und Unterordnung in der Beziehung zum Tragen, wenn Eltern das Angebot wider Willen wahrnehmen, ohne ihm eine Bedeutung beizumessen, sich also gehorsam um der Befolgung des Befehles willen verhalten. Zusätzlich haben Eltern das Empfinden von Willkür, wenn sie bemerken, dass die Verpflichtung nur für die Eltern zu gelten scheint, die sich unterordnen. Andere Eltern, die sich dieser Verbindlichkeit entziehen, werden nicht sanktioniert. Versuchen die „Gehorsamen" selbst, dem Angebot fernzubleiben, stellen sich Schuldgefühle ein, auch wenn Eltern diese eigenständige Handlung als berechtigt empfinden.

Durch die fehlende Selbstbestimmtheit beim Wahrnehmen eines Angebotes erhält die Anwesenheit einen demonstrativen Charakter. Eltern verhalten sich gemäß einer erwarteten Vorstellung der Pädagogen davon, wie „gute Eltern" zu sein haben. Sie spielen eine Rolle, arbeiten gewissermaßen an ihrer Selbstdarstellung. Um der Rolle zu entsprechen, müssen Eltern darauf achten, dass nicht ihr wahres Selbst zum Vorschein kommt. Dies aber wäre für die Entstehung einer vertrauensvollen Helfer-Klient-Beziehung, die übereinstimmend von Eltern, Pädagogen und in der Literatur als Voraussetzung für eine gelingende Hilfe genannt wird, die Bedingung.

Es kommt häufig vor, dass die Interpretation des kindlichen Verhaltens letztlich durch die Pädagogen vorgenommen wird bzw. ihre Interpretation den Anspruch auf Gültigkeit besitzt. Dies leitet sich daraus her, dass die Kinder sich zum Zeitpunkt des „Verhaltens" in der Tagesgruppe aufhalten und dass sie an den dort gültigen Regeln und Normen, die die Regeln und Normen der Pädagogen repräsentieren, gemessen werden. Eltern selbst empfinden das kindliche Verhalten, ob zu Hause oder in der Tagesgruppe, oft als normal. In der Tagesgruppe geraten sie unter Druck, wenn sie dort die Normen der Pädagogen vertreten wollen bzw. sollen, ohne selbst diese Normen zu akzeptieren. Die Eltern kennen das Verhalten ihres Kindes schon ein Leben lang. Sie haben sich mit ihrem Kind und ihrer speziellen Art der Eltern-Kind-Kommunikation eingerichtet und akzeptieren dies auch dann, wenn das Verhalten bei ihnen auf lange Sicht einen Leidensdruck auslöst, der sie schließlich um Hilfe ersuchen lässt. Durch die von außen heran getragenen Normen der

Pädagogen werden Eltern dazu herausgefordert, ihr gewohntes Verhalten, ihre Werte und Normen, welche ihnen Sicherheit bieten, zu überdenken oder zu ändern. Auch wenn sie rational die Notwendigkeit einer Änderung erkennen, geschieht es im pädagogischen Alltag oft, dass Eltern nicht einen eigenen Weg der Veränderung suchen, sondern die gültigen Werte und Regeln der Pädagogen und der Tagesgruppe übernehmen. Das daraus resultierende veränderte Verhalten gegenüber ihren Kindern empfinden sie dann als fremdbestimmt, weil es nicht ihrer eigenen Entwicklung entspricht.

Eltern haben sehr genaue Vorstellungen davon, was für ihr Kind „gut" ist. Es treten Konflikte mit Pädagogen dann auf, wenn sich die Vorstellungen der Eltern auf die Dauer und Regelmäßigkeit des Tagesgruppenbesuches ihres Kindes auswirken. Die Kinder werden bei Inanspruchnahme der Hilfe aus ihrem sonstigen Umfeld heraus gerissen. Regelmäßige Teilnahme am Sport im Verein, freundschaftliche Beziehungen zu anderen Kindern oder nachmittägliches Beisammensein mit den Eltern scheinen nicht mit der Hilfe Tagesgruppe vereinbar. Die Pädagogen lassen anscheinend hinsichtlich einer Lockerung der Teilnahme durch das Kind nur mit sich reden, wenn sie den Hinderungsgrund – beispielsweise ein Fußballtraining – als wichtig für die Entwicklung des Kindes einschätzen. Eltern fühlen sich durch die Situation, die Pädagogen bezüglich ihres eigenen Kindes um etwas bitten zu müssen, was sie im Grunde als ihre ureigenste Entscheidung ansehen, in einer machtlosen Position. Wenn Eltern die Tagesgruppe als echte Hilfe für sich begreifen, scheint es ihnen leichter zu fallen, in einigen Bereichen Abstriche ihres Partizipationsrechtes hinzunehmen. Sie können sogar den Konflikt als Anstoß nutzen, sich mit den Pädagogen und den eigenen Strategien, die hinter ihrer Bitte stehen, auseinander zu setzen. Die festen Regeln und Werte der Pädagogen können dann als Sicherheit begriffen werden.

Diese pädagogischen Normen und die daraus resultierende Definitionsmacht werden auch bei der Bewertung kindlichen oder elterlichen Verhaltens wirksam und prägen die Einschätzung durch die Pädagogen. Eltern erleben diese Normen als unveränderbar bzw. von ihnen nicht oder nur schwer zu beeinflussen. Darüber hinaus sind viele Eltern es gewohnt, ihre eigenen Normen in Frage zu stellen, wenn diese nicht mit denen der Pädagogen und anderen Experten übereinstimmen.

3.6.3. *In welchen Kontexten erfahren Eltern konkrete Machtausübung?*

Eltern haben wenig Einfluss auf Entscheidungen

Die Eltern haben ein Recht auf Hilfe. Wollen sie dieses geltend machen, müssen sie festgelegte Wege beschreiten, d. h. es soll gewährleistet werden, dass alle Hilfesuchenden die gleichen Chancen und Pflichten haben. Die Durchführung des Prozesses vom Hilfeantrag bis zur Entscheidung über Gewährung oder Ablehnung oder auch Art und Umfang der Hilfe entzieht sich einer vollständigen Objektivierung, da die Beurteilung der Situation der Klienten und die nachfolgende Entscheidung letztendlich in der Hand der Jugendamtsmitarbeiter liegt, die Spielräume bezüglich der Diagnose, der Auswahl der Hilfe und der Gewährung haben und deren Nutzung sich dem elterlichen Einfluss entzieht. Das Warten auf Entscheidungen, der damit verbundene mangelnde Einfluss auf wichtige Bereiche des eigenen Lebens, führt bei manchen Eltern zu dem Empfinden von Hilflosigkeit. Die von ihnen im Alltag oftmals erlebte Situation der Abhängigkeit und mangelnden Möglichkeit der Einflussnahme wiederholt sich in der Beziehung zum Helfer des Jugendamtes.

Eltern empfinden Willkür hinsichtlich ihrer Mitbestimmungschancen

In der Tagesgruppe wird versucht, eine an der Lebenswelt der Klienten orientierte Hilfe zu leisten. Sowohl die Entstehung der Probleme als auch entsprechende Lösungsstrategien sollen vor dem Hintergrund der lebensgeschichtlichen Erfahrungen und ihrer alltäglichen Vollzüge verstanden werden, d. h. bei der Konzipierung der Hilfe werden nach Aussage der befragten Pädagogen das konkrete Umfeld einbezogen und Strategien angestrebt, die im konkreten Umfeld anzuwenden sind. Viele Situationen, die Eltern im häuslichen Alltag als problematisch empfinden, werden in der Tagesgruppe wiederholt. Dies nicht unbedingt aufgrund des Konzeptes, sondern aufgrund der täglichen Notwendigkeiten beim Zusammenleben mit einem Kind. Das Essen, die Schularbeiten, Spielen, also Alltagsanforderungen, an denen Eltern häufig ein Scheitern erleben. In diesem Zusammenhang sollten eigentlich die persönliche Sichtweise der Klienten, ihr Verhalten in besagten Situationen und ihre Deutungen der Vorfälle den Ansatzpunkt pädagogischen Handelns darstellen, Eltern also neben ihren Kindern im Mittelpunkt des Hilfeprozesses stehen. Im Hilfealltag spüren Eltern von ihrer bedeutenden Rolle eher wenig. Innerhalb der Tagesgruppe fallen ihre Vorstellungen eher weniger ins Gewicht z. B. bei der Organisation des Tages oder beim Umgang der Pädagogen mit ihrem Kind, weder was die Auswahl einer Vertrauensperson noch was die Dauer des Hilfeprozesses angeht. Ihre Entscheidungsfähigkeit und damit ihre Verantwortung wird nicht in Anspruch genommen. Eltern empfinden dies als Demonstration ihrer untergeordneten Rolle.

Die Verantwortung für Situationen verbleibt bei Pädagogen

Konkretes Mitgestalten im Tagesgruppenalltag durch Mithilfe bei einem Angebot erfolgt häufig auf der Basis der pädagogischen Vorgaben bezüglich Art und Umfang der Mitgestaltung. Eine zentrale Aufgabe der in der Tagesgruppe tätigen Pädagogen besteht darin, die Situation gemäß pädagogischer Zielsetzungen zu gestalten. Durch die Idealisierung der pädagogischen Herangehensweise bzw. der Pädagogen seitens der Eltern wird die Situation, z. B. die Gestaltung eines gemeinsamen Ausfluges, als „richtig" wahrgenommen und nicht als eine Möglichkeit des Handelns. Dadurch behalten die Pädagogen die alleinige Verantwortung für die Situation, Eltern verbleiben als Klienten in der Rolle der Gäste bzw. Helfer, die sich auf fremdem Terrain bewegen und sich den dortigen Regeln anpassen. Situationen werden von den Pädagogen in einem so hohen Umfang strukturiert, dass sich weder aus den Regeln noch aus der aktuellen Situation eine Gestaltungsmöglichkeit ergibt. Das bedeutet, es bestehen keine für die Eltern geeigneten Aufgaben oder die Pädagogen geben keine verantwortlichen Aufgaben ab. Dies führt dazu, dass Eltern eher abzuwarten und auf Anordnung zu handeln scheinen und ein konsumierendes Verhalten entwickeln, welches einem selbstständigen Handeln entgegensteht. Eltern haben zusätzlich das Gefühl, dass ihre Beiträge zum Geschehen geringfügig sind und nicht den Wert der Beiträge der Pädagogen besitzen. Ihre Aufgabe besteht im Zuarbeiten oder in Hilfsdiensten. Ein Angebot, welches von Pädagogen geplant, strukturiert und selbst durchgeführt wird, erleben Eltern häufig als fremdbestimmt. Es entstehen bei ihnen wenige Impulse, partizipativ zu handeln. Wenn eine Situation als gegeben hingenommen wird, besteht keine Aussicht auf die Möglichkeit einer eigenständigen Änderung derselben, es kommt zu einer fatalistischen Haltung.

Öffentlichkeit der eigenen Fehlbarkeit

Macht und Kontrolle erleben Eltern, wenn problematisches Erziehungsverhalten ihrerseits öffentlich wird. Alltägliche Situationen, die in der Tagesgruppe scheinbar problemlos bewältigt und zu Hause meist als Problemsituationen wahrgenommen werden, scheinen für Eltern ihr Versagen in diesen Situationen öffentlich zu machen. Sie bemerken, dass Alltagsdinge in der Tagesgruppe besser zu gelingen scheinen und führen dies auf eine Unfähigkeit ihrerseits zurück. Die Alltagssituationen bilden Verbindungen zwischen häuslichem Alltag und Tagesgruppe. Durch die Öffentlichkeit der „intimen" Situation und die für Eltern empfundene Zur-Schau-Stellung ihres Versagens wird die Grenze zwischen beiden Bereichen durchlässig. Ein immer wiederkehrendes Thema in diesem Zusammenhang stellt in einer der untersuchten Tagesgruppen die Situation „Mittagessen" dar. In der Tagesgruppe wird anders gekocht als zu Hause, es gelten andere Regeln für das Einnehmen der Mahlzeit, z. B. ob man bei Tisch trinken oder sprechen darf. Korrekturen bezüglich des Essverhaltens in der Tagesgruppe werden auch als Kritik des Verhaltens zu Hause empfunden, womit ein phantasiertes Eindringen in den elterlichen „unpädagogischen" Rückzugsbereich verbunden wird. Das Thema Essen stellt den Anlass für einige immer wiederkehrende Konflikte zwischen Pädagogen und Eltern in einer der untersuchten Tagesgruppen dar. Dies ergibt sich nicht nur aus der Verschiedenheit der kulturellen Erfahrungen, sondern auch daraus, dass in dieser Tagesgruppe Eltern eingeladen sind, an allen Situationen teilzunehmen und daraus, dass das Konzept der Tagesgruppe eine Bearbeitung von Konflikten innerhalb der Situation vorsieht. Ungeachtet des positiven Ansatzes werden dysfunktionale Strategien der Eltern dadurch öffentlich. Sie versuchen daher, ihre Strategien zu verbergen, um dem Empfinden der Scham zu entgehen Für einige bietet sich daher als Lösungsweg eine „Nachahmung" der Pädagogen und unbedingte Regeltreue an. Andere versuchen, diese schambesetzten Situationen zu vermeiden, indem sie zu Hause mit dem Kind das angestrebte „richtige" Verhalten üben.

3.6.4 Erweiterung des Wahrnehmungs- und Deutungsschemas der Klienten als positiv empfundene Aspekte der Machtausübung

Macht bzw. Machtlosigkeit entzieht sich im Grunde einer Bewertung als positiv bzw. negativ. Beide Positionen innerhalb einer Beziehung gehen sowohl mit positiv als auch negativ empfundenen Konsequenzen einher. Macht kann z.B. ein Zuviel an Verantwortung und hohen Druck mit sich bringen, Ohnmacht ein Gefühl von Schuldlosigkeit oder Entlastung. Eine Mutter beschreibt, wie sie im Laufe der Hilfe trotz anfänglichen Gefühls der Ohnmacht innerhalb der Helfer-Klient-Beziehung eine positive Entwicklung durchlebte und die Frage der eigenen Macht bzw. Ohnmacht im Laufe der Hilfe unbedeutend wurde. Die relative Machtlosigkeit, die sich in einer aus ihrer Sicht erzwungenen Teilnahme an allen Angeboten der Tagesgruppe ausdrückte, blieb als strukturelle Bedingung zwar präsent, trat aber angesichts anderer Entwicklungen in den Hintergrund. Die Mutter beschreibt eindringlich ihren anfänglichen Leidensdruck, der der Grund dafür war, sich den Anforderungen der Pädagogen zu beugen. Sie habe nur mitgemacht, weil sie dringend Hilfe brauchte. Sie begleitete ihr Kind durch den Tag in der Tagesgruppe und erlebte es in vielen neuen Situationen. Durch die ständige Anwesenheit kam sie dann in die Lage, ihr Kind anders als bisher zu erleben und positive Seiten an ihm wahrzunehmen. Es verhielt sich keineswegs ständig auffällig, sein Verhalten nahm sie im Vergleich zu dem anderer Kinder als weniger schlimm wahr. Dadurch spürte sie ihre enge Bindung zu ihrem Kind wieder stärker. Anstelle von Gesprächen konnte die bloße Anschauung in einer anderen Umgebung zu einer Veränderung der Wahrnehmung des eigenen Kindes führen, und es wurden der Mutter andere Deutungen seines Handelns und neue

Facetten seiner Persönlichkeit eröffnet. Eine bisher als störend interpretierte Handlungsweise gelangte in einem anderen Kontext plötzlich zu einer anderen Bedeutung. Auch Tätigkeiten, die vorher abgewertet wurden, finden im neuen Kontext eine andere Bedeutung. Viele Eltern lehnen z. B. „Basteln" für sich als unnütze Kleinigkeit ab. Im Rahmen der Tagesgruppenarbeit basteln sie gemeinsam mit anderen Eltern und finden dadurch Kontakt zueinander, wobei ihre Probleme und empfundenen Inkompetenzen nicht im Mittelpunkt stehen. Sie üben darüber hinaus Tätigkeiten, die sie auch mit ihren Kindern durchführen können, und sie geben den Pädagogen der Tagesgruppe etwas für ihren Einsatz und ihre Zuwendung zurück, wie in diesem Beispiel, in welchem die gebastelten Sachen auf einem Basar verkauft werden.

Im Sinne der Frage nach Partizipationsbedingungen im Hilfeprozess und die sie beeinflussenden asymmetrischen Strukturen wurde auch die Thematik der Motivation bzw. Freiwilligkeit bei Inanspruchnahme der Hilfe diskutiert. Die im Rahmen dieser Untersuchung befragten Eltern konnten bezüglich der Freiwilligkeit oft keine Angaben machen. Einerseits wurden sie durch massiven Leidensdruck „getrieben" und gleichzeitig durch Experten in die Richtung „Hilfeannahme" beraten. Auch in Fällen fehlender Freiwilligkeit – im folgenden Beispiel kam die Hilfe durch Druck von außen zustande – kann sich durchaus eine positive Wirkung einstellen. Einige Eltern empfinden sowohl in der Hilfephase als auch in der Rückschau die Zeit in der Tagesgruppe als entscheidenden Beitrag für die positive Veränderung.

3.6.5 Umgang mit der Ambivalenz von Hilfe und Kontrolle

Im vorhergehenden Abschnitt wurde herausgestellt, an welchen Stellen des Hilfeprozesses Eltern Machtausübung durch Kontrolle erfahren, wobei hier die Definitionsmacht für Probleme und Situationen, die Normativität pädagogischer Werte und der willkürliche Umgang mit Verhaltensregeln von Seiten der Pädagogen zu nennen sind. Eltern beeinflussen den Tagesgruppenalltag und den Hilfeprozess und die im Rahmen dieser Institutionen bestehenden Beziehungen zu ihren Helfern dennoch auf vielfältige Weise, d. h. sie üben ebenfalls Kontrolle aus. Die Begriffe Kontrolle, Macht und auch Selbstwirksamkeit werden als Ausdruck des Strebens verstanden, Einfluss auf ebensolche Versuche durch die Umwelt auszuüben und den Einfluss der Umwelt auf das eigene Verhalten zu regulieren (vgl. Flammer/Nakamura 2002, S. 83). Eltern wenden im Rahmen der Helfer-Klient-Beziehung Regulationsmechanismen gegenüber der Kontrollinstanz „Pädagoge" an. All diese Regulationsmechanismen stellen einen Versuch der Eltern dar, a) mit dem Kontrollauftrag ihrer Helfer umzugehen, also diesen mit dem Hilfeauftrag und der empfundenen wohltuenden Unterstützung zu verbinden bzw. diese gegenläufigen Tendenzen miteinander in Einklang zu bringen, b) bei erfahrener Kontrolle die Einflussnahme des Gegenübers durch unterschiedliche Strategien zu minimieren oder c) sich gegen allzu stark empfundenen Druck zu wehren. In diesem Zusammenhang muss die Frage erörtert werden, wo die Kontrollmöglichkeit der Eltern an ihre Grenzen stößt, und ob und wie Eltern versuchen, diese Grenzen zu erweitern. Diese Strategien zu explorieren, stellt das Anliegen des folgenden Abschnitts dar.

Zunächst soll der Begriff der Kontrolle eingegrenzt und die Bedeutung von Kontrolle und die Auswirkung mangelnder Kontrolle auf das eigene Leben verdeutlicht werden. Dies muss im Zusammenhang mit der Frage nach Partizipation in der Helfer-Klient-Beziehung diskutiert werden, da Kontrollstrategien gleichzeitig Partizipationsstrategien darstellen. Kontrolle im Kontext menschlicher Beziehungen heißt, über die Macht zu verfügen, „ein bestimmtes Ereignis (inkl. Zustand) oder eine Klasse von Ereignissen herbeizuführen, aufrecht zu erhalten oder zu vermeiden" (ebda.). Man unterscheidet zwischen innerer und äußerer Kontrolle: Innere Kontrolle – also indirekte Ausübung von Kontrolle auf einen anderen Menschen – wird durch Erziehung erreicht, in deren Verlauf Moralvorstellungen, Werte, Ge- und Verbote vom Individuum verinnerlicht werden, so dass sie zu eigenen Maßstäben des Verhaltens werden. Äußere Kontrolle wird durch den Druck von Sanktionsmöglichkeiten der gesellschaftlichen Umgebung bewirkt. Kontrolle dient letztlich der gesellschaftlichen Integration. Soziale Konflikte und Verhaltensgegensätzlichkeiten sollen gelöst oder unterdrückt werden. Hier wird deutlich, dass die Hilfen zur Erziehung untrennbar mit dem Begriff Kontrolle verbunden sind. Der Helfer wird immer anhand eines internalisierten gesellschaftlichen Maßstabes von Kindeswohl die Lebenssituation des Kindes und den Umgang der Eltern mit dem Kind, also seine Lebensbedingungen bei den Eltern und im sozialen Umfeld beobachten und bewerten.

Der Begriff der Kontrolle ist eng verwandt mit den Begriffen der Selbstbestimmtheit und der Partizipation. Die Kontrolle über ein Geschehen bzw. das eigene Leben zu besitzen, bedeutet für einen Menschen, dass er die Erfahrung von Selbstbestimmtheit macht, seine Handlungen also seinen eigenen Zielsetzungen und Möglichkeiten entsprechen. Dadurch beeinflusst er den Lauf der Geschehnisse, z.B. die Entwicklung einer Beziehung, in seinem Sinne und erlebt sich als selbstwirksam. Aus der Forschung zur Thematik „Kontrolle" ergeben sich wichtige Anregungen für Partizipation in den Hilfen zur Erziehung. So wirkt sich die Überzeugung, Kontrolle über das eigene Handeln zu besitzen, positiv auf die Motivation bezüglich Initiative und Mitgestaltung aus. Wer von seiner Selbstwirksamkeit überzeugt ist, scheint größere Chancen zu haben, ein Vorhaben zu verwirklichen. Weiter bilden

Kontrollüberzeugungen eine wichtige Grundlage für Optimismus, Initiative und Durchhaltewillen. Auch die Auswirkungen auf Wohlbefinden und Lebensgefühl zeigen, wie bedeutsam die Kontrolle über das eigene Leben sein kann (vgl. Flammer/Nakamura, 2002, S. 84). Umgekehrt wird der Selbstwert und damit die Überzeugung von Selbstwirksamkeit unterminiert, wenn sich in Personen die Überzeugung eigener Ohnmacht verfestigt.

Das Vorhandensein von Grenzen stellt für Eltern nicht zwangsläufig eine negative Voraussetzung für selbstbestimmtes Handeln dar. Möglicherweise eröffnet die Akzeptanz dieser äußeren Grenzen für Eltern eine Chance, neue Erfahrungen zu sammeln und kreativ neue Formen des Denken und Handelns zu entwerfen. Gleichzeitig garantiert die Möglichkeit von Kontrolle keinesfalls persönliches Wohlbefinden oder tatsächliche Durchsetzung der eigenen Vorhaben, da die Möglichkeit, Kontrolle auszuüben, nur einen von vielen Faktoren darstellt, die das Wohlbefinden und das Lebensgefühl beeinflussen. Auch der „Mächtige" in einer Beziehung erfährt die Grenzen seines Einflusses. Kontrollausübung ist immer an die bestehenden Strukturen gebunden. Bedeutsam in diesem Zusammenhang erscheint die Perspektive, dass reale Kontrollmöglichkeiten sich der Graduierung entziehen. Es ist nicht möglich, Beziehungspartnern jeweils ein bestimmtes Maß an Kontrolle zuzuweisen, vielmehr ist die subjektive Interpretation der Kontrollerfahrung von Belang bzw. die Frage danach, ob sich ein Mensch als machtlos oder mächtig erlebt. Wir werfen daher im Folgenden nicht nur die Frage auf, wie Eltern ihrerseits den Hilfeprozess und ihre Beziehung zum Helfer kontrollieren, sondern auch, welche Handlungsstrategien subjektiv als erfolgreiche Kontrollstrategien wahrgenommen werden, auch wenn sich diese Strategien von außen nicht als Kontrollmöglichkeiten darstellen.

Zur besseren Übersicht zeigt folgende tabellarische Zusammenfassung die Regulations- (bzw. Kontroll-) Strategien der Eltern auf einen Blick :

1. Akzeptanz	Anerkennung des Kontrollauftrages, bewusste Befürwortung der pädagogischen Normen und willentliche Unterordnung
2. Anpassung	Selbstkontrolle und „vorauseilender Gehorsam“
3. Leugnen des Kontroll-auftrages	Verschleierung vermeintliche Aufhebung der Asymmetrie Scheinbare Lösung des Rollenkonfliktes
4. Gegenwehr	Verweigerung Konfrontation Solidarität heimliche Revolte Grenzen setzen Offizielle Beschwerde sich der eigenen Kompetenzen bewusst werden

3.6.6 Regulationsstrategien der Eltern bei direkt erfahrener Kontrolle

A. Akzeptanz

Das Vorhandensein einer Kontrollinstanz, die weiß, was „richtig“ ist und was zu tun ist, stellt für Eltern, die unter großem Leidensdruck stehen, eine große Versuchung dar, sich vollständig „fallen zu lassen“ und sich und das Kind unter die Obhut des Helfers zu geben. Sowohl beim Jugendamt als auch in der Tagesgruppe ist dies eine Strategie, die Eltern vor allem zu Beginn der Hilfe, also in einer frühen Phase des Hilfeprozesses verfolgen. „Sich fallen lassen“ heißt vor allen Dingen, die Verantwortung abgeben zu können. Eltern, die auf diese Weise auf den Kontrollaspekt der Helfer-Klient-Beziehung reagieren, werten die Person des Helfers als wissend auf und sich im Gegenzug als unwissend ab. Die Möglichkeit zu kontrollieren bürdet dem Helfer die Verantwortung für die Hilfe auf. Eltern vertrauen im Allgemeinen auf die Kompetenz der Experten bzw. Pädagogen. Sie nehmen ihre Position in der Helfer-Klient-Beziehung als gegeben hin. Sie wissen um die verschiedenen Aufgaben der Pädagogen bzw. Experten und akzeptieren deren Kontrollfunktion. Die führende strukturierende Rolle des Pädagogen wird als Begrenzung, aber nicht als Einschränkung der eigenen Handlungsmöglichkeiten aufgefasst, da die Eltern die Begrenzung als berechtigt und richtig empfinden. Ein Ausbrechen durch Infragestellen, Kritisieren oder sich wehren scheint nicht denkbar. Die oft diffuse und vermischte Problematik der Kinder und Eltern wird durch die Diagnostik des Experten als eingrenzt, fassbar und damit behandelbar erlebt, da von ihr eine begrenzende Wirkung ausgeht und Alternativen ausgeschlossen werden. Letztlich wird durch die Expertendefinition von Problem, Hilfeprozess und Beziehungsstruktur Kontrolle ausgeübt, Klienten können durch die Klarheit der Begrenzung aber in dem ihnen zugewiesenen Bereich handeln. Die Akzeptanz der Strukturen von Seiten der Eltern führt zu einer Anpassung an die Vorgaben und Werte der Pädagogen, wohingegen die eigenen Werte und Handlungsweisen oftmals ungeprüft als falsch bewertet werden. Eltern, die sich anpassen, haben häufig den Drang, es den Pädagogen recht zu machen und ihr eigenes Verhalten generell in Frage zu stellen.

Die Anpassung an die Klientenrolle führt dazu, dass Eltern vor eigenständigem Handeln erst die Erlaubnis der „Kontrollierenden" einholen. Dies bietet sich innerhalb der Tagesgruppe wie selbstverständlich an, da die Pädagogen als „Hausherren" das Recht haben, den Tagesablauf und die dort herrschenden Strukturen zu schützen. Dennoch sagt diese Bitte um Erlaubnis einiges über die Helfer-Klient-Beziehung aus, verbleiben die Eltern doch in einer nicht nur macht-losen, sondern auch verantwortungs-losen Position. Wenn sie die mächtige Position der Pädagogen und deren Kontrollauftrag vorbehaltlos akzeptieren, gehen Eltern mit den Pädagogen und anderen Experten vorsichtig um – sie sind „auf der Hut". Sie wissen, dass sie den Pädagogen als Helfern vertrauen können, wissen aber gleichzeitig um die wertende Haltung der Pädagogen und deren Pflicht, etwaige Bedrohungen des Kindeswohls dem Jugendamt weiterzugeben. Sie öffnen sich nicht rückhaltlos und neigen eher dazu, ihre Probleme zu verbergen oder sie nicht in ihrer ganzen Dimension öffentlich zu machen. Für eine Bearbeitung der familiären und persönlichen Problematik bedeutet dies ein Hindernis.

Die Annahme der strukturgebenden und führenden Rolle der Pädagogen, also die Kreation der Klientenrolle als „Akzeptierung des Vorgegebenen" und das Wissen um den Kontrollauftrag heißt, dass Klienten die Vorbedingungen der Hilfe und ihrer Helfer-Klient-Beziehung kennen. Dies schafft Klarheit und Raum für andere Aspekte der Hilfe. Die Transparenz ermöglicht den Klienten, selbst zu entscheiden, ob sie unter diesen Bedingungen Hilfe annehmen und die Pädagogen nicht nur in ihrer kontrollierenden, sondern auch in der helfenden, unterstützenden Rolle annehmen. Es stellt sich für einige Eltern heraus, dass der Kontrollauftrag für sie im Grunde wenig spürbare Wirkung hat. Er scheint formal vorhanden zu sein, stellt für sie aber eher eine abstrakte denn eine fassbare Größe dar. Die Hilfe und Unterstützung aber spüren die Klienten. Sie erleben Entlastung, Solidarität und die Geborgenheit einer vertrauensvollen Beziehung am eigenen Leibe. Die Anpassung an das Gegebene kann also durchaus auch als aktive Entscheidung für die hilfreichen Elemente der asymmetrischen Helfer-Klient-Beziehung gesehen werden.

B. Anpassung an pädagogische Normen

Es finden sich auch Eltern, die sich an die strukturellen Gegebenheiten anpassen, ohne zwangsläufig von den zugrundeliegenden pädagogischen Normen überzeugt zu sein. Eine innere Entwicklung oder eine Veränderung des Denkens bei Klienten wahrzunehmen oder zu überprüfen, erscheint kaum möglich. So kann beispielsweise eine Veränderung im Erziehungsverhalten auf einer Weiterentwicklung des Verständnisses von Elternrolle beruhen, sie kann aber auch das Ergebnis einer Kopie pädagogischen Verhaltens darstellen, die ohne Einsicht in die Notwendigkeit einer Veränderung vollzogen wird.

Sehr oft wird z. B. von der Regelmäßigkeit und Quantität, aber auch Qualität der Elternmitarbeit auf eine entsprechende positive innere Einstellung rückgeschlossen. Gerade die Anwesenheit und die Rolle der Eltern bei der Gestaltung des Angebotes bietet sich als wahrnehmbares und damit fassbares Element an, welches kontrolliert werden kann. Eltern können daher in Versuchung geraten, durch eine in rein quantitativer Hinsicht intensive Teilnahme ihre Pflicht zur Mitarbeit zu erfüllen, auch wenn sie inhaltlich keinen Gewinn aus der Teilnahme ziehen. Dies wurde oben als „demonstrative Teilnahme" gewertet, um sich vor den Pädagogen, aber auch vor sich selbst als „gute Mutter" bzw. „guter Vater" zu präsentieren. Manche Eltern sprechen aber auch von Schuldgefühlen, die sie überkommen, wenn sie Angeboten fernbleiben oder die Pädagogen nicht genügend unterstützen. Sie haben die Werte der Pädagogen internalisiert, als funktional und richtig angenommen und üben eine Selbstkontrolle aus, indem sie sich zur Teilnahme zwingen. Dies stellt eine Form sekundärer Kontrolle dar. Hier scheint dem Handeln der Eltern der Aspekt der Selbstbestimmung und Freiwilligkeit in gewisser Weise verloren zu gehen. So sagt beispielsweise eine Mutter Tagesgruppentermine nur dann ab, wenn äußere Verpflichtungen wie ein Arzttermin sie dazu zwingen. Erscheint sie nicht, weil sie einem inneren Bedürfnis nach Ruhe nachgegeben hat, übernimmt sie die Kontrollfunktion selbst und sanktioniert ihr Verhalten, indem sie Schuld empfindet. Auch im Fernbleiben liegt nicht immer der Aspekt der Selbstbestimmung, wenn Eltern sich mit dem Fernbleiben für eine Handlungsweise entscheiden, die ihre Ohnmacht illustriert oder die sie aufgrund der Schuldgefühle nicht als selbstbestimmt eroberten Freiraum genießen können. Die Übernahme der Werte der Pädagogen, ob nur demonstrativ oder tatsächlich, führt zu einer Einigkeit mit den Pädagogen und zum Ausschluss von Konflikten. Eine Folge davon stellt z. B. die rückhaltlose Bestätigung der in der Tagesgruppe geltenden Erziehungsvorstellungen und daraus folgenden Regeln dar. Eltern, die die Auseinandersetzung scheuen, die sich schon im häuslichen Alltag mit Konfliktsituationen überfordert sehen, werden sich nicht freiwillig mit den Pädagogen in einen Konflikt begeben. In einer Art vorauseilendem Gehorsam wird das Gespräch gesucht.

In einer der untersuchten Tagesgruppen wird die Kontrolle seitens der Pädagogen durch eine eindeutige Begrenzung des zu bearbeitenden Bereiches ausgeübt. Die Pädagogen beziehen sich auf einen klar vorgegebenen Auftrag, den sie aus den gesetzlichen Bestimmungen der Hilfen zur Erziehung ableiten. So bearbeiten sie im Wesentlichen diejenigen Themen mit den Eltern, die sie im Rahmen der Tagesgruppenarbeit und ihres pädagogischen Auftrages für besonders relevant erachten: Steigerung der Erziehungskompetenz durch unmittelbares Eingreifen in die Eltern-Kind-Kommunikation vor Ort, Beratungsgespräche über Erziehungshandeln, therapeutische Angebote zur Bearbeitung allgemeiner Störungen der Kinder, Zusammenarbeit mit den Lehrern sowie Unterstützung bei Schularbeiten und Angebote zum Lernen des Sozialverhaltens in der Gruppe. Ausgeschlossen bleiben Bereiche, die sich zwar auf die familiäre Kommunikation und das Wohlbefinden der Eltern auswirken, aber durch Pädagogen als nicht direkt beeinflussbar eingeschätzt wurden: Finanzielle Fragen, Paarkonflikte, aktuelle Lebensprobleme, gesundheitliche Fragen, Ängste und andere Emotionen, Alltagsprobleme nur insofern als sie die Kindererziehung betreffen. Eltern spüren dies nicht nur aufgrund der Reaktionen von Pädagogen auf ihre Themenwahl, sondern sie werden im Rahmen der Tagesgruppenarbeit über diese Begrenzung aufgeklärt. Eltern versuchen nun, sich durch Selbstkontrolle an diese vorgegebenen Bereiche pädagogischer Arbeit zu halten. Auch hier übernehmen sie die pädagogischen Grenzen, halten sich mit anderen Themen, die ihren Bedürfnissen sehr viel mehr entsprechen, zurück und begrenzen sich selbst. Diese Selbstbegrenzung in einer Kommunikationssituation mit den Pädagogen ist weniger auf eine Übernahme der Sichtweisen der Pädagogen zurückzuführen, als sie einer Vermeidung von Schuld- und Ohnmachtsgefühlen dient. Eltern spüren in einer solchen Situation, dass sie sich im Griff haben, sie lassen sich nicht „gehen“ gemäß ihrer Bedürftigkeit, und erfahren, bestärkt durch die positive Reaktion der Pädagogen, ein situativ wirksames Gefühl der Kontrolle. Sie vermeiden zusätzlich, sich Situationen auszusetzen, in welchen sie Kontrolle von außen spüren können. Hier entsteht wiederum die Illusion der Kontrolle einer Situation und Beziehung.

Leugnen des Kontrollauftrages durch Verschleierung

Verschleierung wird im Rahmen dieser Arbeit als Tendenz der Eltern aufgefasst, die bestehende Asymmetrie und den Kontrollauftrag der Pädagogen auszublenden. Die Klienten scheinen zu verdrängen, dass sie in ihrer Beziehungsführung den gegebenen Bedingungen unterliegen. Im Rahmen der teilnehmenden Beobachtung konnte diese Tendenz der Negierung des Kontrollauftrages auch auf Seiten der Pädagogen beobachtet werden. Pädagogen suchen, sich den Eltern ähnlich zu machen, die Unterschiede bezüglich Rolle, Aufgabe, Herkunft, Bildung und Kompetenz als unwesentlich darzustellen und die Gemeinsamkeiten zu betonen. Auch Eltern suchen nach Gemeinsamkeiten und Ähnlichkeiten zwischen sich und den Pädagogen und erleben es oftmals als Erleichterung, wenn die Pädagogen von den gleichen Schwierigkeiten mit dem Kind berichten. Sie erleben es als Gemeinsamkeit, wenn die Pädagogen mit ihren eigenen Kindern Probleme haben, sie erleben Geschlecht und Alter als Gemeinsamkeit, ebenso gleiche Erfahrungen mit Experten im Hilfeprozess (Lehrer, Jugendamtsmitarbeiter, Ärzte). Manche Eltern betonen ihre berufliche Nähe zu den Pädagogen und fühlen sich eher als deren Partner. Damit stellen sie selbst ihre pädagogische Kompetenz heraus. Eltern suchen damit sich ihrer Ähnlichkeit zu den Pädagogen zu versichern – und damit der unterstellten Gleichberechtigung in der Beziehung – und die Asymmetrie und die sich daraus ergebende Distanz zu überwinden. Die empfundene Ähnlichkeit unterstellt die Ähnlichkeit der subjektiven Erfahrungen. Die Pädagogen können zwar kontrollieren, sie werden aber aufgrund der unterstellten Nähe elterlicher und pädagogischer Werte und Maßstäbe kaum einen Grund zur Beanstandung finden. Besonders in Situationen, in denen Eltern die Macht und Kontrollfunktion der Pädagogen zu spüren vermeinen, bietet sich für Eltern die Strategie der Verschleierung an. Im folgenden Beispiel konzipieren die Pädagogen ihren Besuch in der häuslichen Umgebung eines Elternteils so, als seien sie tatsächlich ähnlich, als seien sie im Grunde Freunde, die „auf einen Sprung" zu Besuch kommen. Die Strategie der Verschleierung stellt sich als ein „so tun als ob" dar, indem alle Beteiligten so tun, als ob es neben dem Hilfeauftrag keinen Kontrollauftrag gäbe, als ob es in diesem Fall nicht um eine Inspektion der Lebensverhältnisse des Kindes und deren Angemessenheit für seine Entwicklung ginge.

Die Macht der Pädagogen liegt in diesem Beispiel in der Möglichkeit, die Situation ihren Vorstellungen entsprechend zu gestalten, ohne dass die Eltern einen Weg sehen, dies ändern zu können. Dies kann zu pädagogischem Handeln führen, das von Eltern als grenzverletzend empfunden wird. Letztendlich wird die „Machtsituation" dennoch negiert, der „Überfall" sei ja nicht so schlimm gewesen, sondern entpuppte sich als spannende Erfahrung. Die Eltern üben hier eine Form sekundärer Kontrolle aus, indem sie ihre eigenen Vorstellungen der Situation anpassen.

Die Mitarbeit der Eltern gilt als Voraussetzung der Aufnahme des Kindes in die Tagesgruppe. Die Teilnahme an Beratungsgesprächen stellt eine wichtige Methode der Elternarbeit dar. Viele Eltern können oder wollen an diesen Gesprächen nicht regelmäßig teilnehmen. Den Pädagogen obliegt es nun, die Eltern zur Mitarbeit zu bewegen, wobei sie durchaus darauf hinweisen können, dass hier eine Verpflichtung seitens der Eltern vorliegt, der sie sich nicht einfach entziehen können. Die Eltern, die die Beratungsgespräche eher meiden und unregelmäßig erscheinen, fühlen sich aber nicht durch die Pädagogen zurechtgewiesen, wenn diese zwar auf den Regelverstoß aufmerksam machen, dabei aber den sanktionierenden Charakter der Zurechtweisung durch ihre sanfte Ausdrucksweise und zurückhaltende verständnisvolle Art weniger spürbar machen. Es scheint dann keine eindeutige Forderung der Mitarbeit ausgesprochen zu werden, die Eltern scheinen zu spüren, dass die Pädagogen sich in der kontrollierenden Rolle nicht wohlfühlen. Dass die Pädagogen im Grunde die Einhaltung der Elternverpflichtung kontrollieren und einfordern, mal mehr, mal weniger deutlich, scheint aber allen Beteiligten bewusst zu sein. Die Eltern merken, dass die Pädagogen flexibel auf die Elternbedürfnisse eingehen und sich nicht stur an ein Konzept halten. Auf diese Weise wird die Gegenseitigkeit in der Gestaltung der Rahmenbedingungen und der Situation deutlich, beide Beziehungspartner haben Einfluss auf Häufigkeit, Inhalte und Dauer der Angebote, insbesondere der Elterngespräche. Der eher lockere Umgang beider Parteien mit der Verpflichtung der Eltern kann durchaus als Strategie der Verschleierung gewertet werden, da beide bemüht sind, auf den anderen einzugehen, ohne dass das Grundthema der Hilfe und Kontrolle ausgesprochen wird. Der betont lockere Umgang dient der Negierung des Zwanges. Hierdurch werden Konflikte vermieden. Bei manchen Eltern scheint die „lockere Leine" eine Möglichkeit zu sein, sie überhaupt für Beratungsgespräche gewinnen zu können. Dies scheint der Fall zu sein, wenn ein Elternteil wenig eigene Motivation zum Gespräch mitbringt.

Als Verschleierungsstrategie werten wir auch die Tendenzen mancher Eltern, sich nicht mit den verschiedenen Funktionen der Pädagogen auseinander zu setzen. Die pauschale positive Beurteilung aller Pädagogen, jeglicher Situationen, die Negierung aller Konflikte weist darauf hin, dass ambivalente Gefühle möglicherweise verdrängt werden. Als Beispiel bietet sich in diesem Zusammenhang die Abfassung des Hilfeberichtes durch die Pädagogen an. Der Hilfebericht stellt ein Evaluationsinstrument des Hilfeprozesses dar. In ihm werden die Veränderungen der gesamten Familie festgehalten und in

Beziehung zu den geplanten Hilfezielen und -methoden gesetzt. Eltern haben dann die Gelegenheit, Kontrolle auszuüben, indem sie diesen gegenlesen und verändern können. Da sie aber ihrerseits den Bericht nicht als Kontrollinstrument auffassen, werten sie ihn als formale Notwendigkeit und messen ihm wenig Bedeutung bei. Diese geringe Bedeutung des Hilfeberichtes kann bei fast allen interviewten Eltern beobachtet werden. Sie verschließen sich dem Gedanken, dass „ihre" Pädagogen umfassende Kontrollaufgaben haben.

Leugnen des Kontrollauftrages durch vermeintliche Aufhebung der Asymmetrie

Einige Eltern begegnen erfahrener Kontrolle, indem sie sekundäre Kontrollstrategien anwenden und sich so die Illusion von eigener Kontrolle verschaffen. Sie nehmen für sich in Anspruch, sich bewusst für ein Verhalten, z.B. die Teilnahme an einer Gruppe entschieden zu haben und den Pädagogen, mit denen sie sich solidarisch fühlen, das Gefühl einer gelingenden Arbeit zu geben und fühlen sich selbst gebraucht. Hier findet in der Vorstellung der Eltern eine Umkehrung des asymmetrischen Verhältnisses statt. Die Eltern erlangen so das Empfinden, selbstbestimmt und begründet zu handeln und nicht machtlos einer Verpflichtung zu folgen.

Eine andere Form des Versuchs der Umkehr der Asymmetrie stellt die eigene „Erhöhung" durch Erlangung eines Expertenstatus dar, der durch einschlägige Weiterbildung in Form von Informationssammlung angestrebt wird. In einer der untersuchten Tagesgruppen wurde die Bildung einer ADS-Selbsthilfegruppe angestrebt mit dem Ziel, betroffenen Eltern aus der näheren Umgebung einen Ort zu schaffen, an dem sie sich informieren und ihre persönlichen Probleme besprechen können. Gemeinsam mit den Pädagogen und eingeladenen Psychologen sollte in diesem Rahmen über den Themenbereich ADS diskutiert werden. Die hier beteiligten Eltern der Tagesgruppe sehen sich dadurch auf gleichem fachlichen Niveau wie die Pädagogen der Tagesgruppe oder andere Experten. Eltern sehen bei sich teilweise sogar einen Wissensvorsprung, so dass sie z.B. in der Schule Aufklärungsarbeit leisten müssen. Im Rahmen einer solchen Zusammenarbeit kann es im Bewusstsein der Eltern keinen Kontrollauftrag seitens der Pädagogen geben, da aus Sicht der Eltern sie hier als gleichrangige Experten zusammenkommen.

Leugnen durch scheinbare Lösung des Rollenkonfliktes

Eltern sind sich häufig der Kontrollaufgabe der Pädagogen der Tagesgruppe bewusst. Um die paradoxe Beziehungssituation mit den vornehmlich als helfend und unterstützend wahrgenommenen Tagesgruppenpädagogen zu bewältigen, klammern sie die Kontrollaufgabe aus dieser Beziehung aus und schreiben sie Mitarbeitern anderer Institutionen, z.B. des Jugendamtes zu. Eltern bewältigen die Doppelrolle der Pädagogen durch Belegung der jeweiligen Pädagogen mit unterschiedlichen Rollen, so dass ihre pädagogischen Beziehungspartner von kontrollierenden Aspekten freigesprochen werden. Im Grunde wird dadurch der Kontroll- und Machtaspekt innerhalb der Helfer-Klient-Beziehung geleugnet.

D. Gegenwehr

Gegenwehr durch Definieren des Experten-Laien-Verhältnisses als Dienstleistungsverhältnis durch Eltern

Bei der Definition der Beziehung durch Eltern entsprechend eines Dienstleistungsverhältnisses reagieren Eltern auf empfundene Macht durch Pädagogen mit einer (inneren) Einschränkung der Befugnisse der Pädagogen. Eltern möchten sich durch Vertreter der Jugendhilfe nicht die Entscheidungen über ihr Kind aus der Hand nehmen lassen. Sie fassen Pädagogen als Dienstleister auf und bewerten deren Handeln. Sie ordnen sich ihnen nicht ohne Weiteres aufgrund der der Beziehung zugrunde liegenden Struktur unter. Den elterlichen Erziehungsvorstellungen kommt gegenüber den pädagogischen Vorstellungen eine vorrangige Stellung zu, d.h. Eltern erwarten, dass die Pädagogen mit ihren Kinder so umgehen, wie sie als Eltern dies wünschen. In gewissem Sinne üben diese Eltern Druck auf die Helfer aus, indem sie – fußend auf einem Bewusstsein der Eigeninitiative bei der Suche nach Hilfe – deutlich machen, dass sie diese ebenso gut wieder beenden können. Die selbst empfundene stärkere Stellung der Eltern in der Helfer-Klient-Beziehung zeigt sich in der Art und Weise, wie sie empfundene oder auch tatsächliche fehlerhafte Handlungsweisen der Pädagogen wahrnehmen und beurteilen. Das Wahrnehmen der Fehler muss aber nicht in jedem Fall mit einer Abwertung der Pädagogen einhergehen. Vielmehr erscheinen die Helfer aufgrund ihrer eigenen Schwächen diesen Eltern weniger ideal – und damit menschlicher – als anderen Eltern, die das Handeln und Denken der Pädagogen als grundsätzlich richtig betrachten.

Gegenwehr durch Entzug der Kontrollberechtigung

Bei erfahrener Kontrolle durch Pädagogen neigen, wie oben beschrieben, manche Eltern dazu, die Kontrollberechtigung der Pädagogen aufgrund ihrer Fachkompetenz und ihres strukturell gegebenen Status hinzunehmen und ihre eigenen Werte und Vorstellungen anzupassen. Andere Eltern ziehen in solchen Momenten oder generell ebendiese Berechtigung in Zweifel. Sie fragen sich, worin diese Vormachtstellung der Pädagogen begründet liegt.

Diese Zweifel tauchen bei manchen Eltern generell auf, d.h. weder Pädagogen noch anderen Experten gestehen sie eine Kontrollberechtigung zu. Diese Eltern nehmen sich im Grunde als gute Eltern wahr, die mit der Problematik ihres Kindes nichts zu tun haben. Ihre Erziehungsschwierigkeiten resultieren aus ungünstigen Lebensumständen (Scheidung, Armut, Arbeitslosigkeit, Krankheit, Ignoranz der Lehrer etc.), sie selbst bedürfen lediglich der Unterstützung, damit umzugehen. Eine Kontrolle ihrer eigenen Erziehungsart erscheint ihnen unnötig. Sie betrachten die eigenen Erziehungsvorstellungen und -handlungen als wenig verbesserungsbedürftig, was zur Folge hat, dass die Vorstellungen und Handlungen der anderen von ihnen kaum als besser eingeschätzt werden. Auch die der Pädagogen nicht, folglich haben diese in den Augen der Eltern weder persönlich noch fachlich die Berechtigung zur Kontrolle elterlichen Handelns und Denkens. Dass sie strukturell bedingt dazu berechtigt sind, ist ein Umstand, dem manche Eltern sich fügen. Andere wiederum fügen sich nicht und stellen die Fachkompetenz der Pädagogen oder anderer Experten in Frage.

Auch eine Minderbewertung des pädagogischen Berufes an sich kann bei einigen Eltern festgestellt werden: „Mit Kindern spielen und Schularbeiten machen – das kann jeder“. Bei den Eltern, die sich in der Erziehung ihrer Kind trotz Schwierigkeiten sehr kompetent fühlen, steht die Funktion der Tagesgruppe als Hortersatz im Vordergrund. Diese Sichtweise führt zu einer partnerschaftlichen Interpretation der Helfer-Klient-Beziehung, d.h. die Eltern empfinden sich und ihre Erziehungsvorstellungen und Werte als vollkommen gleichwertig. Unter gleichwertigen Partnern kann es keine Kontrolle geben, höchstens eine Erörterung verschiedener Möglichkeiten, die auch die Modifikation der eigenen Vorstellungen einschließt. Diese Eltern empfinden eine Einflussnahme auf die Gestaltung der Hilfe als selbstverständlich. Es besteht aber auch die Möglichkeit, dass Eltern aus der Arbeit mit bestimmten Pädagogen wenig Gewinn ziehen, weil sie das pädagogische Herangehen an die Elternarbeit als wenig hilfreich empfinden. Auch in diesem Fall wird den Pädagogen nicht die Berechtigung zugestanden, Kontrolle auszuüben, da sie aus Sicht der Eltern zu wenig Kompetenz besitzen.

Die Abwertung der Pädagogen und anderer Experten kann ebenfalls als Mittel gesehen werden, sich empfundenem Druck entgegen zu stellen. Abwerten oder auch Nicht-Ernst-Nehmen der Pädagogen bedeutet, dass diese mächtigen Personen – zumindest in der eigenen Vorstellung – ihrer Macht, die sie auf ihre Kompetenz gründen, beraubt werden. Situativ kann es geschehen, dass Eltern die pädagogisch geplanten Angebote nicht in der gewünschten Weise wahrnehmen und sie offen durch gegensätzliches Handeln brüskieren. Die Abwertung der Pädagogen oder anderer Experten kann ebenfalls als Kontrollillusion (sekundäre Kontrollstrategie) gewertet werden.

Gegenwehr durch Verweigerung

Als eine Strategie kann das Fernbleiben gesehen werden. Dieses Mittel stellt das letzte Mittel der Eltern dar, auf Druck zu reagieren. Letztendlich gewinnen Eltern dadurch in der unmittelbaren Situation keine Kontrolle, vielmehr stellt das Fernbleiben eine ohnmächtige Reaktion dar. Dennoch gelingt es ihnen, durch diese Strategie den Hilfeverlauf zu beeinflussen. Manche Eltern verweigern die Mitarbeit ganz und gar, andere erscheinen unregelmäßig zu vereinbarten Terminen. Durch das Fernbleiben erleben die Eltern situativ einen Machtvorsprung, denn sie wissen, dass die Pädagogen auf ihr Erscheinen warten. Wenn Eltern sich nicht freiwillig zur Teilnahme an Angeboten der Elternarbeit entscheiden, wägen sie ihre eigenen Pflichten, die ihnen im Alltag auferlegt sind, gegen die Verpflichtungen der Tagesgruppe ab. Eltern erlangen das Gefühl von Selbstbestimmung, indem sie durch das Fernbleiben selbst die Entscheidung treffen, ob sie an der Elternarbeit teilnehmen oder nicht. Eltern beschäftigt ihr Fernbleiben sehr, und sie suchen – neben der Bemühung eines belastenden Alltags – nach Gründen, um ihr Verhalten als rechtmäßig erscheinen zu lassen. So nennen Eltern beispielsweise das Empfinden, ihre Anwesenheit würde das Kind in der Tagesgruppe stören, gesundheitliche Probleme oder Belastung durch Berufstätigkeit, Verweis auf andere Eltern, die ebenfalls nicht teilnehmen oder die Hilfe sehr viel nötiger hätten und die Sorge um Geschwisterkinder, die zu Hause nicht betreut werden.

Gegenwehr durch Konfrontation

Als Beispiel einer konkret als druckvoll empfundenen Situation bietet sich eine Erfahrung einer Mutter im Jugendamt an, die versteckte Vorurteile bei der sie betreuenden Sozialarbeiterin vermutete und mit einem Gegenangriff reagierte. Hier kann man von einer symmetrischen Eskalation sprechen: das Elternteil tritt dem Helfer provokativ gegenüber und fordert unumwunden Offenheit. Hier drückt sich das Bedürfnis aus, „gerecht" behandelt zu werden, d. h. nicht als ein bestimmter Typ Mutter oder Vater vorverurteilt zu werden, denn durch die empfundenen Vorurteile scheint sich keine ergebnisoffene Beratungssituation herstellen zu lassen. Eine andere Form der Gegenwehr findet sich in einer offensiven Durchsetzung der eigenen Interessen trotz des Wissens, dass bestimmte Verhaltensweisen den Vorstellungen der Pädagogen nicht entsprechen. Eltern bewahren sich so einen Freiraum innerhalb des Hilfealltags, sei es, dass sie feststehende Regeln umgehen, sei es, dass sie spontan handeln oder indem sie aus einem Angebot einen Gewinn ziehen, der nicht pädagogisch intendiert war.

Gegenwehr durch heimliche Revolte

Eltern sollen, dass können wir den Interviews mit den befragten Pädagogen entnehmen, die in der Tagesgruppe erarbeiteten Strategien, die dort geltenden Regeln und Verhaltensvorschriften übernehmen und auch im häuslichen Alltag anwenden. In der Tagesgruppe verhalten sich die Eltern oft wie gewünscht. In diesem Rahmen mit der Unterstützung der Pädagogen scheinen die erlernten Strategien für den Umgang mit den Kindern in unterschiedlichen Situationen wirksam zu sein. Stellen diese Strategien aber lediglich das Ergebnis eines Lernvorgangs dar, der im Kopieren von Verhaltensweisen besteht und nicht von den Eltern selbst als befriedigende Strategie im Umgang mit dem eigenen Kind erarbeitet und als wirksam erlebt wurde, versagen sie oftmals zu Hause. Eltern unterlaufen dann bewusst die pädagogische Vorgehensweise und glauben, ihrem Kind zu Hause ein Gegengewicht zum strengen Tagesgruppenaufenthalt bieten zu müssen. Fast scheint sich hier eine gewisse Trotzhaltung zu zeigen. Diese Eltern gehen nicht offen gegen Dinge an, die sie stören.

Gegenwehr durch das Setzen eigener Grenzen

Eltern lassen die Ausübung von Druck innerhalb der Tagesgruppe zu, da sie die Tagesgruppe als ernstzunehmende kompetente Unterstützung erfahren. Sie akzeptieren, dass die Pädagogen in bestimmten Bereichen Kompetenzen besitzen, die die der Eltern überschreiten, hier wird ihnen eine Kontrollbefugnis zugestanden. Da sich diese Eltern als engagierte Eltern verstehen, sehen sie sich in der Lage, sich Freiräume von pädagogischer Kontrolle zu nehmen. Sie tun dies, indem sie ihre regelmäßigen Besuche von Zeit zu Zeit unterbrechen, d.h. indem sie die Quantität ihrer Mitarbeit selbstbestimmt einschränken. Auch die Qualität ihrer Mitarbeit bestimmen sie selbst. Agieren sie einmal als verantwortliche Partner der Pädagogen, lehnen sie sich ein anderes Mal zurück und konsumieren ein Angebot. Diese eher passive Teilnahme bietet weniger „Angriffsfläche“, weniger aktive Eltern können weniger „falsch“ machen, als aktive Eltern. Doch die Selbstbestimmtheit hat ihren Preis: nicht wenige Eltern kämpfen in der Zeit der Verweigerung oder Passivität mit Schuldgefühlen. Eine andere Möglichkeit der Grenzsetzung suchen Eltern in der Durchsetzung eigener Regeln bezüglich der Angebote bzw. der Anpassung der Regeln an ihre eigenen Bedürfnisse. Dieses kann z. B. die Rahmenbedingungen der Tagesgruppenarbeit betreffen. Hier werden die Zeiten der Angebote, der vorgesehene Rhythmus von Angeboten, aber auch die Inhalte der eigenen Bedürftigkeit angepasst.

Offizielle Beschwerde an höherer Stelle oder Bildung einer Koalition

Eltern, die sich nicht in der Lage sehen, allein in die Auseinandersetzung mit den Pädagogen zu gehen (hier kann sowohl ein Streitgespräch, als auch das bloße Äußern von Kritik oder Vorschlägen oder eigenständiges spontanes Handeln als Ausdruck von Initiative gemeint sein) wenden sich an einen Menschen, von dem sie sich die Übernahme dieser Strategien an ihrer Stelle erhoffen. Entweder beschweren sie sich bei Vorgesetzten (was nur in einem Fall angedroht wurde) oder aber sie suchen sich Verbündete, meist andere Eltern der Tagesgruppe, die ähnliche Interessen haben und weniger Scheu, diese durch zu setzen. Hierdurch begegnen sie Kontrollversuchen, indem sie ihrerseits Kontrolle ausüben (Beschwerde) oder aber andere Eltern der Kontrolle aussetzen.

Gegenwehr durch Steigerung des eigenen Selbstbewusstseins

Eltern, die über Selbstvertrauen verfügen oder aber im Hilfeprozess Sicherheit bezüglich ihrer eigenen Kompetenzen erlangen konnten, schaffen es zunehmend, sich von ausgeübtem Druck zu distanzieren. Sie wählen selbstbewusst nur die Angebote und Gespräche aus, die sie für sich noch als hilfreich akzeptieren können. Gegen Ende des Hilfeprozesses wird die Übereinstimmung mit den Pädagogen für einige Eltern weniger wichtig. Sie nehmen auch Konflikte in Kauf, da sie bisher erlebt haben, dass diese Konflikte sich nicht schädlich auf ihre Beziehung auswirken. Auch ihre eigenen Bedürfnisse kennen sie inzwischen besser und lassen es zu, diesen nachzugeben, auch wenn dies dem Tagesgruppenplan zuwider läuft. Diese Eltern haben im Verlauf der Hilfe Druck erfahren und konnten hieran ihre persönlichen Strategien entwickeln.

3.7 Kritik als wesentliche Form der Partizipation von Eltern im Tagesgruppenalltag

Ein wesentliches Moment von Partizipation stellt das Recht der Klienten dar, Kritik an und Unzufriedenheit mit der sozialen Arbeit, deren Adressaten sie sind, zu äußern. Anders als beispielsweise in Großbritannien gibt es in der deutschen Jugendhilfe- und Sozialarbeitsdiskussion praktisch keinerlei Diskussion über Beschwerderechte der Klientel und den Umgang mit Äußerungen der Unzufriedenheit von ihrer Seite. So verweist Blandow auf eine englische Studie (vgl. Aiers/ Kettle 1998, entnommen aus Blandow 1999, S. 113) zur Nutzung des im englischen Jugendhilferecht bestehenden formalisierten Beschwerderechtes für Heimkinder und andere Kinder und Jugendliche und kommt zu dem Schluss, dass dort, wo Beschwerderechte von

Kindern, Jugendlichen und Pädagogen akzeptiert werden, im Grunde genommen keine Formalisierung notwendig ist. Dort, wo Beschwerderechte nicht akzeptiert werden und nicht Bestandteil einer Beteiligungskultur sind, lassen sie sich auch über formalisierte Regelungen nur schwer durchsetzen und hemmen möglicherweise den Aufbau vertrauensvoller Beziehungen zwischen Kindern und Pädagogen. In der genannten Studie hatte sich gezeigt, dass weniger als die Hälfte der Kinder über das Beschwerdeverfahren informiert war. Dies war vor allem dann der Fall, wenn die Kinder noch nicht lesen konnten oder die englische Sprache nicht oder nur unzureichend beherrschten, da die Heime in der Regel das Beschwerdeverfahren nicht zu einem Thema gemacht, sondern schriftliche Merkblätter oder Aushänge für ausreichend gehalten hatten. Doch auch die Kinder und Jugendlichen, die über das Verfahren informiert waren, hatten wenig Vertrauen in das Verfahren geäußert oder hielten es im Hinblick auf die Bewältigung ihrer alltäglichen Unzufriedenheiten und Beschwerden für ungeeignet. Das entscheidende Argument der Kinder und Jugendlichen gegen eine Inanspruchnahme des Verfahrens war ihre Angst vor Sanktionen durch die Erzieher und vor Indiskretionen hinsichtlich ihrer Angelegenheiten. Auch die befragten Erzieherinnen hielten das Verfahren mehrheitlich für ungeeignet. Sie argumentierten, dass sie sich durch die Bedrohung durch ein Beschwerdeverfahren in ihrem Umgang mit den Kindern und Jugendlichen verunsichert fühlten und das Verfahren zu einem Klima des Misstrauens beitrage. Eine positive Resonanz im Hinblick auf das Beschwerdeverfahren ergab sich nur dann, wenn das Verfahren in eine allgemeine Beteiligungskultur innerhalb der Institution eingebettet war und von den Erziehern mitgetragen werden konnte, weil es ihrer inneren Haltung entsprach und in der alltäglichen Praxis Bestandteil der Diskurse war.

Wir definieren Kritik, verstanden als eine Auseinandersetzung des Einzelnen mit den Handlungen, Handlungsnormen und -zielen anderer Menschen, die sich von den eigenen Standpunkten unterscheiden, im Rahmen der vorliegenden Arbeit als zentrales Moment der Partizipation. Daher bedeutet die Fokussierung auf die elterlichen Kritikfelder, die Bedingungen für Kritik, die elterlichen Kritikformen und die die Kritik begleitenden Emotionen eine Auseinandersetzung mit konkreten Partizipationsmöglichkeiten von Eltern: Können Eltern angstfrei Kritik üben und wird diese Kritik akzeptiert und ernst genommen? Werden Eltern kritisiert und wie reagieren sie darauf? Welche Folgen befürchten Eltern, wenn sie Kritik üben? Und nicht zuletzt: Welches sind die Punkte, mit denen Eltern sich kritisch auseinandersetzen?

Im Rahmen des Lern- und Entwicklungsprozesses „Hilfe zur Erziehung“ und als wesentliche Form von Partizipation kommt der „Kritik“ als Lern- und

Entwicklungschance für Eltern aus pädagogischer Sicht eine übergeordnete Bedeutung zu. In Kritik zeigt sich die Erwartung, einen wichtigen Lebensbereich mitgestalten zu können. Man äußert durch Kritik seine eigene Vorstellung von etwas, das mit der gängigen Praxis oder anderen Vorstellungen kollidiert. Vielen Menschen fällt es leichter zu formulieren, was ihnen missfällt, als eigene Vorstellungen ohne Orientierung zu entwickeln. Kritik, verstanden als das Äußern konträrer Meinungen, das Öffentlichmachen der eigenen Bedürfnisse, die Anregung neuer Perspektiven oder eine Lebensäußerung von Menschen, die zunehmend die Verantwortung für ihr Leben übernehmen wollen, erfordert eine Konsequenz. Sollen die Eltern im Rahmen der pädagogischen Maßnahme korrigierende Erfahrungen vor allem hinsichtlich ihrer Selbstwirksamkeit machen können, erscheint es unerlässlich, dass ihre Kritik ernst genommen wird und möglicherweise eine Änderung von Situation und Verhalten nach sich zieht. Andernfalls kann die neuerliche Erfahrung, gegebenen Umständen hilflos ausgesetzt zu sein, zu einer Verfestigung der Erfahrung von Abhängigkeit und eigener Unwirksamkeit auf Seiten der Eltern führen und zu Resignation und Rückzug führen. Die Art und Weise, wie auf Kritik von Eltern reagiert wird, trägt dazu bei, in welcher Bedeutung sie sich innerhalb der Tagesgruppe erleben. Werden Eltern aus pädagogischer Sicht als selbstbestimmte Subjekte definiert, deren positiver Entwicklung eine zentrale Bedeutung zukommt, werden ihre Kritik und die Lernmöglichkeiten, die sich aus der Auseinandersetzung mit Kritik ergeben, als wichtiger Beitrag in einem offenen und partnerschaftlichen Dialog wahrgenommen. Spielt die Bedürftigkeit und Zufriedenheit der Eltern eine eher untergeordnete Rolle, bedeutet Kritik wahrscheinlich eine Störung innerhalb des ohnehin schon schwierigen Tagesgruppenalltags und damit zusätzliche Belastung. Kritik birgt immer die Möglichkeit eines Konfliktes in sich. Partizipation heißt also auch, sich auf Konflikte einlassen zu können und Konflikte als notwendigen Bestandteil des Zusammenarbeitens anzuerkennen.

3.7.1 Was kritisieren Eltern im aktuellen Hilfeprozess?

Aus Studien zur Partizipationsforschung ist bekannt, dass Klienten der Jugendhilfe vor allem dann motiviert sind, mitzugestalten, wenn der zu gestaltende Bereich sie persönlich betrifft (vgl. Kriener 2001). In den von uns untersuchten Tagesgruppen kritisieren Eltern im Wesentlichen Dinge, bei denen sie sich in ihrer Rolle als Erziehende berührt fühlen oder denen sie im Rahmen eines Angebotes der Elternarbeit direkt ausgesetzt sind.

Am häufigsten führen divergierende Erziehungsvorstellungen zwischen Eltern und Pädagogen zu Kritik seitens der Eltern. Diese gehen mit ihren Kindern anders um als die Pädagogen der Tagesgruppen. Die Eltern, die sich oft zumindest in Teilbereichen für gute Mütter oder Väter halten, gleichzeitig ihre Erziehungskompetenz aber durch die massiven Schwierigkeiten mit dem Kind in Frage gestellt sehen, erwarten von den Pädagogen als Experten in „Sachen Erziehung" ein Erziehungsverhalten, an dem sie sich positiv orientieren können. Die Pädagogen ihrerseits verstehen sich als „Modell", an dessen Beispiel die Eltern ein verändertes Erziehungsverhalten erlernen sollen. Dennoch trifft die Art und Weise, in der die Pädagogen mit den Kindern umgehen, nicht immer auf ungeteilte Zustimmung der Eltern. Vielmehr stehen sie besonders denjenigen Umgangsweisen kritisch gegenüber, die die Eltern selbst in ihrer Vergangenheit als negativ erlebt haben, wie z. B. eine Kommunikationsform, die als zu streng und zu laut empfunden wird.

Diese Form des Umgangs mit dem Kind überlagert in seiner Bedeutung aufgrund der emotionalen Beteiligung des Elternteils andere, als positiv wahrgenommene Aspekte der Tagesgruppenbetreuung. Darüber hinaus stellen die Eltern die Alltagstauglichkeit mancher in der Tagesgruppe vermittelten Methoden in Frage. Dies betrifft vor allem Dinge wie etwa das Führen einer Punkteliste für gutes oder weniger gutes Betragen der Kinder. Diese Erziehungsmaßnahme wird als recht zeitaufwendig und damit wenig alltagskompatibel empfunden. Als schwierig empfinden Eltern Situationen, in denen sie ihrem Kind gegenüber Erziehungsvorstellungen der Pädagogen vertreten sollen, die sie selbst so nicht teilen.

Obwohl viele Eltern einsehen, dass die Betreuung verhaltensauffälliger Kinder in der Tagesgruppe nach einer klaren Struktur verlangt, die nicht zuletzt auf einem eindeutigen Regelwerk fußt, fällt es ihnen manchmal eher schwer, einen strengen Umgang mit ihrem Kind durch Andere zu akzeptieren. So wird manchmal Strenge mit emotionaler Kälte gleichgesetzt und es entsteht die Befürchtung, dass das eigene Kind darunter leiden könnte, dass das konsequente Bestehen auf der Einhaltung von Regeln anscheinend mehr Bedeutung besitzt als emotionale Wärme, Spontaneität und kindliche Individualität.

Ein anderer Punkt, der von Eltern kritisiert wird, ist die scheinbare Verhandelbarkeit von Regeln. Zwar werden – als Reaktion auf Äußerungen von Unzufriedenheit seitens der Eltern – von den Pädagogen Regeln zur Diskussion gestellt. In diesen Diskussionen scheinen jedoch die Pädagogen die Eltern von der Notwendigkeit der zur Disposition gestellten Regeln überzeugen zu wollen. So gewinnen Eltern den Eindruck, dass diese Regeln zwar formal ausgehandelt werden, dass aber letztendlich die Entscheidungsmacht vollständig bei den Pädagogen verbleibt. Von den Eltern wird das Ungleichgewicht zwischen den Anforderungen an Eltern bezüglich verantwortlicher

Mitarbeit und der realen Möglichkeit zur Übernahme von Verantwortung zum Teil sehr deutlich wahrgenommen. Sie kommen zu dem Schluss, dass sie an relevanten Entscheidungen nicht beteiligt sind, sondern Mitbestimmung nur bei „Kleinigkeiten“ möglich ist. Sie reagieren auf diese Einsicht mit Ärger und letztlich mit Resignation. Daher erscheint es unerlässlich, ausreichend Transparenz hinsichtlich der tatsächlichen Mitgestaltungsmöglichkeiten und auch zuverlässige Mitgestaltungsangebote zu schaffen, bei denen Pädagogen nicht letztendlich ihre Definition von dem, was richtig sei, über die der Eltern stellen müssen, um auf diese Weise die Funktionsweise der Tagesgruppe zu gewährleisten.

„Regeln“ waren aber auch in anderen Zusammenhängen immer wieder Gegenstand kritischer Auseinandersetzung. Der Umgang der Eltern mit ihrem Kind in der Tagesgruppe unterliegt den von pädagogischer Seite aus festgelegten Regeln – diese bestimmen im Wesentlichen, wie, wann und was die Kinder zu tun haben. Dies trifft die Eltern an ihren persönlichen empfindlichen Stellen in Bezug auf ihre Erziehungsgewalt, in Bezug auf ihre Rolle als Mutter oder Vater vor dem Kind (Kinder erleben die Eltern als den Pädagogen nachgeordnet), in Bezug auf ihre Kompetenz im Umgang mit dem Kind und in Bezug auf ihre Eigenwahrnehmung als ernst zu nehmende Erwachsene. Hinzu kommt, dass die befragten Eltern Notwendigkeit und Sinn mancher Regeln nicht verstehen konnten. Während die Pädagogen das Bestehen auf die Einhaltung von Regeln als konsequentes pädagogisches Handeln betrachten, deuten Eltern dieses Umgehen mit dem Kind als übertriebene Strenge, besonders, wenn sie in ihrem eigenen Alltag andere Vorgehensweisen leben.

Kritisch äußerten sich manche Eltern auch darüber, dass zwar der Tagesgruppenalltag bis in alle Einzelheiten hinein „verregelt“ zu sein scheint, dass die Einhaltung der Regeln jedoch in Abhängigkeit von Situation und Person in unterschiedlicher Art und Weise durchgesetzt wird und demzufolge auch mit unterschiedlichen Erwartungen an die Eltern verbunden ist. Die Vielzahl der Regeln und ihre unterschiedliche Auslegung durch die Pädagogen führen bei manchen Eltern zu einem Gefühl starker Verunsicherung. Diese Unsicherheit wird verstärkt, wenn sich einzelne Pädagogen nicht an diese Regeln zu halten. Dies wirft dann die Frage auf, inwieweit in bestimmten Situationen für Kinder und Erwachsene unterschiedliche Regeln (wie z. B. in der Mittagessensituation) gelten und welche Erwartungen an Mütter und Väter, die sich gerne anpassen und „richtig“ verhalten wollte, gestellt werden.

Auch fühlen sich Eltern durch Mitarbeiter persönlich angegriffen, wenn sie den Eindruck gewinnen, bei ihnen oder ihrem Kind werde strenger auf die Einhaltung von Regeln geachtet als bei anderen.

Ein zentraler Punkt elterlicher Kritik ist die Mitarbeit von Eltern in der Tagesgruppe. Intensive Elternarbeit, wie sie in manchen Tagesgruppen zum pädagogischen Programm gehört, wird auf der einen Seite von den meisten Eltern als sehr hilfreich empfunden. Vor allem jene Eltern, die die Hilfe in der Tagesgruppe als Rettung aus einer Notlage empfunden haben, sehen sich oftmals veranlasst, Anforderungen bezüglich quantitativer und qualitativer Mitarbeit soweit wie nur möglich zu erfüllen. Diese Eltern besuchen Angebote der Elternarbeit, obwohl sie eine eigene enge Tagesstruktur haben (Berufstätigkeit, Geschwisterkinder, Arzttermine), die Angebote als nicht für sich passend oder hilfreich erleben, mit bestimmten Teilnehmern oder Mitarbeitern nicht zurecht kommen und die qualitative und quantitative Anforderung nach Mitarbeit als nach oben hin unbegrenzt erleben.

Auf der anderen Seite bedeutet die Teilnahme an diesen Angeboten für die Eltern, die sich darauf einlassen, aber auch eine enorme zeitliche und psychische Belastung und erfordert nicht selten einen hohen Organisationsaufwand auf Seiten der Eltern, vor allem, wenn sie mit den Arbeitszeiten der Eltern kaum vereinbar sind oder sich – z. B. bei Elternabenden – die Notwendigkeit einer Kinderbetreuung ergibt. Einige Eltern empfinden, dass von Seiten der pädagogischen Fachkräfte nicht genügend Verständnis für solche Zwangslagen besteht und das Argument der Teilnahmeverpflichtung gewichtiger erscheint als die Verhinderungsgründe der Eltern. Werden die Anforderungen an die Eltern bezüglich ihrer Teilnahme allzu restriktiv formuliert, kann dies zu einem Rückzug aus der Tagesgruppenarbeit oder sogar zu einer vorzeitigen Beendigung der Hilfe führen. In diesem Zusammenhang wird der Konflikt zwischen dem Streben nach Selbstbestimmtheit bzw. freier Entscheidungsmöglichkeit und empfundener Fremdbestimmtheit, die von den Eltern als Einschränkung persönlicher Freiheit, zuweilen sogar als Grenzverletzung wahrgenommen wird, besonders deutlich. Andersherum kritisieren gerade besonders engagierte Mütter und Väter diejenigen Eltern, die sich aus tatsächlichen oder vermeintlich vorgeschobenen Gründen der Teilnahme an den Angeboten der Elternarbeit entziehen. Unverständnis und Ärger empfinden diese Eltern jedoch auch gegenüber den Pädagogen, die zwar einerseits den verpflichtenden Charakter mancher Veranstaltungen herausstellen, andererseits aber auf die dauerhafte Abwesenheit mancher Eltern kaum zu reagieren scheinen. In dem hohen Anspruch hinsichtlich der persönlichen Einsatzbereitschaft der Eltern scheint von pädagogischer Seite aus jedoch nicht immer bedacht zu werden, dass ein solches Maß an Engagement auch gewisse ökonomische Ressourcen voraussetzt. Die Familien wohnen zum Teil in einer Entfernung zur Tagesgruppe, die zu Fuß nicht überwindbar ist. Für finanziell schlechter gestellte Eltern ohne eigenes Fahrzeug, die auf öffentliche Verkehrsmittel angewiesen sind, kann das Aufsuchen eines Angebotes der Elternarbeit mit erheblichen Fahrtzeiten und Fahrtkosten verbunden sein. Dies wird vor allem dann zum Problem, wenn sie darüber hinaus berufstätig sind oder mehrere Kinder zu betreuen haben. Doch auch bei denjenigen Eltern, die die entsprechenden finanziellen Ressourcen mitbringen, die über ein eigenes Auto verfügen und nicht berufstätig sind, regt sich angesichts eines als zu hoch empfundenen Anspruches an die Mitarbeit der Eltern Widerstand. Sie akzeptieren die Anforderungen nur deshalb, weil sie die als hilfreich erlebte Betreuung des Kindes in der Tagesgruppe auf keinen Fall aufs Spiel setzen wollen.

Ein weiterer wichtiger Bereich, in dem Eltern Kritik und Änderungswünsche äußern, betrifft die Beziehung zwischen ihnen und den Pädagogen. Die Beziehung zu den Pädagogen stellt für die Eltern eine wichtige Grundlage für ihre Bereitschaft dar, sich auf die Hilfe einzulassen.

Diese Beziehung zwischen Eltern und Pädagogen ist in vielen Fällen asymmetrisch gestaltet, d. h. Eltern und Pädagogen nehmen unterschiedliche Rollen ein, wobei Eltern dazu neigen, sich „folgend bzw. unterordnend" zu verhalten und ihre pädagogischen Beziehungspartner als führend, strukturierend und belehrend zu erleben. Kritisch bewerten die Eltern die asymmetrische Beziehung zwischen ihnen und den Pädagogen dann, wenn sie sich gegen ihren Willen in der Rolle eines zu Erziehenden wahrnehmen. Dies ist dann der Fall, wenn sie sich in ihrem Recht auf persönliche Entscheidungsfreiheit und in ihrer Verantwortlichkeit als Eltern beschnitten sehen.

Bei manchen Eltern stößt auch das offenkundige Beharren der Pädagogen auf der distanzierteren Anrede „Sie" auf Unverständnis und Kritik. Sie mögen sich mit der Arbeitsbeziehung zum Pädagogen nicht abfinden, sie empfinden die bleibende Distanz, die Funktionalität der Beziehung, das begrenzte zeitliche und emotionale Engagement der Pädagogen als kränkend. Es kränkt sie überdies, dass aus ihrer Sicht heraus die Pädagogen diejenigen sind, die entscheiden können, wie sie die Balance zwischen Nähe und Distanz halten wollen. Das „Siezen", von den Pädagogen als wichtige Grenzsetzung gewertet, wirkt auf sie als stetige Zurückweisung.

Ein Bereich, in dem von den meisten Eltern Kritik geübt wurde, ist die Schule. Den Schulbesuch ihres Kindes erleben sie als von vielerlei Problemen überschattet. Besonders wird von den Eltern das Verhalten der Lehrer kritisiert, das in ihren Augen bestimmt ist von fehlenden zeitlichen und fachlichen Ressourcen und von mangelnder Motivation, bei auftretenden Schwierigkeiten gemeinsam mit Eltern und Kind an einer Veränderung zu arbeiten. Im Verhalten der Lehrkräfte und in den zum Teil sehr großen Klassen, die die individuelle Förderung einzelner Kind unmöglich machen, sehen viele der befragten Eltern eine der Ursachen für die Probleme des Kindes.

Im Rückblick sehen einige Eltern in der fehlenden Kooperationsbereitschaft der Lehrkräfte, aber auch in deren mangelnder Fähigkeit, Entwicklungsverzögerungen und behandlungsbedürftige Verhaltensauffälligkeiten zu erkennen, einen Grund dafür, dass ihre Kinder nicht früh genug die notwendige Unterstützung bekamen.

Die Förderung der schulischen Leistungen ist ein Auftrag an die Tagesgruppe als erzieherische Hilfe nach § 32 KJHG. Begleitung und Anleitung der Kinder bei ihren Hausaufgaben durch die pädagogischen Mitarbeiter ist daher unabdingbar Bestandteil des pädagogischen Alltags in einer Tagesgruppe. Eltern, die sich vom Tagesgruppenaufenthalt eine Entlastung bezüglich der Schularbeiten versprechen, kritisieren, dass nicht alle Schularbeiten der Kinder in der Tagesgruppe erledigt würden, und sie sich abends zu Hause noch einmal mit den Kindern hinsetzen müssten, wenn diese nicht mehr konzentrationsfähig seien. Manche Einrichtungen bieten den Eltern die Möglichkeit, die Begleitung ihrer Kinder beim Anfertigen der Hausaufgaben – eine in vielen Familien in erheblichem Maße konfliktträchtige Situation – unter pädagogischer Anleitung in der Tagesgruppe zu trainieren. Diese Begleitung der Hausaufgabensituation durch die Eltern wird von manchen Müttern und Vätern abgelehnt, weil sie sich durch die Anwesenheit der Pädagogen und anderer Eltern gehemmt fühlen. Sie fühlen sich den Schulaufgaben inhaltlich und auch aufgrund problematischer Interaktionen nicht gewachsen und befürchten eine Offenlegung der eigenen Inkompetenz und des als mangelhaft empfundenen Bildungsniveaus. Ähnliches befürchten Eltern auch in Bezug auf ihr Kind, wenn innerhalb der Hausaufgabensituation dessen Leistungsschwäche offen zutage tritt.

3.7.2 Gefühle der Eltern im Zusammenhang mit Kritik

Das Äußern der eigenen, als Kritik empfundenen Meinung ist mit eher unangenehmen Empfindungen wie Angst oder Zweifel an der Angemessenheit besetzt. Es scheint, dass Eltern ihre Kritik an der Tagesgruppe oftmals zurückhalten oder sie sehr vorsichtig formulieren, weil sie Angst haben, die Beziehung zu den Pädagogen zu gefährden und deren Zuwendung und Unterstützung zu verlieren. Gleichzeitig fürchten Eltern negative Konsequenzen für ihre Kinder bis hin zum einem Verlust des Tagesgruppenplatzes.

Diese Angst, so unbegründet sie aus rationaler Sicht scheinen mag, beeinflusst das Kritikverhalten der Eltern. Sie tendieren dazu, sich zurückzunehmen, vorsichtig zu sein, sie wollen nicht „anecken“. Manchmal halten sie so lange ihre Kritik zurück, bis eine Verbesserung der Situation nicht mehr möglich und ein Beziehungsabbruch unvermeidlich erscheint.

Manche Eltern empfinden die eigene Kritik als unangemessen gegenüber dem Expertenstatus der Pädagogen oder fühlen sich undankbar denjenigen gegenüber, die ihnen das als so belastend erlebte Kind für viele Stunden des Tages abnehmen und mit hohem persönlichen Einsatz arbeiten. Deshalb tendieren sie dazu, bestimmte Dinge hinzunehmen oder herunterzuspielen oder in einen Kontext des Lobes einzubauen. Im Zusammenhang mit erfolgreich geübter Kritik entstehen Gefühle von Stolz, sogar Triumph. Eltern, die ihr Anliegen vorgebracht haben und deren Kritik Konsequenzen in Form einer gewünschten Veränderung zeigte, fühlten sich ernst genommen und wertgeschätzt.

Wird Kritik über längere Zeit zurückgehalten, kann sich bei Eltern ein Gefühl der Ohnmacht einstellen, welches sich bis zu einer Resignation hinsichtlich der eigenen Einflussmöglichkeiten steigern kann. Eltern gehen dann von vornherein davon aus, dass ihre Kritik wirkungslos bleiben wird. Gleichzeitig schützen sie sich damit vor den befürchteten Konsequenzen.

3.7.3 Strategien der Eltern im Umgang mit Kritik und eigener Unzufriedenheit

Vielen der Eltern fällt es nicht leicht, Kritik zu üben. Mit Hilfe der Methoden „teilnehmende Beobachtung“ und „problemzentriertes Interview“ konnten in dieser Arbeit einige Strategien der Eltern exploriert werden, derer sie sich bedienen, um Kritik zu äußern. Für die Praxis der Tagesgruppenarbeit ist es wichtig, sich der möglichen Bedeutung eines solchen Verhaltens von Eltern bewusst zu werden, um auf diese Partizipationsversuche der Eltern eingehen zu können.

Eine häufig anzutreffende Form, Kritik zu üben, ist die indirekte Form. Eltern sagen nicht direkt, was sie für veränderungswürdig halten, sondern sie umschreiben das Thema oder äußern Zweifel in Bezug auf als störend empfundene Verhaltensweisen.

Hierbei fällt auf, dass Eltern dazu neigen, sich selbst als defizitär darzustellen, also Selbstkritik zu üben. Nicht das Verhalten eines Anderen ist kritikwürdig, sondern ihr eigenes Unvermögen, mit diesem Verhalten umzugehen bzw. es zu akzeptieren. Beispielsweise beschreiben Eltern es als ihre Schwierigkeit, mit bestimmten Verhaltensweisen der Pädagogen gegenüber ihrem Kind umzugehen, weil sie im Rückblick auf die eigene Biographie diese Erziehungsmethode als problematisch bewerten. Auch Schwierigkeiten bei der Erfüllung übernommener Aufgaben führen sie oftmals auf eigene Defizite zurück.

Ein anderer Weg der Eltern, die eigene Unzufriedenheit öffentlich zu machen, ohne den Adressaten zu brüskieren und unangenehme Folgen befürchten zu müssen, besteht in der Bagatellisierung. Das kritikwürdige Moment wird als im Grunde völlig unwichtig und nur sehr selten vorkommend bewertet und entsprechend vorgebracht. Hinter einer auf solche Weise geübten Kritik erkennt der Adressat der Kritik wenig Leidensdruck und bleibt wenig motiviert, an der kritisierten Situation etwas zu verändern. Auch das „Neutralisieren" von Kritik bedeutet eine Bagatellisierung. Eltern betten ihre kritische Äußerung in vielfältiges Lob über andere Angebote, Verhaltensweisen und Funktionen der Pädagogen ein. Überdies zeigen sie sehr viel Verständnis für das kritisierte Verhalten, indem sie z. B. auf schwierige äußere Umstände im Rahmen der Tagesgruppenarbeit hinweisen und so die empfundene Brisanz vor sich selbst mindern und ihrer Kritik die Schärfe nehmen. Beispielsweise wird ein als willkürlich streng empfundenes Verhalten dem Kind gegenüber als Notwendigkeit und Konsequenz umgedeutet oder ein als unangemessen erlebtes Verhalten der eigenen Person gegenüber mit den Notwendigkeiten in der pädagogischen Arbeit der Tagesgruppe begründet und legitimiert.

Offenbar fällt es Eltern leichter zu kritisieren, wenn sie sich eine Distanz schaffen zu der Person, deren Verhalten sie kritisieren. Sie äußern Kritik dann eher gegenüber unbeteiligten Dritten oder wählen eine indirekte Form, nämlich den Vergleich mit einer anderen Institution, Person oder der Vergangenheit.

Wenn Eltern im Rahmen dieser Studie eine kritische Äußerung bezüglich der Tagesgruppenarbeit machten, führten sie gerne weitere Expertenmeinungen aus der Ratgeberliteratur oder aus Gesprächen mit anderen Betroffenen an, um ihrer Kritik mehr Gewicht zu verleihen. Die Verantwortung wird auf diese Weise auf mehrere Personen verteilt, der Kritiker empfindet sich als Sprecher auch anderer Eltern und kann so seinen Ängsten z. B. vor Isolation begegnen.

Manche Eltern stehen bestimmten Regeln oder Abläufen in der Tagesgruppe durchaus kritisch gegenüber, äußern aber ihre Unzufriedenheit nicht im Rahmen der Tagesgruppe, sondern verhalten sich in „unkontrollierten" Situationen, z. B. zu Hause, so, wie sie es für richtig halten. Einerseits unterlaufen sie damit die in der Tagesgruppe erarbeiteten Erziehungsstrategien, andererseits nutzen sie aber das aus ihrer Sicht kritikwürdige Verhalten, um sich daran zu orientieren und ihre eigene Vorstellung von guter Erziehung zu entwickeln.

Eine häufige Form der Kritik, die die Empfindlichkeit des Gegenübers einbezieht, stellt die Kritik in Form von Anregungen dar. Eltern sagen nicht, was ihnen nicht gefällt, sondern machen Vorschläge oder stellen Ideen und Wünsche in den Raum, allerdings vermeintlich ohne Anspruch auf deren Umsetzung. Hier kann es leicht passieren, dass aufgrund der emotionalen Zurückhaltung diese Anregungen überhört werden. Die Eltern warten dennoch darauf, dass ihre Veränderungswünsche aufgegriffen und umgesetzt werden.

Eltern warten also eher ab, bevor sie – mehr oder weniger offen – ihre Unzufriedenheit zum Ausdruck bringen. Die Fragen, die sie in diesem Zusammenhang beschäftigen, richten sich auf Form, Angemessenheit und mögliche Konsequenzen ihrer Kritik: Wie formuliere ich meine Kritik, damit sich niemand gekränkt fühlt? Ist meine Kritik angemessen? Darf ich als Klient der Jugendhilfe Anregungen für Erziehungsverhalten geben? Was passiert, wenn ich Kritik übe? Diese Reflexion dient der Sammlung von Argumenten und der eigenen Vorbereitung auf Gegenargumente, aber auch der Suche nach Argumenten, die das Kritisieren überflüssig machen. Plötzlich erscheint den Eltern im Vergleich zu anderen positiven Auswirkungen und Vorgehensweisen der Tagesgruppenarbeit der kritisierte Aspekt unwichtig.

Als willkommene Möglichkeit, Kritik, aber auch Lob zu äußern, wurde ein an die Hilfe anschließender Evaluationsbogen genannt. Es fällt den Eltern leichter, sich kritisch zu äußern, wenn ihnen auf diese Weise offiziell die Erlaubnis zur Kritik gegeben wird. Überdies fühlen sie sich als Experten für „Elternarbeit in Tagesgruppen" wahrgenommen und wertgeschätzt, umso mehr, wenn auf diese Evaluation eine (positive) Reaktion der Pädagogen erfolgt.

Werden die Eltern selbst kritisiert, gehen sie in unterschiedlicher Weise mit der an sie gerichteten Kritik um. Wie sie tatsächlich darauf reagieren, hängt allerdings von mehreren Faktoren ab: Wer kritisiert sie? Auf welchen Bereich ihres Lebens ist die Kritik gerichtet? In welcher Situation und in welcher Weise wird die Kritik geäußert?

Erfahren Eltern beispielsweise von anderen Eltern in der Tagesgruppe Kritik für ein bestimmtes Erziehungsverhalten, reagieren die meisten sehr ablehnend, weil ihnen jemand, der selbst große Schwierigkeiten mit der Erziehung seines Kindes hat, als nicht berechtigt erscheint, sie in ihrem Verhalten als Eltern in Frage zu stellen oder ihnen Ratschläge zu erteilen. Eine ähnliche Kritik, von Pädagogen geäußert, können sie eher annehmen.

Während Kritik von anderen Eltern eher mit Gegenkritik beantwortet wird, reagieren Eltern auf kritische Äußerungen der Pädagogen ihnen gegenüber oftmals mit einer Rechtfertigung ihres Verhaltens. Manchmal wird die

Kritik, die die Pädagogen an ein Elternteil gerichtet haben, von dem betroffenen Vater oder der betroffenen Mutter geradezu internalisiert, das heißt, sie wird nicht nur angenommen, sondern in das eigene Selbstbild übernommen und in Selbstkritik umformuliert. Eine andere Möglichkeit, auf Kritik zu reagieren, besteht darin, sich weiterer Zusammenarbeit und damit weiterer Kritik zu entziehen.

Im Wesentlichen fühlen Eltern sich in Bezug auf die Quantität ihrer Mitarbeit kritisiert. Einige Eltern deuten einen Hinweis bezüglich mangelnder Mitarbeit als moralische Wertung und suchen die vermeintliche Botschaft „ich bin eine schlechte Mutter bzw. ein schlechter Vater" hinter der Kritik. Einige Eltern vermuten hinter einer diesbezüglichen Äußerung den Vorwurf, sie interessierten sich im Grunde nicht für ihr Kind.

Es zeigt sich also, dass Partizipation von Eltern im Jugendhilfealltag häufig durch das Äußern von Kritik erfolgt, und zwar vor allen Dingen an jenen Punkten, an denen sich die Eltern in ihrer Rolle als Erziehende berührt fühlen. Die Tagesgruppe ist ein Ort, an dem unterschiedliche Individuen mit zahlreichen eigenen Vorstellungen aufeinandertreffen und in einem permanenten Prozess ihre unterschiedlichen Positionen miteinander aushandeln müssen. Oft wird dies über Konflikte geschehen. Der Solidarität, dem Zusammengehörigkeitsgefühl von Eltern kommt in diesem Zusammenhang eine bedeutsame Rolle im Hinblick auf Mitgestaltung und Mitbestimmung zu. Gemeinsam können Eltern leichter Kritik üben und Vorhaben eher durchsetzen.

Eltern werden immer Anlässe für Kritik finden, weil es ideale, für alle Eltern passende Konzepte nicht geben kann. Auch bleibt die Hilfe zur Erziehung in den meisten Fällen in einen Zwangskontext eingebunden, so dass das Äußern von Kritik eine wichtige Möglichkeit darstellen kann, Eltern das Gefühl von Selbstbestimmtheit zu erhalten und sie in der Wahrnehmung ihrer Selbstwirksamkeit zu unterstützen. Ihre Kritik ist aber nicht immer als Kritik zu erkennen, und so kann passieren, dass diese Form von Elternpartizipation übersehen wird und eine Reaktion ausbleibt. Doch obwohl die Kritik aufgrund der befürchteten negativen Konsequenzen oft nur sehr zurückhaltend oder indirekt geäußert wird, erfordert sie Konsequenzen.

3.8 Individuelle unkonventionelle Partizipationsformen und subjektives Erleben innerhalb relevanter Partizipationsdimensionen – Zusammenfassung der Ergebnisse

Im Laufe der empirischen Untersuchung war es möglich, Strategien von Eltern zu explorieren, mit denen sie Situationen und Beziehungen veränderten. Es wurden die subjektiven Wahrnehmungen der Eltern rund um das Thema Partizipation und ihre individuellen, ganz persönlichen Einschätzungen zu diesem Thema sichtbar. Nicht nur das „wie", das „was" und das „woran" waren im Zusammenhang mit Partizipation von Bedeutung, sondern vor allem das „warum" bzw. das „warum nicht". Hier zeigten sich folgende Themenbereiche als bedeutsam, die jeweils auf verschiedene Weise mit dem Thema Partizipation von Eltern in Zusammenhang stehen:

- Situation der Eltern vor der Hilfe, Hilfeanlässe und Vorbedingungen der Hilfe als Grundvoraussetzung für selbstbestimmtes Handeln
- Bedeutung und Funktion der Tagesgruppe für das Alltagsleben der Eltern und ihre Motivation, selbstbestimmt den Tagesgruppenalltag mit zu gestalten
- Besonderheiten des Alltags als Mutter und Vater und deren Chancen für selbstbestimmtes Handeln
- Selbstwahrnehmung der Eltern, also ihr Selbstbild, welches das selbstbestimmte Handeln maßgeblich beeinflusst
- Bedürfnisse der Eltern als Quellen der Motivation selbstbestimmten Handelns
- Ansprüche und Erwartungen von Eltern an Tagesgruppen und ihre Einschätzung bezüglich deren Umsetzungschance
- Kritik als konstitutives Moment von Partizipation und Selbstbestimmung
- Individuelle Partizipationsformen, sowie empfundene Hindernisse für selbstbestimmte Partizipation
- Subjektive Wahrnehmung und individuelles Umgehen mit dem doppelten Mandat der Helfer
- Die Helfer-Klient-Beziehung als Rahmen und Aktionsfeld für Partizipation

Die Eltern zeigten Verhaltensmuster, die zunächst nicht konventionellen Partizipationsformen zugeordnet werden konnten. Dieses Verhalten wurde innerhalb der Interaktionen Eltern-Pädagogen oder Eltern-Eltern beobachtet. Erst nach und nach wurde deutlich, dass es sich hierbei um kreative unkonventionelle Strategien zur Erhöhung des eigenen Einflusses auf Situationen und Beziehungen handelte. Wir hatten zunächst unseren Fokus auf „typische" erkennbare Partizipation gelenkt, d. h. auf solche Verhaltensweisen, die offensichtlich und schon reflektiert zur Veränderung des Tagesgruppenalltags, einzelner Situationen und des gesamten Hilfeverlaufes führen sollten. Das Vorhandensein solcher Verhaltensformen setzt aber voraus, dass Eltern sich ihrer Veränderungswünsche bewusst sind, eine Idee für deren Durchsetzung haben und über die nötigen Ressourcen verfügen, diese zu verlautbaren und womöglich gegen den Widerstand von Pädagogen oder anderen Eltern durchzusetzen. Erst nach der Analyse der Interaktionen zeigte sich, dass scheinbar unauffällige Verhaltensformen dazu benutzt wurden, Situationen nach eigenem Willen zu verändern, sich gegen Fremdbestimmung zur Wehr zu setzen, bedürfnisorientiert zu handeln, Kontrolle über Situationen zu erlangen, Verantwortung zu tragen und mit erfahrener Macht umzugehen. Eltern verwenden also eher kreative, neue Partizipationsformen. Partizipation durch Eltern in den Hilfen zur Erziehung findet statt, wenn auch auf unkonventionelle Weise. Elterliche Partizipation entfaltet sich jenseits pädagogischer Vorstellungen. Eltern partizipieren in jeder erdenklichen Weise außerhalb pädagogisch begrenzter Partizipationsangebote. Selbstbestimmtes Handeln erfolgt als bedürfnisorientiertes Handeln spontan. Eltern zeigen nicht ein typisches Partizipationsverhalten, sondern in Abhängigkeit von der jeweiligen Situation, den elterlichen und pädagogischen individuellen Voraussetzungen und den jeweiligen fachlichen und organisationellen Rahmenbedingungen (Beteiligungskultur einer Organisation) eine ganze Palette an Partizipationsformen. Sie wählen jeweils diejenige Strategie, die geeignet ist,

- ihr Verbleiben in der Tagesgruppe zu sichern
- eine ausbalancierte Beziehung zu den Pädagogen beizubehalten
- Nachteile des eigenen Kindes zu vermeiden
- ein positives Selbstbild zu erhalten
- den Nutzen der Tagesgruppe für das eigene Leben beizubehalten oder zu erhöhen
- eigene Bedürfnisse zu befriedigen
- das Empfinden von Selbstbestimmtheit und Selbstwirksamkeit in einer tendenziell fremdbestimmten Umgebung zu erlangen oder beizubehalten.

Im Folgenden zeigen wir zusammenfassend Handlungsformen und Strategien auf, mit denen Eltern ihren Lern- und Entwicklungsprozess selbst steuern. Diese Strategien werden innerhalb dieses Prozesses modifiziert. Die vorliegenden Handlungsformen und Strategien sind also gleichzeitig Mittel der Einflussnahme und Ergebnisse ihres selbstbestimmten Lern- und Entwicklungsprozesses. Folgende zentrale Ergebnisse lassen sich in diesem Zusammenhang formulieren:

(1) Eltern partizipieren, indem sie die Initiative ergreifen
(2) Eltern gestalten und verändern den Tagesgruppenalltag durch Kritik
(3) Eltern partizipieren, wenn sie selbstbestimmt entscheiden
(4) Eltern partizipieren, indem sie Grenzen setzen
(5) Bedürfnisse stellen eine wesentliche motivationale Grundlage der Partizipation von Eltern dar
(6) Eltern partizipieren durch Strategien subtiler Machtausübung
(7) Eltern partizipieren, indem sie Verantwortung übernehmen
(8) Steuerung und Strukturierung als Ausdruck der Vormachtstellung pädagogischer Fachkräfte im Hilfeprozess beeinflussen die Partizipation von Eltern
(9) Eltern reagieren auf starke pädagogische Intervention mit Unterordnung und Selbstkritik

(1) Eltern partizipieren, indem sie die Initiative ergreifen

Wir explorierten „Initiative“ als Partizipationsdimension, die eine starke Eigenaktivität und damit auch eine hohe Motivation zu partizipieren voraussetzt. Initiative als eine Handlung oder Äußerung, die als Versuch gelten kann, eigenständig Abläufe, Diskussionen oder Prozesse in Gang zu setzen oder in einer bestimmten Richtung, die der Initiator favorisiert, weiterzuführen. Eltern zeigten mannigfach ihre Initiative. Die Formulierung „Versuch“ soll darauf hinweisen, dass Handeln innerhalb dieser Dimension keineswegs eine Erfolgsgarantie enthält. Initiatives Handeln kann nur eingebettet in einen Interaktionsprozess betrachtet werden, auf das die unterschiedlichsten Reaktionen von Seiten anderer Eltern oder Pädagogen erfolgen. Oft zeigte elterliche Initiative keine Wirkung, oft setzten Eltern ihr der Initiative zugrunde liegendes Bedürfnis durch und veränderten Situationen nach ihrem Willen.

Entgegen ihrer häufig postulierten schwachen Position bei strukturellem Machtüberhang durch Experten partizipieren Eltern offensiv, sofern sie über die nötigen Ressourcen verfügen. Eltern sind in Gesprächen initiativ, indem sie Vorschläge machen und damit ihre Idee zur Gestaltung oder Veränderung einer konkreten Situation einbringen. Diese Form der Mitgestaltung ist abhängig vom Aufgreifen der Vorschläge durch die Pädagogen, denen die Macht zugestanden wird, dies zu tun oder aber die Anregungen der Eltern zu ignorieren. Eltern haben Einfluss auf Gesprächssituationen durch Einbringen neuer Themen oder indem sie in einem Gespräch eigene Gedanken zu einem bereits angesprochenen Thema weiter entwickeln. Sie halten sich keineswegs an die durch pädagogische Moderatoren vorgegebenen Themen oder Gesprächsverläufe und wechseln Themen auch unvermittelt, so wie es ihrem situativen Bedürfnis entspricht. Sie äußern selbstbewusst ihre Meinung und tun ihre eigene Ansicht zu einem Sachverhalt damit kund. Sie äußern ihre Meinung ebenfalls dadurch, dass sie anderen Meinungen zustimmen oder diese ablehnen. Eltern werden darüber hinaus initiativ, indem sie Informationen bezüglich wichtiger Entscheidungen fordern oder geben. Mit ihrer Initiative gehen Eltern zuweilen auf Konfrontationskurs, indem sie sich in ein Gespräch einmischen und dies durch eigenen Wortbeitrag unterbrechen, oder sie provozieren gar Pädagogen oder andere Eltern und fordern diese zu einer Auseinandersetzung heraus. Fassen sie ihre Bedürfnisse in Worte, so tun Eltern dies zuweilen in sanfter Form, indem sie einen Wunsch äußern und ihrer Vorstellung über etwas Zukünftiges damit Ausdruck verleihen. Die Äußerung eines Wunsches enthält unausgesprochen die Bitte um Erfüllung. Eltern sehen sich bei dieser Aktion nicht in der Position, den Wunsch selbstbestimmt zu erfüllen, indem sie eine entsprechende Handlung vollziehen. Genauso verhält es sich, wenn Eltern etwas fordern und hierdurch den eigenen Willen hinsichtlich einer Vorgehensweise in deutlicher Form verlautbaren. Allerdings werden die Pädagogen durch diese Handlungsweise eher unter Druck gesetzt, der Forderung zu entsprechen. Eltern zeigen Initiative, indem sie aktiv Hand anlegen, „anpacken“: sie backen Kuchen, räumen auf und basteln für die Tagesgruppe. Diese Form der Mitgestaltung löst bei einigen Eltern das Gefühl aus, nur bei irrelevanten Dingen Initiative zeigen zu können. Selbstbestimmtes Handeln durch Initiative konnte im Wesentlichen durch selbstverständliches, spontanes und dem freien Willen der Eltern folgendes, bedürfnisadäquates Handeln festgestellt werden.

Eltern suchten sich in der Tagesgruppe eigene Aufgaben, ohne vorher um Erlaubnis zu fragen oder sich überhaupt über die Rechtmäßigkeit des Handelns Gedanken zu machen. Sie suchten sich private Aufgaben, die dem entsprachen, was Eltern situativ für angemessen erachteten, die aber den Tagesgruppenalltag an sich kaum berührten. Sie nutzten z. B. den Nachmittag, um Fotos zu machen, sie gossen die Blumen der Tagesgruppe, halfen beim Tisch decken oder suchten Gesprächskontakt zu anderen Eltern. Sie handelten so, wie es ihren eigenen Maßstäben entsprach. Selbstbestimmtes Handeln durch Initiative heißt auch, eigene Entscheidungen zu treffen bezüglich des Handelns, unabhängig von der Erwünschtheit des Handelns oder der Reaktion anderer. Eine andere, soziale Form der Initiative stellt die Kontaktaufnahme zu anderen Eltern dar. Sie versuchen, eine Beziehung einzuleiten, indem sie konkret andere Eltern ansprechen, sie begrüßen, fragen und ein Gespräch herbeiführen.

Initiatives Handeln scheint vom Grad der Strukturierung einer Situation abhängig zu sein. Nur wenig strukturierte Situationen, also Situationen, für deren Bewältigung wenig vorgegebene Regeln zur Verfügung stehen, lassen viel Raum für Eigeninitiative von Eltern und fordern heraus, dass Eltern selbst aktiv werden, wollen sie sich einen Wunsch erfüllen und einem Bedürfnis nachgehen. Gleichzeitig kann das lockere Reglement auch verunsichern, da den Eltern die Orientierung fehlt. Fest oder straff strukturierte Situationen lassen Eltern weniger Handlungsspielräume, sie verbleiben eher auf der konsumierenden Ebene. Gleichzeitig fühlen sie sich einerseits sicher, da sie wissen, wie sie sich „richtig" verhalten sollen, andererseits haben sie Angst vor sogenanntem falschen Handeln und möglichen Konsequenzen. Darüber hinaus erkennen sie, dass das Vorhandensein pädagogischer Struktur keineswegs alle Handlungsspielräume minimiert, es bleiben immer Möglichkeiten der Initiative und damit die Herausforderung, Verantwortung zu übernehmen.

Der Gruppenstatus eines Elternteils scheint sich unmittelbar auf dessen Chance zu Mitgestaltung durch Initiative auszuwirken und zwar dergestalt, dass Pädagogen – je nach Status der Eltern – diesen unterschiedliche Mitgestaltungsmöglichkeiten einräumen, indem sie z. B. auf sie eingehen oder sie ignorieren. Der Status eines Elternteils ergibt sich aus:

1. der Dauer der Gruppenzugehörigkeit der Eltern
2. der sozialen Stellung der Eltern in der Gesellschaft außerhalb der Tagesgruppe, Schichtzugehörigkeit und Bildungsstand
3. dem Grad an Mitarbeit und Engagement der Eltern

Besonders deutlich wird dies innerhalb von Veranstaltungen, die überwiegend darauf ausgerichtet sind, Erfahrungen, Sachverhalte o. a. zu verbalisieren. Hier sind es oft Eltern mit einem scheinbar höheren Ansehen innerhalb der Tagesgruppe, die Initiative zeigen, d. h. mit zahlreichen Beiträgen mitarbeiten, nachhaltig Einfluss auf das Gespräch nehmen und Vorschläge oder Wünsche äußern. Eltern mit vermeintlich niedrigerem Status beteiligen sich nur in geringem Maße, sie werden von den Pädagogen auch nicht dazu ermutigt und erhalten für eigene Beiträge weniger Belohnung in Form von positiver Rückmeldung. Damit deutet sich an, dass die Pädagogen durch die Art ihres Umgangs mit Eltern einen nicht zu unterschätzenden Einfluss auf deren Integration oder Ausgrenzung haben und damit gleichzeitig die Partizipationschancen von Eltern erhöhen bzw. verringern können.

(2) Eltern gestalten und verändern den Tagesgruppenalltag durch Kritik

Kritik stellt einen aktiven Versuch dar, Situationen zu verändern. Eltern setzen sich bei der Kritik aktiv mit Handlungen, Handlungsnormen und -zielen anderer Personen auseinander und äußern ihre Unzufriedenheit mit einer Situation oder Person. Sie tun dies durch direkte Ablehnung, Infragestellen, also Äußerung eines Zweifels oder Widerspruchs und erschweren so ihrem

„Gegner“ die Durchsetzung seiner Interessen, oder aber sie distanzieren sich von einer Person oder Handlung. Auch das „Ignorieren“ kann als Form der Kritik gewertet werden. Hierbei wird eine Person, eine Handlung oder Äußerung absichtlich nicht zur Kenntnis genommen, wobei diese Form der Kritik nicht unbedingt durch den Kritisierten wahrgenommen wird, was die Durchsetzung der Kritik eher unwahrscheinlich macht. Auch die Äußerung von Kritik durch Klagen, also eine Form der Kritik, die nicht zielgerichtet, in jammernder Form eine allgemeine Unzufriedenheit zum Ausdruck bringt, stellt eine wenig Erfolg versprechende Partizipationsform dar. Dahingegen bringt die Beurteilung, d. h. die abschließende negative Bewertung einer Situation, eines Sachverhaltes oder einer Person die Unzufriedenheit des Kritikers klar zum Ausdruck. Diese Bewertung steht allerdings am Ende eines Handlungsprozesses, so dass Änderungen nicht mehr möglich sind, wohingegen die Kritikformen Distanzierung, Ablehnung und Widerspruch noch Änderungen zulassen. Weitere Handlungsformen der Eltern sind das „Korrigieren“, d. h. einen Sachverhalt oder eine Äußerung richtig stellen und damit ein Gespräch im eigenen Sinne weiterzuführen und das „Vorwerfen“. Hierbei wird eine Person einer als unangemessen empfundenen Handlung oder Äußerung beschuldigt. Dies stellt eine massive konfrontative Kritik dar. Eine sehr sanfte Form der Kritik zeigt sich im Äußern von Befürchtungen und Ängsten bezogen auf einen Umstand oder eine Situation, die Eltern nicht tolerieren wollen. Selbstbestimmt handeln Eltern nur dann, wenn sie nicht durch Diskussion, sondern durch Druck oder Drohung – z. B. die Tagesgruppe zu verlassen – eine Änderung erzwingen. Zwei pädagogische Handlungsformen innerhalb der Kategorie „Kritik“ gehen einher mit ihrer Funktion als Steuerer und Strukturierer von Situationen: die Zurechtweisung von Eltern, also die Maßregelung für ein als unangemessen empfundenes Verhalten konnte als selten vorkommende Handlungsform im Bereich Kritik identifiziert werden. Die Zurückweisung von durch Eltern geäußerter Kritik macht deutlich, dass diese als ungerechtfertigt empfunden wurde.

(3) Eltern partizipieren, wenn sie selbstbestimmt entscheiden

Als wesentliche Partizipationsform hat sich sowohl theoretisch als auch empirisch die Möglichkeit des „Treffens von Entscheidungen“ erwiesen. Vielfach wird in diesem Zusammenhang der Begriff „Entscheidungsmacht“ verwandt, der ausdrückt, dass Klienten tatsächlich die Macht haben, in ihren Belangen selbstständig und unbeeinflusst Entscheidungen zu treffen. Den Pädagogen kommt nach diesem Verständnis der Status von Beratern zu, die helfen, informieren und aufklären, z. B. hinsichtlich von Bedingungen und Konsequenzen von Entscheidungen. Zur Entscheidung gehört also nicht nur der Entschluss, eine von mehreren möglichen Optionen wahrzunehmen, z. B. in die Tagesgruppe zu gehen oder nicht, oder unter verschiedenen Hilfsangeboten auszuwählen. Auch der Prozess, der zur Entscheidung führt, scheint von wesentlicher Bedeutung zu sein. Hierbei ist zu fragen, wie Eltern dahin kommen, eine Entscheidung zu treffen. Es ist also der Prozess der Interaktion mit den pädagogischen Fachkräften bzw. sein partnerschaftlicher und demokratischer Verlauf oder aber auch sein manipulativer Fortgang. Interessant erscheint also, welche Rolle die Interaktionspartner im Interaktionsprozess einnehmen. Empirisch konnte für den Prozess der Entscheidungsfindung und die Entscheidung selbst Folgendes exploriert werden:

Am Anfang des Entscheidungsprozesses steht ein Angebot an Eltern, also die Eröffnung der Möglichkeit etwas zu tun oder wahrzunehmen. Alternativ hierzu kann auch die Möglichkeit einer Auswahl unter verschiedenen Möglichkeiten stehen. Läuft der Prozess der Entscheidungsfindung undemokratisch ab, holen die Pädagogen lediglich die Zustimmung der Eltern für eine Entscheidung ein, d. h. Eltern geben ihr Einverständnis z. B. zur Bearbeitung eines Themas oder andere die Hilfe betreffenden Entscheidungen. Hier wird lediglich ein formales Mitbestimmungsrecht eingeräumt, welches vom Grad der Partizipation her nicht als solche gewertet werden kann. Handelt es sich um einen demokratischen Entscheidungsprozess, so klären die Pädagogen die Eltern auf, sie geben ihnen also die Informationen, die für das Treffen der Entscheidung notwendig sind. Eltern können auch die notwendigen Informationen erfragen, indem sie die Konsequenzen ermitteln, d. h. die möglichen Folgen einer Entscheidung erfragen. Sind Eltern sich unsicher, holen sie die Meinung der Pädagogen bezüglich der Entscheidungsalternativen ein: welche Entscheidung halten sie für richtig? Pädagogen und Eltern haben im Interaktionsprozess, der zu einer verantwortlichen Entscheidung führen soll, immer die Möglichkeit, ihren Standpunkt zu äußern und damit ihre eigenen Interessen im Hinblick auf die Entscheidung auszudrücken. Fassen die Eltern letztendlich einen Beschluss, treffen sie damit ihre Entscheidung.

Diese aus Beobachtung und Interview explorierten Interaktionen zeigen erst einmal, was Eltern und Pädagogen bei der Entscheidungsfindung und Entscheidung tun. Sie zeigen noch nicht, ob hier tatsächlich eine selbstbestimmte Entscheidung getroffen werden kann, denn die Möglichkeit der Information, des Auffächerns der Konsequenzen und der Äußerung des pädagogischen Standpunktes lassen die Möglichkeit der Manipulation zu. Die Konzeption der elterlichen und pädagogischen Rolle wird die Auswahl der Fragen und Antworten bestimmen. Betrachten Pädagogen sich als Begleiter von Eltern als vertrauenswürdigen Erwachsenen und helfen ihnen, ihre eigenen Ambivalenzen hinsichtlich der Entscheidung abzuwägen? Oder sehen sich Pädagogen als Vertreter des Kindeswohls und geben jeweils die Informationen, die die Entscheidung der Eltern im pädagogischen Sinne ausfallen lässt?

Entscheidung oder Beteiligung an Entscheidung kann nicht in jedem Fall als Partizipation gewertet werden. Nicht überall, wo Pädagogen Entscheidungsmacht abgeben und Eltern entscheiden, handeln Eltern selbstbestimmt.

(4) Eltern partizipieren, indem sie Grenzen setzen

Eine Dimension der Partizipation stellt das Setzen von Grenzen auf Seiten der Eltern dar. D. h. Eltern machen ihre Bereitschaft zur Mitarbeit kenntlich und definieren den Bereich, in welchem sie mitarbeiten wollen. Eltern bestimmen also selbst, wie viel und was sie von sich preisgeben und welche von außen an sie herangetragenen normativen Vorstellungen sie übernehmen. So steuern sie den Einfluss der Pädagogen auf die Situation und auf ihr Leben. Dies tun sie, indem sie z. B. Bedingungen stellen, also ihre Mitarbeit an eine Voraussetzung knüpfen oder sich bei Überschreitung ihrer Grenzen aus der Situation zurückziehen. Grenzsetzung kann als direkte Form der Partizipation und Selbstbestimmung durch Verweigerung der Erfüllung pädagogischer Vorgaben angesehen werden. Eltern tun dies eher aus dem Gefühl der Überforderung heraus als aus der Absicht, mit den Pädagogen auf Konfrontationskurs zu gehen. Eltern geben sich in ihren jeweiligen Möglichkeiten große Mühe, ihre Elternrolle in der Tagesgruppe wahrzunehmen. Nur dort, wo die Anforderungen subjektiv ihren Bedürfnissen zuwider laufen, wehren sie sich.

(5) Bedürfnisse stellen eine wesentliche motivationale Grundlage der Partizipation von Eltern dar

„Bedürfnis“ steht in engem Zusammenhang mit der „Grenzsetzung“. Bedürfnis wurde als das Gefühl eines Mangels definiert, mit dem Bestreben, diesen zu beseitigen. Eltern zeigten im Zusammenhang mit der Befriedigung ihrer Bedürfnisse im Wesentlichen zwei Handlungsweisen. Zum einen die Annahme pädagogischer Fürsorge und damit der Unterstützung zur Herstellung eines befriedigenden Zustandes. Man könnte hier von einer passiven Form der Partizipation sprechen, die darauf angewiesen ist, dass Pädagogen die Bedürfnisse der Eltern als wichtig erachten und diese als wesentlich für die Zusammenarbeit mit den Eltern verstehen. Zum anderen haben wir beobachtet, dass Eltern aktiv ihre Bedürfnisse einbringen und damit ihre Erwartung kundtun, dass die Pädagogen diese Bedürfnisse bei der weiteren Arbeit berücksichtigen. Auch hier besteht eine passive Haltung der Eltern, denn die selbstbestimmte Befriedigung subjektiver Bedürfnisse würde anscheinend die Grenzen anderer Menschen missachten.

Pädagogen wird von Elternseite aus die Aufgabe zugemutet, ihre Bedürfnisse zu erforschen, indem sie Empathie zeigen, sich also in die Bedürftigkeit der

Eltern einfühlen, indem sie durch Worte und Gesten die eigene Beteiligung signalisieren, Aufmerksamkeit zeigen und auf die Eltern durch Nachfragen oder Kommentare eingehen. Eine, der komplementären Rollenverteilung angemessene Form der Bedürfnisbefriedigung durch Pädagogen, stellt das „Loben" dar. Eltern zeigen sich sehr empfänglich für die ankennende Wertschätzung ihrer Verhaltensweisen oder Äußerungen.

(6) Eltern partizipieren durch Strategien subtiler Machtsausübung

Macht bedeutet eine sich aus den bestehenden Strukturen ableitende Möglichkeit der Einflussnahme. Da in der Helfer-Klient-Beziehung ein struktureller Machtüberhang zugunsten der Pädagogen besteht, nimmt es nicht wunder, dass als Machtausübung interpretierte Handlungen überwiegend von den Pädagogen ausgehen. Im Sinne der Forschungsfrage nach Elternpartizipation richten wir unseren Focus dennoch zuerst auf die Eltern. Wenn man die strukturellen Rahmenbedingungen anschaut, verfügen Eltern durchaus über eine sich aus den bestehenden Strukturen ableitende Möglichkeit der Einflussnahme, denn ihnen wird das Recht auf Partizipation gesetzlich garantiert. Dennoch fallen ihre Formen der Machtausübung eher subtil aus. Situativ zeigen Eltern eine Reihe von Handlungsformen, mit denen sie ihre Macht ausüben können. Zum Beispiel bilden sie eine Koalition mit anderen Eltern. Dieses Eingehen eines Zweckbündnisses dient der Durchsetzung eigener Interessen, indem durch Potenzierung der als gering empfundenen eigenen Macht versucht wird, sich mit Hilfe anderer gegen eine bestimmte Person oder Personen durchzusetzen. Werden Eltern sich ihrer Macht bewusst und/oder befürchten keine negativen Konsequenzen, setzen sie sich durch und führen ihre Pläne gegen den Widerstand anderer aus. Eltern üben auch dadurch Macht aus, dass sie eine Drohung aussprechen, z. B. dass sie die Hilfe beenden wollen. Oder sie stellen Bedingungen, an die sie ihre Mitarbeit knüpfen. Gleichzeitig mächtig und ohnmächtig zeigen sie sich, wenn sie der Tagesgruppe fernbleiben. Zwar entziehen sie sich dem pädagogischen Einfluss, können selbst aber auch keinen Einfluss mehr ausüben. Pädagogen haben innerhalb einer komplexen Interaktion verschiedene Möglichkeiten, Macht auszuüben. An dieser Stelle sei betont, dass diese keineswegs mit der Intention, Eltern zu unterdrücken, angewandt werden, die Handlungen ergeben sich im Interaktionsfluss und werden von den Ausübenden oft nicht als Ausübung von Macht erkannt. Zu nennen ist hier die Belehrung der Eltern durch Pädagogen, die verstanden wird als Behebung von vermeintlichen Wissensdefiziten durch Wissensvermittlung. Zur Verdeutlichung des Unterschiedes zur pädagogischen Aufgabe des Lehrens wird das Belehren als Erziehung der Eltern in eine von Pädagogen favorisierte Richtung mit gleichzeitiger Feststellung elterlicher Defizite in Bezug auf das zu vermittelnde

Wissen verstanden. Eine weitere Form der Machtausübung sahen wir in der Ausübung von Kontrolle, wie z.B. die Überprüfung der Anwesenheit von Personen und der Durchführung gegebener Handlungsanweisungen. Pädagogen sahen sich darüber hinaus in der Position, Eltern geplante Handlungen zu genehmigen und ihnen bei Zuwiderhandlung Konsequenzen anzudrohen, sie also auf die negativen Folgen einer Entscheidung oder einer Handlung hinzuweisen. Auch die Preisgabe persönlicher Informationen ohne das Einverständnis der betreffenden Person wurde beobachtet, wodurch vertrauliche Informationen öffentlich, d.h. anderen Eltern zugänglich wurden.

(7) Eltern partizipieren, indem sie Verantwortung übernehmen

Verantwortung erscheint uns als die wesentliche Partizipationsdimension. Sie verbindet selbstbestimmtes Handeln mit der Reflexion der jeweiligen Umstände, möglicher Konsequenzen, eigener Ressourcen und der Bedürfnisse und Ansichten anderer Eltern und Pädagogen. Verantwortung zu tragen, erscheint uns als reife Form der Partizipation, bei der Eltern über ihre eigene Bedürftigkeit hinausschauen und gleichzeitig ihren eigenen Anteil an der Beschaffenheit einer Situation erkennen. Hierbei steht nicht mehr die Schuldfrage im Vordergrund, sondern die Erkenntnis, dass eigenes Handeln Situationen mit prägt und dass das eigene Handeln veränderbar ist. Wir definierten daher Verantwortung als die Übernahme einer Verpflichtung und der damit verbundenen Konsequenzen. Dieses kann selbstbestimmt geschehen oder aber in Aushandlung mit den Pädagogen, die dann ihre Einschätzung der individuellen Möglichkeiten der Eltern zur Übernahme von Verantwortung zu Gehör geben d.h., sie begleiten Eltern bei ihrer selbstständigen Suche nach Verantwortungsbereichen. Bei der selbstbestimmten Übernahme von Verantwortung übernehmen Eltern z.B. eine Aufgabe im Rahmen des Tagesgruppenalltags und damit ohne Aufforderung eine für das Gelingen einer Situation erforderliche Funktion. Desgleichen kann das kontinuierliche Wahrnehmen der Elternarbeitsangebote und die Bereitschaft, einen Gewinn für sich daraus zu ziehen, Übernahme von Verantwortung bedeuten. Eltern versuchen, mit oder ohne Unterstützung der Pädagogen, sich selbst zu helfen und treten so aus einer Objektposition in eine Subjektposition ein. Sie machen sich selbst durch Recherchieren von Informationen bezüglich eines Problems zum Experten, suchen also Lösungen für Probleme, und beteiligen zudem noch andere an ihren neuen Erkenntnissen. Eltern schätzen aber die pädagogische Begleitung. So setzen sie sich mit den Pädagogen auseinander, sie diskutieren und handeln aus, in welchen Bereichen sie Verantwortung übernehmen können, wollen oder auch sollen. Beispielsweise können Eltern die Rahmenbedingungen für ein Angebot (hier: Beratungsgespräch) so mitbestimmen, dass ihnen die Teilnahme möglich wird und das Gefühl der Überforderung und Fremdbestimmung vermieden wird. Innerhalb verschiedener Angebote entwickeln sie mit Unterstützung der Pädagogen selbstständig Lösungen für bestehende Probleme. Durch ihre Reflexionsfähigkeit sind sie in der Lage einzugestehen, wenn sie einen Fehler gemacht haben, d. h. sie erkennen die Situation an und übernehmen entsprechende Konsequenzen, indem sie ihr Verhalten ändern oder die Aufgabe abgeben. Sie übernehmen aber keinerlei Verantwortung, wenn sie für bestehende Probleme eine andere Person als Schuldigen suchen oder die Umstände für ihre Situation verantwortlich machen. Wenn Pädagogen elterliches Bestreben nach Verantwortung nicht beachten und auf deren entsprechende Handlungen oder Äußerungen nicht eingehen, kann dies in der Folge zur elterlichen Vermeidung von Verantwortung führen. Denn Eltern, die nicht vollständig selbstsicher ihren eigenen Weg durch die Hilfe gehen, bedürfen bei ihren Versuchen, Verantwortung zu übernehmen, der Ermutigung durch anerkennende oder zustimmende Reaktionen seitens der Pädagogen.

(8) Steuerung und Strukturierung als Ausdruck der Vormachtstellung pädagogischer Fachkräfte im Hilfeprozess beeinflussen die Partizipation von Eltern

Auch die Verhaltensformen Steuerung und Strukturierung wurden in der Tagesgruppe häufig beobachtet, allerdings fast ausnahmslos auf der Pädagogenseite. Dies wird verständlich, wenn man sich die Definitionen dieser Begriffe vor Augen hält und bemerkt, dass Steuerung und Strukturierung im Grunde pädagogischen Aufgaben entsprechen. Steuerung definierten wir als Lenkung des Ablaufes einer Situation oder eines Gespräches bzw. des Verhaltens von Klienten nach den „Präferenzen" (z. B. pädagogische Vorstellungen) einer Person, ohne dass dieses zur Diskussion stand, also die Entscheidung für den Ablauf schon getroffen war. Strukturierung definierten wir als Festlegung der Rahmenbedingungen einer Situation, d. h. Ort, Zeit, Teilnehmer und Setting. Die Personen, die diese Handlungen vollziehen, gestalten Situationen im Wesentlichen anhand ihrer persönlichen normativen Vorstellungen und den Zielsetzungen des Hilfeplans. Pädagogen bieten Tagesgruppenpädagogik an, ihnen kommt also die Planung und Umsetzung der pädagogischen Ziele zu. Durch die pädagogische Aufgabe der Steuerung und Strukturierung erfahren Eltern gleich zu Beginn eines jeden Angebotes, dass ihnen eine reaktive Rolle im Interaktionsprozess zukommt, d. h. sie agieren innerhalb der vorgegebenen Grenzen, was einer Begrenzung ihrer Selbstbestimmung gleichkommt. Nachfolgende Interaktionen finden also innerhalb dieser Grenzen statt, denn sie werden vorstrukturiert und damit teilweise fremdbestimmt. Pädagogen haben die Pflicht, Situationen und Angebote verantwortlich zu gestalten und damit den Eltern die Möglichkeit zu geben, in diesen Lernsituationen zu agieren. Nicht immer aber wird durch Steuerung und Strukturierung Freiraum zur Weiterentwicklung der Eltern geschaffen, oft schaffen

Steuerung und Strukturierung ein enges „Verhaltenskorsett“ mit geringen Handlungsspielräumen für Eltern.

Pädagogen schaffen den Rahmen für ein Angebot der Elternarbeit durch Strukturierung, indem sie das Angebot festlegen, d.h. die Art der Veranstaltung, Veranstaltungsdauer und Veranstaltungsort bestimmen und Verantwortung für dessen Ausgestaltung übernehmen. Auch konnte beobachtet werden, dass im Wesentlichen Pädagogen den Teilnehmerkreis einer Veranstaltung festlegen und damit die Zielgruppe bestimmen. Diese Verhaltensweisen stehen in Zusammenhang mit der jeweiligen pädagogischen Zielsetzung, und es wird auf diese Weise von Beginn an Kontrolle über den Verlauf der Veranstaltung ausgeübt. Weiteren Einfluss üben die Pädagogen aus, indem sie zu Beginn der Veranstaltungen das zu besprechende Thema festlegen. Es konnte im Verlauf der Forschungsphase „Teilnehmende Beobachtung“ keine Veranstaltung beobachtet werden, in welcher nicht diese Form der Strukturierung vorlag. In keiner beobachteten Situation wurde offen vorgegangen, im Sinne des Einnehmens einer abwartenden Haltung und eines Wartens auf Aktivität von Eltern. Allerdings konnten Unterschiede im Grad der Strukturierung beobachtet werden. Elternfreizeitangebote (Elternfreizeit, Elternfrühstück, jahreszeitliche Feste) boten Eltern mehr Freiraum, d.h. es wurden keine Gesprächsthemen festgelegt. Dennoch standen auch diese Angebote unter pädagogischer Zielsetzung, z.B. Vertiefung der Helfer-Klient-Beziehung, Ermöglichen des Kontaktes zwischen Eltern oder Beobachtung der Interaktion zwischen Eltern und Kind. Andere Angebote wie Beratungsgespräche, Elternabende, Elternthemengruppen und verschiedene therapeutische Angebote wurden sehr stark einer pädagogischen Zielsetzung angepasst und entsprechend nachdrücklich gesteuert und strukturiert, um ein angemessenes Lernergebnis bei Eltern zu erreichen.

Allerdings konnten hier auch deutliche Unterschiede zwischen den einzelnen Tagesgruppen beobachtet werden. Auf die typischen Merkmale der Tagesgruppen und damit der in ihnen wirkenden Pädagogen wird aus Gründen des Datenschutzes nicht eingegangen. Nicht allein die situativen Rahmenbedingungen, sondern auch der pädagogisch beeinflusste Verlauf der Veranstaltung prägt die Handlungsspielräume der Eltern. Selbstverständlich moderieren Pädagogen die Veranstaltungen, d.h. sie leiten ein Gespräch durch Festlegung der Reihenfolge der Sprecher, durch Erläuterung der Gesprächsbeiträge, durch Einbeziehung von zurückhaltenden Teilnehmern und durch Achten auf Ausgewogenheit der Redezeit. Damit üben Pädagogen eine wichtige Aufgabe aus, die ihnen eine Rolle und eine Stellung innerhalb der anwesenden Personen zusichert, die nicht durch Eltern übernommen werden kann. Im Verlauf von verschiedenen Veranstaltungen wurde beobachtet, dass Pädagogen Pläne vorstellen und damit äußern, wie die eigenen Vorstellungen umgesetzt werden sollen, wie sie Aufforderungen aussprechen und andere damit zu einer als notwendig empfundenen Handlung bewegen oder sogar Anweisungen geben, d. h. eine Handlung anordnen. In seltenen Fällen konnte auch die Konfrontation der Eltern mit pädagogischen Interessen beobachtet werden, mit dem eindeutigen Ziel, die eigenen Interessen auch durchzusetzen. Im Dienste einer pädagogischen Zielsetzung neigen Pädagogen manchmal zum monologisieren, d.h. sie sprechen im Vergleich zu anderen Gruppenteilnehmern unangemessen viel, ohne andere zu Wort kommen zu lassen oder stören Gespräche oder Handlungen, indem sie diese unterbrechen, um dann auf ein Thema zurückzukommen, welches zur Bearbeitung vorgesehen war. Um eine als angemessen empfundene Kommunikation aufrecht zu erhalten, legen Pädagogen auch neue Regeln fest, um mit Hilfe dieser neuen Handlungsnorm Elternhandeln und -reden zu lenken. Einzig die Äußerung von Wünschen und Vorstellungen auf Elternseite kann im Sinne der Steuerung einer Situation gewertet werden, wenn diese Wünsche den weiteren Verlauf der Situation bestimmen.

Die beobachteten Verhaltensformen wurden aus einem komplexen Interaktionsprozess herausgelöst. Es konnten unterschiedlichste Reaktionen der anwesenden Eltern beobachtet werden, von der Unterordnung bis zum Aufbegehren Durch die selektive Darstellung der Verhaltensweisen und deren personale Zuordnung soll aber verdeutlicht werden, welche Personen welche Verhaltensweisen zeigten, und es erscheint wichtig, darauf hinzuweisen, dass die Verhaltensweisen aus der Kategorie Steuerung und Strukturierung, also Verhaltensweisen, die auf hohen Einfluss und starke Kontrolle über Situationen und Personen hinweisen, eindeutig den Pädagogen zugeordnet werden können. Es sind dies Verhaltensweisen, die Selbstbestimmung von Eltern, ob pädagogisch oder organisationell, selbstverständlich oder nicht, einschränken und deren Handlung vorstrukturieren, weil die Entscheidungen für Zielsetzung und Ablauf schon im Vorfeld getroffen wurden und nicht zur Disposition stehen.

(9) Eltern reagieren auf starke pädagogische Intervention mit Unterordnung und Selbstkritik

Zu den Verhaltensformen Steuerung und Strukturierung auf Pädagogenseite findet sich als komplementäre Verhaltensweise die Unterordnung der Eltern.

Eltern zeigen im Rahmen von Veranstaltungen zwar häufig Initiative, aber direkter Steuerung durch Pädagogen begegneten sie eher durch unterordnendes Verhalten, welches wir als widerspruchsloses, den vorgegebenen Rahmen- und Situationsbedingungen entsprechendes Handeln definierten.

Unterordnendes Verhalten erfolgt dann, wenn pädagogisch mit entsprechendem Nachdruck vorgegangen wird (vgl. Steuerung und Strukturierung). Eltern spüren sehr genau, wann sie die Möglichkeit haben, Einfluss auf eine Situation auszuüben und wo diesem Einfluss und ihrer Selbstbestimmung eindeutig Grenzen gesetzt werden. Ist Letzteres der Fall, reagieren Eltern, indem sie Aufforderungen befolgen oder gehorchen, d.h. einer direkten Anweisung Folge leisten. Unterordnendes Verhalten muss aber nicht in jedem Fall in Zusammenhang mit einer direkten Aufforderung auf Pädagogenseite stehen. Eltern passen sich z.B. an, indem sie sich im Hinblick auf das eigene Verhalten am Beispiel und den Erwartungen der Pädagogen orientieren und so die direkte Aufforderung unnötig machen, also im Sinne des vorauseilenden Gehorsams handeln.

Ihre Position innerhalb der Gruppe, besonders in Bezug auf die Position der Pädagogen, wird dadurch deutlich, dass sie vor Handlungen Pädagogen um Erlaubnis bitten um die Genehmigung einer geplanten Handlung, dabei auch Zugeständnisse machen und sich auf die Bedingungen der Pädagogen einlassen. Vor Pädagogen rechtfertigen sie sich, um ihr Handeln zu begründen und erfahrene Kritik zurückzuweisen. Eine andere Form der Unterordnung konnte beobachtet werden, wenn Eltern sich über Pädagogen auf übertrieben wirkende Weise positiv äußern. Dieses an Schmeichelei erinnernde Verhalten grenzt an Unterwerfung und erscheint deshalb bedeutsam, weil die untergeordnete machtlose Position der Eltern ins Extrem zu gleiten scheint. Eltern scheinen sich hierbei in einer Position zu befinden, in der Partizipation innerhalb der engen Handlungsspielräume nicht mehr möglich scheint. Genauso verhält es sich mit der Verhaltensweise „jemandem nach dem Munde reden", der elterlichen Zustimmung zu einer pädagogischen Meinungsäußerung, die im Widerspruch zu den eigenen zuvor gemachten elterlichen Äußerungen steht. Diese Handlungen bzw. Äußerungen dienen keinesfalls der eigenständigen selbstbestimmten Entwicklung von Eltern, vielmehr bejahen diese pädagogische Vorgaben und scheinen sich über deren Inhalt und Zielsetzung keine Gedanken zu machen. Oder aber sie fühlen sich nicht berechtigt oder in der Lage, eigene Vorstellungen zu äußern oder die Situation auf eine andere, ihren Bedürfnissen adäquate Weise zu beeinflussen. Eltern nehmen dann an Angeboten teil, um ihr Engagement zu zeigen und nicht, um einen persönlichen Gewinn daraus zu ziehen. Hierbei bekommt die Teilnahme einen demonstrativen Charakter. Dieselbe Wirkung könnten sie mit unterordnendem Verhalten zu erzielen suchen. Aber auch Angst vor Beziehungsverlust oder anderen negativen Folgen treibt sie zu unterordnendem Verhalten.

Unter dem Begriff Selbstkritik wurden Verhaltensweisen und Äußerungen zusammengefasst, die denen der Unterordnung nicht unähnlich sind. Die gewählte Definition macht dies deutlich: Auseinandersetzung mit eigenen

Handlungen, Handlungsnormen und -zielen durch Beanstandung bzw. Äußerung von Unzufriedenheit mit der eigenen Person. Eltern finden immer wieder Anlässe, um Kritik zu üben, was nichts anderes heißt, als dass sie andere Vorstellungen von einer Vorgehensweise, einem Ziel oder einer Regel vertreten als die Pädagogen. Aus verschiedenen Gründen fällt ihnen die Äußerung dieser Vorstellungen durch Kritik oder Initiative schwer. Daher wählen sie Kritikformen, die bei ihnen selbst ansetzen.

Eltern haben entweder Angst, pädagogisches Vorgehen in Frage zu stellen oder sie fühlen sich nicht dazu berechtigt, da sie als Klienten über weniger Ressourcen zu verfügen glauben und die Gestaltung von Angeboten und Situationen aus diesem Grund den Experten überlassen wollen. Eltern neigen dazu, sich selbst sehr streng zu beurteilen und verbinden diese Einschätzung mit ihrer Kritik. Sie glauben zu erkennen, dass sie lediglich nicht in der Lage sind, die Situation angemessen zu beurteilen bzw. mit den enthaltenen Anforderungen umzugehen. Daher wählen sie Strategien, die ihre eigene Handlungsweise verändern soll und damit auch die jeweilige Situation. Sie beurteilen bzw. verurteilen sich für ihr selbst empfundenes Unvermögen, d. h. sie bewerten die eigene Person, eine eigene Handlung oder Äußerung (abschließend) negativ. Die negative Einschätzung der eigenen Person, Handlungen oder Äußerungen werden auch als Klage oder als Selbstbezichtigung hervorgebracht. Eltern erleben sich dann selbst bzw. das eigene Handeln als Ursache eines als negativ erlebten Sachverhaltes. Eltern ergehen sich bei negativen Reaktionen auf ihr Handeln in Selbstvorwürfen, d. h. sie beschuldigen sich selbst eines als unangemessen empfundenen Handelns und bedauern dies öffentlich. Sie korrigieren sich selbst und stellen richtig, was sie gesagt oder getan haben.

4. Selbstbestimmte Partizipation als kreative Auseinandersetzung mit strukturellen Grenzen

4.1 Partizipation in Einrichtungen der Hilfen zur Erziehung

Diese Veröffentlichung soll dazu beitragen, Partizipation in den Hilfen zur Erziehung zu verwirklichen. Partizipation bedeutet, Eltern real die Chance auf selbstbestimmte Gestaltung des Hilfeprozesses einzuräumen. An anderer Stelle diskutierten wir vor dem Hintergrund des „doppelten Mandats" der Helfer die Unmöglichkeit einer autonomen Gestaltung der Hilfe durch Eltern. Eine Mitgestaltung als transparente, gleichberechtigte Kommunikation aller Beteiligten ist aber möglich. Die vorgestellten Partizipationsmöglichkeiten werden von uns auf diesen Grundgedanken hin beleuchtet. Es existiert eine Vielzahl von Partizipationsmethoden, die an die jeweilige Einrichtung angepasst werden müssen. Im Vorfeld erscheint es uns ratsam, die in jeder Einrichtung schon vorhandene Partizipation zu verdeutlichen, denn Eltern partizipieren in jedem Fall.

Mit der Definition von Partizipation als „Selbstbestimmtes Handeln und Lernen im Hilfeprozess" beziehen wir uns im Wesentlichen auf die Interaktion zwischen den an der Hilfe beteiligten Personen. Diese Interaktionen werden in gängigen Partizipationsmodellen als wesentlicher Bestandteil von Partizipation aufgefasst, d. h. Partizipation in unterschiedlichen Ausprägungen findet letztlich immer in der Interaktion statt. Im Bereich der Jugendhilfe existieren verschiedene Modelle bzw. Formen von Partizipation, die sich jeweils auf Grad, Reichweite und Stärke der Partizipation auswirken, also die Interaktionen der Personen hinsichtlich der Möglichkeit einer Einflussnahme in gewissem Maße steuern. Die wichtigsten Unterscheidungsmerkmale der Partizipationsmodelle beziehen sich auf die Möglichkeiten der Adressaten, Entscheidungen zu treffen, Verantwortung zu übernehmen, die die Hilfe betreffenden Prozesse zu kontrollieren und Sanktionen auszuüben. Man unterscheidet zwischen direkten Beteiligungsformen, in denen Klienten unmittelbar mehr oder weniger intensiv beteiligt werden und sich beteiligen, und indirekten Beteiligungsformen, bei denen es zwischen Adressaten und Entscheidungsträgern eine vermittelnde Instanz gibt, sogenannte Delegationsverfahren.

Indirekte Beteiligung bezieht sich auf die Schaffung geeigneter gesellschaftlicher Bedingungen für das Leben von Familien und Strukturen, diese durchzusetzen und zu erhalten (vgl. BMFSFJ 2002, S. 198). Die Verfahren der mittelbaren Beteiligung beziehen sich auf die sich aus den Paragraphen 1, 71 und 78 KJHG ergebende Verpflichtung der öffentlichen Jugendhilfe zur Erörterung aktueller Problemlagen junger Menschen und ihrer Familien und zur Schaffung von positiven Lebensbedingungen. Die Einmischung der Jugendhilfe im Interesse ihrer Klienten in andere Politikfelder ist erwünscht, wenn nicht gar verpflichtend. Die Jugendhilfeplanung konkretisiert diesen Auftrag, indem sie bei der Planung die Wünsche, Bedürfnisse und Interessen der jungen Menschen und ihrer Familien einbezieht.

Indirekte oder auch mittelbare Formen von Beteiligung in der Jugendhilfe heben sich also vom Hilfeprozess ab und finden im Rahmen der Planung von Angeboten und Diensten ihre Anwendung. Diese repräsentativen, stellvertretenden Verfahren – also Verfahren, bei denen Betroffene durch Experten, Schlüsselpersonen oder gewählte Parlamente die Bedienung ihrer Bedürfnisse und Durchsetzung ihrer Interessen erhoffen – bergen eher geringe Chancen einer direkten Einflussnahme seitens der Klienten.

In Ergänzung der mittelbaren Beteiligungsformen sind die unmittelbaren, also direkten Beteiligungsformen zu sehen, wie sie auch in der praktischen Arbeit der Tagesgruppe Eingang finden könnten. Unmittelbare Beteiligungsformen sind geeignet, im individuellen Fall Einzelbedürfnisse zu erfassen und umzusetzen und unterstützen das Tätigwerden in eigener Sache.

Unmittelbare Beteiligung auf der Interaktionsebene stellt besonders in den Hilfen zur Erziehung eine Herausforderung dar. Als zentrales Partizipationsinstrument sind die rechtlich gesicherten und geforderten Hilfeplangespräche nach § 36 KJHG anzusehen. Im Prozess der Hilfe selbst bestehen aber noch weitere Möglichkeiten der Partizipation, z. B. hinsichtlich der Aushandlung von Regeln, aber auch in Form von Arbeitsgruppen, Einzelprojekten, Einzel- und Gruppengesprächen oder Anhörungen in Mitarbeiterkonferenzen (vgl. Kriener 2001, S. 144) oder ein Vorschlags- und Beschwerdewesen durch „Meckerkasten", Chat-Foren, Beschwerdestellen, Ideenbörsen, Schlichtungsstellen, um nur einige der unzähligen Partizipationsmöglichkeiten zu nennen. Gerade unmittelbare Beteiligungsformen können zu Konflikten führen, stoßen doch unterschiedliche Interessen von Fachkräften und Klienten aufeinander. Obwohl sie selbstbestimmtes Handeln eher unterstützen als mittelbare Beteiligungsformen, können sie auf die Selbstbestimmung von Klienten auch einschränkend wirken, denn auch die unmittelbaren Beteiligungsformen können von den Adressaten nur dann zur Mitsprache genutzt werden, wenn die Fachkräfte bereit sind, Partizipation zuzulassen und ihr echtes Interesse an den Aussagen der Betroffenen deutlich machen. Erst pädagogische Hilfestellung ermöglicht es vielen Klienten, Erfahrungen mit allen Ebenen,

Chancen und Problemen von Partizipation zu machen und hierbei auch für ihren Erziehungsalltag wichtige Erfahrungen im geschützten Raum zu sammeln. Moderatoren können z. B. in Gruppenverfahren dafür sorgen, dass alle Beteiligten ihr Anliegen vorbringen können. Steht eine Entscheidung an, muss offen thematisiert werden, wer welche und wie weit reichende Entscheidungskompetenzen hat. Unmittelbare Partizipation kann also gelingen, wenn die Fachkräfte die Klienten dazu einladen, sich frei zu äußern, indem die wichtigen Informationen adressatengerecht aufbereitet und vorgetragen werden, und dadurch, dass Klienten direkt auf ihre Bedenken und Ängste angesprochen werden. Klienten wissen oft nicht über ihre Rechte Bescheid. So muss es ein pädagogisches Ziel sein, sie über ihre Partizipationsrechte aufzuklären, z. B. darüber, dass sie das Recht haben, eine Vertrauensperson oder einen Beistand hinzuzuziehen. Ob und inwieweit Pädagogen dies tun, kann von pädagogischen Erwägungen abhängen, so dass unmittelbare Partizipation wiederum nur dort stattfinden kann, wo Pädagogen dies aus fachlichen Gründen zulassen bzw. wo Eltern mit pädagogischen Mitteln überhaupt erst partizipationsfähig „gemacht" wurden. Dies führt zu den individuellen Grenzen unmittelbarer Partizipation. So müssen Adressaten aus sogenannten bildungsfernen Schichten oftmals soziale und kommunikative Kompetenzen erst erwerben, um dann in unmittelbaren Partizipationsverfahren ihre Anliegen äußern zu können. Nicht alle Beteiligungsformen scheinen sich für Klienten der Jugendhilfe zu eignen, vielmehr sprechen die verschiedenen Formen jeweils unterschiedliche Zielgruppen an. So besteht bei parlamentarischen Formen der Beteiligung die Gefahr des Ausschlusses von Menschen, die das Sprechen in der Öffentlichkeit nicht gewohnt sind oder Schwierigkeiten mit der deutschen Sprache haben.

Für die Partizipation in der Jugendhilfe lassen sich analog zu den Bedingungen für Partizipation drei Ebenen herausarbeiten, die im Zusammenwirken einer selbstbestimmten Gestaltung des Hilfeprozesses förderlich sein können:

a) Partizipation auf der individuellen Ebene innerhalb der Helfer-Klient-Beziehung durch Stärkung der individuellen elterlichen Ressourcen und Reflexion der pädagogischen Haltung
b) Partizipation auf fachlich-konzeptioneller Ebene durch konzeptionelle Verankerung von Beteiligungsmöglichkeiten und deren pädagogischer Umsetzung
c) Partizipation auf struktureller Ebene durch Schaffung der gesetzlichen Voraussetzungen, durch demokratische Gestaltung und Nutzung der Jugendhilfestrukturen, sowie durch eine am Bedarf der Adressaten orientierte Jugendhilfeplanung und eine Gestaltung der organisatorischen

Rahmenbedingungen, die auf eine Bereitstellung von Ressourcen und die Schaffung von Handlungsspielräumen für neue individuelle spontane Formen der Mitgestaltung gerichtet ist

Im Zusammenhang mit Partizipation im Jugendhilfealltag ergeben sich verschiedene Probleme und Spannungsfelder, die letztlich die Grenzen einer Partizipation von Adressaten deutlich machen. So kann die Wirkung unterschiedlicher Partizipationsverfahren bezüglich der Durchsetzung des eigentlichen Vorhabens in einem Spannungsverhältnis zu ihrer pädagogischen Wirkung stehen. Zum Beispiel können stark bedürfnisorientierte Verfahren, die den Adressaten den Eindruck von Kompetenz und Selbstbestimmtheit vermitteln, die Frage der Umsetzungsmöglichkeit oder auch Repräsentativität vernachlässigen. Weiterhin besteht die Gefahr der Instrumentalisierung von Partizipation für eigene Interessen pädagogischer Fachkräfte oder einzelner „starker" Eltern. Die Interessen „Schwächerer" können durch Wahl einer falschen Partizipationsform übergangen werden. Mittelbare Beteiligungskonzepte können überdies die Repräsentanz von Teilinteressen als Interessen aller suggerieren.

Es existiert kein ideales Partizipationsverfahren, vielmehr können unterschiedliche Verfahren zu neuen komplexen Verfahren kombiniert werden. Die einzelnen Verfahren und Ansätze stellen verschiedene „Bausteine" dar, die sich zu einer charakteristischen Beteiligungsform der Organisation zusammenfügen und die sich gegenseitig ergänzen können. Die Individualität der Adressaten, ihre bisherigen Erfahrungen mit Beteiligung, ihr Geschlecht und auch ihr Zugang zu den eigenen Bedürfnissen spielen eine Rolle. Partizipationsformen müssen daher u. a. die soziale Herkunft, das individuelle Bildungsschicksal und das Geschlecht der Adressaten berücksichtigen. Das bedeutet, bei der Entwicklung und Durchführung von Partizipationsangeboten sollte der denkbare Einfluss dieser Faktoren auf die Möglichkeit, selbstbestimmt zu handeln, reflektiert werden, um Schwierigkeiten nicht ausschließlich individuell bedingt wahrzunehmen. Hier verbirgt sich die Gefahr, mangelnde Partizipationsbestrebungen der Klienten mit mangelnder Motivation zu begründen und Partizipation daher zu vernachlässigen. Wie können Klienten nun innerhalb pädagogisch gesteuerter Partizipationsverfahren selbstbestimmt partizipieren? Damit Eltern Partizipationsangebote nicht als weiteren Versuch pädagogischer Einflussnahme auf ihr Leben verstehen, können gemeinsam mit den Adressaten entsprechend ihren Ressourcen und Bedürfnissen Verfahren erfunden, weiterentwickelt oder auch „ausgemustert" werden. So wirken Klienten direkt auf die Instrumente ein, und es besteht nicht die Gefahr, die Individuen an bestehende Verfahren anzupassen (vgl. Jordan/Stork 1998, S. 538ff). Gerade in Bezug auf Partizipation steht die

Erfahrung der eigenen Wirksamkeit und Selbstbestimmtheit durch Weiterentwicklung und bedürfnisadäquate Nutzung der einzelnen Verfahren im Mittelpunkt. Dies entspricht u. a. der dieser Arbeit zugrunde liegenden Definition von Partizipation, die die selbstbestimmte Nutzung der dem Prozess der Partizipation innewohnenden Anforderungen und Lernchancen meint.

4.1.1 Anregungen zur Prüfung bereits praktizierter Partizipation in der Tagesgruppe und zur Etablierung von Partizipation

Häufig wird in den Einrichtungen Partizipation schon praktiziert. Um Partizipation der Klienten im pädagogischen Alltag zu etablieren, bedarf es der Prüfung der schon vorhandenen Partizipationsstrategien der Klienten und ihrer personenbezogenen Ressourcen und Hemmnisse, der Prüfung der Ressourcen der eigenen Einrichtung und der Klärung der Haltung der Mitarbeiter zur Partizipation. Wir möchten im Folgenden auf die Bedingungen auf struktureller, fachlich-konzeptioneller und personenbezogener Ebene für Partizipation hinweisen und den Mitarbeitern der Tagesgruppen Instrumente vorstellen, mit denen sie Partizipation in ihrer Einrichtung einschätzen und weiter fördern können. Hierbei verweisen wir auch auf schon vorhandene Partizipationsmodelle, die jeweils wertvolle Hinweise für die Entwicklung einer eigenen Partizipationskultur geben.

Wie viel und welche Partizipation gibt es in unserer Einrichtung?

Jordan und Stork verweisen auf bestimmte Prüfkriterien, die an die Arbeit anzulegen sind. Als Merkmale schwacher Partizipation nennen sie

- eine nicht verfasste Form der Beteiligung
- mittelbare Beteiligung
- beratende Mitarbeit von Betroffenen ohne Entscheidungsbefugnis
- sporadische Beteiligung, z. B. nur projektbezogen oder je nach Beteiligungsinteresse der Mitarbeiter und
- eine Interesse voraussetzende Form der Beteiligung, also Beteiligung, die Adressaten nur wahrnehmen, wenn das Projekt gerade ihren Interessen entspricht

Starke Partizipation hingegen sehen Jordan und Stork

- in der verfassten Form der Beteiligung, d. h. in durch Satzungen oder Konzeptionen verbindlich geregelten Möglichkeiten der Partizipation, die Beteiligungsrechte einklagbar machen

- in direkter Beteiligung
- in entscheidungsbefugter Mitarbeit von Betroffenen
- in dauerhafter Beteiligung
- in einer Interesse entwickelnden Form der Beteiligung, d. h. die an den Bedürfnissen der Adressaten ansetzt bzw. ihnen dabei hilft, ihre Interessen zu erkunden (vgl. Jordan/Stork 1998, S. 535)

Als weiteres Prüfkriterium muss u. E. aber die eigene Erfahrung der Adressaten herangezogen werden, ihr subjektives Empfinden und ihre reflektierte Einschätzung von Selbstbestimmtheit und Selbstwirksamkeit. Eltern können selbst sehr gut einschätzen, inwieweit ihnen gestattet wird, Verantwortung zu übernehmen bzw. inwieweit sie dazu bereit sind.

Es besteht auch die Möglichkeit, den sogenannten „Grad" von Beteiligung zu prüfen. Wenn man sich für diese Form der Prüfung entscheidet, geht man im Dienste der Reflexion des eigenen Handelns hypothetisch davon aus, dass es möglich sei, nur teilweise, also in geringem Grad, zu partizipieren. Diese Sichtweise der graduierten Partizipation teilen die Autorinnen zwar nicht, da das Modell lediglich festlegt, in welchem Grad Pädagogen den Klienten Verantwortung und Entscheidungsmacht zubilligen, dennoch bietet dieses Herangehen eine gute Anregung, die eigene Praxis aus ungewohnter Perspektive zu betrachten.

Unter dem Begriff „Partizipationsgrad" wird versucht, die Reichweite, die tatsächliche Einflussmöglichkeit, das Kontrollrecht, die reale Entscheidungsmöglichkeit, die Chance, Sanktionen auszuüben und die Möglichkeit zur Übernahme von Verantwortung zu „messen". Blandow verbindet die Elemente Entscheidung und Kontrolle, wobei er das Maß des Einflusses auf Entscheidungen als Kontrollrecht definiert (vgl. Blandow 1999, S. 58). Er unterscheidet am Beispiel eines Entscheidungsprozesses sieben Stufen des Kontrollrechtes, die hinsichtlich des möglichen Partizipationsgrades differieren, wobei hier zur Verdeutlichung Beispiele aus dem Tagesgruppenalltag hinzugefügt werden:

1. A entscheidet autonom. Beispiel: Pädagogen der Tagesgruppe entscheiden ohne Mitwirkung der Eltern über Zeitpunkt, Häufigkeit, Teilnehmerkreis und Ausgestaltung eines Angebotes.
2. A entscheidet autonom, hat aber eine Anhörungspflicht gegenüber B. Beispiel: Die Eltern werden um ihre Meinung bezüglich der Gestaltung des Angebotes gebeten, haben aber kein Entscheidungsrecht.
3. A entscheidet, B hat aber ein Vetorecht. Beispiel: Die Eltern können zwar nicht bestimmen, was geschieht, können die Pläne der Pädagogen aber durch Einspruch verhindern.

4. A und B müssen beide einer Entscheidung zustimmen, also einen Konsens bilden. Beispiel: Ein Angebot der Elternarbeit kann nur realisiert werden, wenn beide Parteien sich über Form, Inhalt und Ziele einigen können.
5. B entscheidet, A hat ein Vetorecht. Beispiel: Eltern entscheiden selbstbestimmt, dass und wie sie ein Angebot ausgestalten, können es aber nur realisieren, wenn die Pädagogen keinen Einspruch erheben, z. B. bei fachlichen Zweifeln.
6. B entscheidet, hat aber eine Anhörungspflicht gegenüber A. Beispiel: In diesem Fall entscheiden die Eltern wiederum selbstständig, sind aber verpflichtet, sich ernsthaft mit dem fachlichen Rat der Pädagogen auseinander zu setzen.
7. B entscheidet autonom. Beispiel: Die Eltern führen ohne jeglichen Einfluss durch Pädagogen ein Angebot der Elternarbeit durch. Denkbar wäre hier ein selbst initiierter Elternstammtisch außerhalb der Tagesgruppe.

Die Formen 1 und 7 sind laut Blandow nicht als Partizipation aufzufassen, da jeweils nur eine Partei autonom entscheidet. Selbstbestimmung von Eltern wäre laut Blandow also nicht als Partizipation aufzufassen. Autonomie und Selbstbestimmung weisen aber graduelle Unterschiede auf. Während Autonomie die alleinige Kontrolle einer Person über eine Situation oder Entscheidung meint, meint Selbstbestimmung eine auf den eigenen Bedürfnissen fußende Entscheidung oder Beeinflussung einer Situation, die aber andere Beteiligte und deren Bedürfnisse durchaus berücksichtigen kann. Selbstbestimmte Partizipation verneint nicht die gemeinsame Entscheidung oder den Kompromiss. Sie verneint aber die Anpassung an Vorgaben, wenn diese den eigenen Bedürfnissen und Wünschen widersprechen.

Im Sinne einer Gleichberechtigung aller Beteiligten an Entscheidungsprozessen kann aus unserer Sicht nur die Stufe 4 als Partizipation gelten.

Ähnlich verhält es sich mit dem Stufenmodell der Beteiligung nach Gernert. Gernert entwickelte ein Stufenmodell der Beteiligung nach der Chance der Klienten, ein Geschehen zu beeinflussen. Zwischen Fremdbestimmung und Selbstverwaltung identifiziert er unterschiedliche Stärken bzw. Grade der Partizipation durch Adressaten. Im Folgenden wird versucht, dieses Stufenmodell für die Angebote der Elternarbeit in der Jugendhilfe zu konkretisieren:

Fremdbestimmung:
Ziele, Inhalte und Methoden von Hilfeprozessen werden vorgegeben.

Dekoration:
Adressaten werden zum Zwecke der Durchsetzung von pädagogischen Interessen, z. B. um die Finanzierung eines Projektes zu erreichen, als dekorative Elemente ohne jegliche Einflusschancen in das Konzept oder die Präsentation einbezogen.

Alibi-Teilnahme:
Adressaten soll das Gefühl vermittelt werden, dass ihre Vorstellungen und Bedürfnisse einen Einfluss auf die Konzeption pädagogischer Angebote haben. Alibi-Teilnahme durch Eltern stellt ein „so tun als ob" dar, es birgt keinerlei Mitgestaltungschancen.

Teilhabe:
Adressaten haben eine geringe Beteiligungschance, indem sie ein Angebot wahrnehmen. Sie beeinflussen das Geschehen durch individuelle Reaktionen.

Information/Zuweisung:
Adressaten nehmen in dem Umfang teil, in welchem ihnen dies von den pädagogischen Fachkräften zugestanden wird. Sie werden über Alternativen informiert und können ihre Zustimmung geben oder verweigern.

Mitwirkung:
Das Handeln der Adressaten wirkt sich auf die Konzeption, den Verlauf und die Form des Angebotes aus. Sie können kritisieren, initiativ werden oder andere Formen individueller Partizipation anwenden. Die Modifizierung des Angebotes durch pädagogische Fachkräfte gemäß diesen Initiativen stellt aber kein Recht der Adressaten dar.

Mitbestimmung:
Adressaten agieren auf verantwortlicher Ebene. Sie haben das Recht auf eine Konzeption des Angebotes, welches ihren Wünschen und Bedürfnissen entspricht. Sie verhandeln gemeinsam mit den Fachkräften und anderen Eltern über alle relevanten Angebotsdimensionen.

Selbstbestimmung:
Innerhalb einer Organisation planen, entwickeln und führen Adressaten eigenständig ein Angebot durch. Pädagogische Fachkräfte können auf die Rahmenbedingungen einwirken, das Angebot selbst können sie nicht beeinflussen. Die Verantwortung für das Angebot liegt bei den Adressaten.

Selbstverwaltung:
Adressaten handeln vollständig autonom. Eine pädagogische Begleitung oder pädagogische Einflussnahme existiert nicht (vgl. Gernert 1993, S. 116f.).

Diese Modelle können dazu dienen, die eigene Arbeit hinsichtlich ihrer partizipativen Anteile zu hinterfragen. Sie stellen aber eine Einschätzung von außen dar. Unseres Erachtens bedarf diese äußere Einschätzung einer Ergänzung durch die Adressaten selbst.

Hierzu eignet sich eine teilstandardisierte Befragung der Eltern. Sie berücksichtigt alle wichtigen Partizipationsdimensionen wie Kritik, Initiative, Entscheidungsfindung, Verantwortung und Bedürfnisse sowie die subjektiven Auswirkungen der Lebensbedingungen der Eltern.

	Erkenntnisinteresse der Pädagogen	Fragen an die Eltern
Zentrale Bereiche von Mitgestaltung		
	Wie schätzen die Eltern ihre Chancen ein, eigenständige Entscheidungen zutreffen? Werden sie im Prozess der Entscheidungsfindung neutral beraten?	Welche wichtigen Entscheidungen wurden im Hilfeprozess getroffen? Geben Sie ein Beispiel (z. B. Herausnahme des Kindes), wie haben Sie daran mitgewirkt? Wie ist der Hilfebericht entstanden? Haben Sie daran mitgewirkt? Haben Sie ihn gelesen/besprochen?
Bedingungen für Mitgestaltung		
V. Bereich: Alleinverantwortlichkeit der Mutter/soziales Netzwerk	Empfinden sich Mütter als hauptverantwortlich für die Schwierigkeiten ihres Kindes und für die Beseitigung dieser Schwierigkeiten? Von wem fühlen sich Eltern unterstützt?	Ist noch jemand anderes aus Ihrer Familie in die Hilfe einbezogen, außer Ihnen und dem Kind/den Kindern? Von wem fühlen Sie sich unterstützt?
VI. Bereich: Vereinbarkeit von Beruf, Familie und Tagesgruppe	Inwieweit überschneiden sich Anforderungen des Tagesgruppenalltages mit denen des Berufs- und/oder Familienalltages? Welchen Stellenwert nimmt die Tagesgruppe im Alltag der Eltern ein?	Bitte beschreiben Sie, was Sie gestern gemacht haben! bzw. bei Ehemaligen: Wie haben Sie Beruf, Familie und Tagesgruppe unter einen Hut bekommen?
VII. Bereich: Beziehungen innerhalb der Tagesgruppe	Welche emotionale Beziehung besteht zwischen Eltern und Pädagogen? Betrachten Eltern Pädagogen als Experten? Gibt es eine Arbeitsbeziehung oder eher eine partnerschaftliche/freundschaftliche Beziehung? Ist das Verhältnis zwischen Eltern und Pädagogen gleichberechtigt?	Gibt es unter den Pädagogen jemanden, mit dem Sie sich besonders wohl fühlen? Aus welchem Grund? Beschreiben Sie ein besonders gelungenes (wahlweise misslungenes) Zusammentreffen mit einem Pädagogen der Tagesgruppe.
Abschlussfragen	Einschätzung ihrer Partizipationschancen durch die Eltern	An welchen Punkten konnten Sie mitbestimmen?

Den zweiten Teil der eigenen Partizipationsprüfung bildet ein kurzer Fragebogen, den Eltern selbst nach Angeboten der Elternarbeit ausfüllen. Er kann anstelle des großen Interviews, aber auch als Ergänzung bzw. eigenständiges Instrument eingesetzt werden. Der Bogen ist bewusst kurz gehalten, spricht aber alle notwendigen Partizipationsdimensionen an.

Evaluationsbogen Eltern
Was haben Sie im Gespräch/an dem Angebot als wichtig empfunden?
Möchten Sie etwas zu den Themen sagen?
Was ist offen geblieben?
Was haben Sie als störend empfunden?
Was war erfreulich im Gespräch/beim Angebot?
Wie fühlen Sie sich jetzt?

Ich habe Interesse daran gespürt, wie es mit geht
☐ stimmt ☐ stimmt nicht

Ich fühle mich verstanden
☐ stimmt ☐ stimmt nicht

Mir ist am wichtigsten, dass die Pädagogen mich mögen
☐ stimmt ☐ stimmt nicht

Meine Meinung und meine Erfahrungen wurden ernst genommen
☐ stimmt ☐ stimmt nicht

Ich konnte Themen einbringen, die mir am Herzen lagen
☐ stimmt ☐ stimmt nicht

In manchen Gesprächspunkten war ich mit den Pädagogen nicht einer Meinung
☐ stimmt ☐ stimmt nicht

Ich habe angesprochen, was mir nicht gefällt
☐ stimmt ☐ stimmt nicht

Die Pädagogen sprechen mit mir auch über das, was nicht so gut läuft
☐ stimmt ☐ stimmt nicht

Kritik äußere ich besser nicht
☐ stimmt ☐ stimmt nicht

Beim nächsten Gespräch möchte ich……………………………………………

Der dritte Schritt der eigenen Einrichtungsuntersuchung besteht in einer Beobachtung von Elternarbeit. Dies können ausgewählte Angebote der Elternarbeit sein, die scheinbar gar nichts mit Partizipation zu tun haben, wie etwa gemeinsames Kochen, es können aber auch Angebote sein, die explizit als Partizipationsangebote aufgefasst werden, z. B. eine angeleitete Selbsthilfegruppe oder ein Elternabend. Möglich ist es auch, das Verweilen der Eltern in der Tagesgruppe zu beobachten. Sinn der Beobachtung ist die Überprüfung der Kommunikation mit Hilfe der relevanten Kriterien für Partizipation. Die Rahmenbedingungen müssen als strukturelle Grenze für Partizipation ebenfalls reflektiert werden.

Mögliche Fragen für eine Beobachtung ergeben sich in folgenden Feldern:
- Kommunikation und Interaktion: Wie sprechen Eltern mit Eltern? Worüber sprechen sie? Wie sprechen Eltern und Pädagogen miteinander? Werden Probleme angesprochen, die den Familienalltag oder andere Bereiche unabhängig von der Tagesgruppe betreffen? Wer bezieht schweigende Eltern ein?
- Selbstständiges Herstellen bzw. selbstständige Veränderung von Situationsbedingungen und die Akzeptanz von Situationsbedingungen (Zufriedenheit): Stellen Eltern Kontaktsituationen her? An welchen Orten? Wie

gestalten Eltern Angebote (mit), z. B. durch Initiative oder Vorschläge? Verändern Eltern Situationsbedingungen?

- Freie Wahl von Möglichkeiten (Kommunikationspartner, Beratungsangebote, Zeitumfang): In welchen Kontexten begegnen sich Eltern und Pädagogen? Von wem geht die Initiative aus? Wer entscheidet, an welchen Angeboten Eltern teilnehmen? Gibt es ein Bezugspädagogensystem? Haben Eltern Einfluss auf Ziel und Form der pädagogischen Intervention?
- Verlauf von Tätigkeiten Motivation, Ausdauer, Kreativität, Selbständigkeit und Suchen von Alternativen
- Verhalten in Bezug auf Werte (Achtung materieller Werte, Einhaltung von Normen, persönliches Verantwortungsgefühl, Übereinstimmung von Forderungen an andere und persönliches Verhalten): Gestalten Eltern Regeln mit? Halten Eltern Regeln ein? Begehren die Eltern auf? Beteiligen sich die Eltern an Entscheidungen?
- Rahmenbedingungen (räumliche, materielle, und zeitliche Struktur) Wo findet Elternarbeit statt? Stehen besondere Räume für die Elternarbeit zur Verfügung? Wie sind die Räume ausgestattet? Welche Materialien/Medien werden in der Elternarbeit genutzt? In welchem zeitlichen Abstand finden Angebote statt? Welchen Zeitumfang haben sie? Wie sind sie strukturiert?
- Erlebte Partizipation: Fühlen Eltern sich beteiligt, als Partner ernstgenommen, erleben sie sich als selbstbestimmte Subjekte im Hilfeprozess bzw. welche Erfahrungen in Bezug auf selbstbestimmtes Lernen machen Eltern in der Hilfe und wie schätzen sie sie ein?

Beispiel:
Beobachtungsleitfaden „Elternabend/Elterngruppe“:

Räumliche, materielle und zeitliche Rahmenbedingungen:
Wann und wo erfolgt die Veranstaltung?
Wie lange dauert die Veranstaltung? (geplant/tatsächlich; bei nicht geplanter Verlängerung: aus welchem Grund?)
Wie ist der Raum gestaltet?
Wie ist der geplante Ablauf? Wie werden Anfangs- und Abschlusssituation gestaltet?
Wie viele und welche Pädagogen nehmen teil? (aufgeschlüsselt nach Qualifikation)

Nutzung von Angeboten:
Wie viele Eltern nehmen teil?
Welche Eltern nehmen teil?

Kommunikation und Interaktion:
Wer gestaltet die Anfangssituation?
Wer gestaltet die Abschlusssituation?
Wer gestaltet den Ablauf? Wer moderiert?
Was äußern Eltern?
Was äußern Pädagogen?
Wie reagieren Eltern auf Themenvorschläge anderer Eltern?
Wie reagieren Pädagogen auf Themenvorschläge von Eltern?
Wie sprechen Eltern Pädagogen an?
Wie sprechen Pädagogen Eltern an?
Wie sprechen Eltern andere Eltern an? (Intonation/ Körpersprache)
Wer bezieht „stumme" Eltern ein?

Gestaltung von Situationen im pädagogischen Alltag:
Wer schlägt Themen/Tagesordnungspunkte vor?
Bringen Eltern Themen ein?
Wie bringen Eltern Themen ein?
Stellen Eltern Fragen? Welche (Themen)? Wie (Intonation)?

Wertebezogenes Verhalten:
Wer gibt Regeln vor?
Wer setzt ihre Einhaltung durch?
Wer protestiert gegen Regeln?

Diese Form der Beobachtung ist sehr zeitaufwendig und wird im Idealfall von externen Beobachtern durchgeführt.

Die folgende Tabelle soll die Ergebnisse der eigenen Einrichtungsüberprüfung zusammenfassen, indem Eltern und Pädagogen die Möglichkeit der Partizipation von Eltern in ihrer jeweiligen Einrichtung einschätzen. Diese Tabelle soll das Ergebnis der Befragung der Eltern, der Beobachtung von Aktivitäten und der Selbsteinschätzung der Eltern nach Aktivitäten veranschaulichen In den Zeilen der Tabelle finden sich die jeweiligen Kategorien bzw. Partizipationsdimensionen, die in der eigenen Untersuchung abgefragt bzw. beobachtet werden. Wir haben die jeweilige Kategorie mit Definitionen belegt. Sollten sich die eigenen Untersuchungsergebnisse jeweils im Bereich der 2. Spalte der Tabelle bewegen, findet in der Einrichtung Partizipation statt.

Subjektiv empfundene Möglichkeit der Selbstbestimmung					
		Vollständige Selbstbestimmung	**Eingeschränkte Selbstbestimmung**	**Weitgehend begrenzte Selbstbestimmung**	**Fremdbestimmung**
		Ausschließlich bedürfnisorientiertes Agieren im Tagesgruppenalltag Selbstdefinition des Handlungsspielraumes durch Eltern: Eltern handeln selbstbestimmt, ausschließlich gemäß eigenen Maßstäben	Aktive Mitgestaltung des Tagesgruppenalltags Handlungsspielraum wird partnerschaftlich ausgehandelt, Handlungsmöglichkeiten und -grenzen stehen immer wieder zur Disposition	Teilnahme am Tagesgruppenalltag Handlungsspielraum von Pädagogen vorgegeben, Selbstbestimmtes Handeln innerhalb feststehender Grenzen	Konsumieren der Angebote im Tagesgruppenalltag kein eigener Handlungsspielraum, Handlungsmöglichkeiten und -grenzen werden vorgegeben
Partizipationsdimensionen	Entscheidung-(sfindung)	selbstständig, unabhängig Pädagogen in beratender Funktion, Pädagogen klären auf, weitreichende Entscheidungen möglich	Gleichberechtigte Beteiligung an Entscheidung, die auf der Basis ausreichender Informationen mit Berücksichtigung des pädagogischen Standpunktes getroffen werden	beratende Funktion der Eltern bei Entscheidungen/ Entscheidungen geringer Reichweite Pädagogen stellen Eltern vor eine Wahl oder holen Zustimmung der Eltern ein	Eltern erhalten Information über getroffene Entscheidung
	Kritik	persönliche und sachliche Kritik möglich, Eltern erzwingen Änderungen durch Ausüben von Druck	sachliche und persönliche direkte Kritik möglich, Eltern treten mit Pädagogen in eine Auseinandersetzung ein, Kritik kann Wirkung zeigen, d.h. Päda gogen reagieren mit hoher Wahrscheinlichkeit mit Veränderungen	Eltern äußern ihre Kritik indirekt/ mittelbar Kritik zeigt in geringem Maß Wirkung, d.h. Pädagogen ziehen nur dort Konsequenzen, wo die Kritik nicht die pädagogische Normativität angreift	Eltern äußern keine Kritik oder Eltern äußern Kritik und erfahren Sanktionierung, Kritik zeigt keinerlei Wirkung, Eltern äußern Selbstkritik: Eltern machen sich selbst für kritikwürdige Umstände verantwortlich

Partizipationsdimensionen		Subjektiv empfundene Möglichkeit der Selbstbestimmung			
	Initiative	Eltern handeln gemäß ihren Vorstellungen und Bedürfnissen, Eltern handeln freiwillig	Eltern äußern Vorstellungen und Vorschläge, diese werden angehört und berücksichtigt, bei Differenzen offenes Aushandeln möglich	Eltern äußern Vorstellungen, Vorschläge werden angehört, diese werden bei Passung mit pädagogischen Vorstellungen berücksichtigt	Eltern äußern keine Vorstellungen oder Vorschläge, Eltern äußern Vorschläge, diese werden ignoriert
	Steuerung	Eltern gestalten Ablauf und Inhalt von Situationen	Eltern und Pädagogen gestalten Situationen gemeinsam und setzen sich über den Verlauf einer Situation oder Hilfe konstruktiv auseinander	Eltern handeln innerhalb pädagogisch festgelegter Grenzen, haben bzgl. ihres eigenen Verhaltens verschiedene Handlungsoptionen	Eltern führen Anweisungen der Pädagogen aus
	Strukturierung	Eltern setzen Rahmenbedingungen, Eltern stellen Regeln auf	Eltern und Pädagogen legen Rahmenbedingungen und Regeln gemeinsam fest, Rahmenbedingungen sind veränderbar	Eltern haben wenig Einfluss auf Rahmenbedingungen, Rahmen lässt Handlungsspielräume zu, Pädagogen orientieren sich bei der Festlegung des Rahmens an	Eltern haben keinen Einfluss auf Rahmenbedingungen, Eltern werden ob der Einhaltung von Regeln kontrolliert
	Bedürfnis	Eltern benennen ihre Bedürfnisse und sorgen selbst für deren Befriedigung	Eltern bringen ihre Bedürfnisse ein und suchen gemeinsam mit Pädagogen Wege, diesen nachzukommen, Pädagogen werten elterliche Bedürfnisse als wesentlich	Pädagogen nehmen die Bedürfnisse der Eltern zur Kenntnis, diese werden auf ihre Angemessenheit und Übereinstimmung mit pädagogischer Normativität geprüft und, wenn möglich, berücksichtigt	Elterliche Bedürfnisse haben keinerlei Einfluss auf pädagogisches Handeln, Eltern nehmen ihre Bedürfnisse nicht wahr oder werten sie als falsch/ störend ab

		Subjektiv empfundene Möglichkeit der Selbstbestimmung			
Partizipationsdimensionen	Verantwortung	Eltern suchen sich selbstständig ihren Verantwortungsbereich und übernehmen die damit verbundenen Verpflichtungen oder legen die Verantwortung auf eigenen Wunsch wieder ab	Eltern verhandeln mit Pädagogen über mögliche Verantwortungsbereiche, sie können Verantwortung nach eigenem Bedürfnis übernehmen oder ablehnen, aber mit Reflexionshilfe durch Pädagogen, Eltern übernehmen eine Aufgabe, die für ein Gelingen einer Situation oder Hilfe wichtig ist, Eltern nehmen kontinuierlich die Elternarbeitsangebote wahr und haben die Bereitschaft, für sich daraus einen Gewinn zu ziehen Eltern finden selbst Informationen bezüglich eines Problems und machen diese anderen zugänglich (Selbsthilfe)	Eltern übernehmen verantwortlich solche Aufgaben, die die Pädagogen ihnen übertragen	Eltern tragen keinerlei Verantwortung, Eltern suchen einen Schuldigen für ihre Situation
	Macht	Eltern kontrollieren Situationen und gestalten Situationen, Tagesgruppenalltag und Hilfe selbstbestimmt, Eltern benutzen dabei ihre Möglichkeit des Hilfeabbruchs oder der Beschwerde, Eltern drohen den Pädagogen	Eltern und Pädagogen gestalten Situationen, Tagesgruppenalltag und Hilfe partnerschaftlich und handeln ihren jeweiligen Einfluss- und Kompetenzbereich fortlaufend aus	Eltern können in dem von den Pädagogen ihnen zugestandenen Bereich Einfluss ausüben und mitgestalten, Eltern müssen diesen Einfluss nach Maßgabe der Pädagogen abgeben	Eltern haben keinerlei Einfluss auf Situationen, Tagesgruppenalltag und Hilfe

Subjektiv empfundene Möglichkeit der Selbstbestimmung					
Partizipationsdimensionen	Grenzen setzen	Eltern definieren den Bereich ihrer Mitarbeit selbst, Eltern wehren sich gegen Grenzüberschreitung, Eltern knüpfen Bedingungen an ihre Mitarbeit	Eltern handeln gemeinsam mit Pädagogen die Grenzen aus, die in der Zusammenarbeit nicht überschritten werden dürfen, Eltern machen ihre Grenzen deutlich	Eltern versuchen, Grenzen zu setzen, die nur durch Pädagogen beachtet werden, wenn dies ihrer Normativität entspricht	Eltern lassen permanente Grenzüberschreitung durch Pädagogen zu

4.2 Rahmenbedingungen für Elternpartizipation auf der strukturellen, der fachlich-konzeptionellen und der personenbezogenen Ebene

4.2.1 Rahmenbedingungen auf der strukturellen Ebene und der organisatorischen Ebene

Wenn Partizipation verwirklicht werden soll, ist es ratsam, sich bei der Konzeption von Angeboten die nachstehenden Bedingungen für Partizipation vor Augen zu führen. Wir haben an dieser Stelle, fußend auf den Ergebnissen unserer eigenen Studie und den Erkenntnissen der aktuellen Partizipationsdiskussion, diese Bedingungen noch einmal zusammengefasst.

(1) Die Verantwortung für das Schaffen von Handlungsspielräumen für Partizipation von Eltern liegt bei den Pädagogen

Gerade die pädagogischen Fachkräfte verfügen über die Ressourcen, Partizipation zu ermöglichen. Ihre professionelle Rolle ermächtigt sie dazu. Sie können Eltern nicht zum selbstbestimmten Handeln „überreden", sie können aber die strukturellen Gegebenheiten so nutzen, dass Eltern die Möglichkeit dazu haben.

(2) Transparenz bezüglich der Einflussbereiche und des Grades der Beteiligung verhindert unrealistische Partizipationserwartungen und ermöglicht den Eltern eine den eigenen Ressourcen angemessene Beteiligung

Eltern müssen darüber informiert werden, inwieweit sie tatsächlich eigenständig Verantwortung übernehmen können. D. h. Eltern erfahren im Vorfeld, welche Anforderungen auf sie zu kommen und wo ihr Einfluss aufgrund struktureller und organisationeller Grenzen endet. So haben sie Möglichkeit, ein Zuviel an Verantwortung im Vorfeld abzulehnen, wenn sie sich dadurch überfordert fühlen. Ein behutsames Herantasten an die eigenen Grenzen kann diese nach und nach erweitern. Auch der Zeitraum, für den Verantwortung übernommen werden soll, muss überschaubar sein und immer wieder der Aushandlung unterliegen. Bei mangelnder Information über bestehende Möglichkeiten (z.B. bei der Hilfe- oder Tagesgruppenauswahl) ist keine aktive Wahl möglich und es kommt zur Reduktion der Auswahl auf eine Ja/ Nein-Entscheidung. Transparenz heißt auch, sich ausreichend über die Tragweite eigener Entscheidungen informieren zu können. Eltern fallen Entscheidungen leichter, wenn sie nicht nur Informationen zu den Konsequenzen einholen, sondern die Konsequenzen real erfahren im Sinne einer Probezeit, wie es in der Regel bezüglich der Entscheidung für eine bestimmte Tagesgruppe gehandhabt wird.

(3) Ein starkes Reglement, das Partizipation auf ein Handeln zur Erreichung pädagogischer Zielsetzungen reduziert, entmutigt Eltern, sich zu beteiligen

Diese Bereitschaft zur Partizipation wird durch eine Offenheit in Bezug auf Regeln von Pädagogenseite gefördert. Die Befolgung aufgestellter Verhaltensregeln kann weniger der Umsetzung festgelegter Hilfeplanziele dienen als vielmehr dem Erhalt asymmetrischer Beziehungen und damit dem Erhalt pädagogischer Kontrolle und pädagogischen Einflusses auf Elternhandeln. Wird im Sinne einer top-down-Verordnung festgelegt, welche Eltern, auf welche Weise an welchen Bereichen partizipieren können, so offenbart diese Vorgehensweise überdeutlich den strukturellen Machtüberhang der Pädagogen. Es ist daher fraglich, ob die Festlegung der Grenzen allein durch Pädagogen erfolgen kann und ob diese Grenzen unüberwindbare Schranken markieren oder als Orientierungslinie für Elternhandeln dienen.

(4) In der Initialsituation „Hilfeplangespräch" verdeutlicht sich der strukturelle Machtüberhang auf pädagogischer Seite

Das Hilfeplangespräch stellt die am stärksten verrechtlichte Situation hinsichtlich der Partizipationsmöglichkeiten von Eltern dar. Im Rahmen dieses Gespräches sind Eltern geradezu herausgefordert, eigene Ideen, Wünsche und Zielvorstellungen zu formulieren. Die Verantwortung für die Durchführung und das Gelingen des Gespräches liegt in der Hand der pädagogischen Fachkräfte, die bestimmte Interessen vertreten und die Moderation des Gespräches übernehmen. Eine eher gleichberechtigte Gesprächssituation könnte durch die Erweiterung des an der Hilfekonferenz beteiligten Personenkreises durch eine moderierende Person erreicht werden, die weder fachlich noch gefühlsmäßig an diesem Hilfeprozess beteiligt ist. Da das Hilfeplangespräch für die Eltern eine prägende Wirkung hat, was ihre Einflussmöglichkeiten und ihren Status im Hilfeprozess betrifft, müssen gerade hier strukturelle Machtunterschiede ausgeglichen werden.

(5) Eine kontinuierliche Partizipation von Eltern ist nur dann möglich, wenn ihre Beteiligung formal verankert ist

Die Tagesgruppe als Hilfe zur Erziehung stellt sich mit ihrem Angebot in den Dienst der Eltern. Partizipationsbestrebungen von Eltern sollen auf einem rechtlich abgesicherten Fundament fußen, so dass Eltern die Möglichkeit haben, ihre Rechte einzuklagen. Durch die formale Verankerung im Organisationsprogramm wird Partizipation als selbstverständlich definiert und ein Fehlen entsprechender Partizipationsmöglichkeiten sanktionierbar. Dies bedeutet, dass Elternpartizipation nicht ausschließlich vom persönlichen Engagement der Fachkräfte abhängig ist. Die formale Anerkennung von Elternpartizipation signalisiert zudem das pädagogische Bestreben, Eltern verantwortlich an der Hilfe zu beteiligen. Partizipation wird jedoch nicht allein durch ihre formale Verankerung ermöglicht, vielmehr ist die Organisation der Mitgestaltung durch Schaffung geeigneter Strukturen und Instrumente notwendig. Deren Vorhandensein ermutigt und motiviert Eltern zu deren Nutzung. Partizipation wird damit eine Selbstverständlichkeit im pädagogischen Alltag. Die pädagogischen Fachkräfte haben überdies das Recht und die Pflicht, Ressourcen in den Dienst dieser Aufgabe zu stellen. Die formale Verankerung garantiert zudem die Etablierung dauerhafter Beteiligungsmöglichkeiten.

(6) Anwendungsbezogene Kenntnisse über Partizipation erleichtern es den Fachkräften, Partizipation von Eltern zuzulassen

Je besser die Fachkräfte über verschiedene klienten- und zielgruppenbezogene Partizipationsformen und -methoden informiert sind, desto eher gelingt es ihnen, die Perspektiven der Klienten, ihre Ängste und Hoffnungen im Zusammenhang mit einer größeren „Zumutung" von Verantwortung zu verstehen und auch eigenwillige Partizipationsstrategien der Eltern zu erkennen und zu akzeptieren.

(7) Wird Partizipation nicht ausdrücklich als Zielsetzung einer erzieherischen Hilfe festgeschrieben, verbleibt die Verantwortung für die sich aus der Beteiligung der Eltern ergebenden Konsequenzen allein bei den Mitarbeitern der Tagesgruppe

Die Verlagerung von Verantwortung in Richtung Klienten führt die pädagogischen Fachkräfte in ein Dilemma, weil sie sich dennoch in hohem Maße als verantwortlich für einen gelingenden Hilfeprozess empfinden. Die mit der Abgabe von Verantwortung verbundenen Unsicherheiten und der Kontrollverlust müssen von den Fachkräften ausgehalten werden. Nur durch Rückendeckung des Teams und der Sozialarbeiter im Jugendamt kann diese neue Verantwortung getragen werden. Darüber hinaus bedarf es einer individuellen, supervisorisch unterstützten Falleinschätzung, um zu klären, inwieweit die betroffenen Eltern überhaupt belastbar sind

(8) Partizipation erfordert ausreichende materielle Ressourcen

Beteiligungsprojekte sind oft mit Kosten verbunden: Vorhaben wie Reisen, Gartenverschönerung, Umgestaltung der Räume, aber auch Beteiligungsveranstaltungen wie z. B. eine Zukunftswerkstatt verlangen nach entsprechenden Mitteln. Die verantwortliche Beteiligung der Klienten am Hilfeprozess und Tagesgruppenalltag verlangt daher nach ausreichenden materiellen Ressourcen.

4.2.2 Rahmenbedingungen auf der fachlich-konzeptionellen Ebene

(1) Ein offenes Konzept eröffnet Spielräume für die Aushandlung von Regeln

Konzeptionelle Überlegungen bieten als Spiegel der grundsätzlichen fachlichen wie persönlichen Standpunkte der Tagesgruppenpädagogen eine Orientierung und einen Maßstab für pädagogisches Handeln. Die Funktion der Konzeption als Orientierung beinhaltet u. E. deren prozesshafte Weiterentwicklung. Die Bereitschaft zur Überprüfung und Modifizierung konzeptioneller Überlegungen bietet immer wieder die Chance, die eigenen fachlichen und persönlichen Grundsätze zu reflektieren. Diese Bereitschaft hat zur Konsequenz, dass die sich aus dem Konzept ergebenden Regeln nie als unveränderbare Größen gewertet werden können, ihre Tauglichkeit muss sich jeweils an der Nützlichkeit für elterliche Entwicklung und einen gelingenden Alltag beweisen.

(2) Die Berücksichtigung der Bedürfnisse und Vorstellungen der Eltern bei der Entwicklung der Konzeption erhöht die Motivation der Eltern, verantwortlich mitzuarbeiten und mitzugestalten

Konzeptionen enthalten Überlegungen darüber, welche Entwicklung Adressaten der Hilfe idealerweise nehmen sollte und zeigen, mit Hilfe welcher Methoden diese Entwicklung vorangetrieben werden soll. Es hat sich gezeigt, dass die Klienten kaum Motivation zur Mitgestaltung zeigen, wenn sie sich nur unzureichend mit dem Programm der Tagesgruppe identifizieren können. Dies ergibt sich zum Teil aus der mangelnden Übereinstimmung der Klientenbedürfnisse und -ziele mit den konzeptionellen Vorgaben und der daraus resultierenden Ausgestaltung der Hilfe. Möglicherweise steigert sich die Motivation zur Mitgestaltung, wenn Eltern das Konzept und die Lerninhalte verantwortlich mitentwickeln. Dies wird eher in Form von Kritik oder Vorschlägen geschehen: Eltern werden sich über manche pädagogischen

Methoden beklagen, andere als unterstützend erleben und entsprechend würdigen. Durch eine Überprüfung der fachlich-konzeptionellen Ziele vor dem Hintergrund der Frage, ob diese wirklich im Dienst der Eltern stehen und eine Diskussion dieser Frage mit Eltern kann diesem Anspruch ebenfalls Rechnung getragen werden.

(3) Die Ergebnisoffenheit von Hilfe ermöglicht einen stärker an der Lebenswelt der Eltern ausgerichteten und damit nachhaltigeren Lern- und Entwicklungsprozess

Die Erstellung eines Hilfeplans und die Festlegung zu erreichender Ziele widerspricht im Grunde der Unvorhersehbarkeit menschlicher Entwicklung. Daher bedarf es der Ergebnisoffenheit von Hilfe. Ergebnisoffenheit bedeutet aber nicht das Fehlen von Zielen, sondern die Bereitschaft zu deren Modifikation. Streng ziel- und lösungsorientiertes pädagogisches Handeln geht einher mit einer Vernachlässigung alternativer, im Hilfeprozess erst entstehender Lösungsmöglichkeiten und Signale bezüglich der Klienten, die nicht im Zusammenhang mit der Zielerreichung stehen. Ergebnisoffenheit kann zu einer Akzeptanz anderer, bisher nicht bedachter Zielvorstellungen führen, die direkt der Erfahrung und damit der Lebenswelt der Klienten entstammen. Die Relevanz des Lern- und Entwicklungsprozesses selbst als Erfahrungsraum wird dadurch hervorgehoben, die Zielerreichung tritt in den Hintergrund.

(4) Beteiligungsunterstützende Kommunikationsstrukturen und eine stärkere Rollenflexibilität erhöhen die Chancen der Eltern, erfolgreich zu partizipieren

Eine partnerschaftliche Kommunikation zeichnet sich aus durch Rollenoffenheit und Flexibilität. Eltern finden so die Möglichkeit, Einfluss auf Inhalt und Verlauf des Gespräches zu nehmen. Die Forderung nach einer Kommunikationsstruktur, die die Beteiligung der Eltern fördert, soll nicht gleichbedeutend sein mit völliger Aufgabe der pädagogischen Rolle. Hier geht es vielmehr um die erhöhte Sensibilität gegenüber Signalen der Klienten durch eine Abkehr vom Anspruch einer notwendigerweise pädagogisch gesteuerten Kommunikation.

(5) Erfolgreiche Partizipation erfordert an die Ressourcen und Erfahrungen der Eltern angepasste Partizipationsmethoden

Die Eltern verfügen über unterschiedliche Ressourcen, abhängig u. a. vom Geschlecht, vom Lebensalter und von ihrer Biographie. Einerseits kann im Rahmen der Selbstständigkeitsentwicklung auf diese Ressourcen zurückgegriffen werden, andererseits können sich die Adressaten auch neue Ressourcen erschließen. Individuell passende Partizipationsangebote können solche Angebote sein, die die individuellen Stärken besonders betonen und im Bereich individueller Schwächen Unterstützung bieten. Im Rahmen dieser Arbeit wurde besonderes Augenmerk auf die individuellen Partizipationsformen der Eltern gelegt. Eine entsprechend konzeptionell angelegte Breite möglicher Formen von Partizipation erhöht die Chance, diesbezügliche Initiative von Eltern zu erfassen und entsprechend ihrem Bedeutungsgehalt zu bewerten.

(6) Eine fehlende Einbeziehung der individuellen Lebensumstände der Klienten in die Planung von Angeboten kann die Mitgestaltung durch Eltern verhindern

Als Begleiter der Eltern lernen die Pädagogen nach und nach die alltäglichen Herausforderungen und Bedürfnisse der Eltern kennen. Die Beachtung der individuellen Lebensumstände, und die Ausrichtung von Angeboten an diesen, ist gleichbedeutend mit indirekter Partizipation. Diese einzubeziehen heißt für Eltern darüber hinaus, überhaupt die Möglichkeit zur Mitarbeit zu erlangen. Dies bezieht sich im Besonderen auf die Eltern, die in ihrer Möglichkeit, am Tagesgruppenangebot teilzunehmen z. B. durch Berufstätigkeit oder Betreuungspflichten gegenüber Geschwisterkindern stark eingeschränkt sind.

(7) Die Revidierbarkeit von Entscheidungen erleichtert Eltern den Entschluss zur Übernahme von Verantwortung

Entscheidungen zu treffen bedeutet, Konsequenzen zu übernehmen, die mit dieser Entscheidung verbunden sind. Die Eltern können dabei die Erfahrung machen, dass eine Entscheidung entweder falsch oder zum jetzigen Zeitpunkt unangemessen ist, oder dass der Verantwortungsbereich momentan eine Über- oder Unterforderung darstellt. Dann müssen sie die Möglichkeit haben, Entscheidungen zu überdenken und eine neue Entscheidung zu treffen oder aber den hiermit verbundenen Verantwortungsbereich ganz abgeben zu können. Ist dies nicht möglich, schrecken sie aus Angst vor falschen Entscheidungen vor der Übernahme von Verantwortung generell zurück.

(8) Eltern, die partizipieren, befürchten eine Störung der Beziehung

Eltern und Pädagogen schätzen gleichermaßen eine gute, d. h. tragfähige Helfer-Klient-Beziehung. Eine tragfähige Beziehung ist eine Beziehung, die Partizipation „übersteht“, denn Partizipation bedeutet selbstbestimmtes Handeln, Kritik und Störung und geht häufig einher mit einer Belastung der Beziehung, da es zu einem Interessenskonflikt kommen kann. Es bedarf daher einer kontinuierlichen Kommunikation zwischen Helfer und Klient im

Sinne eines ständigen Aufarbeitens der auftretenden Konflikte. Eine tragfähige Beziehung gibt den Eltern die Gewissheit, dass ihre Partizipationsbestrebungen nicht zu einem Verlust an Hilfe und Zuwendung durch die Pädagogen führen werden.

(9) Eltern partizipieren, wenn sie sich von pädagogischer Seite als gleichwertige Partner anerkannt fühlen

Die Bedeutung der Eltern für die Elternarbeit ist zentral, d.h. die Elternarbeit der Tagesgruppe steht im Dienste der Eltern, nicht die Eltern im Dienste der Tagesgruppe. Ein partnerschaftliches Miteinander respektiert diese bedeutende Rolle der Eltern, so dass sich eine „Elternerziehung" im Dienste pädagogischer Zielsetzung von selbst verbietet. Es konnte im Rahmen der vorliegenden Untersuchung festgestellt werden, dass eine objektorientierte pädagogische Grundhaltung, welche auf die „Elternerziehung" setzt, bei Eltern zu Unsicherheit, Angst vor Spontaneität, Gehorsamsdenken und Infragestellen der eigenen Werte führt.

(10) Eine auf Partizipation von Eltern ausgerichtete pädagogische Arbeit erfordert Kenntnis und Akzeptanz der elterlichen Bedürfnisse

Bedürfnisse stellen eine wesentliche Quelle der Motivation zu Mitgestaltung und Mitarbeit dar. Daher sollten die Bedürfnisse der Eltern im Bereich der Elternarbeit beachtet und als handlungsleitend betrachtet werden. Hierzu bedarf es des Vertrauens in die Eltern und ihr Gespür dafür, dass sie am besten wissen, was sie brauchen. Dieses Wissen der Eltern um ihre Bedürfnisse kann mit pädagogischer Hilfe bewusst gemacht werden. Darüber hinaus unterstützen Pädagogen bei der Bedürfnisbefriedigung und deren Reflexion. Eine pädagogische Grundhaltung, die eine Objektposition der Eltern favorisiert, wird im Bereich Partizipation zu Vorgaben hinsichtlich der Mitgestaltung führen, die den elterlichen Bedürfnissen nicht entsprechen können und deshalb von den Eltern möglicherweise nicht angenommen werden.

(11) Selbstbestimmte Partizipation von Eltern ist im Rahmen vereinbarter Gestaltungsaufgaben möglich

Eltern fühlen sich häufig überflüssig im Tagesgruppenalltag bzw. bei der Gestaltung von Angeboten, da dieser bzw. die einzelnen Angebote durchgeplant und strukturiert wurden. Da sie oftmals nicht über eigene Ideen bezüglich ihrer Möglichkeiten der Mitgestaltung verfügen, ist ihre Motivation entsprechend gering. Die ihnen zugestandenen Möglichkeiten der Mitgestaltung sind Kann-Leistungen, ihnen kommt keine tragende Funktion zu. Als positives Beispiel bietet sich eine der untersuchten Tagesgruppen an, in der die Eltern eine pädagogisch begleitete Elternselbsthilfegruppe durchführten. Diese Gruppe lebte ausschließlich vom Engagement der Eltern, die Pädagogen stellten Raum zur Verfügung und gaben Unterstützung, sofern dies von den Eltern gewünscht wurde, aber sie strukturierten das Angebot nicht und wiesen den Eltern dadurch keine bestimmte Rolle zu. Die Eltern fühlten sich frei, das Angebot ihren Bedürfnissen entsprechend zu gestalten.

(12) Eltern wollen erfahren, dass ihre Einflussnahme Konsequenzen hat

Mitgestaltung heißt, etwas mit aufzubauen, eine Situation zu beeinflussen und ein angestrebtes Ziel zu erreichen. Erfahren Eltern, dass ihre Initiative keine Konsequenzen nach sich zieht, werden sie aufgrund der mangelnden Erfahrung an Selbstwirksamkeit ihre Motivation zum Handeln einbüßen. Besonders motiviert zeigen sich Eltern, wenn der Tagesgruppenalltag gemäß ihrem Vorschlag umgestaltet wird, z.B. wenn aufgrund ihrer Initiative ein festes Angebot entwickelt wird.

4.2.3 Bedingungen auf der personenbezogenen Ebene

Die Bedingungen auf der personenbezogenen Ebene nehmen individuelle Ressourcen und Schwächen auf Eltern- wie Pädagogenseite in den Blick, die für die Bereitschaft zu partizipieren bzw. Partizipation zuzulassen, bedeutsam erscheinen.

(1) Eltern, die nicht über die entsprechenden Kommunikationskompetenzen verfügen, beteiligen sich in formellen Kontexten wenig oder gar nicht

Viele Klienten der Jugendhilfe sind darin ungeübt, ihre Anliegen öffentlich in angemessener Weise zu verbalisieren. Die Teilnahme an größeren Gesprächsrunden ist für sie mit Ängsten verbunden. Werden Formen der aktiven Beteiligung gewählt, müssen besonders das freie Sprechen in der Öffentlichkeit und die Formulierung eigener Bedürfnisse, Wünsche und Kritik geübt werden. Auch das Einüben von Kommunikationskompetenzen sollte vom Grundsatz der Partizipation und Selbstbestimmung geleitet werden. Eltern wissen um ihre Defizite, sie spüren sie in unterschiedlichsten Situationen deutlich. Pädagogen können helfen, diese zu entwickelnden Bereiche herauszuarbeiten und auf eine individuell passende Art auszugleichen. Eltern erfahren dann bereits in diesem Vor-Stadium von Partizipation die Bedeutung ihrer Bedürfnisse und werden im Prozess des Lernens diesen mehr und mehr bestimmen können, wodurch sie im Grunde durch das selbstbestimmte Erlernen der Kompetenzen schon partizipieren.

(2) Wenn Eltern in Eltern- und Tagesgruppe integriert sind, steigt ihre Motivation zur Mitgestaltung von Gemeinschaftsprojekten

Die Erfahrung von Solidarität und Gemeinschaft stellt eine wesentliche Voraussetzung für Partizipation dar, besonders im Hinblick auf die Gestaltung von einrichtungs- oder gruppenbezogenen Projekten. Verantwortung zu übernehmen über das unbedingt Persönliche hinaus erfordert, dass unterschiedliche Eltern sich als Gemeinschaft begreifen, indem sie beispielsweise ein gemeinsames Ziel finden. Eltern benötigen dafür Raum im Sinne des materialen Raumes, aber auch im Sinne einer „Freizeit“ von pädagogisch strukturierten Angeboten innerhalb der Tagesgruppe. Die Bildung einer Gemeinschaftsidentität kann mit einer gemeinsamen Abgrenzung gegenüber Experten einhergehen, wodurch diese ein Stück Kontrolle über die Eltern verlieren.

(3) Der elterliche Auftrag an die Tagesgruppe bestimmt den Bereich und die Qualität der Partizipation von Eltern

Eltern nehmen die Tagesgruppe in unterschiedlichen Funktionen wahr. Nicht jede Funktion geht einher mit einer erhöhten Motivation zur Partizipation. Eltern, die die Entlastung suchen, lehnen eine starke Einbindung ab, Eltern die eine Heilung ihrer Kinder wünschen, sehen nicht sich, sondern die Pädagogen in der Verantwortung, Eltern, für die die Tagesgruppe nur eine einzelne Funktion hat, verfügen über keinerlei Motivation, in anderen Bereichen mitzugestalten. Hier kann eine Klärung hilfreich sein, um herauszufinden, in welchen Bereichen sich Eltern Mitarbeit vorstellen können und wie sie dies tun möchten.

(4) Konflikte sind sowohl Voraussetzung für als auch Begleiterscheinung von Partizipation

Konflikte weisen auf eine Differenz zwischen Elternstreben und Pädagogenintention, zwischen Elternvorstellungen und Normativität der Pädagogen hin. Diese Differenz erst löst in den Eltern den Wunsch aus, es möge sich etwas verändern und beinhaltet damit gleichzeitig Bewertung von und Kritik an Pädagogenhandeln. Die Differenz stellt fast eine notwendige Voraussetzung für Partizipation dar. Konflikte können also Veränderungsbestrebungen auslösen. Eltern spüren diese Differenz durch Leidensdruck, durch eigene Ideen, durch einsetzende Bedürfnisse oder durch spontanes, nicht den geltenden Regeln entsprechendes Handeln in der Tagesgruppe oder auch zu Hause. Aus unserer Sicht besteht eine wesentliche Aufgabe darin, den Eltern zu vermitteln, dass Differenzen als selbstverständlicher Teil einer Beziehung akzeptiert und als Motor für die Entwicklung von Eltern begrüßt werden.

(5) Die Selbstwahrnehmung der Eltern als handelnde Subjekte erhöht ihre Erwartung, Einfluss ausüben zu können

Eltern neigen dazu, eine Situation als unbeeinflussbar wahrzunehmen und sich selbst als Objekt oder gar Opfer der Umstände wahrzunehmen. Diese Selbstwahrnehmung verhindert die Motivation zur Partizipation, da mit dem Willen zur Partizipation die Überzeugung einhergehen muss, Einfluss auf eine Situation oder einen Zustand ausüben zu können. Die Einsicht in die Verantwortung für das eigene Leben und die Möglichkeiten, dieses beeinflussen, wenn auch nicht auf allen Ebenen steuern zu können, stellt eine Voraussetzung für Partizipation dar. Diese Reformulierung der Selbstwahrnehmung wird unterstützt, wenn Eltern sich im Tagesgruppenalltag als einflussreich erleben, z. B. indem auf ihre Kritik oder ihre Initiative eine Veränderung erfolgt. Im fortschreitenden Lernprozess können Eltern mehr und mehr aktiv und damit zum handelnden Subjekt werden. Eltern neigen dagegen zur Resignation, wenn ihr Engagement ungehört und ohne Konsequenzen bleibt.

(6) Eltern benötigen Unterstützung bei der Entwicklung realistischer Erfolgserwartungen und bei der Bewältigung von Misserfolgen

Eltern erleben, dass ihr Handeln im Rahmen der Tagesgruppe beobachtet und bewertet wird. Hierbei wird häufig von Eltern, aber auch von Pädagogen, der Fokus auf das Ergebnis einer Handlung gelegt. Haben Eltern geschafft, was sie sich vorgenommen haben oder was sie tun sollten? Hatte das Handeln für die Eltern oder ihre Kinder einen erkennbaren Nutzen? Eltern werden erleben, dass sie versagen und sie werden sich inkompetent fühlen. Eltern entziehen sich dann weiteren Herausforderungen, weil sie ihr als beschämend empfundenes „Versagen“ nicht wiederholen möchten. Neben der wichtigen Erkenntnis, dass allein schon die Handlung als solche als begrüßenswerte und oft mutige Partizipation zu werten ist und nicht selten einen wichtigen Schritt im Lern- und Entwicklungsprozess der Eltern markiert, erscheint es ebenfalls bedeutsam, sich mit der Möglichkeit vertraut zu machen, tatsächlich ein Ziel nicht zu erreichen, also die Erfahrung von Misserfolg zu durchleben. Partizipation bedeutet mitnichten Erfolg im Sinne einer garantierten Zielerreichung. Eltern bedürfen daher auch einer Begleitung bei der Verarbeitung ihrer Misserfolge.

(7) Geschlechtspezifische Prägung beeinflusst die Partizipation von Eltern

Eltern wählen rollentypische Angebote als Feld ihrer Mitgestaltung aus: während die Mütter sich vorwiegend im hauswirtschaftlichen Bereich und im Bereich der Beziehungsgestaltung engagierten, wählten Väter eher Aufgaben im handwerklichen Bereich und erscheinen im Hinblick auf die Teilnahme an Angeboten für Eltern eher gewinnorientiert. Einerseits kann im Rahmen der Selbstständigkeitsentwicklung auf einen Teil dieser unterschiedlichen lebensgeschichtlich erworbenen Erfahrungen im Sinne von Ressourcen zurückgegriffen werden, andererseits muss jedoch auch der einschränkende Charakter mancher Erfahrungen berücksichtigt werden. Bei der Erarbeitung individuell angemessener Partizipationsstrategien ist es deshalb wichtig, diese Erfahrungen und Ressourcen einzubeziehen und hier besonders auf geschlechtsspezifische Ausprägungen einzugehen. Damit wird eine Erweiterung dieser Ressourcen möglich, so dass Eltern nach und nach über geschlechtsspezifische oder andere biographisch erworbene Prägungen hinauswachsen können.

(8) Eigenständiges Elternhandeln kann auf pädagogischer Seite mit der Angst vor Kontrollverlust verbunden sein

Eltern als eigenständige Individuen werden ihren eigenen Maßstäben getreu handeln. Auch wenn ihr Handeln den normativen Vorstellungen der Pädagogen nicht entspricht, so kann es doch willkommen geheißen werden als Ausdruck der Bereitschaft, aktiv mitarbeiten zu wollen. Eltern, die sonst im Umgang mit Institutionen eher Unterwürfigkeit und Unterordnung zeigen, demonstrieren mit spontaner Eigenständigkeit in der Tagesgruppe ihr Vertrauen in die Pädagogen und ihre Weiterentwicklung, also einen Erfolg der pädagogischen Arbeit. Kontrolle und Maßregelung bei spontanem, eigenständigem Verhalten signalisiert den Eltern, dass Pädagogen ihr Handeln als Auflehnung oder als Zeichen der Unzulänglichkeit auffassen. Die Kritik an eigenständigem Elternhandeln zeigt außerdem, dass Eltern nicht ernst genommen werden, und rechtfertigt deren Wahrnehmung als zu führende bzw. zu erziehende Objekte. Durch die Verurteilung elterlicher Eigenständigkeit und der entsprechenden Reglementierung des Elternhandelns vermeiden Pädagogen beängstigenden Kontrollverlust, der sich aus unterschiedlichen Perspektiven und Zielsetzungen aller an einer Entscheidung Beteiligten ergeben kann und einen möglichen Verlust an Steuerungsmöglichkeiten hinsichtlich des Tagesgruppenalltags und des Hilfeprozesses nach sich zieht. Doch Eltern, die auch außerhalb der Tagesgruppe ihren Alltag eigenverantwortlich gestalten, einem Beruf nachgehen, Kinder in die Welt setzen und aufziehen, sind in der Lage, auch innerhalb der Tagesgruppe Verantwortung zu übernehmen. Dabei benötigen Eltern zwar oft unterstützende Begleitung, aber nicht eine Stellvertretung durch Pädagogen.

Bei der Gestaltung von Angeboten oder im Umgang mit den Kindern kann es zu Konkurrenzsituation zwischen Eltern und Pädagogen kommen. Obgleich Eltern und Pädagogen unterschiedliche Rollen, verbunden mit unterschiedlichen Aufgaben, zukommen, entsprechen sich diese oft im Tagesgruppenalltag. Konkurrenzsituationen ergeben sich z.B. aus der Verantwortung für die Kinder. Sind beide Rolleninhaber anwesend, fühlen sich Eltern oft dahingehend verunsichert, inwieweit sie innerhalb der Tagesgruppe auf das Handeln der Kinder selbstständig Einfluss nehmen dürfen. Diese Unsicherheit lässt sich aufgrund der Unmöglichkeit, eine komplexe Situation vorauszuplanen und hieraus die entsprechende Rollenaufteilung vorzunehmen, auch durch vorherige Absprachen nicht beseitigen. Es obliegt daher den Pädagogen, in ihrer Aufgabe der „sozialen Assistenz" aufmerksam nur dort tätig zu sein, wo Eltern der unterstützenden Begleitung bedürfen und ihr Handeln genau da zu begrenzen, wo Eltern selbstständig sein wollen. Es besteht die Möglichkeit, problematische Situationen nachzubereiten und dabei Elternhandeln zu reflektieren. Ein Eingreifen in Elternhandeln wird als Kritik empfunden und hinterlässt bei Eltern eine Scheu, weiterhin selbstständig zu handeln.

4.3 Partizipation als Herausforderung und Chance

Die Idee der Partizipation liegt in der Erhöhung des Einflusses des Individuums auf sein eigenes Leben, welches in wesentlichen Bereichen durch gesellschaftliche Zwänge mit- oder fremdbestimmt wird. Partizipation trägt als paradoxe Aufforderung an die Praktiker die Uneinlösbarkeit eines idealen Anspruchs an Gleichheit in sich.

Es hat sich gezeigt, dass die strukturellen Bedingungen, die die Einlösung des Ideals unmöglich machen, sich nicht auf der Ebene der Interaktion auflösen lassen. Die Pole Emanzipation der Klienten auf der einen Seite und Integration der Klienten in ein bestehendes Wertesystem auf der anderen Seite können nicht „zusammenkommen". Daher ist es verständlich, dass ein „Umgang" mit diesem Widerspruch gefunden werden muss. Dieser „Umgang" zeigt sich in der theoretischen Diskussion in dem Versuch, die emanzipatorische Seite von Partizipation stärker zu gewichten, ohne die integrative Seite zu verleugnen. Im praktischen Bereich kann er nur darin bestehen, Partizipation vor dem Hintergrund bestehender strukturell verankerter Begrenzungen wahrer Partnerschaftlichkeit und Gleichberechtigung zu leben. Nicht die Frage, wie die Grenzen zu umgehen oder aufzulösen sind, erscheint uns relevant, sondern die Frage, welche Chancen sich für Klienten in der Auseinandersetzung mit diesen Grenzen bieten. Gerade die Möglichkeit der Auseinandersetzung mit den Begrenzungen der eigenen Freiheit, die dem Konflikt zwischen Selbstbestimmung und Fremdbestimmung in den Hilfen zur Erziehung innewohnt, führt zwar nicht zur Annäherung ungleich Mächtiger oder der Auflösung von Abhängigkeitsverhältnissen, aber zur „Konkretisierung emanzipatorischer Lernchancen" (DJI 1973, S. 40).

Wir haben im Rahmen unserer Arbeit den Fokus auf die Fragen gelegt, wie Eltern partizipieren, welche Form der Partizipation sie nutzen und welche Rahmenbedingungen für Partizipation vorliegen bzw. diese sich auf Elternpartizipation auswirken, d. h. wir explorierten selbstbestimmtes Handeln von Eltern und analysierten deren strukturelle, fachlich-konzeptionelle und individuelle Bedingungen. Wir leiteten basierend auf den empirischen Befunden pädagogische Konsequenzen ab, indem wir versuchten, für alle drei Ebenen mit Hilfe der Theorie der Selbstbestimmtheit und des Konzeptes der nondirektiven Pädagogik Anregungen für pädagogisches Handeln im Rahmen der Elternarbeit in den Hilfen zur Erziehung zu geben, welches Partizipation als wichtiges Merkmal, wenn nicht als Voraussetzung betrachtet. Mit Blick auf die multiperspektivische Betrachtung des individuellen Partizipationshandelns der Eltern und ihren subjektiven Erfahrungen mit Partizipation sowie ihrer Auseinandersetzung mit den strukturellen und fachlich-konzeptionellen Rahmenbedingungen, wie wir sie in dieser Arbeit vorgenommen haben, lässt sich feststellen, dass Eltern als Experten in eigener Sache handeln und über ausreichend Ressourcen verfügen, selbstbestimmt zu handeln. Verantwortung übernehmen sie, wenn sie sich ihrer Ressourcen und Stärken bewusst werden und diese ausbauen.

Eltern können ihrer eigenen Expertenschaft gerecht werden, indem sie ihr Wissen und ihre Erfahrungen in den Tagesgruppenalltag einbringen. Hierbei haben wir gesehen, dass elterliches Wissen und elterliche Erfahrungen sich von diesen nicht immer in Worte fassen lassen, aber durch ihr bedürfnis- und erfahrungsorientiertes selbstbestimmtes Handeln wird ihre Expertenschaft deutlich, denn Eltern verfügen über große Erfahrung in ihrem langen Zusammenleben mit dem eigenen Kind und wenden im Tagesgruppenalltag Strategien an, die sich in ihrem bisherigen Leben als brauchbar erwiesen haben. Elternpartizipation Raum zu lassen durch Zulassen selbstbestimmten Handelns bedeutet Wertschätzung des elterlichen Erfahrungsschatzes. Daher erscheint uns Elternpartizipation als wichtiges pädagogisches Mittel, Ziel und unverzichtbare Grundhaltung.

Dies bedeutet für Pädagogen, sich für die von Eltern ausgehenden Mitarbeitsbestrebungen und -formen zu öffnen, also eine Abkehr von der Frage, wie man Eltern dazu bringen kann, mehr und besser mitzuarbeiten, hin zu der Frage, in welchem Umfang arbeiten Eltern schon mit, wo und in welchem Umfang handeln sie selbstbestimmt und damit verantwortlich? Die Tagesgruppe bietet hervorragende Möglichkeiten, die eigenen Kompetenzen kennen zu lernen, zu erweitern und anzuwenden. Die vielfältigen pädagogischen Angebote, die im Rahmen unserer Studie sichtbar wurden, stellten die Erfahrung von Kompetenzerwerb durch Eltern in den Mittelpunkt. Besonders in Fragen der Erziehung konnten Eltern durch Beratungsgespräche, durch aktive

Teilnahme am Tagesgruppenalltag und durch Üben der erlernten Strategien im häuslichen Alltag die Erfahrung von Kompetenz sammeln. In einer Gesamtbetrachtung der Angebote und der subjektiven Erfahrung der Eltern zeigt sich, dass hierbei allerdings eher Kompetenzen vermittelt wurden, die aus Sicht der Pädagogen durch Eltern zu erlernen sind. Der Erwerb von Kompetenzen wurde von Eltern als positiv erfahren, wenn sie sich im häuslichen Alltag bewähren und wenn die Pädagogen ihre Anerkennung für den Lernerfolg ausdrückten. Besonders im Rahmen von Hilfeplangesprächen wurde der Erwerb von Erziehungskompetenz positiv bewertet.

Aus unserer Sicht wäre eine Erweiterung des Bereiches „Kompetenzerwerb" in Richtung der Lernbedürfnisse der Eltern von Vorteil, um die Beständigkeit der Entwicklung zu sichern. Die Tagesgruppe als Hilfe zur Erziehung bietet weniger Möglichkeiten für den Bedürfnisbereich „Autonomieerfahrung". Besonders in Auseinandersetzung mit bestehenden Strukturen und pädagogischen Wertvorstellungen zeigt sich das elterliche Bedürfnis nach Selbstbestimmung. Pädagogische Angebote charakterisiert, dass sie konzipiert und geplant werden, Eltern sich in der Rolle der Lernenden befinden. Eine Ausweitung von Angebotsformen, die das Autonomiebestreben der Eltern einbeziehen, kann dazu beitragen, dieses Grundbedürfnis zu stillen und gleichzeitig einen lebbaren Kompromiss zwischen fremdbestimmtem und selbstbestimmtem Handeln zu erarbeiten. Gerade für den Bedürfnisbereich „Soziale Eingebundenheit" zeigt sich die Tagesgruppe als ideales Lernfeld. Sowohl mit Pädagogen als auch mit anderen Eltern ergeben sich zahlreiche Möglichkeiten, Beziehung zu (er)leben. Neben der Schaffung von Raum für Beziehungen wird es durch die pädagogische Begleitung der Beziehungsbemühungen der Eltern möglich, die sich ergebenden Erfahrungen zu verarbeiten. Gerade auftretende Beziehungskonflikte, die im Alltag schnell zur Auflösung der Beziehung führen, können im geschützten Raum „Tagesgruppe" aufgearbeitet werden.

Die Frage nach Partizipation im Hilfeprozess verweist immer auf die Problematik der Ambivalenz zwischen Integration und Emanzipation (vgl. Stork 1995), zwischen Anpassung und Selbstbestimmung. Die strukturellen Bedingungen der Hilfen zur Erziehung stehen als Rahmen für Elternhandeln fest und markieren die Grenzen der Selbstbestimmung. Das Vorhandensein des doppelten Auftrags der Pädagogen von Hilfe und Kontrolle stellt sich als Begrenzung für Partizipation seitens der Eltern dar. Das heißt, freies selbstbestimmtes Handeln als Ausdruck von Bedürfnissen und Normativität seitens der Eltern stößt im Alltag der Tagesgruppe und einzelnen Angeboten und Situationen, in der Beziehung zum Helfer, im Einfluss auf Rahmenbedingungen der Hilfe und ihre pädagogische sowie inhaltliche Ausgestaltung an Begrenzungen. Gerade in Bezug auf das Thema „Hilfe und Kontrolle" wissen

Eltern sehr genau, dass ihre pädagogischen Beziehungspartner nicht frei sind und sowohl unterstützend, helfend als auch wachend tätig sind. Die Übernahme der Kontrollfunktion auf Pädagogenseite bedeutet aber nicht zwangsläufig den Verlust der Hilfsmöglichkeit. Pädagogen können sich ihrer paradoxen Aufgabe stellen und sie als reale Bedingung des pädagogischen Arbeitens akzeptieren. Hierbei muss das In-Frage-Stellen der Begrenzungen durch die strukturellen Bedingungen seitens der Eltern erlaubt, wenn nicht gar selbstverständlich sein. Eltern dürfen fragen, welche normativen Vorstellungen Pädagogen mit sich tragen, sie dürfen sie anzweifeln und darüber diskutieren, sie können sich an ihnen orientieren und eigene Vorstellungen aus diesem Prozess mitbringen. Pädagogen übernehmen in diesem Prozess die Rolle der „Begrenzer" durch Verweilen in der Realität. Sie sind aufmerksam in Bezug auf die Sozialverträglichkeit und die Lebbarkeit bestimmter Vorstellungen und Neuorientierungen der Eltern und achten besonders darauf, inwieweit diese Vorstellungen im Zusammenleben mit dem Kind vertretbar sind.

Eine Bejahung im Sinne von Übernahme der Verantwortung für die Aufgabe der Kontrolle und andere Begrenzungen auf Pädagogenseite bedeutet auch, mit den negativen Reaktionen der Eltern umgehen zu können. Sie birgt ein Verständnis für die die Eltern belastende Situation und die sich daraus ergebenden Verhaltensweisen, die im Sinne der Pädagogen der Hilfe weniger förderlich sind, wie Verweigerung, „mangelnde" Mitarbeit und Unzufriedenheit mit der Hilfe- (und Kontroll-) Situation. Eltern reagieren damit auf die „Aggressivität des gesellschaftlichen Mandats" (Müller 2004, S. 187). Diese (Re-)Aktionen der Klienten werden noch verständlicher, wenn der Helfer sich bewusst macht, dass Hilfe anzunehmen ein Sich-Einlassen auf möglicherweise tiefgreifende Veränderungen im Leben bedeutet, eine Aussicht, die für viele Klienten angstbesetzt ist, haben sie sich doch lange gegen jedwede Veränderung gewehrt und befinden sich daher in einer Krise. Niemand kann vorher sagen, welche Veränderungen das sein werden und wie die Eltern und Kinder dann damit leben werden.

Wenn Eltern also partizipieren, sich Rechte erstreiten, selbstbestimmt handeln, führen sie damit aktiv Veränderungen herbei und versuchen, Grenzen zu erkunden, zu erweitern, zu sprengen, zu durchdenken und möglicherweise anzunehmen. Die pädagogische Aufgabe bei der Partizipation von Eltern liegt nach Müller in einer Herstellung der Balance von helfen und selber ausprobieren lassen, zwischen fürsorglicher Stellvertretung und Zumutung der Realität, d.h. soziale Assistenz (ebda., 187ff.) zu leisten, um Selbstbestimmung von Eltern vertrauensvoll und zugleich wachsam zu begleiten, und dabei die Eltern für ihre Akte des Aufbegehrens, des Eigenverantwortlich-Sein-Wollens nicht zu verurteilen, sondern diese Lebensäußerungen als Entwicklungschance und Entwicklungsschritt willkommen zu heißen. Selbstbestimmung wird immer an Grenzen stoßen, diese sind in unterschiedlichen gesellschaftlichen Räumen unterschiedlich definiert, unterschiedlich durchlässig und unterschiedlich zu beeinflussen. Gerade dann ergeben sich Lernchancen für Partizipation, wenn über Grenzen gesprochen und verhandelt wird und diese möglicherweise verändert werden oder aber Eltern für sich entscheiden, die gesteckten Grenzen als nicht relevant zu betrachten. Es ist der aktive Versuch, Begrenzungen und Widersprüche zu bewältigen, der u. E. eine Chance zur Partizipation darstellt, indem durch Auseinandersetzung mit diesen Widersprüchen die Strukturen immer wieder hinterfragt und im Prozess der Auseinandersetzung fortlaufend verändert werden. Darüber hinaus können Klienten selbst, z. B. durch die Erfahrung kritischer Auseinandersetzung, durch Erarbeitung eigener Ziele und Werte, auch außerhalb formaler Partizipation ihren Hilfeverlauf gestalten und die inneren Voraussetzungen, nicht nur für Partizipation innerhalb der Hilfeinstitution, sondern auch für die Bewältigung ihres Alltags erlangen. Eltern können also trotz strukturell gegebener Asymmetrien den geschützten Raum Tagesgruppe als „Bühne“ für neue Erfahrungen nutzen und haben die Chance, sich mit den Begrenzungen, die das doppelte Mandat der Pädagogen mit sich bringt, als Lebensrealität zu versöhnen.

Literaturverzeichnis

AG Elternarbeit (Hrsg.) (1983): Besondere Methoden und Ansätze in der Elternarbeit. (Reihe: „Materialien für die Elternarbeit“, Band 7). München

Aiers, A./Kettle, J. (1998): When Things Go Wrong. Young peoples experience of getting access to the complaint procedure in residential care. (National Institute for Social Work/Selly Oak Colleges/London

Almstedt M./Munkwitz B. (1982): Ortsbestimmung der Heimerziehung. Geschichte, Bestandsaufnahme, Entwicklungstendenzen, Weinheim und Basel

Arbeitskreis für Neue Erziehung: Elternbriefe. Berlin 2001

Asanger, R./Wenninger, G. (Hrsg.) (1992): Handwörterbuch Psychologie. Weinheim

Bandura, A. (1977): Self efficacy: Towards a unifying theory of behavioral change. In: Psychological Review 84, S. 191-215

Bauer, R. (1996): “Hier geht es um Menschen, dort um Gegenstände.“ Über Dienstleistungen, Qualität und Qualitätssicherung. In: Widersprüche, 16. Jg., Heft 61, S. 11-49

Bäuerle, W. (1972): Theorie der Elternbildung. Weinheim und Basel

Bayerisches Landesjugendamt (Hrsg.) (1994): Sozialpädagogische Familienhilfe. Bericht über die 8. Arbeitstagung der Sozialpädagogischen Familienhelferinnen und Familienhelfer in Bayern. München

Becker, P. (1999): Welche Qualität haben Hilfepläne? Bundesweite Strukturanalyse und Konzeption eines Handlungsleitfadens. Frankfurt am Main

Behnisch, M. (2004): Überlegungen zur pädagogischen Beziehung am Beispiel Jungenarbeit In: Zeitschrift für Sozialpädagogik, 2/2004

Beinroth, R. (Hrsg.) (1998): Familie und Jugendhilfe. Herausforderungen des Kinder- und Jugendhilfegesetzes an einer familienorientierten Jugendhilfe. Neuwied

Bennighoven, D. (1988): Erwartete Selbstwirksamkeit bei Bulimia Nervosa. Göttingen

Bernhardt, K. (2000): Qualität und Erfolg in der Tagesgruppenarbeit aus Perspektive der Eltern-Auswertung einer Elternbefragung im Rahmen einer Diplomarbeit. In: HEZ, H.1-2000, S. 5- 13. Berlin

Biermann, B. (2000): Vollzeitpflege. In: Birtsch, V./Münstermann, K./ Trede, W.: Handbuch Erziehungshilfen. Münster, S. 598-631

Bittler, A./Späth, K. (1990): Tagesgruppen in der Heimerziehung. In: Jugendwohl 1990/ H. 2

Birtsch, V./Münstermann, K./Trede, W. (Hrsg.) (2001): Handbuch Erziehungshilfen. Münster

Blandow, J./Gintzel, U./Hansbauer, P. (1999): Partizipation als Qualitätsmerkmal in der Heimerziehung. Eine Diskussionsgrundlage. Münster
BMFSFJ (Hrsg.) (1973): Dritter Jugendbericht. 2. Auflage. Bonn-Bad Godesberg
BMFSFJ (Hrsg.) (1994): Neunter Kinder- und Jugendbericht. Bonn-Bad Godesberg
BMFSFJ (Hrsg.) (1996): Familienbildung als Angebot der Jugendhilfe. Aufgaben und Perspektiven nach dem Kinder- und Jugendhilfegesetz (SGB VIII). Stuttgart, Berlin, Köln.
BMFSFJ (Hrsg.) (1998): Leistungen und Grenzen von Heimerziehung. Stuttgart.
BMFSFJ (Hrsg.) (1998): Zehnter Kinder- und Jugendbericht. Bericht über die Lebenssituation von Kindern und die Leistungen der Kinderhilfen in Deutschland. Bonn
BMFSFJ (Hrsg.) (1999): Sozialpädagogische Familienhilfe. 3. überarbeitete Auflage. Stuttgart, Berlin, Köln.
BMFSFJ (Hrsg.) (2001): Elfter Kinder- und Jugendbericht. Bericht über die Lebenssituation junger Menschen und die Leistungen der Kinder- und Jugendhilfe in Deutschland. Berlin.
Bolay, E. (1998): Scham und Beschämung in helfenden Beziehungen. In: Metzler, H./ Wacker, E. (Hrsg.): „Soziale Dienstleistungen". Zur Qualität helfender Beziehungen. Tübingen, S. 29-52
Brandhorst, K./Kohr, A. (2005): Gute Elternarbeit aus professioneller Sicht. In: unsere Jugend, 57. Jg., Heft 1, S. 10-19
Buckert, F./Hubert, A. (1986): Eltern als Partner in der Heimerziehung. In: Blätter der Wohlfahrtspflege 1986, H. 9
Bülow, A. von (1987): Heimerziehung in der Bundesrepublik Deutschland. Zum Wandel der Konzepte stationärer Erziehung. München
Bürger, U. (1998): Ambulante Erziehungshilfen und Heimerziehung. Empirische Befunde und Erfahrungen von Betroffenen mit ambulanten Hilfen vor einer Heimunterbringung. Frankfurt am Main
Busch, G./Hess-Diebäcker D./Stein-Hilbers, M. (1988): Den Männern die Hälfte der Familie. Weinheim
Büschges, G./Abraham, M. (1997): Einführung in die Organisationssoziologie. Stuttgart
Comenius-Institut (Hrsg.) (1975): Didaktik der Elternbildung. Münster
Conen, M.-L. (1990): Elternarbeit in der Heimerziehung. Eine empirische Studie zur Praxis der Eltern- und Familienarbeit in Einrichtungen der Erziehungshilfe. Regensburg
Croft, S./Bevesford, P. (1993): Partizipation und Politik. In: neue praxis 5/93, S. 439-458. Neuwied

Datler, W./Figdor, H./Gstach, J. (Hrsg.) (1999): Die Wiederentdeckung der Freude am Kind. Psychoanalytisch-pädagogische Erziehungsberatung heute. Gießen

Deci, E. L. (1971): Effects of externally mediated rewards on intrinsic motivation. Journal of Personality and Social Psychology 18 (1971), S. 105-115

Deci, E. L./Ryan, R. M. (1993): Die Selbstbestimmungstheorie der Motivation und ihre Bedeutung für die Pädagogik. In: Zeitschrift für Pädagogik Jg. 39, S. 223-238

Deutscher Verein für öffentliche und private Fürsorge (Hrsg.) (1994): Empfehlungen des Deutschen Vereins zur Hilfeplanung nach § 36 KJHG. In: NDV, 74. Jg., S. 317-326

Deutscher Verein für öffentliche und private Fürsorge (Hrsg.) (1997): Fachlexikon der sozialen Arbeit. Frankfurt/ Main

DJI (Hrsg.) (1973): Zur Reform der Jugendhilfe. Analysen und Alternativen. München.

DJI (1986): Tageseinrichtungen für Kinder. Stichwort Kinder. München

DJI (1988): Wie geht´s der Familie. München

DJI (Hrsg.) (1997): Literaturreport 1997. München

DJI (2003): Partizipation im Kontext erzieherischer Hilfen – Anspruch und Wirklichkeit. Eine empirische Studie (Zwischenbericht). http:://dji.de, 2. März 2005

Dreikurs, R./Grey, L. (1973): Kinder ziehen Konsequenzen. Elternfibel für einen neuen Erziehungsstil. Freiburg, Basel, Wien

Elger, W./Jordan, E./Münder, J. (1987): Erziehungshilfen im Wandel. Münster

Eppel, H./Hittmeyer, S./Nuwurdu, I./Plate, P./Rathmann, R. (1996): Mit Eltern partnerschaftlich arbeiten. Elternarbeit neu betrachtet. Freiburg, Basel, Wien

Esser, H. (1993): Soziologie. Spezielle Grundlagen. Band 5: Institutionen. Frankfurt, New York

Eugster, St. (1997): Entmündigung und Emanzipation durch die soziale Arbeit. Stuttgart, Wien

Eyferth, H./Otto, H.-U./Thiersch, H. (Hrsg) (1984): Handbuch zur Sozialarbeit/Sozialpädagogik, S. 754-763. Neuwied/Darmstadt

Figdor, H. (1999): Aufklärung, verantwortete Schuld und die Wiederentdeckung der Freude am Kind. In: Datler, W./Figdor, H./Gstach, J. (Hrsg.): Die Wiederentdeckung der Freude am Kind. Psychoanalytisch-pädagogische Erziehungsberatung heute. Gießen

Fisher, C. D. (1978): The effects of personal control, competence, and extrinsic reward system on intrinsic motivation. Organizational Behavior and Human Performance 21, S. 273-288. New York.

Flammer, A./Nakamura, Y. (2002): An den Grenzen der Kontrolle. In: Jerusalem, M. (Hrsg.): Selbstwirksamkeit und Motivationsprozesse in Bildungsinstitutionen. Weinheim, Basel, S. 83-113
Flick, U. (2000): Qualitative Forschung. Theorie, Methoden, Anwendung in Psychologie und Sozialwissenschaften. 5. Auflage. Reinbek bei Hamburg
Flick, U. (1995): Qualitative Forschung. Theorien, Methoden, Anwendung in Psychologie und Sozialwissenschaften. Reinbek bei Hamburg
Freire, P. (1993): Pädagogik der Unterdrückten. Bildung und Praxis der Freiheit. Reinbek bei Hamburg
Freire, P. (1977): Erziehung als Praxis der Freiheit – Beispiele zur Pädagogik der Unterdrückten. Hamburg
Friebertshäuser, B. (Hrsg.) (1997): Handbuch Qualitative Forschungsmethoden in der Erziehungswissenschaft. Weinheim und München
Fröhlich-Gildhoff, K. (2002): Einzelbetreuung in der Jugendhilfe, Konzepte, Prozesse und wirksame Faktoren. Freiburg
Funk, H. (2002): Elternarbeit. In: Schröer, W./Struck, N./Wolff, M.: Handbuch der Kinder- und Jugendhilfe. Weinheim und München
Furian, M. (Hrsg.) (1982): Praxis der Elternarbeit. Heidelberg
Gehres, W. (1997): Wirkung von Heimunterbringung. Klientenorientierte Evaluationsforschung als ein wesentlicher Beitrag zur Qualitätssicherung sozialer Dienste. In: neue praxis 27. Jg., Heft 2, S. 176-181
Gernert, W. (1993): Zur Beteiligung der Betroffenen in der Jugendhilfe. In: Zentralblatt für Jugendrecht, H.3, S. 116-125
Geißler, K. (1997): Konzepte sozialpädagogischen Handelns. Weinheim, München
Giesecke, H. (2003): Die pädagogische Beziehung. Pädagogische Professionalität und die Emanzipation des Kindes. Weinheim und München
Giesecke, H. (1992): Pädagogik als Beruf. Grundformen pädagogischen Handelns. Weinheim und München
Gildemeister, R. (1983): Als Helfer überleben. Beruf und Identität in der Sozialarbeit, Sozialpädagogik. Neuwied/ Darmstadt
Gintzel, U. (Hrsg.) (1996): Erziehung in Pflegefamilien. Auf der Suche nach einer Zukunft. Münster
Girtler, R. (1984): Methoden der qualitativen Sozialforschung: Anleitung zur Feldarbeit. Köln
Goldbrunner, H. (1996): Arbeit mit Problemfamilien. Systemische Perspektiven für Familientherapie und Sozialarbeit. Mainz
Gotthold, J. (1983): Evaluation eines Stadtteilentwicklungsprogramms für einen sozialen Brennpunkt, in: Lölhöfel, v./Schimanke (Hrsg.): Kommunalplanung vor neuen Herausforderungen. Basel, Boston, Stuttgart, S. 243- 270
Gottschalch, W. (1988): Wahrnehmen, Verstehen, Helfen. Grundlagen psychosozialen Handelns. Heidelberg

Grunwald, K./Ortmann, F./Rauschenbach, T./Treptow, R. (Hrsg.) (1996): Alltag, Nicht-Alltägliches, und die Lebenswelt. Beiträge zu einer lebensweltorientierten Sozialarbeit. Weinheim, München
Günder, R. (1999): Hilfen zur Erziehung. Freiburg im Breisgau
Haas, W. (2000): Der alltägliche Erziehungskampf. Wie Kinder Erziehung erleben. 6. Auflage. Reinbek bei Hamburg
Haasis, M. (2002): Die feministische pädagogische Beziehung. Königstein/ Taunus
Heckhausen, H. (1989): Motivation und Handeln. 2. Auflage. Berlin, Heidelberg, New York, Paris, Tokio, Hongkong
Heiliger, A. et al (1981): Orientierungsmaterialien für die Elternarbeit – Elternarbeit mit sozial benachteiligten Familien. Stuttgart
Heinze/Olk/Hilbert (1988): Der neue Sozialstaat: Analyse und Reformperspektiven. Freiburg
Hinte, W. (1980): Non-direktive Pädagogik. Eine Einführung in Grundlagen und Praxis des selbstbestimmten Lernens. Opladen
Hitzler, R./Honer, A. (1982): Der lebensweltliche Forschungsansatz. In: neue praxis, Jg. 18 (1982), H.6, S. 496-501
Hörmann, G. und Nestmann, F. (Hrsg.) (1988): Handbuch der psychosozialen Intervention. Opladen
Hoffmeyer-Zlotnik, J. (Hrsg.) (1992): Analyse verbaler Daten. Opladen
Hohmeier, J./Mair, H. (Hrsg.) (1989): Eltern- und Familienarbeit. Familien zwischen Selbsthilfe und professioneller Hilfe. Freiburg im Breisgau
Hondrich, K. O. (1975): Menschliche Bedürfnisse und soziale Steuerung. Eine Einführung in die Sozialwissenschaft. Reinbek bei Hamburg
Iben, G. (1984): Verhaltensstörungen als abweichendes Verhalten. Hagen.
Institut für Soziale Arbeit e.V. (Hrsg.) (1982): Jugendhilfeplanung. Münster.
Jaletzke, C. (1997): Hilfe – wohin? Eingereicht als Dissertation an der Freien Universität Berlin
Jerusalem, M. (Hrsg.) (2002): Selbstwirksamkeit und Motivationsprozesse in Bildungsinstitutionen. Weinheim, Basel
Jordan, E./Sengling, D. (1994): Jugendhilfe. Einführung in Geschichte und Handlungsfelder, Organisationsformen und gesellschaftliche Problemlagen. Weinheim und München
Jordan, E. (1996): Vorzeitig beendete Pflegeverhältnisse. In: Gintzel, U. (Hrsg.): Erziehung in Pflegefamilien. Auf der Suche nach einer Zukunft. Münster, S. 76-119
Jordan, E./Schone, R. (Hrsg.) (1998): Handbuch Jugendhilfeplanung: Grundlagen, Bausteine, Materialien. Münster

Jordan, W./Stork, R. (1998): Beteiligung in der Jugendhilfeplanung. In: Jordan, E./ Schone, R. (Hrsg.): Handbuch Jugendhilfeplanung. Grundlagen, Bausteine, Materialien. Münster, S. 499- 573

Jurczyk, K./Rerrich, M. S. (1993): Alltägliche Lebensführung: der Ort, wo alles zusammenkommt. In: Jurczyk, K./ Rerrich, M. S. (Hrsg.): Die Arbeit des Alltags. Beiträge zu einer Soziologie der alltäglichen Lebensführung. Freiburg

Karsten, M.-E. (1995): Soziale Dienstleistungen produzieren: Von der sozialpädagogischen Arbeit zur sozialen Dienstleistungsarbeit. In: Sünker, H. (Hrsg.): Theorie, Politik und Praxis Sozialer Arbeit. Bielefeld

Kardorff, E. (1988): Intervention. Kritik und Perspektiven. In: Hörmann, G. und Nestmann, F. (Hrsg.): Handbuch der psychosozialen Intervention. Opladen ,S.306-326

Kasper, H./Mayrhofer, W. (Hrsg.): Organisation. Wien 1993

Katz, D./ Kahn, R. L. (1966): The Social Psychology of Organizations. New York

Kaufhold-Wagenfeld, M.-L. (1996): Mütter brauchen Raum. Frankfurt am Main

Kieselbach, Th. (1988): Psychosoziale und gesundheitliche Folgen von Langzeitarbeitslosigkeit. In: Verein zur Förderung von Bildung, Ausbildung und Beschäftigung sozial benachteiligter Menschen. Bremen

Klosinski, G. (1998): Die Rolle des Therapeuten in der tiefenpsychologisch fundierten Psychotherapie von Kindern, Jugendlichen und ihren Familien. In: Metzler, H./ Wacker, E. (Hrsg.): „Soziale Dienstleistungen". Zur Qualität helfender Beziehungen. Tübingen, S. 150-167

Krapp, A./Ryan, R. M. (2002): Selbstwirksamkeit und Lernmotivation. Eine kritische Betrachtung der Theorie von Bandura aus der Sicht der Selbstbestimmungstheorie und der pädagogisch-psychologischen Interessentheorie. In: Jerusalem, M. (Hrsg.): Selbstwirksamkeit und Motivationsprozesse in Bildungsinstitutionen. Weinheim, Basel, S. 54-82

Kreft, D./Mielenz, I. (1996): Wörterbuch Soziale Arbeit. Weinheim und Basel

Kriener, M./Petersen, K. (1999): Partizipation von Mädchen und Jungen als Recht und als sozialpädagogische Handlungsmaxime – Ziel eines Praxisprojektes in der Jugendhilfe. In: Kriener, M./Petersen, K.: Beteiligung in der Jugendhilfepraxis. Sozialpädagogische Strategien zur Partizipation in Erziehungshilfen und bei Vormundschaften. Münster

Kriener, M./Petersen, K. (1999): Beteiligung in der Jugendhilfepraxis. Sozialpädagogische Strategien zur Partizipation in Erziehungshilfen und bei Vormundschaften. Münster

Kriener, M. (2001): Beteiligung als Gestaltungsprinzip.
In: Birtsch, V./Münstermann, K./ Trede, W.: Handbuch Erziehungshilfen. Münster, S. 128-148
Krüger, E./Reuter-Spanier, D./Trede, W. (Hrsg.) (2001): Erziehungshilfe in Tagesgruppen. Entwicklungen, Konzeptionen, Perspektiven. Frankfurt am Main
Kupffer, H. (2000): Was ist Erfolg in der Jugendhilfearbeit?
In: Heim und Erzieher Zeitschrift. Ausgabe 2
Lambach R./Thurau, H. (1991): Planungsgruppe PETRA.
Analyse von Leistungsfeldern der Heimerziehung. Frankfurt am Main
Lambach, R./Thurau, H. (1992): Planungsgruppe PETRA.
Bestand, Entwicklung und Leistungsmöglichkeiten von Tagesgruppen. Frankfurt am Main
Lamnek, S. (1988): Qualitative Sozialforschung. Band 1: Methodologie. Band 2: Methoden und Techniken. München
Landeswohlfahrtsverband Westfalen-Lippe (1987): Materialien zur Situation der Erziehungshilfen. Münster
Legewie, H. (1995): Feldforschung und Teilnehmende Beobachtung.
In: Flick, U.: Handbuch qualitative Sozialforschung. Grundlagen, Konzepte, Methoden und Anwendungen. 2. Auflage, Weinheim
Leube, K. (1982): Professionalisierung und Laienkompetenz in der Elternarbeit. In: Müller S. u. a.: Handlungskompetenz in der Sozialarbeit/Sozialpädagogik. Bielefeld
Leube, K. (1984): Familienhilfe/Elternarbeit. In: Eyferth, H./Otto, H.-U./ Thiersch, H. (Hrsg.): Handbuch Sozialarbeit/Sozialpädagogik. Neuwied
Leube, K. (1996): Elternarbeit. In: Kreft, D./Mielenz, I.: Wörterbuch Soziale Arbeit. Weinheim und Basel
Leube, K. (1989): Die kompetente Familie. Zur Geschichte der Eltern und ihrer Helfer. In: Hohmeier, J./Mair, H. (Hrsg.) (1989): Eltern- und Familienarbeit. Familien zwischen Selbsthilfe und professioneller Hilfe. Freiburg im Breisgau, S. 14-27
Lölhöfel, D. v./Schimanke, D. (Hrsg.) (1983): Kommunalplanung vor neuen Herausforderungen. Basel, Boston, Stuttgart
Luhmann, N. (1964): Funktionen und Folgen formaler Organisationen. Berlin, S. 23- 53
Lukas, H./Strack, G. (1996): Methodische Grundlagen der Jugendhilfeplanung. Freiburg im Breisgau
Mägdefrau, J. (2003): Wozu braucht die Pädagogik eine Bedürfnistheorie?
In: Pädagogische Rundschau, Jg. 57, S. 299-305
Mair, H. (1989): Familienarbeit und soziale Netzwerkbildung.
In: Hohmeier, J./Mair, H. (Hrsg.): Eltern- und Familienarbeit. Familien zwischen Selbsthilfe und professioneller Hilfe. Freiburg im Breisgau

Martin, E. (1992): Didaktik der sozialpädagogischen Arbeit. Weinheim und München
Marzahn, C. (Hrsg.) (1978): „Sozialpädagogik – Institution, Partizipation, Selbstorganisation". Tagung der Kommission Sozialpädagogik der DGfE vom 3.-5. Oktober 1977 an der Universität Bremen. München
Marzahn, C. (1987): Partizipation und Selbsthilfe. In: Eyferth H./Otto, H.-U./Thiersch, H. (Hrsg.): Handbuch zur Sozialarbeit/ Sozialpädagogik. Neuwied/ Darmstadt.
Mayring, P. (1996): Einführung in die qualitative Sozialforschung. Eine Anleitung zu qualitativem Denken. Weinheim
Melzer, W. (1985): Methodische und inhaltliche Reflexionen zum Problembereich Elternpartizipation an Schule. In: Melzer, W. (Hrsg.): Eltern-SchülerLehrer. Zur Elternpartizipation an Schule. Weinheim und München
Melzer, W. (Hrsg.) (1985): Eltern-Schüler-Lehrer. Zur Elternpartizipation an Schule. Weinheim und München
Merchel, J. (1998a): Hilfeplanung bei den Hilfen zur Erziehung. § 36 SGB VIII. Bühl (Baden)
Merchel, J. (1998b): Qualifizierung von Handlungskompetenzen, Verfahren und Organisationsstrukturen als Ansatzpunkt zum sparsamen Umgang mit Ressourcen. In: Schrapper, C. (Hrsg): Qualität und Kosten im ASD. Münster, S. 108-143
Merchel, J. (1999): Zwischen Diagnose und Aushandlung. Zum Verständnis des Charakters von Hilfeplanung in der Erziehungshilfe. In: Peters, F. (Hrsg.): Diagnosen – Gutachten – hermeneutisches Fallverstehen. Regensburg
Merkens, H. (1992): Teilnehmende Beobachtung. Analyse von Protokollen teilnehmender Beobachtung. In: Hoffmeyer-Zlotnik, J. (Hrsg.): Analyse verbaler Daten. Opladen
Merkens, H. (1997): Stichproben bei qualitativen Studien In: Friebertshäuser, B. (Hrsg.): Handbuch qualitative Forschungsmethoden in der Erziehungswissenschaft. Weinheim und München
Metzler, H./Wacker, E. (Hrsg.) (1998): „Soziale Dienstleistungen". Zur Qualität helfender Beziehungen. Tübingen,
Moch, M. (1990): Um die Ecke ein zweites Zuhause. Familienergänzende Erziehungshilfe im Lebensfeld. Frankfurt/M.
Möller, W./Nix, C. (Hrsg.) (1991): Kurzkommentar zum Kinder- und Jugendhilfegesetz. Weinheim und Basel
Mollenhauer, K. (1972): Theorien zum Erziehungsprozess. München
Moser, H. (1995): Grundlagen der Praxisforschung. Freiburg im Breisgau
Moser, H. (1998): Instrumentenkoffer für den Praxisforscher. 2., erweiterte Auflage. Freiburg im Breisgau

Müller, B. (1991): Die Last der großen Hoffnungen.
Weinheim und München
Müller, B. (1993): Sozialpädagogisches Können:
Ein Lehrbuch zur multiperspektivischen Fallarbeit. Freiburg
Müller, B. (2004): Etwas schuldig bleiben. „Verantwortete Schuld" im therapeutischen und sozialpädagogischen Handeln. In: neue praxis, 2/2004
Münder, J. et al. (1998): Frankfurter Lehr- und Praxiskommentar zum KJHG/SGB VIII. Münster
Münder, J./Mutke, B. (2001): Kindeswohl zwischen Jugendhilfe und Justiz – Ergebnisse eines Forschungsprojektes. In: Sozialpädagogisches Institut im SOS-Kinderdorf e.V. (Hrsg.): Jugendämter zwischen Hilfe und Kontrolle. München
Napp-Peters, A. (1984): Pflegekinder. Eyferth, H./Otto, H.-U./Thiersch, H. (Hrsg.): Handbuch zur Sozialarbeit/Sozialpädagogik. Neuwied, Darmstadt, S. 754-763
Nave-Herz, R. (Hrsg.) (1988): Wandel und Kontinuität der Familie in der Bundesrepublik Deutschland. Stuttgart
Nave-Herz, R. (1998): Familie und Kindheit aus familiensoziologischer **Sicht. In: Beinroth, R. (Hrsg.)**: Familie und Jugendhilfe. Herausforderungen des Kinder- und Jugendhilfegesetzes an einer familienorientierten Jugendhilfe. Neuwied, S. 15-29
Neckel, S. (1991): Status und Scham. Zur symbolischen Reproduktion sozialer Ungleichheit. Frankfurt, New York, S. 16ff
Netzeband, G. (1986): Thesen zum Thema: „Die Bedeutung der Elternarbeit für die Heimerziehung" (unveröffentlichtes Manuskript). Bielefeld
Neue Schriftenreihe der Arbeitsgemeinschaft für Erziehungshilfe (AFET) e.V. (1987): Zukunftsorientierung der Jugendhilfe – Perspektiven einer Neuordnung des Jugendrechts für die Erziehungshilfen. Saarbrücken
Niehuis, E. (1975): Elternbildung durch Elternmitwirkung.
In: neue praxis 4/75, S. 342-353
Nordt, G./Piefel, G. (1987): Zusammenarbeit mit Eltern aus sozial benachteiligten Bevölkerungsschichten in Tageseinrichtungen für Kinder. Berichte aus der Praxis. Köln
Olk, T. (1986): Abschied vom Experten. Sozialarbeit auf dem Weg zu einer alternativen Professionalität. Weinheim und München
Otto, H. U. (1978): Administrative Selbstbegrenzung.
In: Marzahn, C. (Hrsg.): „Sozialpädagogik – Institution, Partizipation, Selbstorganisation". Tagung der Kommission Sozialpädagogik der DGfE vom 3.-5. Oktober 1977 an der Universität Bremen. München, S. 69-71
Paeßens, D. (1996): Die Elternarbeit im Spannungsfeld zwischen Ursprungsfamilie und Heimerziehung. Deutscher Verein für öffentliche und private Fürsorge. Frankfurt am Main

Peters, F. (1999): Diagnosen – Gutachten- – hermeneutisches Fallverstehen. Rekonstruktive Verfahren zur Qualifizierung individueller Hilfeplanung. Regensburg
Petersen, K. (1999): Neuorientierung im Jugendamt. Empirische Befunde und theoretische Perspektiven für eine fachliche Ausrichtung Sozialer Arbeit. Neuwied
Petersen K. (2002): Partizipation. In: Schröer, W./Struck, N./Wolff, M. (Hrsg.): Handbuch Kinder- und Jugendhilfe. Weinheim und München
Pfaffenberger, H. (1997): Partizipation.
In: Deutscher Verein für öffentliche und private Fürsorge (Hrsg.): Fachlexikon der sozialen Arbeit. Frankfurt/ Main
Reinelt, T. (1989): Beziehung und Deutung im psychotherapeutischen Prozess. Berlin
Rethmann, B. (1997): Entscheidungsfindung in der Hilfe zur Erziehung. Die Umsetzung zentraler fachlicher Eckwerte des Kinder- und Jugendhilfegesetzes (KJHG) in der Hilfeplanung der Hilfe zur Erziehung im Zusammenhang der Diskussion betriebswirtschaftlicher Steuerung der Jugendhilfe. Dissertation Westfälische Wilhelms- Universität Münster
Reuter-Spanier, D. (2003): Elternarbeit – mit oder gegen Eltern?
In: Jugendhilfe, Jg. 41, Heft 3, S. 124-131
Rogers, C. R. (1972): Die nicht-direktive Beratung. München
Rogers, C. R. (1974): Lernen in Freiheit. München
Ryan, R. M. (1982): Control and information in the intrapersonal sphere: An extension of cognitive evaluation theory. Journal of Personality and Social Psychology 43 (1982), S. 450-461
Sander, C. (1996): Praktische Umsetzung der Klientenrechte in der Jugendhilfe anhand von Hilfeplänen – eine empirische Studie.
In: Nachrichtendienst des Deutschen Vereins für öffentliche und private Fürsorge, Heft 7, Seite 220-227
Sartre, J. P. (1942/1962): Das Sein und das Nichts.
Versuch einer phänomenologischen Ontologie. Reinbek
Schefold, W./Glinka, H. J./Neuberger, C./ Tilemann, F. (1998): Hilfeplanverfahren und Elternbeteiligung. Evaluationsstudie eines Modellprojektes über Hilfeerfahrungen von Eltern im Rahmen des KJHG. Stuttgart, Berlin, Köln
Schilling, J. (1997): Soziale Arbeit.
Entwicklungslinien der Sozialpädagogik/Sozialarbeit. Neuwied
Schlippe, A. v./Schweitzer, J. (1996): Lehrbuch der systemischen Therapie und Beratung. Göttingen, Zürich
Schluchter, W. (1972): Aspekte bürokratischer Herrschaft. München
Schmitt-Wenkebach, B. (1977): Elternbildung als sozialpädagogische Aufgabe. Erfahrungen, Modelle, Vorschläge. Neuwied und Darmstadt

Schmitz, I. (1986): Familienfürsorge aus der Sicht von Klienten. Berlin
Schönpflug, W. (1992): Allgemeine Psychologie.
In: Asanger, R./Wenninger, G. (Hrsg.): Handwörterbuch Psychologie. Weinheim, S. 7-14
Schone, R. (2002): Hilfe und Kontrolle.
In: Schröer, W./Struck, N./Wolff, M. (Hrsg.): Handbuch der Kinder- und Jugendhilfe. Weinheim und München
Schrapper, C. (1998): Beratung und Begleitung statt Eingriff und Kontrolle. Das Kinder- und Jugendhilfegesetz als Wegbereiter für eine familienorientierte Jugendhilfepraxis. In: Beinroth, R. (Hrsg.): Familie und Jugendhilfe. Herausforderungen des Kinder- und Jugendhilfegesetzes an einer familienorientierten Jugendhilfe. Neuwied, S. 31-50
Schröer, W./Struck, N./Wolff, M. (Hrsg.):
Handbuch Kinder- und Jugendhilfe. Weinheim und München
Schuchardt, E. (1980): Soziale Integration Behinderter, Band 1 und 2. Bad Heilbrunn
Schultz von Thun, F. (1981): Miteinander Reden 1.
Störungen und Klärungen. Reinbek bei Hamburg
Schütze, Y. (1988): Zur Veränderung im Eltern-Kind-Verhältnis seit der Nachkriegszeit. In: Nave-Herz, R. (Hrsg.): Wandel und Kontinuität der Familie in der Bundesrepublik Deutschland. Stuttgart, S. 95-114
Schwabe, M. (2000): Das Hilfeplangespräch zwischen Anspruch und Wirklichkeit. Teil 1: Grundkonstellation und Spannungsfelder,
In: Jugendhilfe, 38. Jg., Heft 4, S. 195- 204
Schymroch, H. (1989): Von der Mütterschule zur Familienbildungsstätte. Freiburg im Breisgau
Selvini Palazzoli, M./Boscolo, L./Cecchin, G./Prata, G. (1983):
Das Problem des Zuweisenden.
In: Zeitschrift für systemische Therapie 1 (3), S. 11-20
Senatsverwaltung für Schule, Jugend und Sport (Hrsg.) (2000):
Berliner Kinder- und Jugendbericht. Berlin
Solf, C./Wittke, V. (2007): Partizipation von Eltern in den Hilfen zur Erziehung am Beispiel der Tagesgruppe (§ 32 KJHG). Eingereicht als Dissertation an der Freien Universität Berlin. www.diss.fu-berlin.de
Sozialpädagogisches Institut im SOS-Kinderdorf e.V. (Hrsg.) (2001):
Jugendämter zwischen Hilfe und Kontrolle. München
Späth, K. (1995): Zur Geschichte und Entwicklung von Tagesgruppen als Angebot in der Erziehungshilfe. In: unsere jugend, Heft 2, S. 77-89
Späth, K. (2001a): Tagesgruppen.
In: Birtsch, V./Münstermann, K./Trede, W.: Handbuch Erziehungshilfen. Münster, S. 572-597

Späth, K. (2001b): Zur Entstehung und Entwicklung von Tagesgruppen. In: Krüger, E./ Reuter-Spanier, D./Trede, W. Erziehungshilfe in Tagesgruppen. Entwicklungen, Konzeptionen, Perspektiven. Frankfurt am Main
Spöhring, W. (1995): Qualitative Sozialforschung. Stuttgart
Sponagl, P. (2002): Das Hilfeplangespräch in der Heimerziehung. Wahrnehmung und Bewertung von Hilfeplangesprächen innerhalb eines heilpädagogischen Kinderheimes aus Sicht der beteiligten Kinder, Jugendlichen, Eltern, Jugendamts-/ASD-Vertreter und pädagogischen Fachkräfte. Eingereicht als Dissertation an der Ludwig-Maximilians-Universität München
Stiksrud, A. (1992): Wertewandel. In: Asanger, R./Wenninger, G. (Hrsg.): Handwörterbuch Psychologie. Weinheim, S. 848-854
Stork, R. (1995): Jugendhilfeplanung ohne Jugend?
Chancen der Partizipation in der Jugendarbeit. Münster
Strunk, G. (1975): Elternbildung im Rahmen eines situationsorientierten didaktischen Ansatzes der Erwachsenenbildung.
In: Comenius-Institut (Hrsg.): Didaktik der Elternbildung. Münster
Sünker, H. (Hrsg.) (1995): Theorie, Politik und Praxis Sozialer Arbeit. Bielefeld
Szczyrba, B. (2003): Rollenkonstellationen in der pädagogischen Beziehungsarbeit. Bad Heilbrunn/Obb.
Tegtmeyer, G. (1983): Eltern(mit)arbeit. Braunschweig
Textor, M. R. (Hrsg.) (1994): Allgemeiner Sozialdienst. Weinheim, Basel
Textor, M. R./Warndorf, P. K. (Hrsg.) (1995): Familienpflege. Forschung, Vermittlung, Beratung. Freiburg im Breisgau
Textor, M. R. (2005): Teilfamilien.
http://www.familienhandbuch.de/cmain/f_Aktuelles/a_Teilfamilien, 21.02.2005, 8 Seiten
Thiersch, H. (1986): Erfahrung der Wirklichkeit. Weinheim, München
Thiersch, H. (1992): Lebensweltorientierte Soziale Arbeit.
Aufgaben der Praxis im sozialen Wandel. Weinheim und München
Thiersch, H. (1995): Lebenswelt und Moral.
Beiträge zur moralischen Orientierung Sozialer Arbeit. Weinheim
Thiersch, H. (2001): Erziehungshilfen und Lebensweltorientierung,
In: Birtsch, V./ Münstermann, K./Trede, W. (Hrsg.): Handbuch Erziehungshilfen. Leitfaden für Ausbildung, Praxis und Forschung. Münster
Thiesmeier, M./Schrappner, C. (1989): Eltern- und Familienarbeit in der Heimerziehung. In: Hohmeier, J./Mair, H. (Hrsg.) (1989): Eltern- und Familienarbeit. Familien zwischen Selbsthilfe und professioneller Hilfe. Freiburg im Breisgau
Ufermann, K. (1989): Elternbildung und Elternerziehung im Rahmen der Vorschulerziehung. In: Hohmeier, J./Mair, H. (Hrsg.): Eltern- und Familienarbeit. Familien zwischen Selbsthilfe und professioneller Hilfe.
Freiburg im Breisgau, S. 72-89

Uhlendorff, U. (2002): Hilfeplanung.
In: Schröer, W./Struck, N./Wolff, M. (Hrsg.): Handbuch der Kinder- und Jugendhilfe. Weinheim und München
Urban, U. (2004): Professionelles Handeln zwischen Hilfe und Kontrolle. Sozialpädagogische Entscheidungsfindung in der Hilfeplanung. Weinheim und München
Weber, M. (1976): Wirtschaft und Gesellschaft.
Grundriss der verstehenden Soziologie. 2. Auflage. Tübingen
Wegehaupt-Schlund, H. (1998): Tagesgruppe. Etabliertes Angebot oder flexible Hilfeform. Welche Perspektiven hat das Konzept Tagesgruppen? In: Krüger, E./Reuter-Spanier, D./Trede, W. (Hrsg.): Erziehungshilfe in Tagesgruppen. Entwicklungen, Konzeptionen, Perspektiven. Frankfurt am Main
Weiner, B. (1988): Motivationspsychologie. München, Weinheim, 2. Auflage
Wiedemann, G./Buchkremer, G. (1998): Die Rolle des Therapeuten in der Verhaltenstherapie. In: Metzler, H./Wacker, E. (Hrsg.): „Soziale Dienstleistungen". Zur Qualität helfender Beziehungen. Tübingen, S. 168-182
Wiesner, R./Kaufmann, F./Mörsberger, T./Oberloskamp, H./Struck, J. (1995): SGB VIII – Kinder- und Jugendhilfe. München
Wiesner, R. (1996): Zwischen familienorientierter Hilfe und Kinderschutz-Intervention im Rahmen des KJHG: Ein unlösbares Dilemma?
In: Praxis der Kinderpsychologie und Kinderpsychiatrie 45, S. 266-289
Winkelhofer, U./Schneider, H. (1997): Partizipation von Kindern und Jugendlichen. Ein Literaturbericht. In: DJI (Hrsg.): Literaturreport 1997. München, S. 125- 192
Winkler, M. (1988): Eine Theorie der Sozialpädagogik. Stuttgart
Witzel, A. (1982): Verfahren der qualitativen Sozialforschung.
Überblick und Alternativen. Frankfurt am Main
Wolf, K. (1999): Machtprozesse in der Heimerziehung. Münster
Wolff, M. /Schröer, W. /Möser, S. (1997): Lebensweltorientierung konkret. Jugendhilfe auf dem Weg zu einer veränderten Praxis.
Beiträge zur IGfH-Jahrestagung 1996 in Dresden. Frankfurt/Main
Zinner, G. (1981): Sozialarbeit zwischen Anspruch und Wirklichkeit. Offenbach

Die Autorinnen

Verena Wittke, geb. 1968, Dr. phil., Dipl.-Pädagogin.
Pädagogische Mitarbeiterin in einem Familienbildungsprojekt.
Arbeitsschwerpunkte: Hilfen zur Erziehung, Elternarbeit, Partizipation in der Jugendhilfe, sozialpädagogische Praxisforschung, Familienbildung.

Christiane Solf, geb. 1965, Dr. phil., Dipl.-Pädagogin.
Beratungs- und Bildungsarbeit mit sozial benachteiligten Jugendlichen und deren Familien, Lehrbeauftragte der Fachhochschule Diploma Nordhessen.
Arbeitsschwerpunkte: Hilfen zur Erziehung, Jugendberufshilfe, Elternarbeit, Partizipation in der Jugendhilfe, sozialpädagogische Praxisforschung.